Joseph Campbell
Lebendiger Mythos

Aus dem Englischen übersetzt
von Johannes Wilhelm

88 87 86 85
6 5 4 3 2 1

© Dianus-Trikont Buchverlag
Türkenstraße 55
8000 München 40

Alle Rechte vorbehalten. Kopieren, Nachdruck und jegliche Art der Vervielfältigung, auch auszugsweise, in allen Formen wie Mikrofilm, Xerographie, Microfiche, Microcard, Offset oder Tonträger, AV und das Speichern auf Datenträger verboten.

CIP-Kurztitelaufnahme der Deutschen Bibliothek

Campbell, Joseph: Lebendiger Mythos / Joseph Campbell – 1.-2. Tsd. – München: Dianus Verlag, 1985
ISBN 3-88167-135-8

Buchgestaltung: Eckart Menzler
Umschlaggestaltung: Elisabeth Petersen, Lindenstraße 4, Netterndorf, 8019 Baiern
Umschlagfoto: Anselm Spring, 8910 Landsberg/Lech
Satz, Druck und Bindung: Hieronymus Mühlberger, 8900 Augsburg

Printed in Germany

Inhalt

Vorwort 7
   I. Die Auswirkungen der Wissenschaft auf den Mythos . 11
  II. Das Auftreten des Menschen 29
 III. Die Bedeutsamkeit von Riten 53
 IV. Die Trennung zwischen Ost und West 71
  V. Die religiöse Konfrontation von Ost und West 93
 VI. Die Inspiration der orientalischen Kunst 117
VII. Zen 139
VIII. Die Mythologie der Liebe 161
 IX. Mythologien des Krieges und des Friedens 183
  X. Schizophrenie – die Reise nach innen 215
 XI. Die Mondlandung – die Reise nach außen 249
XII. Ausklang: Das Verschwinden der Horizonte 267
Anmerkungen 285
Bibliographie 297
Register 303

Vorwort

WIE SCHON NIETZSCHE VOR ÜBER EINEM JAHRHUNDERT ERKANNTE, findet das Leben und Denken in der modernen westlichen Welt unter Bedingungen statt, die so wenig mit denen des archaischen und hellenistischen Nahen Ostens, dem unsere Heilige Schrift entstammt, gemein haben, daß die aus dieser Schrift übernommene Theologie samt ihren moralischen Idealen nicht mehr zur heutigen Zivilisation paßt. „Alle Ideale", schrieb er, „sind gefährlich: weil sie das Tatsächliche erniedrigen und brandmarken; alle sind Gifte, aber als zeitweilige Heilmittel unentbehrlich."[1]

Zu ihrer Zeit und an ihrem Ort waren diese Ideale die unentbehrlichen Stützen einer örtlich entwickelten und sich entwickelnden Kultur, desgleichen die mit ihnen verbundene Vorstellung von einem Schöpfergott, dessen besondere Vorliebe dieser örtlichen Kultur galt. Wir leben heute in einer Endmoräne solcher überlebten Mythen und mythischen Symbole, großer und kleiner Bruchstücke von Traditionen, die früher einmal Kulturen stifteten und trugen. Die jetzt im Entstehen begriffene globale Zivilisation hat jedoch bislang die geistigen Metaphern ihrer eigenen Mythen und Riten noch nicht hervorgebracht: Die alten Götter liegen im Sterben, aber die neuen sind noch nicht geboren. In diesem Sinne rief Nietzsches Zarathustra nach seinem Gespräch mit einem Einsiedler, der sich von den Menschen losgesagt hatte, um Gott zu suchen, voll Verwunderung aus: „Sollte es denn möglich sein! Dieser alte Heilige hat in seinem Walde noch nichts davon gehört, daß *Gott tot* ist!"[2] Und vor gut sechzig Jahren schlug der irische Dichter Yeats in dieselbe Kerbe, als er in seinem Gedicht „Die Wiederkunft" („The Second Coming") erkannte und prophezeite:

> In immer weitren Kreisen kreisend
> Hört der Falke den Falkner nicht mehr.
> Alles zerfällt, die Mitte kann's nicht halten.
> Die schiere Anarchie ist auf die Welt,

Die blutig-finstre Flut ist losgelassen,
Und überall ertrinkt der Kult der Unschuld.
Den Besten fehlt der feste Glaube, doch
Die Schlimmsten erfüllt heiße Leidenschaft.

Gewiß ist eine Offenbarung nahe ...³

Vielleicht müssen wir (da denn die Mühlen der Götter langsam mahlen) noch ein weiteres Jahrhundert oder gar noch zwei auf die Herausbildung oder Offenbarung einer Mythologie warten, die den Anliegen und dem Wohl nicht etwa dieses oder jenes besonderen Volkes, sondern der Menschheit als einem einzigen Leib angemessen sein wird. Der Einzelne kann jedoch nicht auf dieses gemeinschaftsbildende Ereignis warten und muß unterdessen selbst den Schotter dieser durchaus sehr interessanten Endmoräne nach solchen Signaturen des Geistes durchsuchen, die ihn auf seiner eigenen kurzen Abenteuerfahrt durch die Zeit vorwärtsbringen und zur Erfüllung führen können.

Denn alle Mythologien, ob sie sich nun großartig oder bescheiden gebärden, verleihen dem Streben des menschlichen Geistes Ausdruck und sind daher zugleich universelles Gut (des menschlichen Geistes) und örtlich-geschichtliches (eines bestimmten Volkes). Die *Heilkraft* der Ideale, auf die Nietzsche kurz verweist, dankt sich allein ihrer universellen (d. h. psychologischen) Bedeutung. Als geschichtliches Gut eines besonderen Volkes sind sie kulturgebunden, und in dieser Eigenschaft beschränken sie den Menschen auf das irdische Geschick und Wertsystem eines bestimmten geschichtlichen Gebildes und fesseln ihn zugleich daran. Sie gehören somit der Zeit und nicht der Ewigkeit an, dem Bereich des Gesellschaftlichen und nicht dem der Natur. Auf unserer Suche nach Sinn und Gültigkeit auf dem Schuttfeld dieser überlebten mythischen Metaphern müssen wir daher unsere Aufmerksamkeit den in ihnen verborgenen Universalien widmen: ob nicht aus irgendeinem der Überbleibsel, die heute als Kuriositäten in unseren Museen gehortet werden, oder aus irgendeinem der unendlich vielen Bände gesammelter Mythen aus jedem Winkel der Erde, mit denen die Bibliotheken heute vollgepfropft sind, das jähe Licht einer Epiphanie aus dem *Spiritus Mundi* hervorbrechen wolle, um unser Leben zu erhellen und somit wert zu machen.

Die folgenden Kapitel sind einer Reihe von Vorlesungen über Mythologie entnommen, die zwischen 1958 und 1971 im Großen Saal des Cooper Union Forum in New York City gehalten wurden. Alle bezogen sich auf Themen und Fragen, die aus dem Publikum aufgetaucht waren. (Vorlesungen in The Coopper Union sind öffentlich, und die Zuhörerzahlen sind beträchtlich, manchmal kommen bis zu 1500 Leute.) Die Fragen haben ausnahmslos nicht das geringste mit historischen Aspekten dieser reichhaltigen und faszinierenden Materie zu tun, wie sie für das akademische Interesse von Belang sind; vielmehr erforderten sie vom Vortragenden, daß er sein eigenes Leben und Denken nach Fingerzeigen absuche, um in der Welt von heute lebenden Menschen die Bedeutung seiner Götter, Göttinnen und Bodhisattvas, seiner Büffelgötter und Schamanenoffenbarungen nahezubringen.

Daß das Buch nunmehr auf deutsch erscheint, bereitet mir eine besondere Freude, denn ich weiß noch, wie ich mir während meines Studienjahres 1928–1929 an der Universität München den Zugang in die mächtige Festung deutscher Gelehrsamkeit erkämpfte, in der ich seither als ein Eindringling hause. Ich betrachte diese Veröffentlichung durch Dianus-Trikont in München – der liebenswerten Stadt, in der damals so viel geschah – als eine willkommene Gelegenheit, meine Gedanken in tiefster Dankbarkeit an die hochherzigen Menschen zurückzugeben, aus deren unvergleichlicher Tradition humanistischer Bildung ich sie in der Tat einst bezog.

Aloha und Mahalo.

Joseph Campbell
Honolulu, USA
10. Juni 1985

I
Die Auswirkungen der Wissenschaft auf den Mythos

NEULICH SASS ICH AN EINER IMBISSTHEKE, die ich mit Vorliebe aufsuche, als sich ein vielleicht zwölfjähriger Bursche mit seinem Schulranzen auf dem Platz zu meiner Linken niederließ. Mit ihm kam ein noch jüngerer kleiner Mann an der Hand seiner Mutter, und diese beiden nahmen die Plätze daneben ein. Sie gaben ihre Bestellungen auf, und während sie darauf warteten, drehte der Junge neben mir seiner Mutter leicht den Kopf zu und sagte: „Jimmy hat heute einen Aufsatz über die Evolution des Menschen geschrieben, und der Lehrer hat gesagt, daß der Aufsatz falsch ist und daß wir von Adam und Eva abstammen."

O Gott! dachte ich. Was für ein Lehrer!

Die Dame drei Sitze weiter sagte darauf: „Sicher, der Lehrer hatte recht. Wir stammen wirklich von Adam und Eva ab."

Was für eine Mutter für ein Kind des zwanzigsten Jahrhunderts!

Der Junge entgegnete: „Ja, ich weiß, aber es war ein *wissenschaftlicher* Aufsatz." Ich war drauf und dran, ihn dafür für den Verdienstorden des Smithsonian Institute vorzuschlagen.

Die Mutter jedoch holte zum nächsten Schlag aus. „Ach, diese Wissenschaftler!" sagte sie ärgerlich. „Das sind doch bloß Theorien."

Aber er parierte auch den. „Ja, ich weiß", kam kühl und gefaßt seine Erwiderung, „aber sie sind durch Tatsachen erhärtet worden: Sie haben die Knochen gefunden."

Die Milch kam mit den belegten Broten – so weit, so gut.

Ich nehme diesen Vorfall zum Anlaß, ein wenig über das heiliggesprochene Weltbild nachzudenken, das durch die Tatsachen und Entdeckungen solcher unbezähmbaren jungen Wahrheitssucher zerstört wurde.

Im Hochmittelalter, im zwölften und dreizehnten Jahrhundert ungefähr, waren zwei sehr unterschiedliche Vorstellungen von der Erde im Umlauf. Nach der populäreren Auffassung glich die Erde einer flachen Scheibe, die von einem grenzenlosen Weltenmeer, in dem alle möglichen, den Menschen gefährlichen Ungeheuer hausten, umschlossen wurde und darauf darauf trieb. Dies war eine unermeßlich alte Vorstellung, die bis auf die frühe Bronzezeit zurückging. Sie findet sich auf sumerischen Keilschrifttafeln um 2000 v. Chr. und stellt das Bild dar, das in der Bibel abgesegnet wird.

Die durchdachtere mittelalterliche Auffassung war jedoch die der alten Griechen, wonach die Erde nicht flach war, sondern eine massive, ortsfeste Kugel, die sich nach der Art einer russischen Puppe im Zentrum von sieben durchsichtigen, kreisenden Sphären befand. In jeder dieser Sphären gab es einen sichtbaren Planeten: den Mond, Merkur, Venus, die Sonne, Mars, Jupiter und Saturn – dieselben Sieben, nach denen unsere Wochentage benannt sind. Außerdem gingen von diesen Sieben musikalische Töne aus, die „Sphärenmusik", und diesen entsprechen die Noten unserer diatonischen Tonleiter. Auch wurde jedem ein Metall zugeordnet, und zwar nach der obigen Reihenfolge Silber, Quecksilber, Kupfer, Gold, Eisen, Zinn und Blei. Die Seele, die vom Himmel hinabfuhr, um auf der Erde geboren zu werden, nahm bei ihrem Abstieg die Eigenschaften dieser Metalle an, so daß unsere Seelen und Körper Verbindungen eben dieser Elemente des Weltalls sind und sozusagen dasselbe Lied singen.

Musik und Kunst sollten uns nach dieser Ansicht der Frühzeit für diese Harmonien empfänglich machen, von denen uns die Alltagsgedanken und das geschäftige Treiben dieser Erde ablenken. Im Mittelalter wurden die Sieben Freien Künste dementsprechend diesen Sphären zugeordnet: Grammatik, Logik und Rhetorik (das sogenannte *Trivium*), Arithmetik, Musik, Geometrie und Astronomie (das *Quadrivium*). Die kristallenen Sphären selbst waren zudem nicht wie Glas aus träger Materie, sondern lebendige geistige Mächte, die von Engeln bzw. Platon zufolge von Sirenen beherrscht wurden, und über allem lag das himmlische Lichtreich, wo Gott hoheitsvoll auf seinem dreieinen Thron saß. Die Seele durcheilte also nach dem Tode auf dem Rückweg zu ihrem Schöpfer wieder die sieben Sphären und legte dabei in jeder die dieser zugehörige Eigenschaft ab, um unbekleidet zum Gericht zu erscheinen. Man ging davon aus, daß der Kaiser und der Papst auf Erden nach den Gesetzen und dem Willen Gottes regierten und das Wirken seiner Macht und Hoheit in der geweihten Christenheit verkörperten. Somit bestand im Gesamtweltbild der mittelalterlichen Denker eine völlige Übereinstimmung zwischen dem Bau des Weltalls, den Normen der gesellschaftlichen Ordnung und dem Wohl des Einzelnen. Durch bedingungslosen Gehorsam brachte sich daher der Christ nicht nur mit seiner Gesellschaft in Einklang, sondern handelte auch zu seinem eigenen inneren Besten und gemäß der äußeren Ordnung der Natur. Das Reich der Christenheit war ein irdischer Abglanz der Himmelsordnung: Es war hierarchisch aufgebaut, die Gewänder, Throne und Prozeduren seiner vornehmen Höfe waren nach himmlischen Vorbildern gehalten, und die Glocken seiner Kathedraltürme wie auch die harmonischen Gesänge seiner Priesterchöre ließen in irdischen Tönen das Echo der überirdischen Engelsscharen erklingen.

In seiner *Göttlichen Komödie* entfaltete Dante eine Schau des Universums, die sowohl den anerkannten religiösen als auch den gültigen wissenschaftlichen Begriffen seiner Zeit Genüge tat. Als Satan für seinen Hochmut und Ungehorsam aus dem Himmel verstoßen worden war, war er, wie man annahm, wie ein flammender Komet in die Tiefe gestürzt und hatte sich, als er auf die Erde schlug, bis zu ihrem Mittelpunkt durchgebohrt. Der gewaltige Krater, den er damit aufriß, wurde zum feurigen Höllenschlund, und die riesige Masse weggedrängter Erde, die sich am entgegengesetzten Pol hervorschob, wurde zum Läuterungsberg, der nach Dantes Beschreibung genau am Südpol zum Himmel aufragte. In seinen Augen bestand die gesamte südliche Erdhalbkugel aus Wasser, woraus sich dieser mächtige Berg erhob, und auf seinem Gipfel lag das Erdenparadies, dessen Mittelpunkt die vier heiligen Flüsse entströmten, von denen die Heilige Schrift berichtet.

Als nun Kolumbus die Segel zur Fahrt über jenes „blaue Meer" setzte, das viele seiner Zeitgenossen (und möglicherweise auch seine Matrosen) für den äußersten Meeresring hielten, der eine scheibenförmige Erde umschloß, da hatte er allem Anschein nach ein Bild im Kopf, das eher der Welt Dantes glich – wir können das ja in seinen Tagebüchern nachlesen. Wir erfahren dort, daß er zu dem Zeitpunkt, als er auf seiner dritten Fahrt zum erstenmal die Nordküste Südamerikas erreichte und mit seinem zerbrechlichen Schiff unter großer Gefahr zwischen Trinidad und dem Festland segelte, die großen Süßwassermassen bemerkte, die aus den Mündungsarmen des Orinoko geflossen kamen und sich mit dem Salzwasser mischten. Da er von dem dahinter liegenden Kontinent keine Ahnung, aber dafür das mittelalterliche Weltbild im Kopf hatte, vermutete er, das Süßwasser könne von einem der Paradiesflüsse kommen, der sich am Fuße des großen Berges, des Gegenpols der Hölle, in die südliche See ergoß. Als er dann nach Norden abdrehte und dabei beobachtete, daß seine Schiffe schnellere Fahrt machten als beim Segeln auf südlichem Kurs, sah er dies als einen Beweis dafür an, daß sie nun talwärts segelten, von den Vorgebirgsausläufern des mythischen Paradiesberges hinab.

Ich denke mir das Jahr 1492 gern als einen Wendepunkt, der das Ende – oder wenigstens den Anfang vom Ende – der Herrschaft der alten mythologischen Systeme markiert, von denen das Leben der Menschen seit undenklichen Zeiten getragen und beflügelt worden war. Kurz nach der epochemachenden Fahrt des Kolumbus umsegelte Magellan den Erdball. Kurz zuvor war Vasco da Gama um Afrika herum nach Indien gefahren. Man fing an, die Erde systematisch zu erforschen, und die alten, symbolischen, mythischen Geographien gerieten in Verruf. Bei seinem Versuch aufzuzeigen, daß es irgendwo auf der Erde einen Paradiesgarten gäbe, hatte der heilige Thomas von Aquin, der nur zweieinhalb Jahrhunderte vor den Fahrten des Kolumbus geschrieben hatte, erklärt: „Jener Ort [das Paradies] ist durch verschiedene Hindernisse gegen unsere Wohnstätte abgeschlossen, entweder durch Berge oder Meer oder einen heißen Landstrich, den wir nicht durchqueren können. Darum haben die Schriftsteller jenen Ort nicht erwähnt."[1] Fünfzig Jahre nach der ersten Fahrt veröffentlichte Kopernikus seinen Aufsatz über das heliozentrische Universum (1543), und etwas über sechzig Jahre später erbrachte Galileis kleines Fernrohr die greifbare Bestätigung dieser Kopernikanischen Ansicht. Im Jahre 1616 wurde Galilei von der Inquisition – wie der Junge an der Imbißtheke neben mir von seiner Mutter – dafür verurteilt, eine der Heiligen Schrift widersprechende Lehre zu vertreten und zu verbreiten. Wir heute besitzen freilich jene bei weitem größeren Teleskope auf den Gipfeln beispielsweise von Mount Wilson in Kalifornien, Mount Palomar im selben Staat, Kitt Peak in Arizona und Haleakala auf Hawaii, so daß für uns mittlerweile nicht nur die Sonne eindeutig im Zentrum unseres Planetensystems steht, sondern wir auch wissen, daß sie nur eine von etwa zweihundert Milliarden Sonnen in einer Galaxie voll solcher flammenden Himmelskugeln ist – eine Galaxie von der Form einer ungeheuren Linse mit einem Durchmesser von etlichen hundert Trillionen Kilometern. Und nicht nur das! Denn unsere Teleskope machen uns jetzt zwischen diesen leuchtenden Sonnen noch gewisse andere Lichtpunkte sichtbar, bei denen es sich nicht um Sonnen handelt, sondern um ganze Galaxien, von denen eine jede so weit und groß und unvorstellbar ist wie unsere eigene – und es sind bereits viele Tausende und Abertausende gesichtet worden. Wir haben also allen Anlaß zur Ehrfurcht vor den Wundern des Weltalls, wie es uns von unseren Wissenschaftlern entworfen wird, und seine Offenbarung ist sicherlich bei weitem phantastischer und überwältigender als alles, was man sich in vorwissenschaftlicher Zeit jemals hätte vorstellen können. Die kleine Spielzeugwelt der Bibel ist im Vergleich dazu etwas für Kinder – ja nicht einmal mehr etwas für diese, wenn man nach den Worten des jungen Gelehrten neben mir an der Theke urteilen darf, der mit seinem „Ja, ich weiß, aber es war ein wissenschaftlicher Aufsatz" bereits einen Weg gefunden hatte, um die Früchte seines Lernens aus dem zerfallenden mittelalterlichen Kirchengebäude seiner Mutter zu retten.

Es sind nämlich nicht nur all die alten mythischen Vorstellungen von der Natur des Kosmos zu Bruch gegangen, sondern auch all jene, die die Ursprünge und die Geschichte der Menschheit betreffen. Bereits zu Shakespeares Zeiten, als Sir Walter Raleigh in Amerika ankam und hier all die neuen, drüben unbekannten Tiere erblickte, begriff er als hervorragender Seemann, daß es Noah absolut unmöglich gewesen wäre, von jeder Tierart auf Erden ein Paar in eine Arche zu verfrachten, wie groß sie auch immer gewesen sein mochte. Die biblische Geschichte von der Sintflut war falsch – eine Theorie, die nicht „durch Tatsachen erhärtet" werden konnte. Und wir heutzutage setzen (um die Sache nur noch schlimmer zu machen) das erste Auftreten menschenartiger Wesen auf dieser Erde um über eine Million Jahre früher an als Gottes Erschaffung der Welt nach der biblischen Zeitrechnung. Die großen steinzeitlichen Höhlenmalereien in Europa sind etwa 30 000 v. Chr. entstanden, die Anfänge der Landwirtschaft lagen um 10 000 v. Chr., und die ersten bedeutsamen Städtegründungen erfolgten um 7000 v. Chr. Und doch wird Adams, des ersten Menschen, ältester Sohn Kain, im ersten Buch Mose 4,2 als „Ackermann" bezeichnet und im ersten Buch Mose 4,17 als der Erbauer einer Stadt namens Henoch im Lande Nod, östlich von Eden. Die biblische „Theorie" hat sich wiederum als falsch erwiesen, und „sie haben die Knochen gefunden"!

Sie haben auch die Bauwerke gefunden, und auch die bestätigen die Worte der Schrift nicht. So besitzen wir beispielsweise aus jener Periode der ägyptischen Geschichte, in der der Auszug des Volkes Israel stattgefunden haben soll – unter Ramses II. (1301–1234 v. Chr.) oder Merneptah (1234–1220) oder Sethos II. (1220–1200) – reiche Bau- und Hieroglyphenfunde, aber nirgendwo findet sich ein Hinweis auf so etwas wie die berühmten biblischen Plagen, keinerlei Aufzeichnung von irgend etwas auch nur Vergleichbarem. Außerdem drangen anderen Urkunden zufolge hebräische Beduinen, die „Habiru", bereits unter der Herrschaft Echnatons (1377–1358) in Kanaan ein, das heißt ein Jahrhundert vor Ramses II.

Ich will damit schlicht und einfach sagen, daß die hebräischen Schriften, auf die diese ganzen volkstümlichen jüdischen Legenden von der Schöpfung, dem Auszug aus Ägypten, den vierzig Jahren in der Wüste und der Eroberung Kanaans zurückgehen, nicht von „Gott" verfaßt wurden und nicht einmal von jemandem namens Moses, sondern aus verschiedenen Zeiten und von verschiedenen Verfassern stammen, die allesamt später sind, als man zuvor annahm. Die ersten fünf Bücher des Alten Testaments (die Thora) wurden erst nach der Zeit Esras (im vierten Jahrhundert v. Chr.) zusammengestellt, und die darin aufgegangenen Quellenschriften sind in der Zeitspanne vom neunten (die sogenannten jahwistischen und elohistischen, J- und E-Texte) bis etwa zum zweiten Jahrhundert v. Chr. (die P- oder Priester-Schriften) entstanden. Beispielsweise fällt einem auf, daß es zwei Schilderungen der Sintflut gibt. Der ersten entnehmen wir, daß Noah „von allen Tieren, von allem Fleisch, je ein Paar"[2] mit in die Arche nahm (1. Mose 6,19; Priesterschrift, nach Esra), und der zweiten, daß es „von allen reinen Tieren ... je sieben, das Männchen und sein Weibchen, von den unreinen Tieren aber je ein Paar" waren (1. Mose 7,2; J-Text, ca. 800 v. Chr. ± 50 Jahre). Wir finden auch zwei Schöpfungsgeschichten, die ältere in 1. Mose 2 und die jüngere in 1. Mose 1. In der älteren Geschichte wird ein Garten gepflanzt und ein Mensch geschaffen, um ihn zu bebauen und zu bewahren; daraufhin werden die Tiere erschaffen, und zuletzt (wie im Traum) wird Mutter Eva aus Adams Rippe gebaut. In der jüngeren Geschichte dagegen spricht Gott, der mit den Wassern des Alls allein ist: „Es werde Licht!" und so weiter, und dadurch entsteht nach und nach die Welt: zuerst das Licht, drei Tage später die Sonne, dann die Pflanzen, die Tiere und schließlich die Menschen, Mann und Frau zugleich. 1. Mose 1 ist etwa aus dem vierten Jahrhundert v. Chr. (der Zeit des Aristoteles) und 1. Mose 2 aus dem neunten oder achten (der Zeit Hesiods).

Kulturvergleichende Forschungen haben mittlerweile zweifelsfrei gezeigt, daß ähnliche mythische Erzählungen in jedem Winkel dieser Erde zu finden sind. Als Cortez und seine katholischen Spanier in das Mexiko der Azteken kamen, entdeckten sie alsbald in der dortigen Religion so viele Parallelen zu ihrem eigenen „rechten Glauben", daß sie sich schwer damit taten, diesen Umstand zu erklären. Es gab hochragende Pyramidentempel, die ebenso wie Dantes Läuterungsberg die Stufen der Erhebung des Geistes darstellten. Es gab dreizehn Himmel, von denen jeder seine entsprechenden Götter oder Engel besaß, und neun Höllen mit Büßerseelen. Über allem, jenseits aller menschlichen Gedanken und Bilder, thronte ein Hochgott, und es gab sogar einen fleischgewordenen Erlöser, den man sich auch als Schlange vorstellte, der von einer Jungfrau geboren worden war, der gestorben und wieder auferstanden war und zu dessen Symbolen ein Kreuz gehörte. Um dies alles zu erklären, dachten sich die Padres selbst zwei Mythen aus. Der erste besagte, der heilige Thomas, der Apostel Indiens, habe wahrscheinlich Amerika erreicht und hier das Evangelium gepredigt; da aber diese Gestade so weit vom Einfluß Roms entfernt lagen, war die Lehre mit der Zeit so verdorben, daß die Formen, die sie ringsum erblickten, nur eine abscheuliche Entartung ihrer eigenen Offenbarung waren. Die zweite Erklärung lautete, der Teufel streue hier vorsätzlich Entstellungen des christlichen Glaubens aus, um das Missionswerk zu vereiteln.

Die moderne Wissenschaft ist durch das systematische Vergleichen der Mythen und Riten der Menschheit so ziemlich überall auf Sagen von Helden gestoßen, die von Jungfrauen geboren werden, sterben und wieder auferstehen. In Indien gibt es solche Geschichten in Hülle und Fülle, und die hochragenden Tempel dort stellen ganz ähnlich wie die der Azteken wiederum unseren vielstufigen Weltenberg dar, auf dessen Gipfel das Paradies liegt und unter dem sich grauenvolle Höllen befinden. Die Buddhisten und die Jainas hegen ähnliche Ideen. Und wenn wir einen Blick zurück auf die vorchristliche Vergangenheit werfen, so entdecken wir in Ägypten den Mythos vom getöteten und wieder auferstandenen Osiris, in Mesopotamien den von Tammuz, in Syrien den von Adonis und in Griechenland den von Dionysos. Sie alle dienten den frühen Christen als Vorbilder für ihre Darstellungen Christi.

Nun neigten die Völker aller großen Kulturen dazu, die Mythen um ihre eigenen Symbolfiguren wörtlich zu verstehen und sich selbst daher für besonders bevorzugt, weil in direktem Kontakt zum Absoluten, zu halten. Sogar die polytheistischen Griechen und Römer, Hindus und Chinesen, die alle für die Götter und Gebräuche anderer Völker Verständnis aufbringen konnten, sahen ihre eigenen als die höchsten oder doch wenigstens als überlegen an. Bei den monotheistischen Juden, Christen und Mohammedanern gelten natürlich die Götter der anderen überhaupt nicht als Götter, sondern als Teufel, und ihre Anhänger als gottlos. Mekka, Rom, Jerusalem sowie (weniger ausdrücklich) Benares und Peking sind daher, jede Stadt auf ihre Weise, der Nabel der Welt und gewissermaßen über einen heißen Draht direkt mit dem Reich des Lichtes bzw. Gottes verbunden gewesen.

Ein solcher Anspruch kann jedoch heutzutage von keinem mehr ernst genommen werden, der wenigstens den Kindergarten besucht hat. Darin liegt auch eine große Gefahr. Denn nicht nur hat die Menge von jeher die eigenen Symbole wörtlich verstanden, sondern solche wörtlich aufgefaßten Symbolformen waren zu allen Zeiten und sind ja auch heute noch die Stützen ihrer Kulturen, das heißt ihrer Sittenordnung, ihres Zusammenhalts, ihrer Lebens- und Schaffenskraft. Auf ihren Verlust folgt Unsicherheit, und auf die Unsicherheit folgt ein gestörtes Gleichgewicht, denn das Leben bedarf, wie sowohl Nietzsche als auch Ibsen wußten, der Illusionen, und wo diese ausgetrieben wurden, gibt es nichts Sicheres mehr, woran man sich halten kann, kein Sittengesetz, nichts Festes. Man hat gesehen, was etwa mit primitiven Gemeinschaften geschah, die durch die Zivilisation des weißen Mannes aus den Fugen gerieten. Haben die alten Tabus erst einmal ihre Glaubwürdigkeit verloren, so zerbricht die Gemeinschaft im Nu, löst sich auf und wird zu einer Stätte des Lasters und der Krankheit.

Dasselbe geschieht heute mit uns. In dem Maße, wie unsere alten, mythisch gegründeten Tabus von der modernen Wissenschaft über den Haufen geworfen werden, greifen überall in der zivilisierten Welt Laster und Verbrechen, Geisteskrankheiten, Selbstmorde, Drogensucht, zerrüttete Familien, aufbegehrende Kinder, Gewalt, Mord und Verzweiflung mit wachsender Geschwindigkeit um sich. Das sind Tatsachen – ich erfinde sie nicht. Sie verleihen den Mahnrufen der Prediger zu Reue, Bekehrung und Rückkehr zur althergebrachten Religion den nötigen Nachdruck. Sie stellen auch den modernen Erzieher vor die Frage, woran er glaubt und welcher Seite er sich letztlich verpflichtet fühlt. Ist der gewissenhafte Lehrer, dem es sowohl um die sittliche Bildung als auch um das Bücherwissen seiner Schüler zu tun ist, in erster Linie den tragenden Mythen unserer Zivilisation verpflichtet oder den „durch Tatsachen erhärteten" Wahrheiten seiner Wissenschaft? Liegen beide Seiten in jedem Falle miteinander im Streit? Oder gibt es nicht jenseits des Konflikts von Illusion und Wahrheit eine Weisheit, die das Leben wieder zusammenfügen kann?

Das ist meiner Meinung nach eine der wichtigsten Fragen der Stunde, was die Kindererziehung anbelangt. Das ist tatsächlich das Problem, das an jenem Tage neben mir an der Imbißtheke saß. In jenem Falle standen sowohl Lehrer als auch Mutter auf der Seite einer bereits überlebten Illusion, und dazu neigen im allgemeinen die meisten Hüter der gesellschaftlichen Ordnung – jedenfalls scheint es mir so – und machen ihre Autorität nicht für, sondern gegen die Suche nach aufrüttelnden Wahrheiten geltend. Ein solcher Trend ist sogar jüngst unter Sozialwissenschaftlern und Anthropologen bei den Auseinandersetzungen über die Rassenfrage aufgekommen, und man kann ihre Besorgnis ohne weiteres verstehen, ja zu einem gewissen Grade sogar teilen, denn die Welt ist auf Lügen gebaut und diejenigen, die der Herausforderung einer Wahrheit standhalten und ihr Leben danach ausrichten können, sind letztlich nicht viele, sondern die Allerwenigsten.

Es ist meine wohlüberlegte Meinung, daß die beste Antwort auf dieses heikle Problem von den Ergebnissen der Psychologie zu erwarten ist und insbesondere von jenen Ergebnissen, bei denen es um Ursprung und Wesen des Mythos geht. Denn da die Sittenordnungen der Gesellschaften von jeher auf Mythen gegründet waren, auf die als Religion kanonisierten Mythen, und da die Auswirkungen der Wissenschaft auf Mythen scheinbar zwangsläufig ein gestörtes sittliches Gleichgewicht zur Folge haben, muß man sich fragen, ob es nicht möglich wäre, *wissenschaftlich* zu begreifen, wie die Mythen dem Leben dienen, so daß man bei der Kritik ihrer altertümlichen Züge das Bedürfnis nach ihnen nicht falsch darstellt und abwertet und damit gewissermaßen das Kind (ganze Generationen von Kindern) mit dem Bade ausschüttet.

Wie ich bereits sagte, werden mythische Wesen und Geschehnisse von der strenggläubigen Volksfrömmigkeit im allgemeinen der Tradition gemäß als Tatsachen angesehen und dargestellt, und dies vor allem im jüdischen und christlichen Einflußbereich. *Es gab* einen Auszug aus Ägypten, *es gab* eine Auferstehung Christi. Historisch sind solche Tatsachen jedoch heute fragwürdig geworden und damit auch die Sittenordnungen, die sie stützen.

Legt man hingegen diese Geschichten nicht als Schilderungen historischer Tatsachen, sondern als bloß erfundene und auf die Geschichte projizierte Begebenheiten aus und erkennt man ihre Analogie zu ähnlichen Projektionen, die an anderen Orten wie etwa China, Indien und Yucatán entstanden sind, so wird ihre Tragweite offensichtlich. Solche auf der ganzen Welt wertgehaltenen Gestalten der mythischen Phantasie müssen geistige Wirklichkeiten ausdrücken, ,,geistige Wirklichkeiten, die durch einen Schein von materieller Wirklichkeit offenbar gemacht werden", wie meine Freundin, die verstorbene Maya Deren, das Geheimnis einmal nannte.[3] Und während es selbstverständlich die Aufgabe des Historikers, des Archäologen und des Prähistorikers sein muß, zu zeigen, daß die Mythen als tatsächliche Wirklichkeiten falsch sind – daß es in dieser Welt vieler Rassen kein eines, auserwähltes Volk Gottes gibt; keine endgültige Wahrheit, vor der wir uns alle beugen müßten; keine allein seligmachende Kirche –, so muß es demgegenüber mehr und mehr und mit wachsender Dringlichkeit zur Aufgabe des Psychologen und des vergleichenden Mythenforschers werden, die symbolisch dargestellten ,,geistigen Wirklichkeiten" nicht nur zu identifizieren, zu analysieren und zu deuten, sondern auch Zugänge zu schaffen, so daß sie heil und wirksam bleiben, und angesichts des Dahinschwindens der alten Traditionen aus ferner Vergangenheit den Menschen dazu zu verhelfen, die Ordnung ihrer inneren Wirklichkeit wie auch der der Außenwelt zu erkennen und zu verstehen.

In dieser Beziehung hat unter den Psychologen im Laufe etwa des letzten Dreivierteljahrhunderts ein beachtlicher Einstellungswandel stattgefunden. Wenn man noch Sir James G. Frazers großes und verdientermaßen gefeiertes Werk *The Golden Bough (Der goldene Zweig)* liest, dessen Erstausgabe im Jahre 1890 erschien, so sieht man sich einem typischen Autoren des neunzehnten Jahrhunderts gegenüber, der der Meinung war, daß die abergläubischen Vorstellungen des mythischen Denkens schließlich von der Wissenschaft widerlegt und ein für allemal abgetan werden würden. Die Grundlage des Mythos erblickte er in der Magie und die der Magie im Psychischen. Da seine Psychologie jedoch im großen und ganzen rational war und den tiefer liegenden irrationalen Triebkräften unserer Natur zu wenig Aufmerksamkeit schenkte, ging er davon aus, daß ein Brauch oder ein Glauben in dem Moment verschwinden würde, da er als unvernünftig bloßgestellt war. Wie falsch er damit lag, zeigt etwa ein Blick auf einen beliebigen Philosophieprofessor beim Bowlingspielen, wenn er sich, nachdem er die Kugel bereits geworfen hat, dreht und windet, um sie zu den stehenden Kegeln hinzumanövrieren. Franzer erklärte die Magie damit, daß man meine, gewisse Dinge seien in Wirklichkeit miteinander verbunden, weil sie in Gedanken miteinander verbunden werden. Schüttele eine Rassel, die sich wie prasselnder Regen anhört, und es wird alsbald regnen. Vollziehe einen rituellen Geschlechtsverkehr, und es wird die Fruchtbarkeit der Natur fördern. Man kann an einer Figur, die eine Ähnlichkeit mit einem Feind besitzt und der man dessen Namen gibt, grausame Handlungen vornehmen, kann sie mit Nadeln durchbohren und so weiter, und der Feind wird sterben. Oder man kann sich mit gleichem Ergebnis eines Stücks seiner Kleidung, einer Haarlocke, abgeschnittener Fingernägel oder eines anderen Gegenstands bedienen, der einmal mit ihm in Berührung gekommen ist. Frazers erster Grundsatz der Magie lautet also, „daß Gleiches wieder Gleiches hervorbringt, oder daß eine Wirkung ihrer Ursache gleicht". Sein zweiter besagt, „daß Dinge, die einmal in Beziehung zueinander gestanden haben, fortfahren, aus der Ferne aufeinander zu wirken, nachdem die physische Berührung aufgehoben wurde".[4] Nach Frazers Auffassung waren sowohl Magie als auch Religion letztlich und eigentlich auf eine Beherrschung der äußeren Natur abgestellt, was die Magie mechanisch durch nachahmende Handlungen anging und die Religion durch Gebet und Opfer, womit man sich an die personifizierten Mächte wandte, von denen man die Naturgewalten beherrscht meinte. Anscheinend machte er sich keinen Begriff von ihrer Bedeutung für das Innenleben und vertraute daher darauf, daß sowohl Magie als auch Religion mit dem Fortschritt und der Weiterentwicklung von Wissenschaft und Technologie schließlich verschwinden würden, da den Zielen, in deren Dienst man sie gewähnt hatte, besser und zuverlässiger von der Wissenschaft gedient würde.

Zur gleichen Zeit wie diese Bände Franzers erschien jedoch in Paris eine nicht minder wichtige Reihe von Veröffentlichungen des berühmten Neurologen Jean Martin Charcot, die Hysterie, Aphasie, Hypnosezustände und dergleichen behandelten und auch die Bedeutung dieser Erkenntnisse für die Kunst und Kunstinterpretation aufzeigten. Sigmund Freud brachte 1885 ein Jahr bei diesem Lehrer zu und führte im ersten Viertel dieses Jahrhunderts die Untersuchung der Hysterie sowie der Träume und Mythen in neue Tiefen. Mythen gehören nach Freuds Ansicht zur selben psychischen Ordnung wie Träume. Mythen sind sozusagen allgemeine Träume, Träume sind private Mythen. Beide sind seiner Meinung nach symptomatisch für die Verdrängung kindlicher Inzestwünsche, wobei der einzige wesentliche Unterschied zwischen einer Religion und einer Neurose darin besteht, daß die erstere allgemeinerer Art ist. Der Mensch mit einer Neurose schämt sich und fühlt sich mit seiner Krankheit allein und isoliert, während die Götter allgemeine Projektionen auf den Bildschirm einer Welt sind. Sie sind gleichermaßen Manifestationen des Unbewußten, Zwangsvorstellungen und Trugbilder. Darüber hinaus ist alle Kunst, vor allem die religiöse, für Freud ähnlich pathologisch, ebenso alle Philosophie. Die Kultur selbst ist in der Tat ein krankhafter Ersatz für unbewußte Enttäuschungen im Kindesalter. Folglich beurteilte Freud genau wie Frazer die Welten von Mythos, Magie und Religion negativ, das heißt als Irrtümer, die letztlich durch die Wissenschaft widerlegt, überwunden und ersetzt werden müßten.

Eine gänzlich andere Haltung nimmt C. G. Jung ein, nach dessen Auffassung das Bilderwerk von Mythologie und Religion positiven, lebensfördernden Zielen dient. Seinen Gedankengängen zufolge haben *alle* Organe unseres Körpers – nicht nur die Geschlechts- und Aggressionsorgane – Sinn und Zweck, wobei manche der bewußten Kontrolle unterstehen, andere hingegen nicht. Unser nach außen gerichtetes, auf die Anforderungen des Tages bezogenes Bewußtsein kann den Kontakt zu diesen inneren Kräften verlieren, und für Jung sind die Mythen, wenn man sie richtig versteht, die Mittel, um uns wieder mit ihnen in Kontakt zu bringen. Sie erzählen uns in einer Bildersprache von den Mächten der Seele, die es zu erkennen und in unser Leben einzubeziehen gilt, die dem menschlichen Geist zu allen Zeiten eigen waren und die die Weisheit unserer Art repräsentieren, mit deren Hilfe der Mensch den Stürmen der Jahrtausende standgehalten hat. Daher sind sie nicht von den Erkenntnissen der Wissenschaft verdrängt worden und können es auch niemals werden, weil diese Erkenntnisse sich auf die Außenwelt beziehen und nicht auf die Tiefen, in die wir im Schlaf eintauchen. Indem wir mit diesen inneren Kräften durch unsere Träume und durch ein Studium der Mythen Zwiesprache halten, können wir den weiteren Horizont unseres tieferen und weiseren innern Selbst kennenlernen und uns auf ihn einstellen. Entsprechend wird die Gesellschaft, die ihre Mythen wert und lebendig hält, von den stärksten und reichsten Schichten des menschlichen Geistes zehren können.

Hierin liegt aber auch eine Gefahr: daß man nämlich durch seine Träume und die überkommenen Mythen von der Welt des modernen Bewußtseins abgezogen wird und in archaischen Gefühls- und Denkmustern erstarrt, die dem heutigen Leben unangemessen sind. Zwiesprache tut not, erklärt Jung daher, und nicht ein Verharren an einem der Pole – eine Zwiesprache mittels symbolischer Formen, die vom Unbewußten hervorgebracht und stets im Gegenzug vom Bewußtsein erkannt werden.

Was geschieht nun mit den Kindern einer Gesellschaft, die die Entfaltung eines solchen Wechselspiels unterbunden hat, sich aber an ihren überlieferten Traum wie an eine starre, absolute Wahrheit klammert und die neuen Tatsachen und Einsichten des Bewußtseins, der Vernunft und der Wissenschaft von sich weist? Es gibt ein allgemein bekanntes historisches Beispiel, das als eine ausreichende Warnung dienen kann.

Wie jeder Schuljunge weiß, sind die Anfänge dessen, was wir unter Wissenschaft verstehen, bei den Griechen zu suchen und wurde ein Großteil des von ihnen angesammelten Wissens an Asien weitergegeben und wanderte über Persien nach Indien und von dort sogar bis nach China. Aber jede dieser orientalischen Welten war bereits auf ihre eigene mythische Denkweise festgelegt, und der objektive, realistische, forschende und experimentelle Standpunkt der Griechen wurde samt den entsprechenden Methoden mißbilligt. Man vergleiche beispielsweise die Wissenschaft der Bibel – ein orientalisches Schriftwerk, das weitgehend nach dem Kampf der Makkabäer gegen den griechischen Einfluß zusammengestellt wurde – mit der von Aristoteles. Ganz zu schweigen von Aristarchos (um 275 v. Chr.), für den die Erde bereits eine die Sonne auf einer Umlaufbahn umkreisende Kugel war; oder von Eratosthenes (um 250 v. Chr.), der schon den Erdumfang richtig auf 250 000 Stadien berechnet hatte (das sind knapp 40 000 km – der korrekte Äquatorumfang beträgt 40 076,6 km); oder von Hipparchos (um 160 v. Chr.), der sowohl den Durchmesser des Mondes als auch seine mittlere Entfernung von der Erde auf wenige Kilometer genau bestimmt hatte. Man stelle sich einmal vor, wieviel Blut, Schweiß und Tränen – als Häretiker auf dem Scheiterhaufen verbrannte Menschen und dergleichen mehr – nicht geflossen wären, wenn Justinian im Jahre des Herrn 529 die heidnisch-griechischen Schulen gefördert hätte, anstatt sie alle zu schließen! Aber an ihrer Stelle wurde uns und unserer Kultur das erste Buch Mose 1 und 2 beschert, das heißt eine Verzögerung des Reifungsprozesses nicht nur der Wissenschaft, sondern auch unserer Kultur und der der ganzen Welt von gut über tausend Jahren.

Eines der interessantesten historischen Beispiele dafür, wozu die Verwerfung der Wissenschaft führt, können wir im Islam erblicken, der zu Anfang das klassische Erbe empfing, annahm und sogar weiterentwickelte. Etwa fünf oder sechs fruchtbare Jahrhunderte lang hatte der Islam eine eindrucksvolle Bilanz wissenschaftlichen Denkens, Experimentierens und Forschens aufzuweisen, vor allem in der Medizin. Dann aber griff leider die Mehrheit der Gläubigen autoritativ durch – die Sunna, der Konsensus, von dem der Prophet Mohammed erklärt hatte, er habe immer recht. Das Wort Gottes im Koran wurde zum einzigen Hort und Träger der Wahrheit. Das wissenschaftliche Denken, hieß es, führe dazu, „daß der Glaube an den Ursprung der Welt und an den Schöpfer verloren geht". Und so geschah es, daß die islamische Wissenschaft und Medizin, gerade als das Licht der griechischen Bildung vom Islam nach Europa weitergetragen zu werden begann, zum Stillstand kam und abstarb; und damit starb auch der Islam. Das

Leuchtfeuer nicht nur der Wissenschaft, sondern auch der Geschichte, ging an den christlichen Westen über. Seit jener Zeit, ungefähr seit dem Anfang des zwölften Jahrhunderts, können wir die großartige Entwicklung im einzelnen verfolgen, eine Abfolge kühner und glänzender Geistesgrößen, deren Entdeckungen in der ganzen langen Geschichte des menschlichen Lebens nicht ihresgleichen haben. Auch kann das Ausmaß unserer Dankesschuld diesen wenigen Köpfen gegenüber von niemandem voll begriffen werden, der nicht irgendeines der Länder, die jenseits der Grenzen dieses europäischen Bannkreises liegen, selbst einmal betreten hat. In diesen sogenannten „Entwicklungsländern" ist der gesamte gesellschaftliche Wandel heute wie schon seit Jahrhunderten nicht die Folge kontinuierlicher Prozesse, sondern äußerer Eingriffe und deren Nachwirkungen. Jede kleine Volksgemeinschaft beharrt auf ihrer eigenen, seit langem festgelegten und verhärteten Mythologie. Veränderungen treten nur aufgrund von Zusammenstößen ein, so etwa als die Krieger des Islam in Indien einfielen und eine Zeitlang ein unvermeidlicher Gedankenaustausch stattfand, oder als die Engländer kamen und eine weitere Ära des Umsturzes und der aufrüttelnden, unvorhergesehenen Neuerungen anbrach. In unserer modernen westlichen Welt dagegen hat es als Ergebnis der unablässigen Suche nach den Grenzen der grenzenlosen Wahrheit, wie sie von einigen mutigen Männern mit offenem Herzen und offenen Augen in Angriff genommen wurde, ein konsequentes und andauerndes produktives Wachstum fast von der Art einer organischen Blüte gegeben.

Worin aber bestünde nun letzten Endes für einen modernen Wissenschaftler der Sinn des Wortes „Wahrheit"? Sicherlich hätte es nicht denselben Sinn wie für einen Mystiker. Denn das wirklich Große und Wesentliche an der wissenschaftlichen Offenbarung – ihr wunderbarster und kühnster Zug – besteht darin, daß die Wissenschaft nicht vorgeben wird und kann, in irgendeinem absoluten Sinne „wahr" zu sein. Sie wird und kann nicht vorgeben, letztgültig zu sein. Sie ist eine versuchsweise Anordnung bloßer „Arbeitshypothesen" („Ach, diese Wissenschaftler!" – „Ja, ich weiß, aber sie haben die Knochen gefunden."), die gegenwärtig alle wichtigen, derzeit bekannten Tatsachen zu berücksichtigen scheint.

Aber hegt man dabei nicht den Hintergedanken, sich mit irgendeiner letzten Summe oder ausreichenden Anzahl von Tatsachen zufrieden zu geben?

Nein, keineswegs! Es gibt nur die ständige Suche nach mehr, wie sie Menschen eigen ist, deren Sinn nach Wachstum steht. Und solange dieses Wachstum anhält, wird es den Maßstab für das Leben des modernen westlichen Menschen setzen wie auch für die Welt mit all ihren Verheißungen, die er geweckt hat und nach wie vor weckt – das heißt eine Welt des Wandels, neuer Gedanken, neuer Dinge, neuer Größenordnungen und fortwährender Veränderung, keine Welt der Verhärtung, der Erstarrung und einer kanonisierten, festgestellten „Wahrheit".

Wir wissen also gar nichts, und nicht einmal unsere Wissenschaft kann uns mit Prophezeiungen trösten, denn sie ist gewissermaßen nichts anderes als ein Eifern nach Wahrheiten, das nicht fragt, wohin es von diesen gelockt wird. Daher kommt es mir so vor, als sei uns mit ihr in noch einer Hinsicht eine größere und lebendigere Offenbarung gegeben, als wir sie je von unseren alten Religionen empfangen oder auch nur angedeutet bekommen hätten. Die alten Schriften beruhigen uns mit überschaubaren Horizonten. Sie erzählen uns von einem liebenden, gütigen und gerechten Vater droben, der auf uns niederschaut, uns mit offenen Armen aufnimmt und stets auf unser teures Leben bedacht ist. Jedoch unserer Wissenschaft zufolge weiß keiner, *was* dort oben ist bzw. ob es überhaupt ein „Dort oben" gibt. Es läßt sich nichts anderes sagen, als daß es eine ungeheure Vielfalt von Erscheinungen zu geben scheint, die unsere Sinne und deren Instrumente unserem Verstand so übermitteln, wie er sie begreifen kann. Und es gibt die Vielfalt einer inneren Bilderwelt ganz anderer Art, die wir am besten nachts erleben, im Schlaf, die aber auch in unser Wachleben einbrechen und uns sogar mit Wahnsinn schlagen und zugrunderichten kann. Über den Hintergrund dieser äußeren und inneren Formen können wir nur Vermutungen anstellen, möglicherweise können wir ihnen durch Hypothesen näherkommen. Was sie sind, wo sie sind oder warum sie sind (um nur all die üblichen Fragen zu nennen), ist ein absolutes Geheimnis – das einzige bekannte Absolute, weil absolut unbekannt. Die Größe, dies einzugestehen, brauchen wir jetzt alle.

Es gibt kein „Du sollst!" mehr. Es gibt nichts, was man glauben *muß*, und es gibt nichts, was man tun *muß*. Andererseits kann man natürlich, wenn einem das besser gefällt, noch immer das alte mittelalterliche Spiel spielen oder ein orientalisches Spiel oder sogar irgendein primitives Spiel. Wir leben in einer schwierigen Zeit, und alles kann unseren Beifall finden, wenn es diejenigen vor dem Irrenhaus bewahrt, die sich selbst nicht zu helfen wissen.

Als ich im Winter 1954 in Indien war, hatte ich ein Gespräch mit einem Inder ungefähr meines Alters, der mich nach den üblichen Höflichkeitsfloskeln mit einer gewissen Reserviertheit fragte: „Was sagt Ihre westliche Wissenschaft mittlerweile über das Alter der Veden?"

Man muß wissen, daß die Veden für den Hindu dasselbe sind wie die Thora für den Juden. Sie sind für ihn die ältesten Schriften und enthalten daher die höchste Offenbarung.

„Das Alter der Veden ist nach neuester Schätzung herabgesetzt worden", antwortete ich, „ich glaube als Entstehungszeit wird etwa 1500–1000 v. Chr. angenommen. Wie Sie wahrscheinlich wissen", fügte ich hinzu, „hat man in Indien selbst die Überreste einer Kultur gefunden, die älter ist als die vedische."

„Ja", sagte der Inder, nicht gerade scharf, aber doch bestimmt und mit einer Miene ungetrübter Gewißheit, „ich weiß, aber als orthodoxer Hindu kann ich nicht glauben, daß es irgend etwas auf der Welt gibt, das älter ist als die Veden." Und das meinte er auch so.

„Na schön", sagte ich. „Warum haben Sie dann gefragt?"

Um jedoch dem alten Indien Gerechtigkeit widerfahren zu lassen, will ich abschließend ein Stück eines Hindu-Mythos erzählen, worin meiner Ansicht nach das Gefühl eines solchen Augenblicks, wie wir alle ihn heute an diesem Wendepunkt unserer allgemeinen Menschheitsgeschichte miterleben, in einem besonders stimmigen Bild eingefangen ist. Der Mythos berichtet vom Anfang der Geschichte des Weltalls, als sich die Götter und ihre Hauptfeinde, die Gegengötter, eine Schlacht in ihrem ewigen Krieg lieferten. Sie kamen überein, diesmal einen Waffenstillstand zu schließen und mit vereinten Kräften das Milchmeer – den Ozean des Weltalls – zu quirlen, um die Butter der Unsterblichkeit zu erlangen. Als Quirlstock nahmen sie den Weltenberg (das vedische Gegenstück zu Dantes Läuterungsberg), und als Quirlstrick wickelten sie die Weltenschlange darum. Als dann die Götter am Kopfende zogen und die Gegengötter am Schwanz, versetzten sie dadurch den Weltenberg in wirbelnde Bewegung. Tausend Jahre lang hatten sie so gequirlt, als eine große, schwarze Wolke aus tödlich giftigem

Rauch aus den Wassern aufstieg und sie das Quirlen abbrechen mußten. Sie waren zu einer bis dahin unerreichten Kraftquelle durchgebrochen, und was sie davon als erstes zu spüren bekamen, waren ihre negativen, todbringenden Auswirkungen. Wenn das Werk fortgesetzt werden sollte, mußte einer von ihnen die Giftwolke schlucken und sich einverleiben, und es gab, wie sie alle wußten, nur einen, der zu einer solchen Tat fähig war: Shiva, den archetypischen Gott des Yoga, eine furchterregende, dämonische Gestalt. Er tat die ganze Giftwolke einfach in seine Bettelschale und leerte diese auf einen Zug, wobei er das Gift durch Yoga in seiner Kehle festhielt, so daß sie ganz blau anlief. Seit der Zeit nannte man ihn auch Nīlakantha, Blaukehle. Als nun diese wunderbare Tat vollbracht war, machten sich alle anderen Götter und die Gegengötter wieder an ihre gemeinsame Arbeit, und sie quirlten und quirlten. Unermüdlich quirlten sie immer weiter, bis plötzlich eine Reihe von wunderbaren, wohltätigen Dingen aus dem Weltenmeer aufzusteigen begann: der Mond, die Sonne, ein Elefant mit acht Rüsseln, ein herrliches Roß, gewisse Medizinpflanzen und endlich ganz zuletzt eine große strahlende Schale, angefüllt mit der ambrosischen Butter.

Diesen alten indischen Mythos gebe ich als ein Gleichnis für unsere heutige Welt, als eine Ermunterung, weiter mit der Arbeit voranzuschreiten, über die Angst hinaus.

II
Das Auftreten des Menschen

1

DER MYTHOS IST OFFENBAR SO ALT WIE DER MENSCH. Soweit sich jedenfalls die zerbrochenen und verstreuten frühesten Zeugnisse für das Auftreten unserer Art zurückverfolgen ließen, wurden Anzeichen dafür entdeckt, daß mythische Absichten und Gedanken bereits Kunst und Welt des Homo sapiens formten. Solche Zeugnisse verraten uns außerdem etwas über die Einheit unserer Art, denn die grundlegenden Themen des mythischen Denkens sind nicht nur im Laufe der gesamten Geschichte, sondern auch auf der ganzen von Menschen bewohnten Erde konstant und allgemeingültig geblieben. Normalerweise richten die Wissenschaftler bei der Behandlung der menschlichen Evolution ihr Augenmerk auf den Körperbau, auf die anatomischen Merkmale, die uns auszeichnen: die aufrechte Haltung, das große Gehirn, die Anzahl und Anordnung unserer Zähne und der gegenüberstellbare Daumen, der unseren Händen den Gebrauch von Werkzeugen ermöglicht. Professor L. S. B. Leakey, dessen Entdeckungen in Ostafrika wir den größten Teil unseres derzeitigen Wissens über die frühesten Hominiden verdanken, hat den menschenähnlichsten seiner ältesten Funde, der etwa 1,8 Millionen Jahre alt ist, Homo habilis genannt: (technisch) begabter Mensch. Diese Bezeichnung ist zweifellos angebracht, denn der kleine Kerl war vielleicht der erste Hersteller roher Werkzeuge. Wenn wir allerdings statt der körperlichen die seelischen Anlagen unserer Art betrachten, so finden wir als das augenfälligste Unterscheidungsmerkmal, daß der Mensch sein Leben in erster Linie mythischen Zielen und Gesetzen unterordnet und erst in zweiter Linie ökonomischen. Es stimmt, daß Essen und Trinken, Fortpflanzung und Nestbau im Leben der Menschen keine weniger herausragende Rolle spielen als in dem von Schimpansen. Wo aber bleibt die Ökonomie bei den Pyramiden, bei den Kathedralen des Mittelalters, bei Hindus, die von eßbaren Kühen umgeben verhungern, oder bei der Geschichte Israels von der Zeit Sauls bis zum heutigen Tag? Wenn aber eine *unterscheidende* Eigenschaft genannt werden muß, die die Menschenseele von der Tierseele trennt, so ist es gewiß die Unterordnung selbst der Ökonomie unter die Mythologie im menschlichen Lebensraum. Und wenn jemand fragen sollte, warum oder wie ein derart unbedeutender Trieb bei der Ordnung des natürlichen Lebens jemals zu solcher Vorherrschaft gelangen konnte, so lautet die Antwort, daß in diesem wunderbaren Gehirn, das wir Menschen besitzen, eine Wirklichkeit aufging, von der die anderen Primaten nichts wissen: Es ist die Wirklichkeit des Individuums, das sich seiner selbst bewußt ist und begreift, daß es selbst und alles, woran es hängt, eines Tages sterben muß.

Die Einsicht in die Sterblichkeit und der Drang, sie zu überwinden, ist der erste große Anstoß zur Mythenbildung. Damit einher geht eine andere Erkenntnis: daß nämlich der Gesellschaftskörper, in den der Einzelne geboren wurde, der ihn ernährt und schützt und den er seinerseits die meiste Zeit seines Lebens über ernähren und schützen helfen muß, schon lange vor seiner Geburt gedieh und auch bestehen bleiben wird, wenn er selbst tot ist. Das heißt, daß das seiner selbst bewußte menschliche Individuum nicht nur dem Tod ins Auge sieht, sondern auch vor der Notwendigkeit steht, sich in die bestimmte Lebensordnung einzugliedern, die sich die Gemeinschaft, in die es geboren wurde, nun einmal gegeben hat. Diese Ordnung steht über der seines eigenen Lebens und verkörpert eine Art höheren Organismus, von dem es sich vereinnahmen lassen und an dem es teilnehmen muß, um so das Leben kennenzulernen, das über den Tod hinausgeht. In jedem mythologischen System, das im Verlauf der langen Geschichte und Vorgeschichte in den verschiedenen Zonen und Gegenden dieser Erde Verbreitung fand, wurden diese beiden grundlegenden Erkenntnisse – die Unvermeidbarkeit des individuellen Todes und die Dauerhaftigkeit der Gesellschaftsordnung – symbolisch miteinander verbunden und bilden so den Faktor, der die Riten und folglich die Gesellschaft im Keim prägt.

Der junge Mensch, der in einer primitiven Jägergemeinschaft aufwächst, wird sich allerdings in eine völlig andere Gesellschaftsordnung eingliedern müssen als etwa ein Jugendlicher in einer Industrienation wie der unseren, und zwischen diesen beiden Extremen eines fortdauernden gesellschaftlichen Lebens gibt es unzählige andere Typen. Folglich muß man bei der eben genannten zwiefältigen Keimform wiederum zwei Faktoren berücksichtigen, nämlich nicht nur einen, der für die *Einheit* unserer Art steht, sondern auch einen Faktor der *Differenzierung*. Obwohl alle Menschen im Angesicht des Todes leben, unterscheiden sich die verschiedenen Völker der Welt doch sehr in ihrer Art, wie sie dies tun. Eine kulturvergleichende Gesamtschau der Menschheitsmythologien wird daher nicht nur das Allgemeine erfassen müssen, sondern auch die Veränderungen, denen diese gemeinsamen Themen in ihren verschiedenen Verbreitungsgebieten unterliegen.

Es gibt außerdem noch einen dritten Faktor, der überall einen beherrschenden Einfluß auf die Gestaltung der Mythologien ausgeübt hat, einen dritten, spezifisch menschlichen Erfahrungsbereich, dessen das sich entwickelnde Individuum in dem Maße gewahr werden muß, wie sein Denk- und Beobachtungsvermögen heranreift: das sichtbare Weltall. Die natürliche Welt, in der sich der Mensch befindet – ihre Größe, ihre sich wandelnden Formen und der dabei doch bestehende Anschein der Gesetzmäßigkeit –, stellt ihn vor das Rätsel, wie sich sein eigenes Dasein zu dieser Welt verhält. Die Ansicht der Menschen vom Weltall hat sich im Laufe der Jahrtausende stark verändert, vor allem nachdem sich in jüngster Zeit unsere Untersuchungsinstrumente verbessert haben. Aber auch in der Vergangenheit kam es zu großen Veränderungen, beispielsweise zur Zeit des Aufstiegs der frühen sumerischen Stadtstaaten, deren Priester die Himmelsbahnen beobachteten, oder zur Zeit der alexandrinischen Physiker und Astronomen, nach deren Auffassung die Erde eine von sieben darum kreisenden Himmelssphären umschlossene Kugel war.

Wir müssen daher bei unserer Analyse der allen Menschen gemeinsamen Mythen, Legenden und dazugehörigen Riten neben bestimmten konstanten Themen und Prinzipien auch bestimmte Variablen beachten, die sich nicht nur der großen Vielfalt von Gesellschaftssystemen schulden, die auf diesem Planeten gewachsen sind, sondern auch den Formen des Naturerkennens, die im Laufe der Jahrtausende das Bild des Menschen von seiner Welt gestaltet und umgestaltet haben.

Des weiteren wird es im Lichte der archäologischen Funde deutlich, daß auf den anfänglichen und primitiven Entwicklungsstufen des Menschen eine allgemeine zentrifugale Bewegung in die Ferne stattfand, eine Völkerwanderung in alle Richtungen, wobei die verschiedenen Volksgemeinschaften sich zunehmend aufspalteten und eine jede auf ihre Art von den gemeinsamen allgemeinen Motiven Gebrauch machte und sich diese deutete. Demgegenüber verblassen solche Unterschiede heute in dieser mächtigen Epoche weltweiter Verkehrs- und Kommunikationsverbindungen, in der wir alle wieder zusammengeführt werden. Die alten Unterschiede, die ein System vom anderen trennen, verlieren mehr und mehr an Gewicht und sind immer schwerer auszumachen. Im Gegensatz dazu wird es immer wichtiger, daß wir lernen, *durch* all diese Unterschiede hin auf die gemeinsamen Themen zu schauen, die es von jeher gegeben hat, die entstanden sind, als sich der Mensch zum erstenmal über die tierische Daseinsebene erhob, und die uns noch immer begleiten.

Heutzutage halten die Menschen – wenigstens in den Hauptzentren der modernen kulturellen Weiterentwicklung – das Vorhandensein der sie tragenden Gesellschaftsordnungen allmählich für selbstverständlich. Anstatt sich um die Verteidigung und Erhaltung der Integrität ihrer Gemeinschaft zu kümmern, haben sie begonnen, die Entfaltung und den Schutz des Individuums in den Mittelpunkt ihrer Bemühungen zu stellen, wobei das Individuum zudem nicht als ein Glied des staatlichen Ganzen begriffen wird, sondern als ein Selbstzweck und ein für sich seiendes Wesen. Dies zeigt einen äußerst wichtigen, beispiellosen Standpunktwechsel an, dessen Auswirkungen auf künftige Entwicklungen in der Mythologie im folgenden überdacht werden sollen.

Zuvor jedoch sollen einige der herausragenden Unterschiede zwischen den traditionellen Gesichtspunkten betrachtet werden, die in der Vergangenheit in verschiedenen Teilen der Welt zu voneinander abweichenden Auslegungen der gemeinsamen Mythen geführt haben.

2

Sowohl Juden als auch Christen hatten die Angewohnheit, die Geschichten in den ersten Büchern und Kapiteln der Bibel wörtlich zu nehmen, als ob sie verläßliche Schilderungen vom Ursprung der Welt und von wirklichen vorgeschichtlichen Ereignissen wären. Man nahm an und lehrte, daß es ganz konkret eine Erschaffung der Welt in sieben Tagen durch einen nur den Juden bekannten Gott gegeben hätte; daß sich irgendwo auf dieser weiten, neuen Erde ein Garten Eden mit einer sprechenden Schlange darin befunden hätte; daß die erste Frau, Eva, aus der Rippe des ersten Mannes gebildet worden wäre und daß die böse Schlange ihr von den wunderbaren Eigenschaften der Früchte eines gewissen Baumes erzählt hätte, von dem zu essen Gott dem Paar verboten hatte; und daß deshalb, weil die zwei von dieser Frucht aßen, ein „Fall" der gesamten Menschheit erfolgte, der Tod in die Welt kam und das Paar aus dem Garten vertrieben wurde. Denn inmitten jenes Gartens stand noch ein zweiter Baum, dessen Frucht ihnen das ewige Leben verliehen hätte, und ihr Schöpfer verfluchte sie, da er fürchtete, sie würden nun auch davon nehmen und essen und genauso allwissend und unsterblich werden wie er. Also stellte er nach ihrer Vertreibung an die Pforte seines Gartens „die Cherubim mit dem flammenden, blitzenden Schwert, zu bewachen den Weg zu dem Baum des Lebens" (1. Mose 3,24).

Es erscheint heute undenkbar, aber bis in die jüngste Zeit, noch vor einem halben Jahrhundert etwa, glaubten die Leute das alles tatsächlich: Geistliche, Philosophen, Regierungsbeamte – alle. Heute wissen wir mit Sicherheit, daß es niemals etwas Derartiges gegeben hat: nirgendwo einen Garten Eden auf dieser Erde, keine Zeit, in der die Schlange sprechen konnte, keinen vorgeschichtlichen „Fall", keine Aussperrung von dem Garten, keine weltweite Sintflut, keine Arche Noah. Die gesamte geschichtliche Überlieferung, auf die sich unsere maßgebenden abendländischen Religionen stützen, ist eine Sammlung von Märchen. Allerdings sind dies Märchen, die sich seltsamerweise in der einen oder anderen Form auch als Stiftungslegenden anderer Religionen einmal weltweiter Beliebtheit erfreuten. Überall sind Gegenstücke zu ihnen aufgetaucht – und doch gab es niemals so einen Garten, so eine Schlange, so einen Baum oder so eine Sintflut.

Wie lassen sich solche Ungereimtheiten erklären? Wer erfindet diese unmöglichen Geschichten? Woher stammen ihre Bilder? Und warum werden sie, obwohl sie offensichtlich absurd sind, überall so ehrfürchtig geglaubt?

Vielleicht gelangt man, wenn man einige Geschichten aus verschiedenen Teilen der Welt und unterschiedlichen Traditionen vergleicht, zu einem Verständnis ihrer nachhaltigen Wirkung, ihres Ursprungs und ihres möglichen Sinns. Denn sie sind nicht historisch, so viel steht fest. Sie erzählen also nicht von äußeren Begebenheiten, sondern von Gegenständen der Phantasie. Und da sie Züge aufweisen, die wirklich weltweit anzutreffen sind, müssen sie irgendwie der menschlichen Phantasie im allgemeinen eigen sein, das heißt, gleichbleibende Eigenschaften des menschlichen Geistes bzw., wie wir heute sagen, der Psyche darstellen. Sie berichten uns daher von Dingen, die für uns selbst von grundlegender Bedeutung sind, von bleibenden, wesentlichen Prinzipien, die zu kennen gut für uns wäre. In der Tat wird es notwendig sein, sie zu kennen, wenn unser Bewußtsein die Verbindung zu unseren geheimsten, treibenden Tiefen halten will. Kurzum, diese heiligen Sagen und ihre Bilder sprechen aus Nischen des Geistes, von denen das normale Wachbewußtsein nichts weiß, zu eben diesem Bewußtsein, und wenn sie so verstanden werden, als ob sie sich auf Ereignisse in Raum und Zeit – ob Zukunft, Gegenwart oder Vergangenheit – bezögen, so hat man sie mißverstanden und ihre Kraft abgebogen, so daß dann ein untergeordnetes äußeres Ding den Sinn des Symbols für sich beansprucht, irgendein Stock, Stein oder Tier, ein Mensch, ein Ereignis, eine Stadt oder eine Gemeinschaft, die heilig gesprochen werden.

Wir wollen uns jetzt das biblische Bild des Gartens ein wenig genauer anschauen.

Der Name Eden bedeutet auf hebräisch „Freude, Ort der Freude", und unser deutsches Wort Paradies, das von persisch *pairi-*, „um... herum", und *daeza*, „Wand, Zaun", stammt, bedeutet eigentlich „Umfriedung". Eden ist also offenbar ein eingefriedeter Lustgarten, in dessen Mitte der große Baum steht bzw. die zwei Bäume: der Baum der Erkenntnis von Gut und Böse und der Baum des ewigen Lebens. Außerdem fließen aus einer unversiegbaren Quelle in seinem Innern vier Ströme in die vier Himmelsrichtungen und verjüngen die Welt. Und als unsere Ureltern, nachdem sie die Frucht gegessen hatten, vertrieben wurden, wurden die schon bekannten zwei Cherubim an seiner östlichen Pforte aufgestellt, um den Rückweg zu bewachen.

Wenn man den Garten Eden nicht als einen geographischen Schauplatz, sondern als eine Landschaft der Seele begreift, so müßte er in unserem Innern liegen. Doch unser Bewußtsein vermag ihn nicht zu betreten und dort das ewige Leben zu genießen, da wir bereits die Erkenntnis von Gut und Böse gekostet haben. Sie muß also die Erkenntnis sein, die uns aus dem Garten hinausgeworfen, uns aus unserer eigenen Mitte gestoßen hat, so daß wir nun anhand dieser Begriffe über die Dinge urteilen und nichts als Gut und Böse wahrnehmen anstelle des ewigen Lebens. Dabei muß uns dieses bereits sicher sein, wenn auch unser bewußtes Ich nichts davon weiß, denn der umfriedete Garten liegt in uns. Anscheinend wäre dies die Bedeutung des Mythos, wenn er nicht als vorgeschichtliches Geschehen, sondern als Hinweis auf den inneren Geisteszustand des Menschen verstanden würde.

Wir wollen uns nun von dieser biblischen Legende, die wie ein Zauber auf den Westen wirkte, der indischen vom Buddha zuwenden, die den gesamten Osten in ihren Bann geschlagen hat. Auch dort begegnen wir dem mythischen Bild von einem Baum des ewigen Lebens, der von zwei furchterregenden Wächtern gehütet wird. Es ist jener Baum, unter dem Siddhārta ostwärts gewandt saß, als er zum Licht der Wahrheit seiner eigenen Unsterblichkeit erwachte und von da an Buddha, der Erwachte, hieß. Auch in dieser Legende kommt eine Schlange vor, aber sie gilt nicht als böse, sondern wird als Symbol für die unsterbliche, allem Erdenleben innewohnende Energie aufgefaßt. Denn die Schlange, die ihre Haut abstreift, um gleichsam wiedergeboren zu werden, wird im Orient mit dem sich reinkarnierenden Geist gleichgesetzt, der die Leiber so annimmt und abwirft, wie ein Mensch seine Kleider an- und auszieht. Es gibt in der indischen Mythologie die Vorstellung von einer großen Kobra, die die tafelgleiche Erde auf ihrem Kopf im Gleichgewicht hält, wobei ihr Kopf natürlich am Erdnabel ansetzt, genau unterhalb der Achse des Weltenbaumes. Die Buddha-Legende berichtet, daß der Gesegnete einmal, nachdem er das Allwissen erlangt hatte und noch tagelang in absoluter Meditation versunken sitzen blieb, von einem mächtigen Sturm bedroht wurde, der sich ringsum in der Welt erhob, woraufhin jene gewaltige Schlange aus der Tiefe aufstieg, sich schützend um den Buddha wand und seinen Kopf mit ihrer ausgespreizten Kobrahaube beschirmte.

Während also in einer dieser zwei Legenden vom Baum die Dienste der Schlange verunglimpft werden und das Tier selbst verflucht wird, werden sie in der anderen angenommen. In beiden wird die Schlange irgendwie mit dem Baum in Verbindung gebracht und hat offenbar von seinen Früchten gegessen, da sie sich häuten und erneut leben kann. In der biblischen Legende jedoch werden unsere Ureltern aus dem Garten um diesen Baum vertrieben, während wir nach der buddhistischen Überlieferung alle darin eingeladen sind. Der Baum, unter dem der Buddha saß, entspricht daher dem zweiten Baum im Garten Eden, den man sich wie gesagt nicht als einen geographischen Ort vorzustellen hat, sondern als einen Garten der Seele. Was hindert uns also daran, dahin zurückzukehren und wie der Buddha unter dem Baum zu sitzen? Wer oder was sind diese zwei Cherubim? Kennen die Buddhisten ein solches Zweiergespann?

Eines der bedeutendsten buddhistischen Zentren der Welt befindet sich heute in der heiligen Stadt Nara in Japan, wo ein großer Tempel eine ungeheure, sechzehn Meter hohe Bronzestatue des Buddha birgt, die ihn zeigt, wie er mit übergeschlagenen Beinen auf einem großen Lotos sitzt und damit der erhobenen rechten Hand die Geste „Fürchte dich nicht!" macht. Auf dem Weg in den umfriedeten Tempelbezirk tritt man durch ein Tor, das links und rechts von zwei riesigen, ungemein bedrohlich wirkenden, gewappneten Figuren mit gezückten Schwertern bewacht wird. Dies sind die buddhistischen Ebenbilder der Cherubim, die von Jahwe an der Gartenpforte aufgestellt wurden. Hier dürfen wir uns jedoch nicht einschüchtern und abhalten lassen. Die Frucht vor dem Tod und das Verlangen nach Leben, die diese bedrohlichen Wächter in uns wachrufen, müssen wir zurücklassen, wenn wir zwischen ihnen hindurchgehen.

Nach buddhistischer Auffassung schließt uns also nicht das Eifern oder Zürnen irgendeines Gottes von dem Garten aus, sondern unser eigenes instinktives Haften an dem, was wir für unser Leben halten. Unsere nach außen auf die Welt von Raum und Zeit gerichteten Sinne haben uns an diese Welt und an unsere sterblichen Leiber darinnen gebunden. Wir sind nicht willens, die scheinbaren Vorteile und Freuden dieses leiblichen Lebens aufzugeben, und diese Verhaftung ist die große Ursache, die große Schranke, die uns von dem Garten ausschließt. Sie, und nur sie, hindert uns daran, jenes unsterbliche und allumfassende Bewußtsein in uns zu erkennen, dessen bloße nach außen gerichtete Hilfsmittel unsere leiblichen Sinne sind.

Dieser Lehre zufolge bedarf es keines wirklichen Cherubs mit einem Flammenschwert, um uns von unserem inneren Garten fernzuhalten, da wir uns durch unser gieriges Verlangen nach dem, was an uns und der Welt äußerlich und sterblich ist, selbst davon fernhalten. Unser Durchschreiten der bewachten Pforte symbolisiert unseren Verzicht auf diese Sichtweise der Welt und unseres Standes darin, auf den bloßen äußeren Anschein der Dinge, wonach diese geboren werden und sterben, entweder als gut oder böse erfahren und folglich mit Verlangen oder Furcht betrachtet werden. Einer der zwei großen buddhistischen Cherubim hat den Mund geöffnet und der andere hat ihn geschlossen – zum Zeichen (wie mir gesagt wurde) für unsere Angewohnheit, die Dinge in dieser vergänglichen Welt stets als Gegensätze wahrzunehmen. Indem wir zwischen ihnen hindurchgehen, sollen wir ein solches Denken hinter uns lassen.

Aber ist das nicht letzten Endes auch die Moral der biblischen Geschichte? Eva und danach Adam aßen die Frucht der Erkenntnis von Gut und Böse, das heißt der Gegensätze, nahmen sich auf der Stelle als voneinander verschieden war und schämten sich. Gott bestätigte also nur, was bereits vollzogen war, als er sie aus dem Garten trieb, damit sie die Schmerzen von Tod und Geburt und die Mühsal der Arbeit für die Dinge dieser Welt kennenlernten. Außerdem erschien ihnen Gott selbst jetzt als der „ganz Andere", der über ihr Tun zürnte und es zu vereiteln drohte, und die Cherubim an der Gartenpforte waren Sinnbilder dieser – nunmehr ihrer – Art und Weise, Gott und sich selbst wahrzunehmen. Doch wie wir in der biblischen Legende auch erfahren, wäre es Adam tatsächlich möglich gewesen, „daß er ... ausstrecke seine Hand und breche auch von dem Baum des Lebens und esse und lebe ewiglich" (1. Mose 3,22). Und durch das christliche Bild vom gekreuzigten Erlöser werden wir dazu aufgefordert, genau das zu tun. Es lehrt uns, daß Christus dem Menschen die Unsterblichkeit zurückgab. Im ganzen Mittelalter wurde sein Kreuz mit dem Baum des ewigen Lebens gleichgesetzt, und die Frucht dieses Baumes war der gekreuzigte Heiland selbst, der dort sein Fleisch und Blut darbrachte, um uns „die rechte Speise" und „der rechte Trank" zu sein (Joh 6,55). Er selbst hatte gewissermaßen ohne Furcht vor den Cherubim und jenem flammenden, blitzenden Schwert die bewachte Pforte kühn durchschritten. Genau wie der Buddha fünfhundert Jahre vor ihm alle ichhaften Begierden und Ängste zurückgelassen hatte, um sich selbst als die reine, unsterbliche

Leere zu erkennen, so ließ der westliche Heiland seinen an den Baum genagelten Leib zurück und vollzog im Geiste die Versöhnung *(atonement)* und Versohnung *(at-one-ment)* mit dem Vater – auf daß wir ihm folgen.

Die symbolischen Darstellungen beider Traditionen sind daher formal gleichartig, wenn auch die Standpunkte der zwei möglicherweise schwer miteinander in Einklang zu bringen sind. Im Alten und Neuen Testament sind Gott und Mensch keine Einheit, sondern Gegensätze, und der Grund für die Vertreibung des Menschen aus dem Garten war sein Ungehorsam gegenüber seinem Schöpfer. Demzufolge war das Opfer am Kreuz weniger eine Verwirklichung der Versohnung *(at-one-ment)* als eine büßerische Versühnung *(atonement)*. Auf buddhistischer Seite hingegen muß die Ablösung des Menschen vom Ursprung seines Wesens psychologisch als eine Folge des fehlgeleiteten Bewußtseins verstanden werden, das seinen wahren Ort und Quell nicht kennt und bloßen äußeren Erscheinungen letzte Wirklichkeit beimißt. Während sich die Moral der biblischen Geschichte weitgehend auf der Ebene eines Ammenmärchens vom Ungehorsam und seiner Bestrafung bewegt, wodurch eine Haltung der Abhängigkeit, Furcht und ehrfürchtigen Ergebenheit eingeimpft wird, wie man sie für ein Kind gegenüber seinen Eltern angebracht halten mag, wendet sich die buddhistische Belehrung im Unterschied dazu an selbstverantwortliche Erwachsene. Aber die beiden gemeinsame Bilderwelt ist letztlich bei weitem älter – älter als das Alte Testament, viel älter als der Buddhismus, sogar älter als Indien. Denn die Symbolik von Schlange, Baum und Garten der Unsterblichkeit finden wir bereits auf den frühesten altsumerischen Rollsiegeln und sogar in Kunst und Riten primitiver Dorfgemeinschaften auf der ganzen Welt.

Vom Standpunkt einer vergleichenden Untersuchung symbolischer Form aus spielt es auch keine Rolle, ob Christus oder der Buddha tatsächlich jemals gelebt und die Wunder getan haben, die man mit ihren Lehren verknüpft. Das religiöse Schrifttum der Welt ist überreich an Gegenstücken zu den Lebensläufen dieser zwei Großen. Ihnen allen kann man entnehmen, daß der Heiland, der Held, der Erlöste derjenige ist, der gelernt hat, den Schutzwall jener inneren Ängste zu durchstoßen, die uns übrigen für gewöhnlich sowohl beim wachen Nachdenken als auch bei nächtlichen Traumgedanken jede Erfahrung des göttlichen Grundes unserer selbst und der Welt verschließen. Die mythisch aufbereiteten Lebensschilderungen solcher Heilande übermitteln die Botschaft von ihrer weltüberwindenden Weisheit in wortüberwindenden Symbolen – die dann ironischerweise in der Regel wieder in solche ausformulierten Gedanken rückübersetzt werden, aus denen die inneren Wände ursprünglich gebaut waren. Ich habe gehört, wie gute christliche Pfarrer junge Paare bei der Trauungszeremonie ermahnten, in diesem Leben so zusammenzuleben, daß sie in der künftigen Welt des ewigen Lebens teilhaftig würden, und ich dachte bei mir: Herrje! Würde das passendere mythische Mahnwort nicht lauten, sie sollten ihre Ehe so führen, daß sie in *dieser* Welt das ewige Leben kosteten? Denn es gibt in der Tat ein ewiges Leben, eine Dimension bleibender menschlicher Werte, die dem reinen Akt des Lebens selbst schon innewohnt und die zu erfahren und zugleich zu verkünden Menschen zu allen Zeiten gelebt haben und gestorben sind. Wir alle verkörpern diese Werte, ohne es zu wissen, und die Großen unter uns sind schlicht jene, die zu ihrer Erkenntnis erwacht sind. Dies gibt auch ein Christus zugeschriebener Ausspruch im gnostischen *Evangelium nach Thomas* zu verstehen: „Das Reich des Vaters ist über der Erde ausgebreitet und die Menschen sehen es nicht."[1]

Mythologien ließen sich in diesem Licht als dichterische Ausdrucksformen genau solchen transzendentalen Schauens definieren, und wenn wir das Alter gewisser mythischer Grundfiguren – zum Beispiel des Schlangengottes und des heiligen Baumes – zum Beweis heranziehen dürfen, so müssen die Anfänge dessen, was uns heute als mystische Offenbarung gilt, zumindest einigen Lehrern des Menschengeschlechts, ja sogar schon den primitiven, von Anfang an bekannt gewesen sein.

3

Wie sehen nun die frühesten Zeugnisse des mythischen Denkens der Menschheit aus?

Wie bereits erwähnt, können wir heute unter die frühesten Belege für das Auftreten menschenähnlicher Geschöpfe auf dieser Erde die jüngst in der ostafrikanischen Olduvai-Schlucht von Dr. L. S. B. Leakey ausgegrabenen Gebeine rechnen: eindeutig menschenartige Kiefer- und Schädelknochen, die in etwa 1,8 Millionen Jahre alten Erdschichten entdeckt wurden. Das ist ein langer, langer Rücksturz in die Vergangenheit. Von damals an war der Mensch bis zu der Zeit, als im Nahen Osten die Kunst des Getreideanbaus und der Viehzucht aufkam, bei seiner Nahrungsbeschaffung ganz und gar auf Wurzel- und Beerensuche sowie auf Jagen und Fischen angewiesen. In jenen frühesten Jahrtausenden waren die in kleinen Horden hausenden oder herumstreifenden Menschen außerdem eine Minderheit auf dieser Erde. Heute bilden wir die große Mehrheit, und unsere Feinde gehören unserer eigenen Art an. Damals hingegen waren die wilden Tiere bei weitem in der Überzahl, und sie waren auch die „Alten" auf der Erde. Eingespielt und sicher in ihren Verhaltensweisen waren sie hier zu Hause, und viele von ihnen waren höchst gefährlich. Es kam nur recht selten vor, daß eine Menschengruppe auf eine andere traf und sich mit ihr auseinandersetzen mußte. Die Zusammenstöße heftiger oder sonstiger Art, die die Menschen hatten, fanden normalerweise mit Tieren statt. So wie wir heute unseren Mitmenschen ganz unterschiedlich mit Furcht, Achtung, Abscheu, Zuneigung oder Gleichgültigkeit gegenübertreten, so waren es in den ganzen Jahrhunderttausenden damals für gewöhnlich Mittiere, die man so wahrnahm. Und wie wir heute mit unseren Mitmenschen im Einvernehmen leben oder uns das wenigstens einbilden, so scheinen auch jene frühesten Affenmenschen in der Vorstellung gelebt zu haben, daß es ein gewisses Einvernehmen zwischen ihnen und der Tierwelt gäbe.

Unsere ersten greifbaren Beweise für ein mythisches Denken stammen aus der Zeit des Neandertalers, die von ca. 250 000 bis ca. 50 000 v. Chr. dauerte. Sie bestehen erstens aus Gräbern mit Nahrungsvorräten, Grabbeigaben, Werkzeugen, geopferten Tieren und dergleichen und zweitens aus einer Anzahl von Kultstätten in Berghöhlen, wo Schädel von Höhlenbären, die man für Zeremonien symbolisch aufgestellt hatte, aufbewahrt wurden. Wenn die Gräber auch nicht unbedingt auf die Idee der Unsterblichkeit schließen lassen, so doch wenigstens auf die einer Art von Fortleben, und die fast unzugänglichen Bärenschädelheiligtümer im Hochgebirge waren sicherlich Stätten eines Kultes zu Ehren jenes großen, aufrecht stehenden, menschenähnlichen, behaarten Wesens: des Bären. Der Bär wird noch immer von den Jäger- und Fischervölkern des hohen Nordens sowohl in Europa und Sibirien als auch unter unseren nordamerikanischen Indianerstämmen verehrt, und es gibt Berichte, wonach unter einer Anzahl von ihnen die Köpfe und Schädelknochen der geehrten Tiere ziemlich genauso aufbewahrt werden wie in den Höhlen der frühen Neandertaler.

Ein besonders lehrreiches und gut beschriebenes Beispiel ist der Bärenkult der Ainu in Japan, einer europiden Rasse, die Jahrhunderte früher als die mongoliden Japaner in Japan einwanderte und ansässig wurde, heute allerdings auf die nördlichen Inseln Hokkaido und Sachalin zurückgedrängt ist, wobei sich die letztere natürlich in russischer Hand befindet. Diese eigenartigen Menschen hegen den recht vernünftigen Gedanken, daß *diese* Welt der kommenden vorzuziehen sei und daß göttliche Wesen, die in jener anderen wohnen, uns folglich gern Besuche abstatten. Sie kommen hier in Tiergestalt an, sind aber, wenn sie ihr Tiergewand erst einmal angelegt haben, nicht in der Lage, es wieder abzulegen. Sie können daher nicht ohne menschliche Hilfe nach Hause zurückkehren. Also helfen ihnen die Ainu – indem sie sie töten, ihnen die Gewänder ausziehen und diese essen und den befreiten Besuchern mit einer Zeremonie gute Reise wünschen.

Wir besitzen eine Reihe von detaillierten Schilderungen der Zeremonien, und selbst heute kann man noch das Glück haben, Zeuge eines solchen festlichen Ereignisses zu werden. Die Bären werden gefangen, wenn sie noch ganz klein sind, sie werden von der Familie des Fängers als Haustiere aufgezogen, liebevoll von den Frauen gehätschelt und dürfen mit den Kindern herumtollen. Wenn sie jedoch älter und etwas gar zu ruppig geworden sind, werden sie in einen Käfig gesperrt, und ist der kleine Gast etwa vier Jahre alt, dann kommt die Zeit, daß man ihn wieder nach Hause schickt. Das Oberhaupt des Haushalts, in dem er gelebt hat, wird ihn auf das Ereignis vorbereiten und ihm mitteilen, daß die Festlichkeiten, wenn er sie auch ein wenig rauh finden mag, unbedingt so sein müssen und nur zu seinem Besten sind. „Kleiner Gott", so wird der eingesperrte kleine Kerl in einer öffentlichen Ansprache belehrt, „wir werden dich nun bald nach Hause schicken, und falls du nie zuvor eine dieser Zeremonien miterlebt hast, mußt du wissen, daß sie so sein muß. Wir möchten, daß du heimkehrst und deinen Eltern erzählst, wie gut man dich hier auf der Erde behandelt hat. Und wenn es dir gefallen hat, unter uns zu leben, und du uns gern die Ehre erweisen möchtest, uns wieder zu besuchen, so werden wir unsererseits dir die Ehre erweisen, eine weitere Bärenzeremonie dieser Art abzuhalten." Der kleine Kerl wird schnell und kunstgerecht getötet. Sein Fell wird samt Kopf und Tatzen abgezogen und über ein Gestell gehängt, so daß es wie lebendig aussieht. Dann wird ein Festschmaus bereitet, dessen Hauptgericht ein Schmorbraten aus seinem eigenen in Stücke geschnittenen Fleisch ist, wovon ihm eine gut gefüllte Schüssel als letztes Erdenmahl vor die Schnauze gestellt wird. Man geht davon aus, daß er daraufhin, mit etlichen Abschiedsgeschenken bedacht, glücklich heimkehrt.

Ein Hauptmotiv, auf das ich hier aufmerksam machen möchte, ist die Einladung des Bären, wieder zur Erde zurückzukehren. Dies besagt, daß es nach Ansicht der Ainu so etwas wie den Tod nicht gibt. Denselben Gedanken finden wir in den letzten Weisungen ausgedrückt, die die Ainu ihren Verstorbenen in den Bestattungsriten geben. Die Toten sollen nicht als Gespenster oder als Geister der Besessenheit wiederkehren, sondern auf dem richtigen, natürlichen Wege – als Kinder. Außerdem lautet das härteste Urteil der Ainu für schwere Verbrechen auf Tod durch Folter, da der Tod allein für sie keine Strafe wäre.

Ein zweiter wesentlicher Gedanke ist der, daß der Bär als ein göttlicher Gast erscheint, dessen Tierkörper (wie sie sagen) „zerbrochen" werden muß, um ihn zur Rückkehr in seine jenseitige Heimat zu befreien. Viele eßbare Pflanzen und jagbares Wild hält man für derartige Besucher, so daß die Ainu ihnen kein Leid tun, wenn sie sie töten und verzehren, sondern in Wirklichkeit einen Gefallen. Hierin liegt eine offensichtliche psychische Abwehr der Schuldgefühle und Rachebefürchtungen eines primitiven Jäger- und Fischervolkes, dessen ganzes Dasein vom fortwährenden gnadenlosen Töten abhängt. Die getöteten Tiere und die verzehrten Pflanzen werden als willige Opfer ausgegeben, so daß ihre befreiten Geister das „Zerbrechen und Essen" ihrer nur provisorischen fleischlichen Hüllen nicht mit Groll, sondern mit Dankbarkeit erwidern müssen.

Es gibt eine Sage der Ainu von Kushiro (an der Südostküste von Hokkaido), in der die hohe Verehrung erklärt werden soll, die der Bär genießt. Sie erzählt von einer jungen Frau, die Tag für Tag mit ihrem Säugling in die Berge ging, um nach Lilienwurzeln und anderen eßbaren Pflanzen zu suchen. Wenn sie genug gesammelt hatte, ging sie an einen Bach, um ihre Wurzeln zu waschen, wobei sie ihr Kind vom Rücken nahm und es in ihre Kleider eingewickelt am Ufer liegen ließ, während sie nackt ins Wasser stieg. Als sie eines Tages so im Bach stand, fing sie an, ein wunderschönes Lied zu singen, und als sie, noch immer singend, wieder ans Ufer gewatet war, hob sie an, zur Weise des Liedes zu tanzen. Sie war von ihrem eigenen Tanzen und Singen völlig verzaubert und hatte ihre Umgebung ganz vergessen, als sie plötzlich einen furchterregenden Laut hörte und aufschauend sah, daß der Bärgott auf sie zukam. Entsetzt rannte sie, so wie sie war, davon. Als der Bärgott das zurückgelassene Kind am Bach erblickte, dachte er: Ich bin, angelockt von diesem schönen Gesang, auf ganz leisen Sohlen nähergekommen, um nicht gehört zu werden. Aber ach, so schön war ihre Weise, daß ich in Verzückung geriet und mir versehentlich ein Laut entfuhr.

Da das Kind zu weinen angefangen hatte, steckte ihm der Bärgott seine Zunge in den Mund, um es zu nähren und zu besänftigen, und einige Tage lang stillte er das Kind auf diese Weise, wich nicht von seiner Seite und konnte es so am Leben halten. Als jedoch eine Schar Jäger aus dem Dorf anrückte, suchte der Bär das Weite, und die Dorfbewohner, die das verlassene Kind lebendig vorfanden, begriffen, daß der Bär es gepflegt hatte, und sprachen verwundert zueinander: „Er hat sich dieses verlorenen Kindes angenommen. Der Bär ist gut. Er ist gewiß ein Gott, der unsere Verehrung verdient." Also verfolgten und erschossen sie ihn, brachten ihn in ihr Dorf zurück, feierten ein Bärenfest und schickten ihn reich beschenkt und glücklich auf seinen Heimweg, nachdem sie seiner Seele gute Speisen und Wein gereicht und sie mit Fetischen überhäuft hatten.[2]

Da der Bär, die Hauptfigur im Götterhimmel der Ainu, als ein Berggott gilt, haben etliche Wissenschaftler den Gedanken geäußert, ein ähnlicher Glaube könne erklären, warum die alten Neandertaler hochgelegene Berghöhlen als Stätten für ihren Bärenkult gewählt hatten. Auch die Ainu heben die Schädel der von ihnen geopferten Bären auf. Außerdem sind Spuren von Feuerstellen in den hochgelegenen Kultstätten der Neandertaler festgestellt worden, und im Verlauf des Ainu-Ritus wird die Feuergöttin Fuji dazu geladen, zusammen mit dem geopferten Bären von dessen Fleisch zu schmausen. Man glaubt, daß jene zwei, die Feuergöttin und der

Berggott, miteinander plaudern, während ihre Ainu-Wirtsleute sie die ganze Nacht über mit Gesängen unterhalten und sie mit Speise und Trank verköstigen. Wir können natürlich nicht sicher wissen, ob die alten Neandertaler vor etwa zweihunderttausend Jahren irgendwelche Vorstellungen dieser Art besaßen. Eine Reihe von maßgebenden Wissenschaftlern zweifelt ernsthaft daran, ob man vorgeschichtliche Überreste dadurch angemessen deutet, daß man sie mit den Bräuchen heutiger primitiver Völker vergleicht. Und doch sind die Analogien in diesem Fall wirklich schlagend. Es ist sogar darauf hingewiesen worden, daß die Halswirbel, die an den abgetrennten Schädeln gelassen wurden, in beiden Zusammenhängen zwei an der Zahl sind. Jedenfalls aber können wir gewiß ohne ernste Bedenken behaupten, daß der Bär in beiden Fällen ein verehrtes Tier ist, daß seine Kräfte über den Tod hinaus dauern und in dem aufbewahrten Schädel weiter wirksam sind, daß Rituale dazu dienen, diese Kräfte für die Ziele der menschlichen Gemeinschaft nutzbar zu machen, und daß die Macht des Feuers in irgendeiner Form mit den Riten in Verbindung gebracht wird.

Die frühesten uns bekannten Beweise für den Gebrauch des Feuers reichen in eine Zeit zurück, die von der des Neandertalers so weit entfernt ist wie dessen im geschichtlichen Dunkel liegender Erdentag vom unseren, nämlich in die Zeit des Pithecanthropus vor etwa fünfhunderttausend Jahren, und sie stammen aus den finsteren Höhlen jenes raubgierigen Kannibalen mit niedriger Stirn, den man den Pekingmenschen nennt und dessen besondere Delikatesse offenbar Hirn *à la nature* war, das er roh aus frisch aufgebrochenen Schädeln verschlang. Seine Feuer dienten nicht zum Kochen. Auch nicht die der Neandertaler. Wozu denn? Zum Heizen? Möglicherweise. Aber möglicherweise war Feuer auch ein faszinierender Fetisch, der in seiner Feuerstelle wie auf einem Altar am Leben erhalten wurde. Wahrscheinlich wird diese Vermutung nicht nur angesichts des späteren häuslichen Gebrauchs von Feuer in den hochgelegenen Bärenheiligtümern der Neandertaler, sondern auch dadurch, daß es im Rahmen der Ainu-Bärenfeste ausdrücklich als Offenbarung einer Göttin angesehen wird. Das Feuer könnte also gut und gern die erste in einem heiligen Schrein verwahrte Gottheit des vorgeschichtlichen Menschen gewesen sein. Feuer hat die Eigenschaft, nicht weniger zu werden, wenn man es teilt, sondern mehr. Feuer leuchtet wie Sonne und Blitz, es ist das einzige Etwas dieser Art auf Erden. Zudem ist es lebendig: In der Wärme des menschlichen Körpers erweist es sich als das Leben selbst, das entweicht, wenn der Körper erkaltet. Gewaltig zeigt es sich in Vulkanen, und man hat, wie wir aus dem Sagengut vieler primitiver Traditionen wissen, darin oft eine Dämonin der Vulkane erblickt, die über eine Jenseitswelt herrscht, in der die Toten in phantastisch flackernden vulkanischen Flammen auf ewig ausgelassen tanzen.

Die wilde Rasse der Neandertaler mit ihrer rohen Lebensweise ging vor etwa vierzigtausend Jahren unter und verschwand mit dem Ende der Eiszeiten sogar aus dem Gedächtnis der Menschheit. Dann trat ziemlich unvermittelt eine deutlich höhere Menschenrasse auf, der eigentliche Homo sapiens, der unser direkter Vorfahre ist. Bezeichnenderweise schreibt man diesen Menschen die schönen Höhlenmalereien in den französischen Pyrenäen, der französischen Dordogne und den kantabrischen Bergen Spaniens zu, desgleichen jene kleinen Frauenstatuetten aus Stein, Mamutknochen oder Elfenbein, denen man witzigerweise den Namen „steinzeitliche Venus" gegeben hat und die offenbar die frühesten Erzeugnisse menschlichen Kunstschaffens sind. Ein angebeteter Höhlenbärenschädel ist in dem Sinne, wie ich diesen Begriff hier verwende, so wenig ein Kunstwerk wie ein Grab oder ein Steinwerkzeug. Die Statuetten wurden fußlos angefertigt, weil sie für kleine Hausschreine gedacht waren, wo man sie in die Erde steckte.

Es scheint mir wichtig anzumerken, daß diese weiblichen Figuren im Gegensatz zu Darstellungen von Männern, die auf Wandmalereien aus derselben Zeit immer irgendwie verkleidet sind, völlig nackt sind und einfach schmucklos dastehen. Dies sagt etwas aus über die psychologische und somit die mythische Bewertung des Männlichen und des Weiblichen. Die Frau ist schon an sich unmittelbar mythisch und wird dergestalt nicht nur als Quelle und Spenderin des Lebens empfunden, sondern auch als die durch ihre Berührung und Erscheinung Verzaubernde. Die Übereinstimmung ihrer Tage mit den Mondzyklen ist ebenfalls ein Geheimnis. Dagegen hat der verkleidete Mann seine Kräfte *erworben* und verkörpert eine besondere, begrenzte gesellschaftliche Rolle oder Funktion. Sowohl Freud als auch Jung haben darauf hingewiesen, daß das Kind die Mutter als eine Naturmacht erfährt und den Vater als die Gewalt der Gesellschaft. Die Mutter hat das Kind zur Welt gebracht, sie gibt ihm Nahrung und kann in der kindlichen Phantasie (wie die Hexe im Märchen von Hänsel und Gretel) auch als eine verschlingende Mutter erscheinen, die sich ihre Frucht wieder einzuverleiben droht. Der Vater ist demgegenüber der Einweihende, der nicht nur den Jungen in seine gesellschaftliche Rolle einweist, sondern auch seine Tochter zu ihrer gesellschaftlichen Rolle als Frau in bezug auf den Mann erweckt, indem er für sie die erste und ausschlaggebende Erfahrung mit dem männlichen Wesen verkörpert. Die Statuetten der steinzeitlichen Venus sind immer im Umkreis häuslicher Feuerstellen gefunden worden, während dagegen die Gestalten der verkleideten Männer tief im dunklen Innern der bemalten Tempelhöhlen zwischen großartig dargestellten Tierherden auftauchen. Sie erinnern außerdem in Tracht und Haltung an die Schamanen unserer späteren primitiven Stämme und standen zweifellos mit den Jagd- und Einweihungsritualen in Zusammenhang.

Ich möchte an dieser Stelle noch einmal eine Sage der nordamerikanischen Schwarzfußindianer erzählen, die ich bereits im ersten Band, *Primitive Mythology*, meines Werkes *The Masks of God* wiedergegeben habe, denn sie verdeutlicht besser als sonst irgendeine mir bekannte Sage, wie die Künstler-Jäger der Steinzeit die Rituale in ihren geheimnisvoll ausgemalten Tempelhöhlen verstanden haben müssen. Diese Schwarzfuß-Sage berichtet von einer Zeit, als die Indianer beim Herannahen des Winters nicht imstande waren, einen Vorrat an Büffelfleisch anzulegen, weil sich die Tiere nicht die Büffelsteilwand hinunterjagen ließen. Wenn man sie auf den Abgrund zutrieb, brachen sie an seinem Rand nach rechts und links aus und galoppierten davon.

Es begab sich aber, daß eines Morgens eine junge Frau aus der hungerleidenden Schar, die am Fuße des großen Felsens lagerte, für das Zelt ihrer Familie Wasser holen ging. Als sie nach oben schaute, erspähte sie eine Herde, die auf der Hochebene über ihr am Rand des Abgrunds graste, und sie rief den Büffeln zu, wenn sie nur in den Pferch springen wollten, so würde sie einen von ihnen heiraten. Und siehe da, auf diese Worte hin begannen die Tiere über den Rand zu drängen, rutschen ab und stürzten sich zu Tode. Sie war natürlich überrascht und begeistert, aber als dann ein großer Bulle mit einem mächtigen Sprung über die Hürde setzte und auf sie zugetrabt kam, erschrak sie. „Komm mit!" sagte er. „Oh, nein!" erwiderte sie und wich zurück. Er aber bestand darauf, daß sie ihr Versprechen hielt, trug sie den Felsen hinauf, auf die Prärie hinaus und auf und davon.

Dieser Bulle war der treibende Geist der Herde gewesen, eine eher mythische als wirklich greifbare Gestalt. Überall in den Sagen primitiver Jäger stoßen wir auf Gegenstücke zu ihm: halb menschliche, halb tierische, schamanistische Wesen (wie die Schlange von Eden), die sich schwer als Tier oder Mensch vorstellen lassen, aber deren Geteiltheit wir in den Erzählungen ohne weiteres hinnehmen.

Als die glücklichen Leute aus dem Lager ihren ganzen vom Himmel gefallenen Segen geschlachtet hatten, merkten sie, daß die junge Frau verschwunden war. Als dann ihr Vater ihre Fußspuren entdeckte und daneben diejenigen des Büffels, ging er Bogen und Köcher holen und folgte der Fährte den Felsen hinauf und auf die Prärie hinaus. Er war ein gutes Stück Weg gegangen, als er zu einer Büffelsuhle kam und in einiger Entfernung davon eine Herde erspähte. Da er müde war, setzte er sich hin, und während er noch überlegte, was zu tun sei, sah er eine Elster fliegen, die sich neben ihm in der Suhle niederließ und anfing herumzupicken.

„He!" rief der Mann. „Du schöner Vogel! Wenn du bei deinem Umherfliegen meine Tochter sehen solltest, würdest du ihr bitte sagen, daß ihr Vater hier ist und bei der Suhle auf sie wartet?"

Der schöne schwarz-weiße Vogel mit dem langen, anmutigen Schwanz flog direkt zu der Herde hinüber, und als er dort eine junge Frau erblickte, flatterte er in ihrer Nähe zu Boden und nahm wieder sein Picken auf, wobei er seinen Kopf hin und her drehte. Als er ganz dicht bei ihr war, flüsterte er: „Dein Vater wartet bei der Suhle auf dich."

Sie hatte Angst und warf hastig einen Blick in die Runde. Der Bulle, ihr Mann, lag in der Nähe und schlief. „Psst! Flieg zurück", flüsterte sie, „und sag meinem Vater, daß er warten soll."

Der Vogel kehrte mit der Botschaft zurück zur Suhle, und alsbald erwachte der große Bulle.

„Geh mir etwas Wasser holen", sagte der große Bulle, woraufhin die junge Frau sich erhob, ein Horn vom Kopf ihres Mannes abnahm und sich zu der Suhle begab, wo ihr Vater sie heftig am Arm packte. „Nein, nein!" warnte sie. „Sie werden uns verfolgen und uns beide umbringen. Wir müssen warten, bis er wieder einschläft. Dann komme ich, und wir machen uns davon!"

Sie füllte das Horn und ging damit zu ihrem Mann zurück, der nur einen Schluck trank und sogleich schnupperte. „Da ist ein Mensch in der Nähe", sagte er. Wieder schlürfte und schnupperte er. Dann stand er auf und brüllte. Was für ein furchtbarer Laut!

Da erhoben sich alle Bullen. Sie stellten ihre kurzen Schwänze hoch und wackelten damit, warfen ihre großen Köpfe in den Nakken und brüllten zurück. Dann scharrten sie den Staub auf, brausten in alle Richtungen und trampelten schließlich, als sie zu der Suhle rannten, den armen Indianer zu Tode, der gekommen war, seine Tochter zu suchen. Sie spießten ihn auf ihre Hörner und stampften ihn abermals mit ihren Hufen nieder, bis auch nicht einmal mehr der kleinste Krümel von seinem Körper zu sehen war. Die Tochter schrie immerzu: „Oh, mein Vater, mein Vater!" Und ihr Gesicht war tränenüberströmt.

„Aha!" sagte der Bulle barsch. „Du trauerst also um deinen Vater! Jetzt wirst du vielleicht verstehen, wie es uns ergeht und immer ergangen ist. Wir haben zusehen müssen, wie unsere Mütter und Väter, unsere sämtlichen Angehörigen von deinem Volk getötet und geschlachtet wurden. Aber ich werde mich deiner erbarmen und dir noch eine Chance geben. Wenn du deinen Vater wieder zum Leben erwecken kannst, so können du und er zu eurem Volk zurückkehren."

Das unglückliche Mädchen wandte sich an die Elster und bat sie, in dem zertrampelten Schlamm nach einem kleinen Stück vom Körper ihres Vaters zu suchen. Dies tat die Elster und pickte wieder in der Suhle herum, bis sie mit ihrem langen Schnabel eine Bandscheibe vom Rückgrat des Mannes erwischte. Die junge Frau legte diese vorsichtig auf den Boden, deckte sie mit ihrer Umhangdecke zu und sang ein bestimmtes Lied. Nicht lange darauf konnte man sehen, daß ein Mann unter der Decke lag. Sie lüpfte eine Ecke. Ja, es war ihr Vater, doch noch lebte er nicht. Sie legte die Decke wieder hin und sang weiter, und als sie daraufhin die Decke fortnahm, atmete er. Ihr Vater stand auf, und die Elster schwirrte mit lautem Gekreisch freudig um ihn herum. Die Büffel staunten nicht schlecht.

„Wir haben heute etwas Denkwürdiges miterlebt", sagte der große Bulle zu den anderen seiner Herde. „Der Mann, den wir zu Tode getrampelt haben, lebt wieder. Die Macht der Menschen ist groß."

Er wandte sich der jungen Frau zu. „Bevor du mit deinem Vater jetzt fortgehst, werden wir euch unseren Tanz und Gesang lehren, die ihr niemals vergessen dürft." Denn sie sollten der Zauber sein, mit dem die von den Menschen in Zukunft getöteten Büffel wieder zum Leben erweckt würden, so wie es mit dem von den Büffeln getöteten Mann geschehen war.

Alle Büffel tanzten, und wie es sich für den Tanz so mächtiger Tiere geziemt, war der Gesang langsam und feierlich, der Schritt schwerfällig und bedächtig. Als der Tanz zu Ende war, sagte der große Bulle: „Geht jetzt nach Hause und vergeßt nicht, was ihr gesehen habt. Lehrt eurem Volk diesen Tanz und Gesang. Der heilige Gegenstand bei dem Ritus soll ein Bullenschädel mit einem Büffelfell sein. Alle Tänzer, die Bullen darstellen, müssen dabei einen Bullenkopf mit Büffelfell tragen."[3]

Es ist erstaunlich, wie viele der gemalten Gestalten in den großen Steinzeithöhlen zu neuem Leben erwachen, wenn man sie im Lichte solcher Erzählungen der heutigen Jägervölker betrachtet. Man kann freilich nicht sicher sein, daß die angedeuteten Bezüge unbedingt stimmen. Daß jedoch die Grundgedanken weitgehend dieselben waren, ist nahezu sicher. Zu diesen dürfen wir das Motiv der Tiere, die sich als willige Opfer töten lassen, zählen; das Motiv, daß die Zeremonien zu ihrer Anrufung einen mystischen Bundesschluß zwischen der Tierwelt und der Menschenwelt erneut vorführen; sowie das Motiv, daß Gesang und Tanz die magische Kraft solcher Zeremonien übertragen. Weiterhin gehört dazu die Vorstellung, daß jede Tierart gewissermaßen ein vervielfachtes Einzelwesen ist und als Keim oder Wesensmonade ein halb menschliches, halb tierisches, zauberkundiges Leittier besitzt; sowie der damit zusammenhängende Gedanke, daß es so etwas wie den Tod nicht gibt und daß die fleischlichen Leiber bloße Verkleidungen ansonsten unsichtbarer monadischer Wesenheiten sind, die sich zwischen einer unsichtbaren anderen Welt und dieser hin und her bewegen können, als ob sie eine ungreifbare Wand durchquerten. Auch die Vorstellungen von Ehen zwischen Menschen und Tieren, von Geschäften und Gesprächen zwischen Tieren und Menschen in alter Zeit und von besonderen Begebenheiten, bei denen man damals feierliche Bündnisse schloß und auf die die Riten und Gebräuche der Menschen zurückgehen, müssen hier angeführt werden; ebenso der Glaube an die Zauberkraft solcher Riten und die Überzeugung, daß sie getreu ihrer ursprünglich gestifteten Form abgehalten werden müssen, damit sie ihre Kraft bewahren, wobei selbst die geringste Abweichung ihre Zauberwirkung zunichte macht.

Soviel also zur mythischen Welt der primitiven Jäger. Da diese Nomadenstämme hauptsächlich ausgedehnte Weidelande bewohnen, wo die Natur das Bild einer sich weithin erstreckenden Erde bietet, die von einer azurblauen, an den fernen Grenzen des Horizonts anstoßenden Kuppel überwölbt wird, und wo das Schauspiel des Lebens von Tierrudeln beherrscht wird, die auf dieser geräumigen Bühne umherschweifen, und da diese Stämme vom Töten leben, sind sie im allgemeinen von kriegerischem Wesen. Sie werden vom Jagdgeschick und Kampfesmut ihrer Männer erhalten und beschützt, und somit ist zwangsläufig die seelische Einstellung der Männer, eine männlich ausgerichtete Mythologie und eine Wertschätzung persönlicher Tapferkeit tonangebend.

In den tropischen Urwäldern herrscht dagegen eine ganz andere Ordnung der Natur und infolgedessen auch der Psyche und der Mythologie. Dort wird das Bild von einer wuchernden Pflanzenwelt bestimmt, und alles andere ist den Blicken eher verborgen als offenbar. Über den Köpfen schwebt eine Blätterwelt, die schwirrende und kreischende Vögel behaust; unten liegt eine schwere Blätterdecke, unter der Schlangen, Skorpione und viele andere tödliche Gefahren lauern. Es gibt keinen fernen, scharfen Horizont, sondern ein nicht enden wollendes Gewirr von Baumstämmen und Laubwerk in allen Richtungen, in dem einsames Abenteurertum gefährlich ist. Das Dorf ist in seiner Anlage relativ gleichbleibend und erdgebunden und verpflegt sich mit Pflanzennahrung, die hauptsächlich von den Frauen gesammelt und angebaut wird. Um die männliche Psyche ist es folglich schlecht bestellt, da selbst die wichtigste *psychische* Aufgabe des jungen Mannes, nämlich die Lösung aus der Abhängigkeit von der Mutter, in einer Welt kaum möglich ist, in der die ganze Hauptarbeit, wohin man auch schaut, in den Händen starker und tüchtiger Frauen liegt.

Aus diesem Grunde kam es bei den tropischen Stämmen zu jener wundersamen Einrichtung von Männergeheimbünden, zu denen keine Frauen zugelassen sind und wo man sich getrost in sicherer Entfernung von Mutters alles überblickendem Auge mit merkwürdigen symbolischen Spielen vergnügen kann, die dem männlichen

Geltungsdrang schmeicheln. Darüber hinaus scheint in diesen Zonen der alltägliche Anblick einer vermodernden Pflanzenwelt, der frische, grüne Triebe entsprießen, eine Mythologie vom Tod als Lebensspender angeregt zu haben, und daraus entwickelte sich wohl der abscheuliche Gedanke: Je mehr Tod, desto mehr Leben. Die Folge davon war, daß der ganze Tropengürtel unseres Planeten jahrtausendelang von einer allgemeinen Opferwut heimgesucht wurde, ganz im Gegensatz zu den vergleichsweise kindlichen Zeremonien der Tierverehrung und -besänftigung, wie sie die Jäger der großen Ebenen begehen. Dort aber brutale und in den Einzelheiten hochsymbolische Menschen- und Tieropfer, Opfer auch der Früchte des Feldes, der Erstgeburt, der Witwen auf den Gräbern ihrer Gatten und schließlich etwa eines ganzen Hofstaats im Gefolge seines Königs. Das mythische Motiv vom willigen Opfer wurde hier mit dem Bild von einem Urwesen verbunden, das sich am Anfang selbst darbrachte, sich töten, zerstückeln und begraben ließ, und aus dessen begrabenen Stücken dann die eßbaren Pflanzen hervorsprossen, durch die das Leben der Menschen erhalten wird.

Auf den polynesischen Cook-Inseln gibt es eine ergötzliche Variante dieses allgemeinen Mythos, und zwar die Sage von einem Mädchen namens Hina (Mond), das gern in einem bestimmten Teich badete. Eines Tages schwamm ein großer, dicker Aal vorbei und streifte sie. Dies wiederholte sich, Tag für Tag, bis er einmal sein Aalgewand abwarf und als ein schöner junger Mann vor ihr stand, Te Tuna (der Aal), der nun ihr Geliebter wurde. Danach kam er immer in menschlicher Gestalt zu ihr, wurde aber zum Aal, wenn er wieder fortschwamm, bis er ihr eines Tages eröffnete, daß für ihn die Zeit gekommen sei, sie für immer zu verlassen. Einmal noch würde er sie aufsuchen. Begleitet von einer großen Flut würde er in seiner Aalgestalt kommen, und dann sollte sie ihm den Kopf abschneiden und diesen begraben. Und wirklich, so geschah es. Hina tat genau so, wie er sie geheißen hatte. Von da an ging sie jeden Tag zu der Stelle, wo der Kopf begraben lag, bis ein grüner Sproß hervorkam, der sich zu einem schönen Baum auswuchs und mit der Zeit Früchte trug. Das waren die ersten Kokosnüsse. Und wenn man sie schält, so erblickt man auf jeder Nuß noch immer die Augen und das Gesicht von Hinas Geliebtem.[4]

III
Die Bedeutsamkeit von Riten

DIE FUNKTION DES RITUALS, WIE ICH ES VERSTEHE, ist es, dem menschlichen Leben Form zu verleihen, und zwar nicht durch ein bloßes Ordnen auf der Oberfläche, sondern in seiner Tiefe. In alten Zeiten war jedes gesellschaftliche Ereignis rituell strukturiert, und das Gefühl von Tiefe stellte sich durch die Pflege einer gewissen religiösen Stimmung ein. Heute dagegen ist die religiöse Stimmung außergewöhnlichen, ganz besonderen „heiligen" Anlässen vorbehalten. Und doch hält sich das Ritual sogar in den Formen unseres weltlichen Lebens. Es läßt sich zum Beispiel nicht nur in der höfischen Etikette und den militärischen Reglements entdecken, sondern auch in den Umgangsformen von Leuten, die sich gemeinsam zu Tisch setzen.

Alles Leben ist Struktur. In der Biosphäre gilt der Satz: Je entwickelter die Struktur, desto höher die Lebensform. Die Struktur, wodurch die Energien in die Gestalt eines Seesterns gebracht werden, ist erheblich komplexer als die einer Amöbe, und je höher wir auf der Entwicklungsleiter steigen, sagen wir bis zum Schimpansen, desto mehr nimmt die Komplexität zu. So auch in der menschlichen Kultursphäre: Die plumpe Vorstellung, daß Energie und Kraft entfaltet oder gewonnen werden könnten, indem man Strukturen verwirft und zerbricht, wird durch alles widerlegt, was wir über die Evolution und Geschichte des Lebens wissen.

Die strukturgebenden Muster tierischen Verhaltens sind dem erbeigenen Nervensystem der jeweiligen Art eingeschrieben, und die sogenannten angeborenen Auslösemechanismen, durch die sie festgelegt werden, sind größtenteils stereotyp. Der Reaktionsablauf ist bei allen Tieren einer Art gleich. Zudem ist die Kompliziertheit mancher der festen Handlungsmuster erstaunlich: der Nestbau bestimmter Vogelarten, etwa des Pirols mit seinem kunstvollen Hängenest, oder in der Insektenwelt das Wunder eines Spinnennetzes. Wenn wir an solche Dinge nicht so gewöhnt wären, so würde uns das Unglaubliche und Wunderbare des Anblicks überwältigen, den ein schimmerndes Netz in seiner mathematischen Regelmäßigkeit und Ausgewogenheit bietet, wie es so vollkommen zwischen ausgesuchten Zweigen am Rande eines Waldpfads gespannt ist und mit einem untrüglichen Gespür für die Belastbarkeit des Materials, für Spannung, Gleichgewicht und so weiter ersonnen und ausgeführt wurde (wie wir angesichts einer vergleichbaren menschlichen Leistung sagen würden). Alle diese kleinen architektonischen Wunderwerke – Bienenstöcke, Ameisenhaufen, Nautilusschalen und dergleichen – werden gemäß einem ererbten Können angefertigt, das tief in die Zellen und das Nervensystem der jeweiligen Art eingewurzelt ist.

Wir Menschen dagegen zeichnen uns dadurch aus, daß die handlungsauslösenden Mechanismen unseres zentralen Nervensystems zum größten Teil nicht „stereotyp", sondern „offen" sind. Sie unterliegen daher den prägenden Einflüssen der Gesellschaft, in der der Einzelne aufwächst. Denn biologisch betrachtet wird das Menschenkind etwa zehn oder zwölf Jahre zu früh geboren. Es gewinnt sein menschliches Wesen, aufrechte Haltung, Sprachvermögen und den Wortschatz für seine Gedanken unter dem Einfluß einer bestimmten Kultur, die gewissermaßen ihre Züge in seine Nerven einschreibt. Daher haben die konstitutionellen Verhaltensmuster, die in der Tierwelt biologisches Erbgut sind, bei den Menschen weitgehend ihre Entsprechung in gesellschaftlich weitergegebenen Formen, die in den Jahren, in denen man bekanntermaßen für äußere Eindrücke am empfänglichsten ist, eingeprägt werden, und Rituale galten überall als das bewährte Mittel für eine solche Prägung. Mythen sind das geistige Gerüst der Riten und Riten die leibhaftige Aufführung der Mythen. Indem der Jugendliche die Mythen seiner Gemeinschaft in sich aufnimmt und an ihren Riten teilnimmt, wird er so geformt, daß er sich in seine gesellschaftliche wie auch seine natürliche Umwelt einfügt, und wird aus einem zu früh geborenen, formlosen Naturprodukt zu einem genau bestimmten und brauchbaren Glied einer besonderen, funktionstüchtigen Gesellschaftsordnung umgewandelt.

Durch diese ganz außergewöhnliche Verfrühtheit, mit der das Menschenkind geboren wird und wodurch es während seiner ganzen Wachstumszeit von seinen Eltern abhängig ist, sind Biologen und Psychologen darauf verfallen, unsere Situation mit der der Beuteltiere zu vergleichen, etwa mit der des Känguruhs, das sein

Junges schon drei Wochen nach der Empfängnis zur Welt bringt. Das winzige, unfertige Geschöpf krabbelt instinktiv im Bauch der Mutter hinauf in ihren Beutel, wo es sich selbst, ohne dazu angehalten zu werden, an den Zitzen festsaugt und dort sozusagen in einer zweiten Gebärmutter genährt und geschützt bleibt, bis es lebensfähig ist. Auf der höheren Stufe anderer Säugetierordnungen brachte die Evolution die biologische Neuerung der Plazenta mit sich, die es dem Jungen ermöglicht, solange im Mutterleib zu bleiben, bis es fast zum selbständigen Leben fähig ist. Daher können diese Säugetiere im allgemeinen fast unmittelbar im Anschluß an die Geburt oder doch wenigstens nach Ablauf einiger Tage oder Wochen für sich selbst sorgen. Bei den Menschen dagegen mit ihrem großen Gehirn, das viele Jahre zum Reifen braucht, werden die Jungen wiederum zu früh geboren, nur haben wir anstelle des Beutels die Familie, die ebenfalls eine Art äußere, zweite Gebärmutter ist.

In diesem häuslich-familiären Lebensabschnitt erfolgen nun alle grundlegenden gesellschaftlichen Prägungen. Sie sind jedoch mit einer Abhängigkeitshaltung verknüpft, die vor dem Erlangen seelischer Reife abgelegt werden muß. Der junge Mensch wendet sich auf die Anforderungen seiner Umwelt hin um Rat, Hilfe und Schutz an seine Eltern, und diese Verhaltensweise muß sich ändern, bevor er als vollwertiger Erwachsener angesehen werden kann. Dementsprechend war es stets eines der wichtigsten Anliegen bei den Pubertätsriten primitiver Gesellschaften, ja der Erziehung überall, das Reaktionsmuster der Jugendlichen von Abhängigkeit auf Verantwortlichkeit umzustellen – und diese Umstellung ist nicht ganz einfach. Durch die Verlängerung der Abhängigkeitsperiode in unserer eigenen Zivilisation bis Mitte oder gar Ende zwanzig wirkt die Forderung heute bedrohlicher denn je und unsere Versäumnisse treten immer deutlicher zutage.

Unter diesem Gesichtspunkt kann ein Neurotiker als ein Mensch definiert werden, dem es nicht gelungen ist, ganz über die kritische Schwelle seiner „zweiten Geburt" als Erwachsener hinwegzukommen. Anstöße, die in ihm verantwortliche Gedanken und Handlungen auslösen sollten, führen statt dessen zur Flucht in eine Obhut, zur Furcht vor Bestrafung, Suchen um Rat und so weiter. Er muß fortwährend seine spontanen Reaktionsmuster berichten und wird wie ein Kind dazu neigen, seine Mißerfolge und Nöte entweder seinen Eltern zur Last zu legen oder jenem bequemen Elternersatz, dem Staat und der Gesellschaftsordnung, von denen er beschützt und getragen wird. Wenn es die erste Forderung an einen Erwachsenen ist, daß er die Verantwortung für seine Mißerfolge, für sein Leben und Handeln unter den gegebenen Bedingungen der Welt, in der er lebt, selbst zu übernehmen habe, dann ist es einfach eine psychologische Grundwahrheit, daß niemand in diesen Stand gelangt, der laufend daran denkt, was er doch für ein toller Bursche geworden wäre, wenn nur seine Lebensumstände andere gewesen wären: seine Eltern seinen Bedürfnissen gegenüber nicht so gleichgültig, die Gesellschaft nicht so repressiv und die Welt überhaupt anders. Es ist die erste Forderung jeder Gesellschaft an ihre erwachsenen Glieder, daß sie sich als diejenigen begreifen und benehmen, die in Wirklichkeit das Leben und den Bestand der Gesellschaft ausmachen. Entsprechend muß es die erste Aufgabe der Pubertätsriten sein, im Einzelnen ein Netz von Empfindungen auszubilden, die der Gesellschaft, worin er leben muß, angemessen sind und auf die sich die Gesellschaft verlassen können muß, wenn sie fortbestehen will.

In der modernen westlichen Welt tritt allerdings eine zusätzliche Erschwernis dadurch ein, daß wir von einem Erwachsenen noch etwas mehr verlangen, als daß er ohne persönliche Kritik und Meinung die Gewohnheiten und überkommenen Bräuche seiner Gemeinschaft akzeptiert. Wir verlangen und erwarten vielmehr, daß er die von Freud so genannte „Realitätsfunktion" in sich ausbildet – jene Fähigkeit des selbständig beobachtenden, frei denkenden Individuums, ohne vorgefaßte Meinungen die Möglichkeiten seiner Umwelt und seiner selbst darinnen einschätzen zu können und dabei die überkommenen Denk- und Handlungsmuster nicht einfach zu reproduzieren, sondern sie zu kritisieren, neue hervorzubringen und dadurch selbst zu einem Zentrum der Erneuerung, zu einem aktiven, schöpferischen Zentrum des Lebensprozesses zu werden.

Mit anderen Worten, eine Gesellschaft sollte nach unserer Idealvorstellung kein völlig statisches Gebilde sein, das zu Urväterzeiten gegründet wurde und nun ein für allemal unverändert zu bleiben hat. Sie sollte eher ein Prozeß sein, der nach Verwirklichung bislang noch unausgeschöpfter Möglichkeiten strebt, und in diesem lebendigen Prozeß muß jeder ein initiierendes und doch kooperierendes Zentrum sein. Wir stehen folglich bei der Erziehung unserer Kinder vor dem vergleichsweise komplizierten Problem, wie wir ihnen beibringen sollen, nicht einfach die Schemata der Vergangenheit unkritisch zu übernehmen, sondern ihre eigenen schöpferischen Möglichkeiten zu erkennen und auszubilden; nicht auf dem altbewährten Stand einer früheren Biologie und Soziologie zu verharren, sondern zu lebendigen Zeugen für eine Vorwärtsbewegung der Menschheit zu werden. Ich würde sagen, daß darin die besondere Bürde all jener besteht, die in der heutigen Zeit als moderne Menschen des Westens leben, denn es ist diese moderne abendländische Zivilisation, die etwa seit der Mitte des dreizehnten Jahrhunderts buchstäblich die einzige Zivilisation der Welt gewesen ist, die das Neue vorantrieb.

Man kann jedoch nicht umhin festzustellen, daß sich etwa seit dem Jahre 1914 in unserer Welt des Fortschritts eine zunehmende Geringschätzung, ja sogar Verachtung jener rituellen Formen bemerkbar gemacht hat, die einmal diese unendlich reiche und sich fruchtbar entfaltende Zivilisation hervorgebracht und bis heute erhalten haben. Es gibt eine lachhafte Naturburschensentimentalität, die mit wachsender Kraft um sich greift. Ihre Anfänge reichen ins achtzehnte Jahrhundert Jean-Jacques Rousseaus mit seinen künstlichen „Zurück-zur-Natur"-Bewegungen und Phantasien vom edlen Wilden zurück. Amerikaner in Übersee haben sich seit der Zeit Mark Twains als Musterbeispiele für diesen Schlag hervorgetan und verkörperten so auffällig wie möglich den einfältigen Glauben, daß die in älteren und muffigeren Verhältnissen lebenden Europäer und Asiaten durch einen unverbildeten Bauerntrampel aus dem Lande Gottes, einen Sproß unserer trauten amerikanischen Heimatscholle und unserer Verfassung, frischen Wind zu spüren bekommen und zu ihrer natürlichen Unschuld erweckt werden sollten. In Deutschland zwischen den Kriegen waren die *Wandervögel* (im Original deutsch, A. d. Ü.) mit ihren Rucksäcken und Gitarren sowie später die Hitlerjugend Vertreter dieses reaktionären Trends im modernen Leben. Und heute sehen wir hier mitten im Lande Gottes selbst idyllische Szenen von barfüßigen weißen und schwarzen „Indianern", die mit ihren Tomtoms, Schlafsäcken und kleinen Kindern unsere Bürgersteige belagern und ganze Stadtviertel in ethnologische Feldforschungsgebiete umzukrempeln drohen. Denn wie in allen Gesellschaften so trifft man auch bei ihnen auf eine Kleidung, mit der sie sich von anderen absetzen, auf Initiationsriten, verbindliche Glaubenssätze und was noch so dazugehört. Sie sind jedoch hier ausgesprochen reaktionär und reduktiv, so als ob man auf der Leiter der biologischen Evolution von der Stufe des Schimpansen zu der des Seesterns oder gar der der Amöbe abstiege. Die Komplexität der gesellschaftlichen Verhaltensmuster wird abgelehnt und beschnitten, und dadurch hat das Leben nicht an Freiheit und Kraft gewonnen, sondern verloren.

In den Bereichen der Kunst ist die das Leben beschneidende und schwächende Wirkung, die der Verlust jeden Formempfindens hat, heute am beunruhigendsten, denn die schöpferischen Energien eines Volkes entfalten sich gerade am ehesten in seiner Kunst und lassen sich an ihr am besten messen. Man kann nicht umhin, ihren heutigen Zustand mit dem der Kunst im alten, vergreisenden Rom zu vergleichen. Wie kommt es, daß römische Bauwerke und Skulpturen bei all ihrer Gekonntheit und Gefälligkeit nicht so beeindruckend, nicht so bewegend und gestalterisch nicht so bedeutsam wie die griechischen sind? Viele haben über dieses Problem nachgedacht, und neulich nacht bekam ich in einem Traum eine Antwort darauf, die es mir wesentlich zu erhellen scheint. Sie lautet so: In einer kleinen Gemeinde wie Athen war die Beziehung des schöpferischen Künstlers zu den gesellschaftlichen Führern am Orte offen und direkt, denn sie kannten sich seit ihrer Bubenzeit. Dagegen muß in solchen Gemeinwesen wie etwa unseren modernen Städten New York, London oder Paris der Künstler, von dem man spricht, zu Cocktailpartys gehen, um Aufträge zu erhalten, und erhalten tun sie solche, die nicht in ihren Ateliers sind, sondern auf Partys, um dort die richtigen Leute zu treffen und am richtigen Ort zu sein. Sie haben nicht genug von den Qualen des einsamen Schaffens gekostet, um über ihre anfänglich erworbenen, vermarktbaren Stile und Techniken hinauszugelangen. Der nächste Schritt ist dann *„instant art"*, Gelegenheitskunst, bei der ein gewitzter Bursche, der sich gestalterisch möglichst wenig schwertut, einfach mit irgendeiner Überraschung aufwartet – die daraufhin von entweder freundlich oder feindlich gesonnenen Zeitungsschreibern besprochen und entweder angepriesen oder heruntergemacht wird, wobei diese sich ebenfalls auf vielen gesellschaftlichen Empfängen herumdrücken mußten und bei ihrem Mangel an Zeit für außerplanmäßige Studien oder Erfahrungen vor jedem Werk, das wirklich komplex oder bemerkenswert ist, ratlos dastehen.

Ich entsinne mich mit unvermindertem Ekel der Besprechungen, die 1939 von *Finnegans Wake* erschienen. Nicht genug damit, daß dieses wahrhaft epochale Werk als unverständlich abgetan wurde; es mußte auch noch mit hochtrabender Geringschätzung als ein ausgesprochener Schmarrn und eine Zeitvergeudung für jeden Leser abgekanzelt werden. Dagegen wurde Thornton Wilders *The Skin of Our Teeth (Wir sind noch einmal davongekommen)*, das durch und durch, von A bis Z, auf der Idee, der Thematik, Charakteren, Handlungsmotiven und selbst nebensächlichen Einzelheiten beruht, die direkt, unverhohlen und schamlos dem *Finnegans Wake* des großen Iren entnommen waren, zwei Jahre später als herausragendstes amerikanisches Stück jener glorreichen Theatersaison mit dem Pulitzerpreis für Zeitungswesen und Literatur ausgezeichnet. Bedeutende moderne Kunstwerke haben es erstens einmal praktisch ausnahmslos außerordentlich schwer, überhaupt vor die Öffentlichkeit zu gelangen, und wenn sie jemals herauskommen, so werden sie zweitens von den sogenannten Kritikern mit ziemlicher Sicherheit verrissen. Ist es nicht interessant (um auf die Lebensgeschichte von James Joyce zurückzukommen), daß dieses größte literarische Genie unseres Jahrhunderts in seiner ganzen Laufbahn niemals den Nobelpreis verliehen bekam? Oder ist es ein Wunder, daß wir zum gegenwärtigen Zeitpunkt kein bekanntes Kunstwerk besitzen, das den Erfordernissen und Möglichkeiten dieser großartigen Epoche nach dem Zweiten Weltkrieg gewachsen ist, in der die vielleicht größte geistige Metamorphose in der Geschichte des Menschengeschlechts stattfindet? Das Versagen wird dadurch noch katastrophaler, daß jedes Volk seine ihm gemäßen, sein Leben tragenden und es zur Reife erziehenden Mythen und Riten von jeher nur aus den Einsichten seiner eigenen schöpferischen Seher und Künstler bezogen hat.

Ich möchte an dieser Stelle Nietzsches Aussagen über klassische und romantische Kunst resümieren. Bei beiden lassen sich zwei Typen oder Gattungen feststellen: Es gibt die Romantik von echter Kraft, die die zeitgenössischen Formen zerschlägt, um über diese hinaus zu neuen Formen zu gelangen; und es gibt andererseits die Romantik, die zu überhaupt keiner Form zu finden vermag und daher aus Ressentiment zertrümmert und verächtlich macht. Mit der Klassik steht es genauso: Es gibt die Klassik, der das Schaffen in den anerkannten Formen leichtfällt, die mit ihnen nach Herzenslust spielen und durch sie ihre eigenen schöpferischen Absichten voll und lebendig ausdrücken kann; und es gibt die Klassik, die sich aus Schwäche verzweifelt an die Form klammert und trocken und hart ist, autoritär und kalt. Mir, und ich glaube auch Nietzsche, geht es darum zu betonen, daß die Form das Medium, das Mittel ist, wodurch sich das Leben klar und erhaben in seiner Größe offenbart, und daß das bloße Zerschlagen der Form für das menschliche wie auch für das tierische Leben verderblich ist, weil Ritual und Sitte das Gerüst einer jeden Kultur sind.

Meine eigene Erfahrung lehrte mich auf höchst anschauliche Weise, wie das Ritual das Leben bereichert, als ich vor einigen Jahren in Japan zu einer Teezeremonie eingeladen wurde, deren Gastgeber ein berühmter Meister war. Wenn es irgend etwas auf dieser Welt geben sollte, was mehr Formgenauigkeit verlangt als der Ablauf einer japanischen Teezeremonie, so würde ich wirklich gern wissen, was oder wo das sein könnte. Wie mir gesagt wurde, gibt es in Japan Leute, die den Teeweg ihr ganzes Leben lang studiert und geübt haben, ohne die Vollendung zu erlangen, so sehr sind seine Regeln auf die Spitze getrieben. Es bedarf keines Wortes, daß ich in dem winzigen Teehaus der sprichwörtliche Elefant im Prozellanladen war. In der Tat wird es für einen Ausländer in Japan *die* durchgängige Grunderfahrung sein, daß er niemals etwas ganz richtig macht. Die Formen stecken ihm nicht in den Knochen, ihm fehlt die Zucht; sogar sein Körper ist falsch gebaut. Und die Teezeremonie, die die Quintessenz des ganzen Wunders an Geformtheit jener überaus durchgeformten Kultur ist, erreicht ihrerseits nach einer Reihe von ritualisierten Vorbereitungen ihren formellen Höhepunkt in dem äußerst stilisierten Akt, wenn der Teemeister seinen Tee anrührt und ihn der sehr kleinen Anzahl seiner Gäste reicht. Ich werde jetzt nicht ins Detail gehen, und ich könnte es auch gar nicht, wenn ich wollte. Es sagt genug, daß jede Geste und selbst jede Neigung des Kopfes kontrolliert geschieht; und doch, als ich mich später mit den anderen Gästen unterhielt, lobten sie die *Spontaneität* dieses Meisters. Das einzig Vergleichbare, was mir zu dem Zeitpunkt einfiel, war die Kunst des Sonettdichtens. Auch bei ihr haben wir es mit einer sehr anspruchsvollen Form zu tun, jedoch bringt es der Dichter darin zu einer Kraft und

Spanne des Ausdrucks, die ihm ohne die Form versagt geblieben wären, und dadurch zu einem neuen Grad an Freiheit. Es war mir vergönnt, in Japan die Stile einer Reihe von Teemeistern begutachten zu können, und ich lernte erkennen, wie jeder bei der Ausführung tatsächlich entspannt und frei war. Das Ritual der Kultur war dem Meister gewissermaßen in Fleisch und Blut übergegangen, und er konnte sich darin ungezwungen mit ausdrucksvoller Gewähltheit bewegen. Die Wirkung glich auf ihre Weise der eines schönen japanischen Gartens, wo Natur und Kunst zu einer gemeinsamen Aussage zusammengeführt wurden, die beide in Einklang und auf den Begriff bringt.

Besitzen wir in unserer heutigen nordamerikanischen Zivilisation etwas Derartiges?

Neulich abend schaltete ich den Fernseher ein, als zufällig ein ausgezeichnetes Aschenbahnrennen übertragen wurde, das gerade in Los Angeles stattfand. Es war der erste Lauf dieser Art, den ich seit Mitte der zwanziger Jahre, als ich noch selbst bei solchen Wettrennen mitgelaufen war, gesehen hatte – ein Abstand von etwa vierzig Jahren, in welcher ganzen Zeit ich mich nicht um den Sport gekümmert hatte, vor allem weil er mich mit größerer Leidenschaft erfüllte, als ich beherrschen müssen wollte. Was ich da zufällig eingeschaltet hatte, war ein Meilenrennen von sechs prächtigen Läufern, eine wirklich schöne Sache. Aber als es vorbei war, erklärte der Berichterstatter, es sei enttäuschend gewesen. Ich war verdutzt. Das Rennen war in vier Minuten und sechs Sekunden gelaufen worden, und der Abstand der nächsten zwei Läufer zum Sieger lag unter zwei Sekunden. Dagegen hatte die schnellste Meile, die zu meiner Zeit gelaufen worden war, etwas unter vier Minuten und fünfzehn Sekunden gelegen, und ich erinnere mich noch an den Jubel über diese Leistung. Jetzt liegt der Rekord unter vier Minuten. Jawohl!, dachte ich bei mir, wo das Spiel wirklich ernst ist und nichts mit Cocktailpartys und dergleichen zu schaffen hat, sondern verlangt, daß man sich direkt der ehrlichen Herausforderung auf offenem Feld stellt, da besitzen wir noch Form, und zwar in großem Stil! Oswald Spengler definiert in *Der Untergang des Abendlandes* ,,Kultur" als das ,,In Form sein" einer Gesellschaft in dem Sinne, in dem ein Läufer ,,in Form" ist. Wie er seine Arme hält, der Neigungswinkel, in dem er seinen Körper nach vorn wirft – jede Einzelheit in der Form des Läufers trägt dazu bei, daß sein Leben die Blüte eines Augenblicks der Vollendung treibt. Dies gilt auch für den rundum harmonischen Stil einer Gesellschaft „in Form", für einen japanischen Teemeister „in Form", für die gesellschaftlichen Umgangsformen zivilisierter Menschen, die „in Form" miteinander verkehren. Die Zerstörung der Form wird weder bei einem Wettrennen noch beim Wettstreit der Kulturen einen Sieger hervorbringen; und da wir letztlich in einer Welt leben, in der im Ernst gespielt wird, wird sich zivilisiertes Leben nur dort halten können, wo die Höchstform bewahrt wird. Auch ein verlorenes Wettrennen kann nicht noch einmal gelaufen werden.

Ich möchte jetzt noch, um den hohen Wert des Rituals für eine Gesellschaft zu veranschaulichen, den überaus feierlichen Staatsakt erwähnen, der in Washington, D. C., auf die Ermordung von Präsident Kennedy folgte. Es war ein ritualisiertes Ereignis von größter gesellschaftlicher Notwendigkeit. Die Nation als eine Einheit hatte einen erschütternden Verlust erlitten, einen Verlust, der sie bis auf die Grundfesten erschütterte – darüber herrschte Einmütigkeit. Wie man auch politisch eingestellt sein und empfinden mochte: daß dieser großartige junge Mann, der unsere gesamte Gesellschaft repräsentierte, den lebendigen sozialen Organismus, dessen Glieder wir waren, auf dem Höhepunkt seiner Laufbahn in einem Augenblick überschwenglichen Lebens dahingerafft wurde, daß plötzlich der Tod eintrat und dann das folgende schreckliche Durcheinander – dies alles verlangte nach einem kompensatorischen Ritus, um das Solidaritätsgefühl der Nation wiederherzustellen. Dieser Ritus war nicht nur hier für uns als eine Angelegenheit der Nation gedacht, sondern als eine Kundgebung an die Welt, eine Kundgebung unserer Hoheit und Würde als ein moderner zivilisierter Staat. Ich betrachte die glänzende Leistung der Rundfunk- und Fernsehgesellschaften in jener schweren Stunde als unerläßlichen Bestandteil des Rituals, von dem ich spreche; sie war eine der spontanen, *lebendigen* Seiten der Feierlichkeit. Denn hier war eine riesige Nation, und doch wurde aus ihr innerhalb jener vier Tage eine einige Gemeinschaft, da wir alle gleichzeitig in derselben Weise an einem einzigen symbolischen Ereignis teilnahmen. Soweit ich weiß, war dies der erste und einzige derartige Anlaß in Friedenszeiten, der mir jemals das Gefühl gegeben hat, ein Glied dieser nationalen Gesamtheit zu sein, die als eine Einheit einen zutiefst bedeutsamen Ritus beging. Es war nämlich in den vergangenen zwanzig oder dreißig Jahren nicht gerade Mode, die amerikanische Flagge zu hissen. Damit rückte man gefährlich weit nach rechtsaußen in die Nähe der John-Birch-Gesellschaft. Aber hier gab es nun endlich einen Anlaß, zu dem es, wie ich meine, jedem schwergefallen wäre, nicht von dem Gefühl ergriffen zu werden, daß sein eigenes Leben und seine Person durch die Teilnahme am Leben und Schicksal der Nation wuchsen. Die Empfindungen, die für unser Überleben als eine organische Einheit wesentlich sind, wurden wirkungsvoll reaktiviert und wachgerufen und stellten sich an jenem Wochenende einmütiger Besinnung vor uns und für uns ergreifend und eindrucksvoll als ein gemeinsames Ganzes dar.

Doch während ich zusah, wie die Bestattungsriten abrollten, gingen mir noch gewisse andere Gedanken von weiterreichender Bedeutung durch den Kopf, vor allem was die Symbolik der Geschützlafette anbelangte, die den mit der Flagge bedeckten Sarg trug und von siebenden trappelnden grauen Pferden mit geschwärzten Hufen gezogen wurde, wobei ein weiteres Pferd, das ebenfalls geschwärzte Hufe hatte und von einem Soldaten geführt wurde, langsam an ihrer Seite einhertänzelte und einen leeren Sattel mit hochgebundenen Steigbügeln trug. Mir schien, als sähe ich vor mir die sieben Geisterrosse des grauen Totenherrschers, die herbeigekommen waren, um den gefallenen jungen Helden auf seiner letzten Himmelfahrt zu geleiten, auf der er symbolisch durch die sieben Himmelssphären zum Sitz der Ewigkeit emporstieg, von wo er einst niedergefahren war. Die mythische Vorstellung von den sieben Sphären und der Seelenreise ist in dieser Welt so alt wir unsere Kultur selbst. Nach ihr kommt die Seele aus ihrer himmlischen Heimat zu ihrem Leben auf Erden herab, um von dort nach dem Ende dieses Lebens wieder durch alle sieben aufzufahren. Das Pferd mit dem reiterlosen Sattel und den hochgebundenen Steigbügeln, das an der Seite des toten jungen Kriegers einhertänzelte, wäre in alten Tagen geopfert und zusammen mit dem Leib seines Herrn auf einem mächtigen Scheiterhaufen verbrannt worden, der das Symbol des lodernden, goldenen Sonnentores war, durch das die scheidende Heldenseele zu ihrem Sitz im ewigen Heldensaal der toten Krieger gezogen wäre. Denn ein solches Pferd stellt, wiederum symbolisch, den Körper und sein Leben dar, der Reiter hingegen sein lenkendes Bewußtsein. Sie sind eins wie Körper und Geist. Und wie ich das edle, reiterlose Tier in dem Geleitzug mit seinen geschwärzten Hufen anschaute, dachte ich an die Sage von Kanthaka, dem edlen Roß des jungen arischen Prinzen Gautama Shākyamuni. Nachdem sein Herr der Welt entsagt hatte und in den Wald davongeritten war, um dort zum Buddha zu werden, kehrte das Reittier ohne seinen Reiter in den Palast zurück und hauchte vor Trauer sein Leben aus.

Diese alten Motive und Sagen waren gewiß nicht vielen der Millionen moderner Menschen bekannt, die beim Begräbnis ihres toten jungen Helden zuschauten und das Hufgetrappel der sieben grauen Pferde in der schweigenden Stadt hörten und das edle, herrenlose Reittier mit den hochgebundenen Steigbügeln vorbeigehen sahen. Und doch waren diese Motive und Sagen nicht bloß Kulisse; ihre Macht war in jenen militärischen Riten gegenwärtig, und diese Gegenwart wirkte. Das ist meine Behauptung. Zusätzlich klang durch sie die Erinnerung an einen anderen Augenblick in unserer eigenen amerikanischen Geschichte an: an die Geschützlafetten aus dem Bürgerkrieg und das Begräbnis von Lincoln, der ebenfalls ermordet und auf genau dieselbe Weise in die Ewigkeit getragen worden war. Die Kraft des Ritus unserer Zeit wurde durch diese symbolischen Obertöne gewaltig verstärkt, und wenn sie vielleicht auch dem äußeren Ohr nicht hörbar waren, so wurden sie doch von allen innerlich an dem langsamen, feierlichen Schlag der Militärtrommeln und den trappelnden schwarzen Hufen jener Pferde erkannt, auf denen der König Tod durch die vollkommen stille Stadt ritt.

Während ich diesen Riten zusah, die sowohl altertümliche als auch zeitgenössische Themen anklingen ließen, kamen mir noch darüber hinaus Gedanken über die Offenheit des menschlichen Geistes in den Sinn, der seine trostbringenden Vorbilder in Mysterienspielen wie diesem finden kann, worin der Zug der Seele von der Erde durch die sieben Sphären nachgeahmt wird. Es lag schon viele Jahre zurück, daß ich in den Werken des großen Kulturgeschichtlers Leo Frobenius auf eine Beschreibung und Erörterung der, wie er sie nannte, „paideumatischen" oder erzieherischen Kräfte gestoßen war, von denen der Mensch – das ungeformte, nicht festgestellte Tier, in dessen Nervensystem die Auslösemechanismen nicht stereotyp, sondern prägsam sind – bei der Gestaltung seiner Kulturen im Laufe seiner ganzen Geschichte gelenkt und beflügelt wurde. In den frühesten Epochen waren die Tiere und die Pflanzen die Lehrer des Menschen gewesen, so wie heute noch bei den Primitiven. Später wurden es die sieben Himmelssphären. Denn es ist ein eigenartiges Merkmal unserer ungeformten Art, daß wir durch Als-ob-Handlungen leben und unser Leben gestalten. Ein Junge, der sich für ein Wildpferd hält, galoppiert mit neuem Schwung und als ein anderes Wesen die Straße hinunter. Eine Tochter imitiert ihre Mutter, ein Sohn seinen Vater.

In den jetzt längst vergangenen Jahrtausenden der steinzeitlichen großen Jagd, als die allgegenwärtigen nächsten Nachbarn des Menschen die verschiedenen wilden Tierarten waren, da waren diese Tiere seine Lehrer und zeigten ihm durch ihre Lebensweise die Mächte und die Ordnung der Natur. In den Stämmen gaben sich die Menschen Tiernamen und trugen Tiermasken in ihren Riten. Bei den Menschen hingegen, die in tropischen Urwaldgegenden wohnten, wo das Bild der Natur von Pflanzen beherrscht wird, bezog sich das menschliche Nachahmungsspiel eher auf diese Pflanzenwelt, und ihr Grundmythos erzählte, wie wir gesehen haben, von einem Gott, der seinen Leib hingegeben hatte und ihn töten, zerschneiden und begraben ließ, woraus dann die eßbaren Pflanzen als Nahrung des Menschen entstanden. In den rituellen Menschenopfern, die in allen Ackerbaukulturen anzutreffen sind, wird diese mythische Urszene getreulich nachgespielt – bis zum Erbrechen. Da das Leben in der Pflanzenwelt offensichtlich dem Tode entspringt und frische grüne Triebe aus der Fäulnis sprießen, so meint man, daß es auch in der Menschenwelt so sein müsse. Die Toten werden begraben, um wiedergeboren zu werden, und die Zyklen der Pflanzenwelt werden zu Modellen für die Mythen und Rituale der Menschheit.

In der großen und entscheidenden Epoche, als ca. 3500 v. Chr. in Mesopotamien die früheste Kultur von Stadtstaaten ihren Aufstieg nahm, verlagerte sich der Schwerpunkt der Faszination und das Vorbild für die Gesellschaft von der Erde und den Pflanzen- und Tierreichen in den Himmel. Die priesterlichen Sternengucker entdeckten nämlich, daß sich die sieben himmlischen Mächte – Sonne, Mond und fünf sichtbare Planeten – in mathematisch bestimmbaren Zeitabständen durch die fixen Sternbilder bewegen. Ein Neuerkennen der Wunder dieser Welt wurde dann zum Inbegriff einer kosmischen Ordnung, die sogleich das himmlische Vorbild für die gute Gesellschaftsordnung auf Erden abgab: der König auf seinem

Thron und gekrönt wie der Mond oder die Sonne, die Königin als Göttin-Planet Venus und die hohen Würdenträger des Hofes in den Rollen der verschiedenen Himmelslichte. Noch am sagenhaften christlichen Hof von Byzanz, der vom fünften bis zum dreizehnten Jahrhundert bestand, war der Kaiserthron von staunenerregenden, paradiesischen Schaustücken aller Art umgeben: Löwen aus Gold, die mit den Schwänzen wackelten und brüllten, Vögel aus Edelmetallen und Edelsteinen, die in Juwelenbäumen zwitscherten. Wenn dann der Abgesandte irgendeines Barbarenstammes, der eben durch blendende Marmorkorridore und vorbei an langen Reihen von Palastwachen und herausgeputzten Generälen und Bischöfen geschritten war, vor der imposanten, regungslosen, schweigenden Gestalt des Monarchen mit der Sonnenkrone auf seinem strahlenden Thron zu stehen kam, dann warf er sich der hohen Erscheinung in echter Ergriffenheit ehrfürchtig zu Füßen – und während er dort mit dem Gesicht nach unten lag, hob eine Maschine den ganzen Thron in die Höhe, und wenn sich dann der staunende Besucher endlich aufrichtete, gingen ihm die Augen über, denn er sah seinen Monarchen mit ganz anderen Gewändern auf sich hinunterblicken wie Gott vom gestirnten Himmelszelt. Der heilige Cyrillus von Alexandrien huldigte dem Kaiser in seinen Briefen als dem Abbild Gottes auf Erden. Es war vielleicht alles ein wenig extrem, aber kaum sehr verschieden von der Pantomime eines heutigen Königshofes oder einer päpstlichen Messe.

Ein solches Affentheater tut noch immer seine Wirkung. Traumähnliche, mythische Bilder, die nicht aus einer Erfahrung des wirklichen Wachlebens stammen, sondern aus Tiefen des von uns heute so genannten Unbewußten, werden durch leibhaftige Menschen, zeremonielle Tracht und steinerne Bauten in die Wachwelt projiziert und erregen und beflügeln beim Betrachter gleichfalls traumähnliche, unvernünftige Reaktionen. Die charakteristische Wirkung rituell umgesetzter Themen und Motive besteht folglich darin, daß sie das Individuum überindividuellen Zielen und Mächten angliedern. Tierverhaltensforscher haben bereits in der Biosphäre die Beobachtung gemacht, daß in Situationen, wo die Interessen der Art im Vordergrund stehen – wie beim Liebeswerben oder in Brunftkämpfen –, stereotype, ritualisierte Verhaltensmuster die einzelnen Exemplare je nach den eingefleischten, arteigenen Handlungsmustern steuern. Ebenso entpersonalisieren ritualisierte Vorgänge in allen Bereichen menschlichen gesellschaftlichen Verkehrs die jeweiligen Handlungsträger, stoßen oder heben sie aus sich selbst hinaus, so daß nunmehr ihr Verhalten nicht ihr eigenes ist, sondern das der Gesellschaft, der Kaste oder des Berufs. Daher zum Beispiel die Rituale der Amtseinsetzung von Richtern oder Staatsbeamten: Wer dazu bestallt wird, darf sein Amt nicht als Privatmann ausüben, sondern muß es als Vertreter kollektiver Prinzipien und Gesetze tun. Selbst im privaten Geschäftsverkehr stellen die vorgegebenen Formen der Urkunden und Verträge, der Verhandlungen und Drohungen mit Rechtsmitteln die rituellen Regeln eines anerkannten Spiels dar, die der Konfrontation wenigstens in gewissem Grade die persönliche Schärfe nehmen. Ohne solche Spielregeln könnte keine Gesellschaft existieren und auch der einzelne besäße nicht die leiseste Vorstellung, wie er sich zu verhalten hätte. Nur kraft der Spielregeln seiner jeweiligen Gemeinschaft wird sich das Menschsein eines jeden aus dem Hohlraum unbestimmter Möglichkeiten zu seiner eigenen und einzigen (zeitlich, räumlich und veranlagungsmäßig begrenzten) Verwirklichung in Form eines Lebens entfalten.

Wir wollen uns nun fragen, wovor die Menschheit heutzutage noch mit Recht Ehrfurcht empfinden könnte. Wie Frobenius darlegte, war es zunächst die Tierwelt mit ihren verschiedenen Arten, die auf den Menschen den Eindruck eines Geheimnisses machte und in ihm, da er das Tier bewunderte und es sein unmittelbarer Nachbar war, den Anstoß zu nachahmender Identifikation gab. Als nächstes kam die Pflanzenwelt und das Wunder der fruchtbaren Erde, worin der Tod in Leben verwandelt wird. Und schließlich rückte mit dem Aufstieg der ersten Hochkulturen im Nahen Osten des Altertums die mathematische Betrachtung der sieben kosmischen Lichte auf ihren Umlaufbahnen in den Mittelpunkt des Interesses, und diesen verdanken wir auch die sieben grauen Pferde im Zug des Königs Tod und die Auferstehung. Wie jedoch mein Gewährsmann gleichfalls bemerkte, ist unser unmittelbarster geheimnisvoller Nächster heute nicht das Tier oder die Pflanze, noch ist uns weiterhin die Himmelskuppel mit ihren wunderbar umlaufenden Lichten das Nächste. Frobenius weist darauf hin, daß wir diese durch unsere Wissenschaften entmythologisiert haben und daß im Zentrum des Geheimnisses jetzt der Mensch selbst steht: der Mensch als ein Du, als Nächster, also nicht wie „ich" ihn haben will oder mir einbilde, ihn zu kennen und ihm nahe zu sein, sondern an sich, als ein geheimnisvolles und wunderbares Wesen.

In den Tragödien der Griechen besitzen wir das früheste Zeugnis für die Anerkennung und Verherrlichung dieses neuen, unmittelbar menschlichen Zentrums der Ehrfurcht. Die Riten aller anderen Völker ihrer Zeit bezogen sich auf die Tier- und Pflanzenreiche, auf die kosmischen und übernatürlichen Ordnungen; in Griechenland jedoch war die Welt bereits zur Zeit Homers zur Menschenwelt geworden, und in den Tragödien der großen Dichter des fünften vorchristlichen Jahrhunderts wurde der tiefste geistige Sinn dieser Schwerpunktverschiebung für alle Zeiten verkündet und entfaltet. In seinem *A Portrait of the Artist as a Young Man (Ein Porträt des Künstlers als junger Mann)* hat James Joyce die Haupteigenschaften der griechischen Tragödie, durch die die Wege zu einer im wesentlichen mystischen Dimension humanistischer Geistigkeit freigelegt werden, treffend definiert. Auf die *Poetik* des Aristoteles Bezug nehmend, erinnert er uns an die zwei klassisch anerkannten „tragischen Empfindungen" Mitleid und Furcht, bemerkt allerdings dazu, daß Aristoteles sie nicht definiert hatte. „Aristoteles hat Mitleid und Furcht nicht definiert", erklärt sein Held Stephen Dedalus. „Aber ich." Und er fährt fort: „Mitleid ist das Gefühl, das den Geist angesichts alles dessen gefangennimmt, was schwer und konstant ist am menschlichen Leid, und ihn mit dem leidenden Menschen eins werden läßt. Furcht ist das Gefühl, das den Menschen angesichts alles dessen gefangennimmt, was schwer und konstant ist am menschlichen Leid, und ihn mit der verborgenen Ursache eins werden läßt."[1] Die verborgene Ursache allen Leids ist natürlich die Sterblichkeit selbst, die ja die Grundvoraussetzung des Lebens darstellt und somit wirklich „schwer und konstant" ist. Wer das Leben bejahen will, kann sie nicht verneinen. Doch geht die Bejahung dieser Voraussetzung einher mit Mitleid für den leidenden Menschen – der ja als solcher ein Ebenbild von einem selbst ist.

In den Bestattungsriten, von denen ich eben gesprochen habe, war es diese sowohl antike als auch moderne abendländische Hervorhebung des betreffenden Menschen, die das Ereignis am meisten auszeichnete. Bei keinem traditionellen orientalischen Anlaß von entsprechender Bedeutsamkeit hätte man so etwas erleben können. Dort hätte man sich *durch* den Menschen auf einen vermeintlichen kosmischen Sachverhalt bezogen. Wer jemals die Erfahrung gemacht hat, solch einem orientalischen Ritus beizuwohnen, wird sicherlich bemerkt haben, daß der leidende Mensch als Individuum in Wirklichkeit durch die Zeremonien ausgelöscht wurde, wohingegen in unserem Falle alles getan wurde, um den Wert der Person zu unterstreichen. Die alten Schläuche bergen einen neuen Wein, den Wein der individuellen Persönlichkeit und vor allem der dieses ganz besonderen jungen Mannes sowie der Sache, die er nicht etwa in zeitlosen Kreisläufen wiederkehrender Äonen, sondern in der gegenwärtigen geschichtlichen Zeit repräsentierte. Und doch war in diesen sieben trappelnden Pferden vor der Geschützlafette und dem reiterlosen Pferd zu ihrer Seite etwas von der Symbolik jener alten Ordnung lebendig und noch immer wirksam. Zu dem alten Bild wurde jetzt ein neues Lied gesungen – von dem einzigartigen, beispiellosen und unverwechselbaren leidenden Menschen. Doch gleichermaßen erweckte es ein Gefühl für das, „was schwer und konstant ist" an unserem menschlichen Leid, wie auch eine heilige Ahnung der unleugbaren „verborgenen Ursache", ohne die es dem Ritus an Tiefe und Heilkraft gefehlt hätte.

Ich möchte zum Abschluß gleichsam beschwörend den Blick auf das unergründete Wunder lenken, mit dem uns alle Mythen und Riten – mit den Mitteln der großen Dichtung und Kunst – vertraut machen und vereinigen, indem ich die vielsagenden Zeilen eines kurzen Gedichtes zitieren möchte, das mich zutiefst inspirierte, als ich es vor vierzig Jahren zum erstenmal las und das mich seitdem stets in meinem Denken gefestigt hat. Es stammt von dem kalifornischen Dichter Robinson Jeffers, der es uns von seinem Aussichtsturm an der Pazifikküste zugesandt hat, von dem aus er jahrelang die stolzen Flüge der Pelikane, die sich den Küstenstrich hinunterschwingen, beobachtet und das feuchte, freundliche Bellen der Robben gehört hatte, mit dem zudringlichen Brummen immer zahlreicher werdender Motoren im Rücken. Sein Gedicht heißt

NATÜRLICHE MUSIK

Der alte Ruf des Ozeans, das Vogelgezwitscher kleiner Flüsse,
(Mit Gold statt Silber färbt der Winter
Ihr Wasser und blattgrün statt braun säumt er die Ufer)
Erstimmt vielkehlig in einer Sprache.
Drum glaub ich, wären wir nur stark genug,
Ohne die Trennwände der Angst und der Begierde
Den Sturm der kranken Völker, die Wut der hungerleidenden
    Städte zu hören,
So fanden wir auch diese Stimmen
Rein wie die eines Kindes; oder dem Atem eines Mädchens
    gleich, das allein
Am Ozeanstrand tanzt und von Geliebten träumt.[2]

IV
Die Trennung zwischen Ost und West

1

ES IST FÜR WESTLICHE MENSCHEN NICHT LEICHT ZU BEGREIFEN, daß die in neuerer Zeit im Abendland entwickelten Ideen vom Individuum, von seiner Persönlichkeit, seinen Rechten und seiner Freiheit für den Orient nicht die geringste Bedeutung haben. Sie hatten keine Bedeutung für den primitiven Menschen, und sie hätten auch den Völkern der frühen mesopotamischen, ägyptischen, chinesischen oder indischen Kulturen nichts bedeutet. Ja, sie laufen den Idealen, den Lebenszielen und -ordnungen der meisten Völker dieser Erde zuwider. Und doch sind sie – dies ist meine zweite These – die wirklich große „Neuheit", die wir der Welt zu bieten haben und die unsere abendländische Offenbarung eines echt menschlichen, geistigen Ideals darstellt, das die höchste Entfaltungsmöglichkeit unserer Art zum Maß nimmt.

Ich ziehe den wesentlichen Trennungsstrich zwischen Orient und Okzident senkrecht durch den Iran, etwa entlang des sechzigsten Längengrades östlich von Greenwich. Man kann dies als eine kulturelle Wasserscheide ansehen. Östlich dieses Strichs liegen die Mutterländer zweier schöpferischer Hochkulturen: Indien und der Ferne Osten (China und Japan); westlich davon liegen ebenfalls zwei: die Levante bzw. der Nahe Osten und Europa. In ihren Mythologien, Religionen, Philosophien und Idealen nicht minder als in ihren Lebensstilen, Trachten und in ihrer Kunst haben sich diese vier Bereiche im Lauf ihrer gesamten Geschichte immer voneinander abgehoben. Und doch bilden je zwei bezeichnenderweise ein Gespann eigener Art: Indien und der Ferne Osten einerseits, die Levante und Europa andererseits.

Nun waren die orientalischen Kulturherde, die durch weite, gebirgige Wüstengebiete sowohl vom Westen als auch voneinander getrennt sind, jahrtausendelang weitgehend isoliert und daher zutiefst konservativ eingestellt. Im Unterschied dazu unterhielten die Levante und Europa, ob im Streit oder im Handel, von jeher fruchtbare Beziehungen miteinander, waren also nicht allein gewalttätigen Einfällen ausgesetzt, sondern auch weit offen für den Austausch von handfesten Gütern und von Ideen. Die ungeheuren geistigen wie auch materiellen Umwälzungen dieser heutigen stürmischen Zeit rühren in nicht geringem Maße von dem Umstand her, daß die Schutzwälle sowohl Indiens als auch des Fernen Ostens nicht nur durchlöchert, sondern niedergerissen wurden. Die Welt steht in der Tat vor den Problemen, die in der biblischen Geschichte vom Turmbau zu Babel mythisch dargestellt werden, als nämlich der Herr die Zungen der Menschen derart verwirrte, daß sie vom Bau ihrer weltlichen Stadt ablassen mußten und, wie es in der Bibel heißt, „über die ganze Erde zerstreut" wurden. Nur daß es heute keinen Platz mehr gibt, wohin wir uns fern von den anderen zerstreuen könnten – und genau das ist natürlich der wunde Punkt und das besondere Problem unserer Zeit.

Das mythische Bild von Babel ist in diesem Zusammenhang doppelt angebracht, da die ursprünglichen Fundamente überhaupt der gesamten höheren (d. h. Schrift- und Bau-)Kultur tatsächlich um 3500 v. Chr. in den frühen Stadtstaaten Mesopotamiens gelegt wurden. Somit entstammen sämtliche Zweige des einen großen Baumes der vier Kulturkreise der Levante bzw. sogar insbesondere jenen frühen Tempelstädten mit ihren hochragenden Zikkuraten. Außerdem entstanden dort die mythischen Formen gesellschaftlicher Ordnung, durch die der Einzelne im Orient bis auf den heutigen Tag gebunden ist und von der Verwirklichung eines wahrhaft individuellen eigenen Lebens abgehalten wird. In den früheren, primitiven Gesellschaften der Jäger, Sammler und Fischer, die sich ihre Nahrung suchen mußten, waren die nomadisierenden Stammeseinheiten mit ihrem ungesicherten Lebensunterhalt weder sehr groß noch vielschichtig. Eine Arbeitsteilung erfolgte nur nach Alter und Geschlecht, wodurch jeder Mann, jede Frau und sogar jeder Heranwachsende über das gesamte kulturelle Erbe recht gut verfügen konnte. In einem solchen Rahmen konnte jeder Erwachsene – wenigstens im Sinne des jeweiligen Kulturtyps – ein voll entfalteter Mensch werden. Mit dem Aufkommen und der Entwicklung von relativ wohlhabenden, fest ansässigen und von Getreideanbau und Viehzucht lebenden Gemeinwesen im Nahen Osten etwa von 7500 v. Chr. an wurde das Leben jedoch sehr viel komplexer, und mit dem allmählichen, zahlen- und ausdehnungsmäßigen Anwachsen solcher Gemeinwesen gewannen hochspezialisierte Wissenszweige und Fachkenntnisse zunehmend an Bedeutung. Um 4500 v. Chr. gab es im ganzen Nahen Osten ein Netz blühender, sich selbst versorgender Dörfer, und um 3500 v. Chr. wurden die in der Tiefebene am Unterlauf von Tigris und Euphrat gelegenen zu Städten – den ersten Städten der Weltgeschichte. In diesen gab es deutlich voneinander abgesetzte herrschende und dienende Kasten, wunderbar kunstfertige, spezialisierte Handwerker, Priesterorden, Händler und so weiter, so daß nunmehr keiner ernstlich darauf hoffen konnte, ein voll entfalteter Mensch zu werden. Jeder war nur ein Bruchteil eines Menschen. Entsprechend erschienen in der Ornamentalkunst jener Zeit plötzlich unverkennbare Anzeichen für ein Bestreben, die Idee einer Vereinigung ungleichartiger Teile im Hinblick auf ein Ganzes symbolisch darzustellen.

Bereits in den Keramikstilen aus der Mitte des fünften Jahrtausends v. Chr. tauchen beispielsweise gleichmäßige geometrische Ausgestaltungen einer runden Fläche mit einer zusammenhaltenden Figur in der Mitte auf, die das vereinheitlichende Prinzip symbolisiert: eine Rosette, ein Kreuz oder ein Hakenkreuz. In den späteren symbolischen Kompositionen wurde diese zentrale Position von der Gestalt eines Gottes eingenommen, und in den frühesten Stadtstaaten war dieselbe Gottheit im König verkörpert – in Ägypten im Pharao. Nicht allein der König, sondern darüber hinaus sämtliche Angehörige seines Hofes spielten in ihrem Leben symbolische Rollen, die nicht von ihren persönlichen Wünschen, sondern von den Spielregeln einer rituellen Pantomime der Identifikation mit himmlischen Gestirnen bestimmt wurden – ganz ähnlich wie die Rituale auf den früheren, primitiven Stufen des menschlichen Kulturwerdens die Tierarten oder die pflanzlichen Kreisläufe von Leben und Tod nachgeahmt hatten.

Wie bereits im letzten Kapitel ausgeführt, waren es die Priester in den frühen Tempelanlagen der altsumerischen Stadtstaaten um 3500 v. Chr. gewesen, die bei ihrer Ausschau nach Omen am Himmel als erste erkannt hatten, daß sich der Mond, die Sonne und die fünf sichtbaren Planeten in mathematisch bestimmbaren Zeitabständen durch die Sternbilder bewegen. Damals wurde, wie gesagt, der großartige Gedanke von einer himmlischen Ordnung des Kosmos gefaßt, die sich in der Gesellschaftsordnung widerspiegeln sollte. Mit symbolischen Kronen und festlichen Gewändern angetan, verdoppelten der König, seine Königin und ihr beider Hofstaat in einer irdischen Aufführung das Schauspiel der Himmelslichte, und man würde heutzutage schwerlich an die Rückhaltlosigkeit ihrer Hingabe an diese Rollen glauben, wenn es nicht verblüffende Beweisstücke gäbe, die der verstorbene Sir Leonard Woolley aus den „Königsgräbern" von Ur, der heiligen Stadt des uralten Mondgottes, ans Licht gebracht hat.

Sir Leonard führte, wie er selbst berichtet, Ausgrabungen auf dem Tempelfriedhof der alten Stadt durch, von der der Erzvater Abraham angeblich seinerzeit aufgebrochen sein soll, als die Spaten seiner Männer auf eine erstaunliche Anzahl von Grabkammern stießen, von denen manche nicht weniger als fünfundsechzig in höfischem Ornat bestattete Personen bargen. Zu den besterhaltensten gehörte eine Frau namens Schubad, die mit ihrem Gefolge von ungefähr fünfundzwanzig Bedienten direkt über der Gruft einer hochgestellten männlichen Persönlichkeit namens Abargi begraben war, dem etwa fünfundsechzig Personen zur letzten Ruhe beigegeben waren. Die reich geschmückte Schubad war auf einem von Eseln gezogenen Schlitten in ihre Grabkammer gebracht worden; Abargi, möglicherweise ihr Ehemann, auf einem von Ochsen gezogenen Wagen. Sowohl die Tiere als auch die Menschen waren bei lebendigem Leib in dem ungeheuerlichen Grab beerdigt worden. Die Hofdamen lagen in höfischer Pracht friedlich nebeneinander und trugen Haarreifen aus Silber und Gold, rote Mäntel mit perlenbesetzten Aufschlägen, große, halbmondförmige Ohrringe und vielsträngige Halsbänder aus Lapislazuli und Gold. Die Knochenhände der Harfenspielerinnen ruhten noch immer auf den Saiten der Harfen bzw. dort, wo die Saiten einmal gewesen waren. Die Instrumente selbst ließen die Körperform eines Stieres erkennen, dessen wunderschöner goldener Kopf einen kostbaren Lapislazulibart trug. Es war nämlich ein mythischer Stier: der göttliche Mondstier, dessen Schicksalssang diese zwei willfährigen Gesellschaften – zuerst die des bestatteten Königs, dann die seiner Dame – zur Wiedergeburt durch den Tod zusammengerufen hatte. Wir kennen auch den Namen des Gottes, dessen Tiergestalt dieser Stier war: Es war der große, sagenhafte Gottkönig und Weltenheiland des Nahen Ostens Tammuz (sumerisch Dumuzi), dessen alljährliche Festtage zur Feier seines Todes und seiner Wiederauferstehung heute in unserem mythischen und rituellen Kalender von der Synagoge unter dem Namen des Passahfestes und von der Kirche unter dem Namen Karfreitag und Ostern begangen werden.

Wir wissen nicht, was der genaue Anlaß zur Bestattung der beiden Gefolge gewesen sein mag. Ähnliche Begräbnisse sind jedoch für alle archaischen Kulturen bezeugt. In Ägypten und China hat man Grabstätten entdeckt, die nicht weniger als achthundert und mehr Beerdigte enthielten, und die Pharaonen der ersten drei Dynastien besaßen sogar zwei solcher Totensitze: einen in Abydos in Oberägypten und einen in Memphis in Unterägypten – sozusagen einen Land- und einen Stadtpalast mit nicht weniger als vierhundert und mehr Skeletten von Bedienten in jedem.

Wo bleibt nun, so frage ich, in einem solchen Rahmen das Individuum? In einer solchen Welt gibt es in Wirklichkeit so etwas wie ein individuelles Leben gar nicht, sondern nur ein großes, kosmisches Gesetz, dem alles und jeder auf seinem Platz untersteht. Auf ägyptisch hieß dieses Gesetz *Maat*, auf sumerisch *Me*, auf chinesisch heißt es *Tao*, auf sanskrit *Dharma*. Der einzelne darf weder wählen noch wollen oder auch nur denken, er hat keine Gelegenheit, innezuhalten und sich zu fragen: „Was würde ich jetzt am liebsten tun? Was wäre ich gern?" Was man zu sein hat, bestimmt die Geburt, wie auch was man zu denken und zu tun hat. Vor allem aber will ich hier jenen entscheidenden Punkt hervorheben, daß diese alte bronzezeitliche Vorstellung von einer sich gesellschaftlich ausprägenden kosmischen Ordnung, der sich jeder Einzelne kritiklos unterwerfen muß, wenn er überhaupt etwas gelten will, in dieser oder jener Form bis auf den heutigen Tag im Orient grundlegend ist.

Das weibliche Partizip Präsens des Sanskritverbs für „sein" heißt *satī* und bezeichnet den Charakter der tugendsamen Hindugattin, die sich auf dem Scheiterhaufen ihres verstorbenen Mannes selbst zum Opfer bringt. Durch diesen selbstlosen, fraglosen, pflichtbewußten Akt, mit dem sie ihre soziale Rolle erfüllt, ist sie zu etwas Ewigem und Unversehrtem geworden, das ewigen Wert und ewiges Leben besitzt: eine Gattin. Jede indische Frau, die sich weigerte, ihre Rolle bis zu Ende nachzukommen, wäre *a-satī*, „nichtseiend", ein reines Nichts, denn das Leben, das Ziel, der ganze Sinn des Daseins eines Menschen auf dieser Erde liegt in der Darstellung und Durchdringung seiner sozialen Rolle. Nur dem, der absolut untadelig seine Pflicht erfüllt, kann man nachsagen, daß er wahrhaft „ist". Und wenn wir uns jetzt wieder an die zwei Gruften in der alten Königsgrabstätte von Ur erinnern – da gab es tatsächlich schon so eine Frau.

Aber auch Abargi selbst ist allem Anschein nach rituell getötet worden. Auf einem großen Teil des Erdballs hat man unzweifelhafte Beweise für einen uralten Brauch des rituellen Königsmords gefunden – man schlage nur einmal eine beliebige Seite von Sir James G. Frazers Buch *The Golden Bough (Der goldene Zweig)* auf. Die frühesten Gottkönige wurden alle sechs, alle acht oder alle zwölf Jahre rituell geopfert, je nach der am Orte geltenden Regel, und mit ihnen die Würdenträger ihres Hofes, die alle ihre Leiber von sich warfen, um wiedergeboren zu werden. Es ist ein phantastisches, edles, schauerlich wunderbares Ideal: Der Einzelne ist ein völliger Niemand, wenn er nicht, selbst bis in den Tod, das eine, ewige, absolut unpersönliche, kosmische Gesetz verkörpert.

Hieran muß das abendländische und insbesondere moderne europäische Ideal des Individuums gemessen werden.

2

Ich will mich nun direkt der Frage nach dem europäischen Individuum zuwenden und zum Eingang auf die Beobachtungen des Schweizer Psychologen C. G. Jung Bezug nehmen, der in seinen Werken durchgängig den Begriff „Individuation" benutzt, um damit den psychischen Vorgang zu bezeichnen, durch den man zu individueller Ganzheit gelangt. Jung argumentiert, daß jeder von uns in seiner Lebensführung von seiner Gesellschaft auf eine bestimmte soziale Rolle verpflichtet wird. Um in der Welt tätig zu sein, spielen wir alle fortwährend irgendwelche Rollen, und eine solche Rolle nennt Jung *Persona*, von lateinisch *persona*, „Maske, falsches Gesicht", womit die Maske bezeichnet wird, die ein Schauspieler auf der römischen Bühne trug und durch die er „tönte" (*per-sonare*, „durchtönen"). Man muß in dieser oder jener Maske auftreten, wenn man überhaupt gesellschaftliche Aufgaben wahrnehmen will, und sogar diejenigen, die es vorziehen, sich solchen Masken zu verweigern, müssen dafür andere aufsetzen, die ihre Ablehnung, ein „Zum Teufel damit!" oder etwas dieser Art zeigen. Viele Masken sind spielerisch, opportunistisch, oberflächlich; andere hingegen gehen tief, sehr tief, viel tiefer, als wir wissen. So wie jeder Körper aus einem Kopf, zwei Armen, einem Rumpf, zwei Beinen und so weiter besteht, so besitzt auch jeder lebendige Mensch unter anderem eine Persönlichkeit, eine tief eingeprägte Persona, durch die er sich selbst nicht minder wie anderen bekannt wird und ohne die es ihn nicht gäbe. Es ist daher albern, Aussagen zu machen wie: „Nehmen wir doch die Masken ab und seien wir natürlich!" Allerdings gibt es solche und solche Masken. Es gibt die Masken der Jugend, die Masken des Alters, die Masken der verschiedenen sozialen Rollen und auch die Masken, die wir spontan auf andere projizieren, die sie unkenntlich machen und auf die wir dann reagieren.

Man nehme zum Beispiel an, man habe zwanglos mit dem unbekannten Herrn auf dem Nebensitz im Flugzeug geplaudert. Eine Stewardeß bleibt stehen und spricht ihn respektvoll mit „Herr Senator" an. Wenn sie wieder geht, stellt man fest, daß man jetzt beim Gespräch mit ihm ein anderes Gefühl hat als zuvor und daß man dabei nicht mehr ganz so locker ist. Er ist für einen zu etwas geworden, was Jung eine „*Mana*-Persönlichkeit" genannt hat, zu jemandem, der mit der magischen Kraft einer eindrucksvollen sozialen Maske aufgeladen ist, und man spricht jetzt nicht einfach mit irgendeiner Person, sondern mit einer Persönlichkeit, einem Mann von Rang und Namen. Außerdem ist man selbst zu einer untergeordneten Person geworden, zu einem respektvollen amerikanischen Bürger, der sich mit einem Senator unterhält. Die Personae der kleinen Szene haben sich geändert – wenigstens von der eigenen Seite des Gesprächs aus. Was jedoch den Senator anbelangt, so wird er noch derselbe sein wie zuvor, und wenn er vorher nicht auf dem hohen Roß gesessen hat, so wird er jetzt auch nicht auf dem hohen Roß sitzen.

Um im Sinne Jungs individuiert zu werden, um als ein befreites Individuum zu leben, muß man wissen, wie und wann man die Masken seiner verschiedenen Lebensrollen an- und abzulegen hat. „Bist du in Rom, so mache es wie die Römer", und bist du zu Hause, dann behalte nicht die Maske für die Rolle auf, die du im Senatssaal spielst. Doch das ist schließlich nicht leicht, denn manche Masken sitzen tief. Die eigenen Ansichten und moralischen Werturteile gehören zu ihnen. Zu ihnen gehören der Stolz, der Ehrgeiz und die Verdienste, die man hat. Die eigenen Torheiten gehören zu ihnen. Üblicherweise läßt man sich allzusehr von Masken beeindrucken und hängt zu sehr an ihnen, seien es nun bestimmte eigene Masken oder die *Mana*-Masken anderer. Die Individuationsarbeit jedoch verlangt, daß man sich nicht derart zwingend beeinflussen läßt. Das Streben nach Individuation erfordert, daß man die eigene Mitte findet und dann daraus zu leben lernt, so daß man sein eigenes Für und Wider unter Kontrolle hat. Dies läßt sich weder durch Schaustellungen erreichen noch dadurch, daß man bei jeder x-beliebigen Maskerade mit festgelegten Rollen mitspielt. Denn wie Jung erklärt: „Jedes Leben ist schließlich eine Verwirklichung eines Ganzen, das heißt eines Selbst, weshalb man die Verwirklichung auch als Individuation bezeichnen kann. Denn alles Leben ist an individuelle Träger und Verwirklicher gebunden und ist ohne solche schlechthin unvorstellbar. Mit jedem Träger aber ist auch eine individuelle Bestimmtheit und Bestimmung gegeben, und es macht den Sinn lebendiger Existenz aus, daß sie als solche sich verwirkliche."[1]

Das ist genau das Gegenteil des Ideals, das jedem – selbst den größten Heiligen und Weisen – im Hinteren Orient aufgezwungen wird, wo einer nur daran denkt, sich völlig mit der Maske oder Rolle der ihm zugewiesenen gesellschaftlichen Stellung zu identifizieren, um dann, wenn alle auferlegten Pflichten ganz und gar erfüllt sind, sich selbst vollkommen auszulöschen und (nach einem berühmten Bild) wie ein Tautropfen ins Meer zu gleiten. Im Unterschied nämlich zu der typisch westeuropäischen Vorstellung von einem Schicksal und Persönlichkeitspotential in jedem von uns, die es in unserer einen Lebenszeit als deren „Sinn" und „Erfüllung" zu verwirklichen gilt, steht im Osten nicht die Person im Mittelpunkt des Interesses, sondern (wie in den modernen kommunistischen Tyrannenstaaten) die bestehende Gesellschaftsordnung; nicht das einzigartige, schöpferische Individuum, das dort als Bedrohung angesehen wird, sondern seine Unterwerfung durch das Aufgehen in einem bestimmten gesellschaftlichen Archetyp und zugleich das Austreten jedes inneren Fünkchens eines individuellen Lebens. Bildung heißt Indoktrination, oder wie man heute sagt: Gehirnwäsche. Der Brahmane hat ein Brahmane zu sein, der Schuster ein Schuster, der Krieger ein Krieger, die Ehefrau eine Ehefrau – nichts anderes, nicht weniger und nicht mehr.

Bei einer solchen Aufteilung gelangt der Einzelne nie dazu, in sich selbst etwas anderes als den mehr oder weniger fähigen Darsteller einer reinen Standardnummer zu sehen. Alle Anzeichen einer Persönlichkeit, die sich vielleicht in der Kindheit vielversprechend zeigten, werden in wenigen kurzen Jahren verschwunden und von den Zügen eines gesellschaftlichen Archetyps ersetzt sein, einer allgemeinen Standardmaske, einer Scheinpersönlichkeit bzw. – wie man so jemanden meiner Meinung nach heute nennen sollte – einer hohlen Nuß. In einer solchen Gesellschaft gilt der als Musterschüler, der den Unterricht, ohne zu fragen, schluckt und so sehr mit der Tugend vollkommenen Glaubens an seinen vorgesetzten Lehrer gesegnet ist, daß er sich begierig nicht nur dessen zum Gesetz erhobene Kenntnisse zu eigen macht, sondern auch dessen Angewohnheiten, Beurteilungsmaßstäbe und allgemeines Vorstellungsbild von der Persona, die der Schüler zu werden hat. Wenn ich hier „werden" sage, so meine ich das wirklich, denn es darf sonst nichts zurückbleiben, nicht die Spur eines Ich in unserem westlichen Sinne, einer Person mit eigenen Ansichten, Zu- und Abneigungen und noch nie dagewesenen Gedanken oder Zielen.

Es ist interessant zu bemerken, daß der Reisende durch Hölle, Fegefeuer und Himmel in Dantes großer *Göttlicher Komödie* bei all seinen Visionen seine verstorbenen Freunde erkennen und mit ihnen über ihr Leben sprechen konnte. Ebenso erkennen Odysseus und Äneas in den antiken Unterwelten der *Odyssee* und der *Äneis* ohne weiteres die Schatten der jüngst Verstorbenen und können sich mit ihnen unterhalten. Im Orient hingegen wäre in den Höllen und Himmeln der Hindus, Buddhisten und Jainas keine solche Fortdauer erkennbarer persönlicher Züge festzustellen gewesen, denn im Tode wird die Maske der irdischen Rolle fallengelassen und die eines anderen Lebens danach aufgesetzt. Die Wesen, die die Hölle bewohnen, sind von dämonischer Gestalt, die in den Himmeln von göttlicher. Und wenn das sich reinkarnierende Nichts wieder zu dieser Erde zurückkehrt, wird es noch eine weitere Maske anlegen, ohne bewußte Erinnerung an irgendeine Vergangenheit. Im europäischen Einflußbereich – sei es in den antiken Epen und Tragödien, in Dantes *Göttlicher Komödie* oder Jungs moderner Psychologie der Individuation – steht im Mittelpunkt des Interesses das Individuum, das nur einmal geboren wird, nur einmal lebt und sich in seinem Wollen, Denken und Tun von jedem anderen unterscheidet. Dagegen wird das lebendige Wesen im ganzen Hinteren Orient – in Indien, Tibet, China, Korea und Japan – als eine wandernde Seele aufgefaßt, die sich Leiber an- und auszieht. Du bist nicht dein Leib. Du bist nicht dein Ich. Beide mußt du als Verblendungen begreifen. Und dieser grundlegende Unterschied zwischen den orientalischen und unseren gebräuchlichen europäischen Begriffen vom Individuum betrifft in seinen Auswirkungen unser Denken in all seinen sozialen und moralischen wie auch psychologischen, kosmologischen und metaphysischen Aspekten. „Die Welt der Erscheinungen", so lese ich etwa in einer Sanskritlehrschrift, „ist in der Tat unwirklich. Der ‚Ich'-Gedanke muß ebenso unwirklich sein, da wir sein Kommen und Gehen beobachten können.... Höre darum auf, dich mit diesem Klumpen Fleisch, mit deinem grobstofflichen Körper, und mit dem Ich, der feinstofflichen Hülle, zu identifizieren. Beide sind nur Täuschung.... Dieses Ich ist dein Feind.... Vernichte diesen Feind durch das scharfe Schwert der Erkenntnis und genieße frei die unbeschränkte Herrschaft über dein eigenes Königreich, die Seligkeit des Ātman."[2]

Die Welt, der zu entkommen wir uns also zu bemühen haben, muß als ein stets neu erscheinendes und wieder verschwindendes Traumblendwerk erkannt werden, das in wiederkehrenden Kreisläufen entsteht und vergeht. Wenn es als solches erkannt ist und wenn man gelernt hat, seine Rolle darin ohne jede Ich-Regung, ohne Begierden, Hoffnungen und Ängste zu spielen, so hat man die Befreiung aus den unendlichen Kreisläufen sinnloser Reinkarnationen erlangt. So wie die Sonne auf- und untergeht, wann und wie sie soll, wie der Mond zu- und abnimmt und wie die Tiere sich ihrer Art gemäß verhalten, so müssen auch du und ich uns so benehmen, wie es unserer Geburt entspricht. Man geht davon aus, daß wir als Folge aus unserem Verhalten in früheren Leben gerade an diesem oder jenem Ort geboren wurden und nirgendwo sonst. Es bedarf keines richtenden Gottes, der einem hier oder dort einen Platz zuweist. Alles wird automatisch von dem (wenn man so sagen darf) geistigen Gewicht der sich reinkarnierenden Monade bestimmt. Dies, und nur dies, bestimmt den Rang, den man in der Gesellschaft einnimmt, die Lebensrichtlinien, die einen erwarten, und alles, was man zu erleiden und zu genießen hat.

In den alten Sanskrit-Gesetzbüchern, den *Gesetzen des Manu*, den *Gesetzen des Vishnu (Vishnu-Smriti)* und anderen, wird genau beschrieben, welche Art von Unterweisung jeder Kaste zukommt, wie die Ernährung auszusehen hat, wen man heiraten, wann man beten oder baden soll, in welche Richtung man beim Gähnen oder Niesen blicken, wie man den Mund nach den Mahlzeiten ausspülen soll und so weiter, *ad infinitum*. Die für Verstöße dagegen festgesetzten Strafen sind erschreckend. Und obwohl im Fernen Osten der Weg bzw. die Ordnung der Natur in Begriffen beschrieben wird, die nicht genau die gleichen sind wie in Indien, so laufen diese doch so ziemlich auf dasselbe hinaus, was die Reglementierung des eigenen Lebens anbelangt. Auch dort gibt es eine kosmische Ordnung, deren sichtbares Abbild die Gesellschaftsordnung ist, und auch dort muß man dieser sowohl aus Pflicht als auch aus eigenem Antrieb gehorchen. Dann sind da noch die sogenannten Luxusgesetze, die jedem haargenau vorschreiben, wie er zu leben hat: wie groß (je nach der gesellschaftlichen Stellung) das Schlafzimmer zu sein hat und aus was für einem Material die Matratze, wie lang die Ärmel zu sein haben und woraus die Schuhe hergestellt, wie viele Tassen Tee man morgens trinken muß und so fort. Jede Einzelheit des Lebens wird bis aufs i-Tüpfelchen vorgeschrieben, und da gibt es so viel, was man tun *muß*, daß gar keine Gelegenheit bleibt, um innezuhalten und sich zu fragen: ,,Was *möchte* ich gern tun?"

Kurzum, die Prinzipien der Ichheit, des freien Denkens, Willens und selbstverantwortlichen Handelns werden in diesen Gesellschaften als allem Natürlichen, Guten und Wahren zuwiderlaufend verabscheut und verworfen. Das Ideal der Indiviuation, das nach Jungs Ansicht das Ideal seelischer Ganzheit und eines erfüllten Erwachsenenlebens ist, ist also im Orient ganz einfach unbekannt. Ich möchte nur ein Beispiel zitieren, einen Auszug aus den indischen *Gesetzen des Manu (Mānava-dharmashāstra)*, in dem es um die Vorschriften geht, nach denen sich eine orthodoxe Hindugattin ihr ganzes Leben lang zu richten hat:

> ,,Ein Mädchen, eine junge oder selbst eine ältere Frau darf keinerlei selbständige Verrichtungen, nicht einmal in ihrem eigenen Hause, vornehmen. Das weibliche Geschlecht untersteht in der Kindheit ihrem Vater, als junge Frau ihrem Ehegatten, und wenn ihr Herr tot ist, ihren Söhnen. Eine Frau darf niemals selbständig sein. Sie darf nicht versuchen, sich von ihrem Vater, ihrem Gatten oder ihren Söhnen freizumachen.

Würde sie diese verlassen, so würde sie sowohl über ihre eigene Familie als auch über die ihres Gatten Schande bringen. Sie muß immer freundlich sein, klug in der Haushaltsführung, sorgsam beim Putzen von Geschirr und Gerät und sparsam in ihren Ausgaben. Sie soll demjenigen, dem ihr Vater (oder mit der Erlaubnis des Vaters ihr Bruder) sie gegeben hat, zeit seines Lebens gehorchen, und wenn er tot ist, darf sie sein Andenken niemals entehren.... Wenn ein Ehemann auch nichts taugt, keinerlei gute Eigenschaften besitzt und andernorts seinem Vergnügen nachgeht, so muß er doch von einer treuen Frau unablässig als ein Gott verehrt werden.... Zum Lohn für solches Benehmen gewinnt die Frau, die ihre Gedanken, ihre Rede und ihr Handeln im Zaum hat, in diesem Leben höchstes Ansehen und im nächsten einen Platz an der Seite ihres Gatten."[3]

Die indischen Lehrer haben die Philosophie je nach den Lebenszwecken, denen sie dient, in vier Kategorien eingeteilt, das heißt, gemäß den vier Zielen, nach denen die Menschen in dieser Welt streben. Die erste ist *dharma* – „Pflicht, Tugend", von der ich gerade gesprochen habe und die, wie wir gesehen haben, für jeden einzelnen durch seinen Platz in der Gesellschaftsordnung bestimmt wird. Die zweite und dritte sind natürlicher Art und geben die Ziele an, zu denen es alle Lebewesen von Natur aus drängt: Erfolg oder Verdienst und Selbsterhöhung, was auf sanskrit *artha* heißt; sowie Sinnenfreude oder Lust, was man *kāma* nennt. Diese zwei entsprechen den Absichten, die Freud dem Es zuschreibt. Sie sind Ausdruck der biologischen Urtriebkräfte der Psyche, das einfache „Ich will!" der eigenen Tiernatur, während das Prinzip des *dharma*, das jedem von der Gesellschaft eingeprägt wird, dem entspricht, was Freud als Über-Ich bezeichnet hat, dem kulturellen „Du sollst!". In der indischen Gesellschaft soll man sozusagen überschattet von der Wolke seines *dharma* nach Vergnügen und Erfolg streben und diese erlangen: Das „Du sollst!" überwacht das „Ich will!". Wenn man die Lebensmitte erreicht und alle Pflichten des Lebens erfüllt hat, zieht man sich (wenn man ein Mann ist) in den Wald in irgendeine Einsiedlerklause zurück, um durch Yoga auch noch die letzte Spur des „Ich will!" von sich abzuwaschen und damit auch jede Nachwirkung des „Du sollst!". Daraufhin erreicht man das vierte Ziel, den vierten und endgültigen Lebenszweck, den man *moksha* nennt, völlige „*Erlösung*" oder „*Freiheit*". Dies ist allerdings nicht die Freiheit, wie wir sie im Westen verstehen, die Freiheit eines Individuums, zu sein was es will oder zu tun was es will. Im Gegenteil, „Freiheit" im Sinne von *moksha* bedeutet Befreiung von jedem Daseinswunsch.

„Du sollst!" gegen „Ich will!", und dann: „Verlisch!". Nach unserer modernen abendländischen Auffassung würde man die Situation im Spannungsverhältnis der ersten zwei Worte eher in einem Kindergarten für angebracht halten als für erwachsene Menschen, während dies im Orient die Situation darstellt, die einem sogar sein ganzes Erwachsenenleben lang aufgezwungen wird. Was man im Westen unter Ich-Entwicklung versteht, ist in keiner Weise vorgesehen und wird auch nicht geduldet. Die Folge davon ist, daß der Orient – einfach und deutlich gesagt – niemals das Ich vom Es geschieden hat.

Beim Wort „ich" (auf sanskrit *aham*) denkt der orientalische Philosoph bloß an Wünschen, Wollen, Begehren, Fürchten und Besitzen, das heißt an Triebregungen, die im Sinne Freuds dem unter dem Druck des Lustprinzips handelnden Es eigen sind. Das Ich ist aber (wieder nach Freuds Definition) jene psychische Instanz, die uns *objektiv* mit der äußeren, empirischen „Realität" verbindet, das heißt mit der objektiv beobachteten, erkannten, beurteilten und eingeschätzten Welt der Tatsachen, mit ihren hier und jetzt vorhandenen Möglichkeiten und mit uns selbst, die wir uns auf die gleiche Weise kennen und beurteilen, in dieser Welt. Eine wohlüberlegte Tat, ausgeführt von einem kundigen, verantwortlichen Ich, ist also etwas ganz anderes als die Handlung eines habgierigen, ungezähmten Es und auch etwas anderes als die Pflichterfüllung in fraglosem Gehorsam gegenüber einem seit alters eingefleischten Gesetz, das angesichts des heutigen Lebens oder sogar jedes unvorhergesehenen gesellschaftlichen oder persönlichen Zufallsereignisses nur fehl am Platze sein kann.

Der Wert des Orientalen ist also mit dem eines guten Soldaten vergleichbar, der seinen Befehlen gehorcht und nicht für seine Handlungen, sondern nur für deren Ausführung persönlich verantwortlich ist. Da aber alle Gesetze, die er befolgt, seit grauer Vorzeit überliefert wurden, gibt es nirgendwo jemanden, der für das, was er tut, persönlich verantwortlich ist, noch gab es überhaupt jemals einen persönlich Verantwortlichen, da die Gesetze der Weltenordnung selbst entnommen wurden – oder wenigstens glaubt man daran. Und da es im Ursprung dieser Weltenordnung keinen persönlichen Gott, kein willensbegabtes Wesen gibt, sondern nur eine völlig unpersönliche Kraft, eine Leere jenseits des Denkens, jenseits des Seins, vor allen Kategorien, hat es letzten Endes niemals irgendwo irgend jemanden gegeben, der für irgend etwas verantwortlich gewesen wäre. Die Götter selbst sind nur die Sachwalter eines immerfort kreisenden Kaleidoskops auftauchender und wieder verschwindender illusorischer Erscheinungen – jetzt und in alle Ewigkeit.

3

Man mag nun fragen, wann und wie die historische Wende von der eben beschriebenen orientalischen zu der uns allen geläufigen abendländischen Auffassung von der Beziehung des Individuums zu seiner Welt eintrat. Die frühesten sicheren Anzeichen einer solchen Wende tauchen in den mesopotamischen Inschriften um 2000 v. Chr. auf, als man beginnt, einen Unterschied zu machen zwischen dem König als einem bloßen Menschen und dem Gott, dem er nunmehr zu dienen hat. Er ist kein Gottkönig mehr wie der Pharao von Ägypten. Man nennt ihn den „Lehnsmann" des Gottes. Die Stadt, über die er herrscht, ist der irdische Sitz des Gottes, und er selbst ist nur der oberste Verwalter, der verantwortliche Aufseher. Dies war zudem die Zeit, als in Mesopotamien Mythen aufkamen, wonach die Menschen von den Göttern als ihre Sklaven geschaffen wurden. Die Menschen waren zu bloßen Dienern geworden, die Götter zu absoluten Herrschern. Der Mensch war in keiner Weise mehr eine Verkörperung des göttlichen Lebens, sondern von ganz und gar anderer, irdischer, sterblicher Natur. Die Erde selbst war jetzt Lehm. Materie und Geist hatten begonnen, sich zu scheiden. Ich bezeichne diesen Vorgang als „mythische Trennung" und sehe ihn als charakteristisch vor allem für die späteren Religionen der Levante an, deren heute bedeutendsten natürlich Judentum, Christentum und Islam sind.

Ich will zur Veranschaulichung der Auswirkung dieser entzaubernden geistigen Wende auf die Mythologie das Beispiel der Sintflut anführen. Den vielen Mythologien zufolge, die noch heute im Orient Blüten treiben, wird die Welt am Ende eines jeden Äons unweigerlich überflutet. In Indien wird die Anzahl der Jahre eine Äons, das man einen Tag Brahmās nennt, auf 4320 Millionen veranschlagt; darauf folgt eine Nacht Brahmās, in der alles für weitere 4320 Millionen Jahre im kosmischen Meer aufgelöst ruht, was für einen vollständigen kosmischen Kreislauf die Gesamtsumme von 8640 Millionen Jahren ergibt. In der nordischen *Edda* heißt es, daß Walhall 540 Tore hat und daß durch jedes dieser Tore am Ende der Welt 800 kampfbereite Krieger ziehen werden, um die Schlacht gegen die Feinde der Götter zu schlagen.[4] 800 mal 540 ergibt aber 432 000. Es scheint also, daß es ein gemeinsames mythisches Hintergrundmotiv gibt, das hier das heidnische Europa mit dem alten Osten teilt. Ja, ein flüchtiger Blick auf meine Uhr zeigt mir, daß jede Stunde sechzig Minuten hat und jede Minute sechzig Sekunden, was sich bei unserem Vierundzwanzigstundentag auf 86 400 Sekunden beläuft; und im Verlauf dieses Tages folgt die Nacht automatisch auf das Licht und am nächsten Morgen die Dämmerung auf das Dunkel. In einer derartigen Mythologie kosmischer Tage und Nächte kann von Strafe und Schuld keine Rede sein. Alles geht völlig automatisch vor sich und liegt in der unbeschwerten Natur der Dinge.

Aber es geht noch weiter. Einem gelehrten chaldäischen Priester namens Berossos zufolge, der im frühen dritten Jahrhundert v. Chr. einen Abriß der babylonischen Mythologie gab, verstrichen zwischen der Krönung des ersten sumerischen Königs und dem Kommen der Sintflut 432 000 Jahre, und während dieser Zeitspanne regierten zehn sehr langlebige Könige. Dann stellen wir fest, daß nach der Zeitrechnung der Bibel zwischen der Erschaffung Adams und dem Kommen von Noahs Sintflut 1656 Jahre vergingen, in welcher Zeit zehn sehr langlebige Patriarchen aufeinander folgten. Und wenn ich mich auf die Umrechnung eines bekannten jüdischen Assyriologen aus dem letzten Jahrhundert, Julius Oppert (1825–1906), verlassen darf, so beträgt die Anzahl der Siebentagewochen in 1656 Jahren 86 400.[5]

Somit läßt sich das frühe mesopotamische Modell mathematisch geordneter, sich wiederholender Kreisläufe, in denen die Welt erscheint und wieder verschwindet und die jedesmal von einer Sintflut abgeschlossen werden, sogar in der Bibel wiederfinden.

Wie uns jedoch allen wohlbekannt ist, lautet die populärere und sinnfälligere Erklärung, die im Buch für Noahs Sintflut gegeben wird, daß sie von Jahwe als Strafe für die Sünde der Menschen gesandt wurde. Das ist ein vollkommen anderes Vorstellungsbild, das mehr den freien Willen betont als den älteren, nunmehr verdeckten Gedanken eines gänzlich unpersönlichen Kreislaufs, der von Schuld so frei ist wie der Wechsel von Tag und Nacht oder der Jahreslauf.

Die frühesten Beispiele für diese zweite Lesart der Sintflutsage tauchen in zwei sumerischen Keilschrifttexten aus der Zeit um 2000–1750 v. Chr. auf. Darin lautet der Name des zürnenden Gottes Enlil und der Mann, der die Arche baut, ist der zehnte König der alten sumerischen Zikkurat-Stadt Kisch. Die Tafeln stammen aus der Zeit, als man auch, wie bereits erwähnt, die alten mesopotamischen Könige als „Lehnsmänner" ihrer Gottheiten bezeichnete, und die Folgen dieses Einstellungswandels sind gewaltig. Vor allen Dingen hat die Welt eine Dimension des Wunderbaren verloren. Sie ist nun nicht mehr selbst göttlich, strahlt kein jenseits des Denkens liegendes Geheimnis mehr aus, dessen wirkende Glieder alle lebenden Götter und Dämonen nicht minder sind wie die Pflanzen, die Tiere und die Städte der Menschen. Das Göttliche ist von der Erde in eine übernatürliche Sphäre abgeschoben worden, von wo aus die allein strahlenden Götter über die Erdenläufe herrschen.

Andererseits aber erhielt bzw. gewann sich der Mensch im Zusammenhang mit – und als eine Folge von – diesem Verlust der Wesensidentität mit dem organischen göttlichen Sein eines lebendigen Weltalls die Freiheit – eine Befreiung zu einem selbständigen Dasein, in dem er eine gewisse Willensunabhängigkeit besitzt. Dadurch ist er in Beziehung zu einem von ihm abgesonderten Gott gesetzt worden, der gleichfalls über freien Willen verfügt. Die Götter des Hinteren Orients sind Handlungsträger im Kreislauf und als solche kaum mehr als Aufseher; sie verkörpern und besorgen die Prozesse eines Kreislaufs, den sie weder in Bewegung setzen noch beherrschen. Aber wenn wir wie jetzt einen Gott haben, der ganz im Gegensatz dazu von sich aus beschließen kann, eine Flut hinabzusenden, weil die von ihm geschaffenen Menschen sündhaft geworden sind, und der selbst Gesetze erläßt, richtet und Strafen verhängt, so befinden wir uns in einer völlig neuen Situation. Ein radikaler Bewußtseinswandel hat die Welt und alles, was darinnen ist, in ein neues, helleres Licht getaucht – dem Licht der Sonne gleich, das den Mond, die Planeten und das Leuchten der übrigen Sterne überstrahlt. Und dieses neue Licht durchdrang in den folgenden Jahrhunderten die ganze Welt westlich vom Iran und verwandelte sie.

Die Götter und Menschen galten nicht länger als bloße Erscheinungsform eines einzigen unpersönlichen Seins des Seienden jenseits aller Namen und Gestalten. Sie waren von unterschiedlicher Art, ja sogar einander entgegengesetzt, und die Menschen waren ihnen untergeordnet. Außerdem steht der persönliche Gott nunmehr hinter den Gesetzen des Weltalls und nicht mehr vor ihnen. Während nach der älteren Ansicht, wie wir gesehen haben, der Gott einfach eine Art kosmischer Bürokrat ist und die großen Naturgesetze des Weltalls über alles herrschen, was er ist und tut und tun muß, so haben wir es jetzt mit einem Gott zu tun, der selbst darüber entscheidet, welche Gesetze gelten sollen; der bestimmt: „Dies und jenes möge geschehen!", und es geschieht. Entsprechend liegt hier das Schwergewicht auf der Person und ihren Launen und nicht auf einem unumstößlichen Gesetz. Gott kann es sich anders überlegen, wie er das häufig tut – und durch diese Auffassung gerät die levantinische Geisteshaltung in augenscheinliche Nähe zum in Europa heimischen Individualismus. Jedoch selbst hier muß man eine Unterscheidung treffen.

In der Levante wird nämlich der Gehorsam betont, der Gehorsam des Menschen gegenüber dem Willen Gottes, wie launenhaft dieser auch sein mag. Hierbei ist der Leitgedanke, daß Gott eine Offenbarung gegeben hat, aufgezeichnet in einem Buch, das die Menschen zu lesen und zu verehren haben, nie zu kritisieren wagen dürfen, sondern das sie annehmen und dem sie gehorchen müssen. Wer dieses heilige Buch nicht kennt oder es gar von sich weist, ist aus der Nähe seines Schöpfers verbannt. Viele große und kleine Völker, ja ganze Kontinente sind somit in Wirklichkeit gottlos. In der Tat besagt die beherrschende Idee aller großen Religionen, die aus dieser Gegend stammen – die Zarathustra-Religion, das Judentum, das Christentum und der Islam –, daß nur ein Volk auf Erden das Wort Gottes empfangen hat, ein einziges heiliges Volk mit einer einzigen Tradition, und daß seine Angehörigen folglich die Angehörigen eines einzigen geschichtlichen Leibes sind –

nicht eines solchen natürlichen, kosmischen Leibes wie dem der früheren (und heutigen östlichen) Mythologien, sondern eines übernatürlich geweihten, ganz und gar außergewöhnlichen gesellschaftlichen Leibes mit seinen eigenen, oft schroff unnatürlichen Gesetzen. In der Levante ist daher nicht das Individuum die wesentliche Heldengestalt, sondern das gottbegnadete, auserwählte Volk, dessen bloßes teilnehmendes Glied der einzelne ist. Das gleiche gilt für die Kirche, etwa die christliche, denn jeder Christ ist dadurch des Segens teilhaftig, daß er ihr getauftes Mitglied ist. Der Jude soll immer daran denken, daß er sich kraft des Mysteriums seiner Geburt von einer jüdischen Mutter in einem Bund mit Jahwe befindet. Am Ende der Welt werden nur die Getreuen des Bundes – bzw. in der christlichen Variante die ordentlich Getauften, die im „Stand der Gnade" starben – vor dem Antlitz Gottes wiederauferstehen, um (nach einer glückverheißenden Fassung) für alle Zeiten am ewigen Paradiesschmaus vom Fleisch des Leviathan, des Behemoth und des Vogels Ziz teilzunehmen.

Ein schlagendes Beispiel für die große Schwierigkeit, die man in Europa damit hatte, die levantinische Gemeinschaftsvorstellung dem bei Griechen und Römern, Kelten und Germanen eingewurzelten Gefühl für den Wert des Einzelnen annehmbar zu machen, kann man in der römisch-katholischen Doktrin von zweierlei Gericht erblicken, das die Seele im Jenseits über sich ergehen lassen muß: das erste, das „besondere Gericht", unmittelbar nach dem Tode, wenn jedem für sich sein Lohn oder seine Strafe in Ewigkeit zugesprochen wird; und das zweite am Ende der Welt, das gewaltige „allgemeine Gericht", wenn alle, die jemals auf Erden gelebt haben und gestorben sind, versammelt und öffentlich gerichtet werden, so daß die Vorsehung Gottes (die im Leben mitunter die Guten leiden und die Bösen scheinbar gedeihen ließ) am Ende allen Menschen als in Ewigkeit gerecht offenbart werden wird.

4

Ich will nun zum Abschluß drei Fassungen eines einzigen alten Mythos erzählen, die sich voneinander unabhängig in Indien, im Nahen Osten und in Griechenland erhalten haben, um auf eindrückliche Weise den Unterschied zwischen der allgemeinen orientalischen und den zwei voneinander abweichenden abendländischen Auffassungen vom Wesen und höchsten Wert des Einzelnen zu veranschaulichen.

Zunächst der indische Mythos, wie er in einem religiösen Werk ungefähr aus dem achten Jahrhundert v. Chr., der *Brihadāranyaka-Upanishad,* überliefert wird.

Darin ist die Rede von dem Zustand vor Anbeginn der Zeit, als diese Welt nichts weiter war als „das Selbst" in Gestalt eines Menschen. Und dieser „Ātman", so lesen wir, „blickte um sich: da sah er nichts andres als sich selbst. Da rief er zu Anfang aus: ‚Das bin ich!' Daraus entstand der Name Ich." Und als dieses Selbst dergestalt seiner selbst als ein Ich gewahr geworden war, fürchtete es sich. Doch es bedachte sich: „‚Wovor sollte ich mich fürchten, da nichts andres außer mir da ist?' Dadurch entwich seine Furcht."

Jedoch der Ātman, wie uns als nächstes berichtet wird, „hatte auch keine Freude.... Da begehrte er nach einem Zweiten." Er zerfiel sich in zwei Teile, und daraus wurden Mann und Frau. Der Mann begattete sich mit der Frau; „daraus entstanden die Menschen. Sie aber erwog: ‚Wie mag er sich mit mir begatten, nachdem er mich aus sich selbst erzeugt hat? Wohlan! ich will mich verbergen!' Da ward sie zu einer Kuh; er aber ward zu einem Stier und begattete sich mit derselben. Daraus entstand das Rindvieh." Sie wurde zu einer Stute, er zu einem Hengst... und so weiter, bis hinab zu den Ameisen. „Da erkannte er: ‚Wahrlich, ich selbst bin die Schöpfung; denn ich habe diese ganze Welt erschaffen. So entstand der Name Schöpfung [sanskrit *srishtih,* „das Ausgegossene"]. Der, fürwahr, ist in dieser seiner Schöpfung (Schöpfer), wer solches weiß."[6]

Soweit die Sanskritfassung unserer Sage. Als nächstes die levantinische ungefähr aus der gleichen Zeit, wie sie im zweiten Kapitel des ersten Buches Mose überliefert wird: jene traurige Geschichte von unserem schlichten Urahn Adam, der von seinem Schöpfer aus Staub gebildet wurde, um einen Garten zu bebauen und zu bewahren. Doch der Mensch war einsam, und ihm zuliebe formte sein Schöpfer „alle die Tiere auf dem Felde und alle die Vögel unter dem Himmel und brachte sie zu dem Menschen, daß er sähe, wie er sie nennte". An keinem von ihnen hatte er seine Freude. „Da ließ Gott der Herr", so lesen wir, „einen tiefen Schlaf fallen auf den Menschen, und er schlief ein. Und er nahm einen seiner Rippen..." Und als der Mensch die Frau erblickte, sprach er: „Das ist doch Bein von meinem Bein und Fleisch von meinem Fleisch." Wir alle wissen, was als nächstes geschah – und hier sind wir nun in diesem Jammertal.

Aber aufgepaßt! In dieser zweiten Fassung der gemeinsamen Sage war es nicht der Gott, der in zwei Teile gespalten wurde, sondern sein von ihm erschaffener Diener. Der Gott wurde nicht zu Mann und Frau und goß sich auch nicht aus, um zu diesem allen zu werden. Er blieb abgesondert und von anderer Substanz. Wir besitzen somit eine Geschichte in zwei völlig unterschiedlichen Fassungen, und ihre Auswirkungen auf die Ideale und Vorschriften des religiösen Lebens sind folglich auch unterschiedlich. Nach der maßgebenden Idealvorstellung des Orients sollte jeder erkennen, daß er selbst wie auch alle anderen aus der einen Substanz jenes universalen Seins des Seienden besteht, das ja in allen das eine Selbst ist. Daher ist es das typische Bestreben einer orientalischen Religion, daß man im Leben seine *Identität* mit jenem Sein erfährt und erkennt, während die Idealvorstellung im Westen unserer Bibel zufolge vielmehr so aussieht, daß man in einen *Bezug* zu jener absolut anderen Person tritt, die der abgesonderte Schöpfer des Menschen irgendwo „dort oben" ist und in keiner Weise sein innerstes Selbst.

Ich möchte nun zur griechischen Fassung der Sage kommen, deren Lehre noch einmal eine andere ist. Sie steht in Platons Dialog *Symposion (Das Gastmahl),* wo sie von Aristophanes erzählt wird. Ganz im Sinne der unbeschwerten Stimmung, in der sich die Geistesgrößen in Platons geselliger Runde befinden, wurde sie dort als ein Gleichnis für das Geheimnis der Liebe dargeboten und nicht als eine ernstzunehmende Schilderung vom wirklichen Ursprung der Menschen.

Die phantastische Erzählung setzt zu einer Zeit ein, als das Menschengeschlecht bereits existierte, bzw. es existierten drei Geschlechter von Menschen: ein gänzlich männliches, das von der Sonne abstammte, ein weibliches hier von der Erde und ein drittes, aus dem männlichen und dem weiblichen zusammengesetzt, das natürlich vom Mond stammte. Die Menschen jedes Geschlechts hatten den Umfang von zwei heutigen zusammen. Sie besaßen jeder vier Hände und vier Füße, wobei Rücken und Seiten rundherum im Kreise gingen, hatten einen Kopf mit zwei Gesichtern und alles übrige so, wie man sich das dementsprechend vorstellen kann. Da den Göttern ihre Stärke nicht geheuer war, zerschnitten Zeus und Apollon sie in zwei Hälften, „wie man Arlesbeeren zum Einmachen oder wie man Eier mit einem Haar entzweischneidet"[7]. Doch diese getrennten Hälften sehnten sich nacheinander, kamen zusammen und umschlangen sich, und sie wären Hungers gestorben, hätte Zeus nicht ihre Geschlechtsteile nach vorn versetzt. Wir lernen daraus, „daß unsere ursprüngliche Natur so war und daß wir einmal ganz waren; von dem Verlangen und dem Streben nach dem Ganzen hat Eros seinen Namen [die Liebe, die sich nach den drei Geschlechtern unterscheidet].... Wenn wir nämlich ihre [der Götter] Freunde geworden und mit dem Gott versöhnt sind, dann werden wir die uns wesenseigenen Geliebten finden und gewinnen, was von den heutigen nur wenige tun." Dagegen: „Wenn wir nun gegen die Götter nicht sittsam sind, so ist zu befürchten, daß wir noch einmal gespalten werden und dann so herumgehen wie die Reliefs, die, mit zersägten Nasen, auf den Grabstelen eingemeißelt sind."[8]

Wie in der biblischen Version, so ist auch hier das entzweigespaltene Wesen nicht der höchste Gott. Wir sind wieder sicher im Abendland, wo Gott und Mensch getrennt sind und das Problem abermals das ihres Bezugs ist. Die griechischen Götter waren jedoch nicht wie Jahwe die *Schöpfer* des Menschengeschlechts. Sie waren selbst wie die Menschen aus dem Schoße der Göttin Erde hervorgegangen, waren die älteren und stärkeren Brüder des Menschen und nicht seine Erzeuger. Außerdem hatten die Götter nach dieser typisch griechischen, poetisch-humorvollen Fassung der archaischen Sage vor den ersten Menschen Angst gehabt, bevor sie sie entzweispalteten, da ihre Kraft und Stärke so gewaltig und ihre Gedanken so verwegen gewesen waren. Einmal hatten sie es sogar gewagt, die Götter anzugreifen und den Himmel zu erklimmen, wodurch das Pantheon eine Zeitlang in Verwirrung gestürzt worden war. Denn wenn die Götter mit ihren Blitzen den Menschen vernichtet hätten, so wäre dies das Ende der Opfer gewesen und sie wären selbst aus Mangel an Ehrungen verblichen. So verfielen sie auf die Idee mit der Spaltung, und sie könnten diese durchaus noch weiter treiben.

Damit ist gesagt, daß die Griechen mit Herz und Hand auf der Seite des Menschen stehen, die Hebräer dagegen auf der Gottes.

Niemals hätten wir von einem Griechen solche Worte vernommen, wie sie der bitter geschlagene Hiob, „fromm und rechtschaffen" (Hiob 1, 2), an den Gott richtete, der sich hatte bewegen lassen, „ihn ohne Grund zu verderben" (2, 3), und der dann im Wettersturm auf ihn niederkam und sich seiner Macht rühmte.

„Siehe", bekannte Hiob, „ich bin zu gering (40, 4).... Ich erkenne, daß du alles vermagst (42, 2).... Darum spreche ich mich schuldig und tue Buße in Staub und Asche (42,6)."

Buße! Für was denn?

Im Unterschied dazu legte der große griechische Tragödiendichter Aischylos, der im selben fünften vorchristlichen Jahrhundert wie der anonyme Verfasser des Buches Hiob lebte, seinem Prometheus – der gleichfalls von einem Gott gepeinigt wurde, dem man nachsagen durfte, er könne „den Leviathan fangen mit der Angel..., mit ihm spielen wie mit einem Vogel..., mit Spießen spicken seine Haut" (Hiob 40, 25–31) – die folgenden gellenden Worte in den Mund: „Wie grausam dieser Götterfürst die Welt regiert.... Mich kümmert Zeus noch weniger als nichts! / Er schalte frei noch eine kurze Zeit."[9]

In unseren Herzen sprechen wir heute alle so, wenn auch vielleicht unsere Zungen darauf abgerichtet wurden, wie Hiob zu stammeln.

V
Die religiöse Konfrontation von Ost und West

ALS ICH IN DEN ZWANZIGER JAHREN STUDIERTE, hätte es keiner für möglich gehalten, daß es in den siebziger Jahren noch intelligente Leute gäbe, die von Religion etwas hören und sich damit beschäftigen wollten. Wir waren uns in jenen Tagen alle völlig sicher, daß die Welt die Religion abgeschrieben hätte. Wissenschaft und Vernunft gaben jetzt den Ton an. Wir hatten den Weltkrieg gewonnen (das heißt den *Ersten*) und die erforderliche Sicherheit für die Vernunftherrschaft der Demokratie auf Erden hergestellt. Aldous Huxley in seiner ersten Phase von *Point Counter Point (Kontrapunkt des Lebens)* war unser literarischer Held, ebenso Bernard Shaw, H. G. Wells und andere derartige Vertreter der Vernunft. Aber dann schlug mitten in den ganzen Optimismus um Vernunft, Demokratie, Sozialismus und dergleichen ein Werk ein, das beunruhigend wirkte: Oswald Spenglers *Der Untergang des Abendlandes*. Auch andere Bücher von nicht recht faßbarer Bedeutung erschienen in jenen glücklichen Jahren aus unerwarteten Ecken: *Der Zauberberg* von Thomas Mann, *Ulysses* von James Joyce, *Auf der Suche nach der verlorenen Zeit* von Marcel Proust und T. S. Eliots *The Waste Land (Das wüste Land)*. In literarischer Hinsicht waren das wirklich große Jahre. Was aber bestimmte dieser Autoren uns zu sagen schienen, war, daß trotz unserer Triumphe der Vernunft und unserer fortschrittlichen politischen Errungenschaften, die Licht in die dunklen Winkel der Erde brachten, und dergleichen mehr sich im Herzen unserer abendländischen Zivilisation etwas zu zersetzen begann. Von allen diesen Warnungen und Verkündigungen war die von Spengler die beunruhigendste. Denn sie stützte sich auf die Vorstellung von einer organischen Logik im Werdegang einer Kultur, einer Morphologie der Geschichte; auf die Idee, daß jede Kultur ihre Jugendzeit, ihren Höhepunkt und daraufhin jene Jahre durchlebt, da sie altersschwach zu werden beginnt und sich mit den Mitteln rationaler Planung, mit Projekten und Verwaltungsaufwand zusammenzuhalten versucht, nur um schließlich in jenem Zustand von Siechtum und Erstarrung zu enden, den Spengler „Fellachentum" nannte, wenn das Leben entwichen ist. Nach Spenglers Auffassung befinden wir uns gegenwärtig im Übergang von der Kultur zur Zivilisation, wie er es ausdrückte, und das heißt, von den Zeiten jugendlicher, spontaner und wunderbarer Schaffenskraft zu denen der Unsicherheit und Ängstlichkeit und der erklügelten Programme – zum Anfang vom Ende. Wenn er Analogien zur Welt des Altertums zog, so entsprach unser heutiger weltgeschichtlicher Augenblick, wie er meinte, dem des späten zweiten Jahrhunderts v. Chr., der Zeit der Punischen Kriege, des Untergangs der Kulturwelt Griechenlands im Hellenismus und des Aufstiegs des Militärstaates Rom, des Cäsarismus, sowie der von ihm so genannten „zweiten Religiosität", der auf Brot und Spiele für die weltstädtischen Massen abgestellten Politik und eines allgemeinen Trends zu Gewalt und Rohheit in der Kunst und im Zeitvertreib des Volkes.

Es ist für mich eine Art lebenslange Erfahrung gewesen, mitanzusehen, wie sich die Spenglerschen Voraussagen bis ins Kleinste in dieser Welt erfüllten, und zwar gar nicht so allmählich. Ich kann mich noch daran erinnern, wie wir zusammensaßen und diese sich drohend abzeichnende Aussicht diskutierten, wobei wir uns vorzustellen versuchten, wie sie sich abwenden ließe, und darüber grübelten, worin die *positiven* Züge dieser Epoche der Krise und des Übergangs bestehen könnten. Spengler hatte erklärt, daß in Epochen – wie der unseren – des Übergangs von der Kultur zur Zivilisation ein Schwinden und Verschwinden der Kulturformen einträte, und in der Tat begegne ich heute in meiner eigenen Lehrtätigkeit mehr und mehr Studenten, die zugeben, daß sie die ganze Geschichte unserer westlichen Kultur „langweilig" finden. Damit ist die Sache für sie erledigt. Den „Kids" (wie sie sich selbst gern nennen) scheint die Energie zu fehlen, sich das alles anzueignen und es fortzuführen. Eine Art Kleinmütigkeit, eine Niedergedrücktheit ist festzustellen oder läßt sich doch zeitweise wenigstens vermuten. Aber man kann ihre Lage auch aus einem anderen Blickwinkel sehen und die Ballung neuer Probleme, die bewältigt werden müssen, sowie neuer Fakten und Einflüsse, die es aufzunehmen gilt, ins Auge fassen. Man könnte dann folgern, daß ihre Energien vielleicht auf die Entfaltung der Gegenwart und die Probleme der Zukunft gerichtet sind, und im Einklang mit Spenglers

Schema anerkennen, daß der westliche Mensch in dieser Epoche nicht nur die Kulturformen der Vergangenheit abschüttelt, sondern auch die Zivilisationsformen gestaltet, die eine mächtige multikulturelle Zukunft bauen und tragen sollen.

Dabei fällt mir das höchst eigenartige prophetische Werk des großen irischen Dichters William Butler Yeats, *A Vision*, ein, das er im wesentlichen in den zwanzig Jahren von 1917 bis 1936 verfaßte und worin er gewisse Berührungspunkte seiner eigenen Intuitionen mit denen der morphologischen Sichtweise Spenglers erkannte. Yeats stellt darin unseren gegenwärtigen Zeitpunkt als die letzte Phase eines großen christlichen Zyklus oder „Kreises" von zweitausend Jahren dar. „Und ich merke", schreibt er, „daß mich, wenn die Grenze erreicht oder überschritten ist, wenn der Augenblick der Ergebung gekommen ist, wenn der neue Kreis sich zu rühren beginnt, Erregung erfüllt."[1] Zu diesem Thema schrieb und veröffentlichte er bereits 1921 ein höchst beklemmendes, unheilschwangeres Gedicht:

DIE WIEDERKUNFT

In immer weitren Kreisen kreisend
Hört der Falke den Falkner nicht mehr.
Alles zerfällt, die Mitte kann's nicht halten.
Die schiere Anarchie ist auf der Welt,
Die blutig-finstre Flut ist losgelassen,
Und überall ertrinkt der Kult der Unschuld.
Den Besten fehlt der feste Glaube, doch
Die Schlimmsten erfüllt heiße Leidenschaft.

Gewiß ist eine Offenbarung nahe,
Gewiß ist uns die Wiederkunft nahe.
Die Wiederkunft! Kaum ist das Wort heraus,
Da quält mein Auge schon ein Schreckensbild
Aus dem *Spiritus Mundi:* Irgendwo im Wüstensand
Schiebt eine Gestalt mit Löwenleib und Menschenkopf,
Ihr Blick so unbarmherzig wie die Sonne,
Die trägen Schenkel vor, während ringsum
Die Schatten aufgebrachter Wüstenvögel wirbeln.
Das Dunkel senkt sich wieder, doch jetzt weiß ich,

Daß eine Wiege wippend zwei Jahrtausende
Steinernen Schlafs in den Alptraum quälte;
Und welche rohe Bestie, deren Stunde endlich
schlägt, schlurft nach Bethlehem, sich gebären lassen?[2]

Noch ein anderer deutscher Kulturhistoriker schrieb in jenen Tagen, Leo Frobenius, der wie Spengler und Yeats Kultur und Zivilisation im morphologischen Sinne als eine Art sich organisch entfaltenden Prozeß von nicht umkehrbarer Zwangsläufigkeit auffaßte. Er war jedoch Afrikanist und Ethnologe und hatte daher nicht nur einen Überblick über die höheren Kulturen, sondern auch über die primitiven. Sein Leitgedanke war, daß es in der *Gesamt*entwicklung der menschlichen Kultur drei verschiedene große Stufen gäbe. Die erste war die der primitiven Sammler, Jäger und seßhaften Ackerbauern, die Analphabeten waren und in den unterschiedlichsten Formen über einen Zeitraum vorkamen, der sich vom ersten Auftreten unserer Art auf dieser Erde bis heute erstreckt (in manchen Gegenden). Die zweite, die etwa 3500 v. Chr. begann, war die der schriftkundigen und komplexen „monumentalen Kulturen" – zunächst in Mesopotamien und Ägypten, dann in Griechenland und Rom, Indien, China und Japan, Mittel- und Südamerika, der magisch-arabischen Levante und in Europa von der Gotik bis zur Moderne. Und nun kommt als letzte die dritte Stufe, dieses höchst verheißungsvoll heraufziehende Weltalter, das Frobenius als die wahrscheinlich abschließende Phase der gesamten Kulturgeschichte der Menschheit betrachtete, die aber möglicherweise viele Jahrzehntausende dauern würde. Mit anderen Worten, was sowohl Spengler als auch Yeats als das Ende des westlichen Kulturzyklus deuteten, sah Frobenius in einem sehr viel weiter gespannten Überblick als den Anbruch eines neuen Zeitalters unbegrenzter Horizonte an. In der Tat könnte das Zusammenkommen aller früher voneinander getrennten Kulturwelten zum gegenwärtigen Zeitpunkt durchaus nicht nur das Ende der Vorherrschaft des Westens anzeigen, sondern zugleich den Beginn eines neuen Zeitalters, in dem die Menschheit durch die großen Gaben des Westens vereint und getragen wird: die Wissenschaft und die Maschine, ohne die es niemals zu einem Zeitalter wie dem unseren hätte kommen können.

Spenglers eher düstere Schau sieht jedoch auch hier nur Verwüstung voraus. Seiner Ansicht nach sind die Wissenschaft und die Maschine Ausdruck der Mentalität des abendländischen Menschens und werden von nichtabendländischen Völkern nur als Mittel übernommen, um gegen den Westen anzugehen und ihn zu vernichten. Wenn dann die Gans, die die goldenen Eier legt, endlich geschlachtet ist, wird es keine Weiterentwicklung von Wissenschaft und Industrie mehr geben, sondern man wird die Beherrschung darüber und sogar das Interesse daran verlieren, was einen Verfall der Technologie und eine Rückkehr der verschiedenen Völker zu ihren jeweiligen Verfahrensweisen zur Folge hat. Die gegenwärtige große Zeit Europas und ihre Verheißung an die Welt werden dann nur noch ein zerbrochener Traum sein. Im Unterschied dazu sah Frobenius, wie vor ihm schon Nietzsche, die Gegenwart als eine Epoche nicht rückgängig zu machenden Fortschritts auf der einen Lebensbahn des ganzen Menschengeschlechts an, das hiermit von seinen jugendlichen, örtlich beschränkten Stufen kulturellen Wachstums zu einer neuen und allumfassenden Zukunft bislang unvorhergesehener schöpferischer Entdeckungen und Erkenntnisse überging. Aber obwohl ich in meinem eigenen Denken der letzteren Ansicht zuneige, muß ich bekennen, daß ich mir die andere, die von Spengler, nicht ganz aus dem Kopf schlagen kann...

Jedenfalls merken heute sicherlich alle, daß wir – so oder so – in ein neues Zeitalter eintreten, das eine neue Weisheit erfordert, und zwar eine Weisheit, wie sie eher das erfahrene Alter als die Jugend mit ihren poetischen Phantasien auszeichnet und die sich nun jeder von uns, ob jung oder alt, irgendwie zu eigen machen muß. Zudem fällt es uns, wenn wir unser Augenmerk der Religion zuwenden, als erste und offenkundigste Tatsache auf, daß heute jede der großen Traditionen von tiefer Verwirrung befallen ist. Die von ihnen gelehrten Grundwahrheiten scheinen nicht mehr zu gelten.

Es ist aber nicht nur unter jungen, sondern auch unter alten Leuten und solchen mittleren Alters eine große religiöse Gärung und Inbrunst zu beobachten. Die Inbrunst geht aber in eine mystische Richtung, und die Lehrer, die anscheinend vielen am meisten zu sagen haben, sind aus einer Welt zu uns gekommen, von der man vormals annahm, sie sei beim großen Vorwärtsdrängen der modernen Zivilisation als Inbegriff archaischer, überlebter Denkhaltungen ganz und gar zurückgelassen worden. Wir haben Gurus aus Indien in rauhen Mengen, Roshis aus Japan, Lamas aus Tibet, und chinesische Orakelbücher verkaufen sich weit besser als unsere eigenen Philosophen.

Sie verkaufen sich allerdings nicht besser als unsere besten Psychologen, und das ist eigentlich nicht überraschend, denn das letzte Geheimnis der Anziehungskraft des Orients liegt darin, daß seine Schulungswege nach innen führen und mystischer und psychologischer Art sind.

Eine erhellende Analogie zu unserer gegenwärtigen religiösen Situation scheint mir die der nordamerikanischen Indianerstämme gegen Ende des neunzehnten Jahrhunderts zu sein, als in den siebziger und achtziger Jahren die Büffel verschwanden. Das war die Zeit, die noch kein Jahrhundert zurückliegt, als die Eisenbahnschienen über die Prärie verlegt wurden und die Büffelspäher auszogen, um die Herden abzuschlachten und den Weg für die neue Welt des Eisenrosses freizumachen, und als eine Bevölkerung von weizenanbauenden Siedlern vom Mississippi aus westwärts zog. Ein zweites Ziel der Büffelschlächterei bestand darin, die büffeljagenden Indianer ihrer Nahrungsquelle zu berauben, so daß sie sich schließlich mit dem Leben auf den Reservationen würden abfinden müssen. Und im Anschluß an diese (für sie verheerenden) Entwicklungen geschah es dann, daß plötzlich eine neue Religion innerer visionärer Erfahrungen im ganzen indianischen Westen um sich griff.

Denn es stand mit diesen Präriestämmen nicht anders als mit allen primitiven Jägervölkern. Das Verhältnis der Menschen- zur Tiergemeinschaft, von der jene ihre Nahrung bezog, war der Dreh- und Angelpunkt der durch die Religion zusammengehaltenen Gesellschaftsordnung gewesen. Da nun die Büffel fort waren, war auch das verbindende Symbol fort. Im Laufe eines Jahrhunderts hatte sich die Religion überlebt. Daraufhin drang der Peyotekult von Mexiko herauf und breitete sich als ein psychologischer Ausweg über die Prärien aus. Es gibt viele Veröffentlichungen, in denen daran Beteiligte ihre Erfahrungen schildern: wie sie sich in besonderen Hütten versammelten, um zu beten, zu singen und Peyoteknollen zu essen, woraufhin dann jeder Visionen hatte und in sich wiederfand, was er gesellschaftlich verloren hatte, nämlich ein Bild des Heiligen, das seinem Leben Tiefe, seelische Geborgenheit und offenbaren Sinn verlieh.

Nun besteht die erste und wichtigste Wirkung eines lebendigen mythischen Symbols darin, die Lebensenergien zu wecken und ihnen eine Richtung zu geben. Es ist ein energiefreisetzendes und -lenkendes Zeichen, das dich nicht nur „anmacht", wie man heute sagt, sondern dich in eine bestimmte Richtung anmacht, dich in einer bestimmten Weise handeln läßt, die deiner Teilnahme am Leben und Streben einer funktionierenden Gemeinschaft zuträglich ist. Wenn jedoch die von der Gemeinschaft ausgegebenen Symbole nicht mehr wirken und die Symbole, die das noch tun, nicht mehr die der Gemeinschaft sind, so fällt der Einzelne aus ihr heraus, verliert Halt und Richtung, und was das Symbol zeigt, kann nur als Krankheitsbild bezeichnet werden.

Dr. John W. Perry, ein hervorragender Professor für Psychiatrie an der Universität von Kalifornien, hat das lebendige mythische Symbol als ein „Affektbild" beschrieben. Es ist ein Bild, das den Punkt trifft, auf den es ankommt. Es ist nicht in erster Linie an das Gehirn gerichtet, um dort gedeutet und begutachtet zu werden; im Gegenteil, wenn das Symbol dort entschlüsselt wird, ist es bereits tot. Ein „Affektbild" spricht unmittelbar das Gefühl an und löst augenblicklich eine Antwort aus, woraufhin sich dann das Gehirn mit seinen diesbezüglichen Kommentaren einschalten kann. Es gibt eine Art innere Resonanzschwingung, die auf das außen gezeigte Bild anspricht wie eine Geigensaite auf eine andere von gleicher Stimmung. Wenn daher die lebensvollen Symbole irgendeiner Gemeinschaft in allen ihren Angehörigen derartige Reaktionen wachrufen, so vereinigt eine Art magischer Gleichklang sie zu einem einzigen geistigen Organismus, der durch seine Glieder wirkt, welche, wenn sie auch räumlich getrennt sind, doch in ihrem Sein und Glauben eins sind.

Ich möchte nun die Frage aufwerfen, wie es mit der Symbolik der Bibel steht. Gestützt auf die altsumerischen astronomischen Beobachtungen von vor fünf- oder sechstausend Jahren und einem nicht mehr glaubwürdigen Menschenbild, ist die Bibel heute kaum dazu geeignet, irgend jemanden „anzumachen". In Wirklichkeit hat der vielbeschriene Konflikt zwischen Wissenschaft und Religion überhaupt nichts mit Religion zu tun, sondern besteht schlicht und einfach zwischen zwei Wissenschaften: der von 4000 v. Chr. und der von 2000 n. Chr. Ist es keine Ironie, daß unsere große abendländische Zivilisation, die dem Vorstellungsvermögen der gesamten Menschheit die unendlichen Wunder eines Universums ungezählter Milliarden von Galaxien und Jahren erschlossen hat, in seinen Kindertagen eine Religion aufgebürdet bekam, die sich in den engsten kosmologischen Vorstellungsrahmen zwängte, den je ein Volk auf der Erde besaß? Der uralte Maya-Kalender mit seinen sich wiederholenden Äonen von 64 Millionen Jahren wäre weit eher am Platze gewesen oder der Hindu-Kalender mit seinen *kalpas* von 4320 Millionen Jahren. Außerdem ist in jenen weitaus großzügiger angelegten Systemen die höchste göttliche Macht weder männlich noch weiblich, sondern über alle Kategorien erhaben; keine männliche Person „dort oben", sondern eine allem innewohnende Macht. Dieses Vorstellungsbild ist der modernen Wissenschaft gar nicht so fremd, als daß man es sich nicht hätte sinnvoll zunutze machen können.

Das biblische Bild der Welt taugt einfach nicht mehr – weder der biblische Gedanke von einem Volk Gottes, dem alle anderen zu dienen haben (Jesaja 49,22–23; 61,5–6 usw.), noch die Idee von einem Gesetzeskodex, der von oben erlassen wurde und für alle Zeiten gelten muß. Die sozialen Probleme der heutigen Welt sind nicht die einer Ecke der alten Levante im sechsten Jahrhundert v. Chr. Gesellschaften sind weder statisch, noch können die Gesetze der einen den anderen nützen. Die Probleme unserer Welt werden von jenen in Stein gehauenen Zehn Geboten, die wir mit uns herumschleppen, nicht einmal berührt, zumal sich ja das heilige Buch selbst schon ein Kapitel nach ihrer Verkündung über sie hinwegsetzt (2. Mose 21,12–17 im Gegensatz zu 20,13). Der moderne westliche Begriff von Gesetzgebung besteht nicht in einer Auflistung unanfechtbarer göttlicher Erlasse, sondern in einer sich entwickelnden Sammlung rational durchdachter Bestimmungen, die von fehlbaren Menschen in gemeinsamer Beratung geschaffen wurde, um rational anerkannte gesellschaftliche (und daher vergängliche) Ziele zu verwirklichen. Wir verstehen unsere Gesetze nicht als gottgegeben, und wir wissen auch, daß die Gesetze keines Volkes auf Erden dies jemals waren. Daher wissen wir – ob wir es nun zu sagen wagen oder nicht –, daß unsere Geistlichen für ihr Sittengesetz nicht mehr Anspruch auf unanfechtbare Autorität erheben können als für ihre Wissenschaft. Letztendlich sind die Priester sogar in ihrer Vertrauensstellung als geistliche Ratgeber mittlerweile von den wissenschaftlichen Psychiatern ausgestochen worden, und dies in einem solchen Maße, daß viele Geistliche sich selbst an Psychologen wenden, um sich darüber belehren zu lassen, wie sie ihrer seelsorgerischen Pflicht am besten nachkommen können. Die Magie ihrer eigenen traditionellen Symbole stiftet keine Heilung mehr, sondern nur noch Verwirrung.

Also kurzum, genau wie die Büffel plötzlich von den nordamerikanischen Prärien verschwanden und die Indianer damit nicht nur ihres zentralen mythischen Symbols, sondern auch der ganzen Lebensweise, der das Symbol einmal gedient hatte, beraubt zurückblieben, so haben in unserer eigenen schönen Welt nicht nur unsere öffentlichen religiösen Symbole ihren Anspruch auf Autorität eingebüßt und sind abgetreten, sondern die Lebensformen, die sie einmal stützten, sind auch verschwunden. Und wie sich die Indianer daraufhin nach innen kehrten, so tun es auch viele in unserer eigenen durcheinander geratenen Welt – und häufig lassen sie sich unter orientalischer, nicht etwa unter abendländischer Anleitung auf dieses potentiell sehr gefährliche, oft unbesonnene innere Abenteuer ein, bei dem sie innerlich nach den Affektbildern suchen, die ihnen unsere verweltlichte Gesellschaftsordnung mit ihren nicht mehr stimmenden, archaischen religiösen Einrichtungen nicht mehr geben kann.

Ich möchte drei persönliche Anekdoten erzählen, um den Hintergrund zu erhellen und auf einige der Probleme bei dieser religiösen Konfrontation von Ost und West hinzuweisen.

Die erste: Mitte der fünfziger Jahre, als Dr. Martin Buber auf einer Vortragsreise in New York war, hatte ich die Ehre, zu den geladenen Zuhörern einer Reihe von Ansprachen zu gehören, die er in einem kleinen, ganz besonderen Raum der Columbia-Universität hielt. Dort ließ sich dieser kleine Mann – er war wirklich bemerkenswert klein, jedoch von einer starken Ausstrahlung, begnadet mit jener geheimnisvollen Kraft, die heutzutage „Charisma" genannt wird – in fünf oder sechs wöchentlichen Sitzungen mit außerordentlicher Wortgewalt aus. Da ja das Englische nicht seine Muttersprache war, war seine flüssige und mühelose Beredsamkeit erstaunlich. Im Fortgang der Vorträge, etwa in der Mitte des dritten, wurde mir allmählich klar, daß Dr. Buber ein Wort gebrauchte, das ich nicht zu verstehen vermochte. Er hielt seine Vorlesungen über die Geschichte des heiligen Volkes aus dem Alten Testament und nahm gelegentlich auch auf die neuere Zeit

Bezug. Das Wort, das ich nicht verstand, war „Gott". Manchmal schien es sich auf die Vorstellung von einem persönlichen Schöpfer dieses ungeheuren Weltalls zu beziehen, das uns die Wissenschaft enthüllt hat. Manchmal meinte er damit eindeutig ganz einfach den Jahwe des Alten Testaments auf der einen oder anderen Entwicklungsstufe seiner Darstellung. Dann wieder schien es jemand zu sein, mit dem Dr. Buber häufig persönlich Zwiesprache gehalten hatte. Beispielsweise brach er mitten in einem Vortrag plötzlich ab, stand einen Augenblick lang gedankenverloren da, schüttelte den Kopf und sagte leise zu uns: „Es schmerzt mich, von Gott in der dritten Person zu sprechen." Als ich dies Dr. Gershom Scholem (jetzt auch in Tel Aviv) mitteilte, lachte er und erwiderte spöttisch: „Manchmal geht er wirklich zu weit!"

Da mir dieses quecksilbrige Wort immerfort hierhin und dorthin entschlüpfte, hob ich zögernd die Hand. Der Vortragende hielt inne und fragte höflich: „Was gibt es?"

„Dr. Buber", sagte ich, „es wird hier heute abend ein Wort gebraucht, das ich nicht verstehe."

„Wie lautet das Wort?"

„Gott", antwortete ich.

Seine Augen weiteten sich und das bärtige Gesicht schob sich etwas vor. „Sie wissen nicht, was das Wort ‚Gott' bedeutet?!"

„Ich weiß nicht, was *Ihnen* das Wort ‚Gott' bedeutet", sagte ich. „Sie haben uns heute abend erzählt, daß Gott heute sein Antlitz verborgen hat und sich dem Menschen nicht mehr zeigt. Nun bin ich aber gerade aus Indien zurückgekehrt [und ich war wirklich das Jahr zuvor dort gewesen], wo ich fand, daß die Menschen Gott fortwährend erfahren."

Er wich plötzlich zurück und erhob seine beiden Hände, Innenflächen nach oben. „Wollen Sie vielleicht", sagte er, „einen Vergleich...?" Aber der Diskussionsleiter Dr. Jacob Taubes griff geschwind ein: „*Nein*, Herr Doktor!" (Wir alle wußten, was beinahe gesagt worden wäre, und ich war nun ganz Ohr, was als nächstes kommen würde.) „Herr Campbell", sagte Dr. Taubes, „wollte lediglich wissen, was *Sie* unter ‚Gott' verstehen."

Der Meister sammelte schnell wieder seine Gedanken und sagte dann zu mir mit dem Gebaren eines Mannes, der eine Belanglosigkeit abtut: „Jeder muß auf seine Weise aus seiner Verbannung finden."

Das war eine Antwort, die vielleicht in Dr. Bubers Augen genug sagte, von einem anderen Standpunkt aus jedoch völlig fehl am Platze war, da die Menschen im Orient nicht von ihrem Gott verbannt leben. Für sie wohnt das höchste göttliche Geheimnis im Innern eines jeden. Es ist nicht irgendwo „dort oben". Es ist in dir. Niemand ist jemals davon abgeschnitten worden. Die einzige Schwierigkeit allerdings besteht darin, daß manche Leute einfach nicht wissen, wie man nach innen schaut. Wenn überhaupt jemanden, so trifft die Schuld nur dich selbst. Weder ein anfänglicher Fall des „ersten Menschen" vor vielen tausend Jahren noch eine Verbannung oder eine Buße sind das Problem. Das Problem ist ein psychologisches. Und es *kann* gelöst werden.

Das ist also die erste meiner drei persönlichen Anekdoten.

Die zweite handelt von einer Begebenheit, die sich etwa drei Jahre nach der ersten zutrug. Ein junger Hindu stattete mir einen Besuch ab, und er stellte sich als ein sehr frommer junger Mann heraus, ein Verehrer Vishnus, der als Sekretär eines indischen Delegierten bei den Vereinten Nationen angestellt war. Er hatte die Werke von Heinrich Zimmer über indische Kunst, Philosophie und Religion gelesen, die ich vor vielen Jahren herausgegeben hatte und über die er sich gern unterhalten wollte. Aber da war noch etwas, worüber er reden wollte.

„Wissen Sie", sagte er, nachdem ein erstes Gefühl der Vertrautheit zwischen uns aufgekommen war, „wenn ich ein fremdes Land besuche, dann mache ich mich gern mit seiner Religion bekannt. Ich habe mir also eine Bibel gekauft und vor einigen Monaten damit begonnen, sie von Anfang an zu lesen. Aber wissen Sie...", und hier stockte er, beäugte mich unsicher und sagte dann: „Ich kann darin keine Religion entdecken!"

Ist das nicht das passende Gegenstück zu Dr. Bubers unausgesprochener Bemerkung? Was für den einen der beiden Herren Religion war, hatte für den anderen mit Religion gar nichts zu tun.

Da ich natürlich mit der Bibel aufgewachsen war und mich auch intensiv mit dem Hinduismus beschäftigt hatte, nahm ich an, ich könnte ihm ein wenig unter die Arme greifen. „Ich kann mir durchaus vorstellen", sagte ich, „wie das sein muß, wenn man Sie nicht darüber unterrichtet hat, daß bei uns die Lektüre einer Phantasiegeschichte des jüdischen Volkes als eine religiöse Übung angesehen wird. Ich kann mir denken, daß dann für Sie im größeren Teil der Bibel sehr wenig von Religion steht."

Später fiel mir ein, daß ich ihn vielleicht auf die Psalmen hätte verweisen sollen, aber als ich diese dann in Gedanken an den Hinduismus wieder aufschlug und neu las, war ich froh, daß ich es nicht getan hatte. Denn das Leitthema ist unweigerlich entweder die Rechtschaffenheit des Sängers, der von seinem Gott beschirmt wird und ihn preist: „Du schlägst alle meine Feinde auf die Backe und zerschmetterst der Gottlosen Zähne" (Psalm 3,8). Oder es ist andererseits die Klage darüber, daß dieser Gott seinem gerechten Diener nicht den gehörigen Beistand geleistet hat. Beides ist so ziemlich diametral dem entgegengesetzt, was ein geschulter Hindu nach der ihm zuteil gewordenen Unterweisung als religiöses Empfinden betrachten würde.

Im Orient wird das höchste göttliche Mysterium jenseits aller menschlichen Kategorien von Denken und Fühlen gesucht, jenseits der Namen und Formen und unbedingt jenseits einer solchen Vorstellung wie der von einer gnädigen oder zürnenden Person, dem Erwähler eines Volkes vor einem anderen, dem Tröster derer, die da beten, und dem Vernichter derer, die das nicht tun. Ein über das Denken erhabenes Geheimnis derart zu vermenschlichen, daß man ihm menschliche Empfindungen und Gedanken unterstellt, ist vom Standpunkt des indischen Denkens aus Religion für Kinder. Der letzte Sinn einer jeden Belehrung Erwachsener besteht darin, daß man das über Kategorien, Namen und Formen, Empfindungen und Gedanken erhabene Mysterium als den Grund seines eigenen wahren Wesens erkennt.

Das ist die Erkenntnis, die in jenen berühmten Worten des gütigen Brahmanen Āruni an seinen Sohn zum Ausdruck kommt, wie sie in der ungefähr aus dem achten Jahrhundert v. Chr. stammenden *Chhāndogya-Upanishad* stehen: „Das bist du, o Shvetaketu" – *tat tvam asi*.[3]

Das hier gemeinte „Du" war nicht das Du, das mit Namen genannt werden kann, das „Du", das die Freunde kennen und lieben, das geboren wurde und eines Tages sterben wird. Dieses „Du" ist nicht „Das". *Neti neti* – „nicht dies, nicht das". Erst wenn das sterbliche „Du" alles an sich getilgt hat, was ihm lieb und wert ist, wirst du an die Schwelle einer Erfahrung der Identität mit jenem Sein treten, das kein Seiendes ist und doch das Sein über dem Nichtsein aller Dinge und Wesen. Auch ist „Das" nichts, was du in dieser Welt jemals gekannt, genannt oder dir auch nur vorgestellt hättest: „Das" ist nicht die Götter oder zum Beispiel irgendein Gott, der zum Zwecke der Anbetung personifiziert wurde. Wie in der großen *Brihadāranyaka-Upanishad* (etwa gleichen Alters wie die *Chhāndogya-Upanishad)* zu lesen steht:

„Darum, wenn die Leute von jedem einzelnen Gotte sagen: ‚Opfere diesem, opfere jenem!' so (soll man wissen, daß) diese erschaffene Welt von ihm allein herrührt; er also allein ist alle Götter....

In sie [die Welt] ist jener (Ātman) eingegangen bis in die Nagelspitzen hinein, wie ein Messer verborgen ist in einer Messerscheide oder das allerhaltende (Feuer) in dem feuerbewahrenden (Holze). Darum siehet man ihn nicht: denn er ist zerteilt; als atmend heißt er Atem, als redend Rede, als sehend Auge, als hörend Ohr, als verstehend Verstand; alle diese sind nur Namen für seine Wirkungen. Wer nun eines oder das andre von diesen verehrt, der ist nicht weise, denn teilweise nur wohnt jener in dem einen oder andern von ihnen. Darum soll man ihn allein als den Ātman verehren; denn in diesem werden jene alle zu einem.

Darum ist dieses die (zu verfolgende) Wegespur des Weltalls, was hier (in uns) der Ātman ist; denn in ihm kennt man das ganze Weltall; ja, fürwahr, wie man mittels der Fußspur (ein Stück Vieh) auffindet, also (erkennt man mittels des Ātman diese Welt)."[4]

Ich erinnere mich an einen lebendigen Vortrag des japanischen Zen-Philosophen Dr. Daisetz Teitaro Suzuki, der mit einer unvergeßlichen Gegenüberstellung von abendländischem und orientalischem Verständnis des Geheimnisses von Gott, Mensch und Natur begann. Er setzte sich zunächst mit der biblischen Auffassung vom Zustand des Menschen nach dem Fall in Eden auseinander. „Der Mensch", so bemerkte er, „ist wider Gott, die Natur ist wider Gott, und Mensch und Natur sind wider einander. Gottes eigenes Ebenbild (der Mensch), Gottes eigene Schöpfung (die Natur) und Gott selbst – alle drei liegen miteinander im Streit."[5] Dann erläuterte er die orientalische Sicht: „Die Natur ist der Schoß, aus dem wir kommen und in den wir eingehen."[6] „Die Natur bringt den Menschen aus sich selbst hervor; der Mensch kann nicht außerhalb der Natur stehen."[7] „Ich bin in der Natur, und die Natur ist in mir."[8] Die Gottheit muß, so fuhr er fort, als das der Schöpfung vorausgehende höchste Sein begriffen werden, „in dem es noch keinen Menschen und noch keine Natur gab". „Sobald ihr ein Name gegeben wird, hört die Gottheit auf, Gottheit zu sein. Mensch und Natur entspringen, und wir verstricken uns im Gespinst abstrakter Begrifflichkeiten."[9]

Wir im Westen haben unserem Gott einen Namen gegeben oder vielmehr, wir haben den Namen der Gottheit einem Buch aus einer Zeit und von einem Ort entnommen, die nicht die unseren sind. Und man hat uns gelehrt, nicht nur an die absolute Existenz dieser metaphysischen Fiktion zu glauben, sondern auch an ihre Bedeutung für die Gestaltung unseres Lebens. Im Hinteren Orient liegt dagegen das Schwergewicht auf der Erfahrung, und zwar auf der eigenen Erfahrung, nicht auf dem Glauben an die eines anderen. Die verschiedenen Schulungswege, die gelehrt werden, sollen zur Erlangung unmißverständlicher Erfahrungen führen, immer tiefer, immer weiter, bis zur Erfahrung der eigenen Identität mit allem, was man als „göttlich" kennt: zur Identität und darüber hinaus zur Transzendenz.

Das Wort Buddha bedeutet einfach „erwacht, ein Erwachter bzw. *der* Erwachte". Es stammt von der Sanskrit-Verbalwurzel *budh*, was „eine Tiefe ausloten, auf den Grund gehen" heißt wie auch „wahrnehmen, erkennen, bewußt werden, erwachen". Der Buddha ist ein zur Identität nicht mit dem Leib, sondern mit dem Erkennenden des Leibes Erwachter; nicht mit dem Denken, sondern mit dem Erkennenden der Gedanken, das heißt mit dem Bewußtsein. Er weiß außerdem, daß sein Wert in seiner Kraft liegt, Bewußtsein auszustrahlen, so wie der Wert einer Glühbirne darin liegt, Licht auszustrahlen. Wichtig an einer Glühbirne ist nicht der Glühfaden oder das Glas, sondern das Licht, das sie geben soll. Und wichtig an jedem von uns ist nicht der Leib und seine Nerven, sondern das Bewußtsein, das dadurch vorscheint. Wer dafür lebt, statt sich um die Glühbirne zu sorgen, ist des Buddha-Bewußtseins inne.

Besitzen wir im Westen eine solche Lehre? Unter unseren bekanntesten Religionslehren findet sie sich jedenfalls nicht. Unserer Bibel zufolge erschuf Gott die Welt, erschuf Gott den Menschen und darf man Gott und seine Geschöpfe *keinesfalls* für identisch halten. In der Tat ist die Predigt der Identität unserer bekanntesten Auffassung nach die Erzhäresie. Als Jesus sagte: „Ich und der Vater sind eins", wurde er wegen Gotteslästerung gekreuzigt. Als der islamische Mystiker al-Hallādsch neun Jahrhunderte später dasselbe sagte, wurde er ebenfalls gekreuzigt. Gerade dieses Wort ist aber der letzte Inbegriff dessen, was im ganzen Orient als Religion gelehrt wird.

Was also lehren unsere Religionen wirklich? Nicht den Weg zu einer Erfahrung der *Identität* mit der Gottheit, denn das ist ja wie gesagt die Erzhäresie; sondern den Weg und das Mittel, eine *Verbindung* zu einem benannten Gott herzustellen und zu erhalten. Und wie läßt sich eine solche Verbindung schaffen? Nur durch die Mitgliedschaft in einer bestimmten, übernatürlich gestifteten, allein begnadeten Gemeinschaft. Der Gott des Alten Testaments unterhält einen Bund mit einem bestimmten geschichtlichen Volk, dem einzigen heiligen Geschlecht – ja überhaupt dem einzig Heiligen – auf Erden. Und wodurch wird man Mitglied? Die traditionelle Antwort darauf wurde erst kürzlich (am 10. März 1970) in Israel durch die Definition bestätigt, der zufolge die erste Voraussetzung für volles Bürgerrecht in jener von mythischem Geist erfüllten Nation darin besteht: von einer jüdischen Mutter geboren zu sein. Und wodurch entsprechend ein Christ? Kraft der Fleischwerdung des Christus Jesus, der als wahrer Gott und wahrer Mensch erkannt werden muß (was nach christlicher Ansicht ein Wunder ist, während im Orient jedermann als wahrer Gott und wahrer Mensch gilt, wenn auch bis jetzt nur wenige zur Kraft jenes Wunders in ihnen selbst erwacht sein mögen). Durch unser Menschsein sind wir mit Christus verbunden, durch sein Gottsein verbindet er uns mit Gott. Und wie bestätigen wir im Leben unsere Verbindung zu diesem einen und einzigen Gottmenschen? Durch die Taufe und damit durch die geistliche Mitgliedschaft in seiner Kirche, das heißt abermals durch eine soziale Institution.

Unser ganzer Zugang zu den Bildern, den Archetypen, den weltweit bekannten Leitsymbolen der sich entfaltenden Geheimnisse des Geistes war mit den Ansprüchen dieser zwei selbstgeweihten geschichtlichen Gemeinschaften gepflastert. Beider Ansprüche sind heute historisch, astronomisch, biologisch und in jeder anderen Hinsicht widerlegt worden – *und jeder weiß es.*

Kein Wunder, wenn unsere Geistlichen besorgt und ihre Gemeinden verwirrt aussehen!

Wie steht es also nun um unsere Synagogen und unsere Kirchen? Von den letzteren sind viele, wie ich sehe, bereits in Theater umgewandelt worden, andere sind Vortragssäle, wo sonntags Ethik, Politik und Soziologie im Stentorton mit jenem ganz besonderen theologischen Tremolo gepredigt werden, worin sich der Wille Gottes bekundet. Aber müssen sie derart sinken? Können sie nicht mehr ihrem eigentlichen Zweck dienen?

Mir scheint, die naheliegende Antwort lautet: Ja, natürlich können sie das – oder vielmehr, sie *könnten* es, wenn ihre Priester wüßten, worin einst die Magie der Symbole lag, die sie verwahren. Die Priester könnten einfach dadurch dienlich sein, daß sie diese in einer gehörig *affektiven* Weise darbieten. Denn in der Religion zählt das Rituelle – der Ritus und sein Bilderwerk –, und wo das fehlt, sind die Worte nur Begriffsträger, die für ihre Zeit Sinn ergeben oder nicht. Ein Ritual ist eine bewegte Ordnung mythischer Symbole, und indem man sich am Drama des Ritus beteiligt, wird man direkt mit ihnen in Berührung gebracht. Sie sind in diesem Rahmen keine wörtlichen Wiedergaben historischer Ereignisse, sei es nun der Vergangenheit, der Gegenwart oder des Künftigen, sondern hier und jetzt Offenbarungen dessen, was immer und ewig besteht. Die Synagogen und Kirchen begehen den Irrtum zu erklären, was ihre Symbole „bedeuten". Es macht aber den Wert eines wirksamen Ritus aus, daß er jeden seinen eigenen Gedanken überläßt, die durch Dogmen und Definitionen nur wirr werden. Rational behauptete Dogmen und Definitionen sind zwangsläufig Hindernisse, keine Hilfen der religiösen Versenkung, denn das Gespür für die Gegenwart Gottes kann für keinen Menschen mehr sein als ein Ausfluß seiner eigenen geistlichen Empfänglichkeit. Wenn man dir dein Bild von Gott – das innigste, verborgenste Geheimnis deines Lebens – in Begriffen definiert, die irgendein Bischofskonzil vielleicht im fünften Jahrhundert ersonnen hat – wozu soll das gut sein? Aber eine Kontemplation des Kruzifixes tut seine Wirkung, der Weihrauchduft tut seine Wirkung, ebenso die priesterlichen Gewänder, die Klänge schön gesungener gregorianischer Choräle, rezitierte und gemurmelte Introiten, Kyrien, hörbare und unhörbare Worte bei der Wandlung. Was hat der „Affektwert" von wunderbaren Dingen dieser

Art mit den Definitionen von Konzilien zu tun oder damit, ob wir die genaue Bedeutung solcher Worte wie „*Oramus te, Domine, per merita Sanctuorum tuorum*" richtig mitkriegen? Wenn uns die Bedeutungen interessieren, so finden wir sie in der anderen Spalte des Gebetbuches übersetzt. Wenn aber die Magie des Ritus dahin ist...

Ich möchte hierzu ein paar Denkanstöße geben. Zuerst möchte ich einige Gedanken aus der indischen Tradition anführen, dann eine Bemerkung eines Japaners und zum Schluß einen Hinweis auf etwas, dessen wir als Abendländer vielleicht bedürfen, was uns der Orient aber nicht geben kann.

Die grundlegende Schrift der Hindu-Tradition ist natürlich die *Bhagavadgītā*; darin werden vier hauptsächliche Yoga-Wege beschrieben. Das Wort *yoga* selbst – von einer Sanskrit-Verbalwurzel *yuj*, „anjochen, verbinden" – bezeichnet den Vorgang, den Geist mit dem Ursprung des Geistes, das Bewußtsein mit dem Ursprung des Bewußtseins zu verbinden. Die Tragweite dieser Definition wird vielleicht am besten an dem Übungsweg veranschaulicht, der Yoga der Erkenntnis heißt, das heißt der Yoga der Unterscheidung zwischen dem Erkennenden und dem Erkannten, zwischen dem Subjekt und dem Objekt in jedem Erkenntnisakt sowie der Selbstidentifikation mit dem Subjekt. „Ich erkenne meinen Leib. Mein Leib ich das Objekt. Ich bin der Zeuge, der Erkennende des Objekts. Ich bin also nicht mein Leib." Als nächstes: „Ich erkenne meine Gedanken; ich bin nicht meine Gedanken." Und weiter: „Ich erkenne meine Gefühle; ich bin nicht meine Gefühle." Auf diese Weise kann man sich selbst glatt aus dem Zimmer denken. Dann kommt noch der Buddha daher und setzt hinzu: „Du bist auch nicht der Zeuge. Es gibt keinen Zeugen." Wo bist du jetzt? Wo bist du zwischen zwei Gedanken? Das ist der Weg, den man *jñāna yoga* nennt, den Yoga der reinen Erkenntnis.

Ein zweiter Übungsweg ist als *rāja yoga* bekannt, der königliche oder höchste Yoga, der einem gewöhnlich in den Sinn kommt, wenn das Wort Yoga fällt. Wir können ihn als eine Art Seelengymnastik mit strengen Körper- und Geisteshaltungen beschreiben. Man nimmt den „Lotossitz" ein, atmet nach bestimmten Zählungen auf bestimmte Weisen tief ein und aus, etwa durch das rechte Nasenloch ein, Luft anhalten, aus durch das linke, dann ein durch das linke Nasenloch, Luft anhalten, aus durch das rechte und so weiter. Das Ganze ist mit verschiedenen Meditationen verbunden. Die Folgen sind wirkliche psychische Verwandlungen, die in einer ekstatischen Erfahrung des ganzen reinen Bewußtseinslichtes gipfeln, wenn man von allen bedingenden Grenzen und Wirkungen befreit ist.

Ein dritter Weg namens *bhakti*, der Yoga der liebenden Hingabe, kommt von den Übungen dem, was wir im Westen als „Anbetung" oder „Religion" bezeichnen, am nächsten. Er besteht darin, sein eigenes Leben ganz und gar der selbstlosen Hingabe an ein geliebtes Wesen oder Ding zu widmen, das man dadurch wirklich zu seiner „erwählten Gottheit" macht. Es gibt eine reizende Geschichte, die man sich von Rāmakrishna, dem indischen Heiligen aus dem neunzehnten Jahrhundert, erzählt. Eine Frau suchte ihn voll Kummer auf, weil sie erkannt hatte, daß sie Gott gar nicht wirklich liebte und aufrichtig anbetete. „Gibt es denn nichts und niemanden, den du liebst?" fragte er sie, und als sie erwiderte, daß sie ihren kleinen Neffen liebe, sagte er: „Siehst du, da ist dein Krishna, dein Geliebter. Indem du ihm dienst, dienst du Gott." Wirklich hat ja der Gott Krishna selbst, wie uns in einer Legende über ihn berichtet wird, den einfachen Kuhhirten, unter denen er als Kind lebte, gelehrt und angeraten, keinen abstrakten Gott anzubeten, der unsichtbar über ihnen thront, sondern ihre eigenen Kühe. „Dort ist eure Frömmigkeit am Platz und wohnt Gottes Segen für euch. Betet eure Kühe an." Und sie schmückten ihre Kühe mit Girlanden und erwiesen ihnen Verehrung. Die Moral ist klar und gleicht nicht wenig der Lehrmeinung des modernen christlichen Theologen Paul Tillich, die in der Aussage gipfelt: „‚Gott' ... ist der Name für das, was den Menschen letztlich angeht."[10]

Der vierte schließlich und hauptsächliche Yoga, der in der *Bhagavadgītā* dargelegt wird, ist der sogenannte Yoga der Tat, *karma yoga*. Er ist bereits durch den Schauplatz der berühmten Episode vorbereitet: das Schlachtfeld zu Beginn des sagenhaften großen Krieges der Söhne Indiens gegen Ende der vedisch-arischen Ritterzeit, als sich der gesamte Feudaladel des Landes selbst in einem Blutbad abschlachtete und ausrottete. Am Anfang des unheilvollen Geschehens heißt der junge König Arjuna, der im Begriff ist, sich in den größten Kampf seiner Laufbahn zu stürzen, seinen Wagenlenker und glorreichen Freund, den jungen Gott Krishna, ihn hinaus zwischen die aufgestellten Schlachtreihen zu fahren. Wie er dort nach links und rechts schaut und in beiden Heeren viele Verwandte und Freunde, edle Gefährten und tapfere Helden erblickt, läßt er seinen Bogen fallen und spricht, überwältigt von Mitleid und großem Kummer, zu dem Gott, seinem Lenker:

Es „beben meine Lippen, mein Mund wird trocken, mein Körper zittert, und meine Haare sträuben sich.... Es wäre besser für mich, wenn die Söhne des Dhritarāshtra, mit Waffen in ihren Händen, mich, den Unbewaffneten, Wehrlosen, in der Schlacht erschlügen.... Wenngleich sie selbst mich töten würden, o Madhusūdana (Krishna), möchte ich diese nicht töten, und wäre es für die Herrschaft über die drei Welten; wieviel weniger für die Erde!"[11]

Darauf erwidert der junge Gott mit den schneidenden Worten: „Woher kommt dir in dieser schweren Stunde diese Beflekkung?"[12] Und damit hebt die große Lehrrede an:

„Dem Geborenen ist der Tod gewiß, dem Toten ist die Geburt gewiß. Darum sollst du über eine unvermeidliche Sache nicht trauern.... Wenn du diese pflichtgemäße Schlacht nicht aufnimmst, gerätst du in Schuld, indem du dein Gesetz und deinen Ruhm verrätst.... Deine Aufgabe liegt allein im Handeln, nicht in dessen Früchten. Lasse nicht die Früchte deines Tuns deinen Beweggrund sein; ergib dich nicht der Untätigkeit! Gib die Anhänglichkeit auf, o Schätzegewinner (Arjuna), und vollbringe, im Yoga gefestigt, deine Werke."[13]

Nach dieser gestrengen Rede öffnet der Gott dem Arjuna die Augen, und dieser erblickt mit fassungslosem Staunen seinen Freund in verklärter Gestalt: mit dem Glanz von tausend Sonnen, mit vielen blitzenden Augen und vielen Gesichtern, vielen Armen mit gezückten Waffen, vielen Köpfen, vielen Mündern mit gebleckten Hauern. Und plötzlich kommen die zwei großen Heere von beiden Seiten herbeigeströmt, herbeigeflogen und stürzen sich in diese flammenden Münder, werden von den schrecklichen Fangzähnen zermalmt und kommen um. Das Ungeheuer aber leckt sich seine sämtlichen Lippen. „Sage mir an, wer du in dieser schrecklichen Gestalt bist",[14] ruft Arjuna aus, und alle Haare sträuben sich ihm. Und jenes Wesen, das einmal sein Freund gewesen war, der Herr der Welt, gibt zur Antwort:

„Ich bin die Zeit, die weltzerstörende, reifgewordene, damit beschäftigt, die Welt zu unterwerfen. Auch ohne dich (dein Handeln) werden alle in den gegnerischen Heeren aufgestellten Krieger zu sein aufhören. Darum erhebe dich und erringe Ruhm. Besiege deine Feinde und genieße ein blühendes Königtum. Sie sind bereits von mir geschlagen. Sei du nur mehr der Anlaß.... Erschlage... die großen Krieger, die bereits von mir gerichtet sind. Habe keine Furcht! Kämpfe!"[15]

Arjuna wird ermahnt, seine Pflicht zu tun, und das heißt in Indien: ohne zu fragen die vorgeschriebene Pflicht seiner Kaste zu tun. Arjuna gehörte zum Kriegeradel: Es war seine Pflicht zu kämpfen. Wir im Westen denken allerdings nicht mehr so; darum können wir mit der orientalischen Vorstellung vom unfehlbaren geistigen Mentor, dem Guru, nichts Rechtes mehr anfangen. Sie stimmt nicht, und sie kann nicht stimmen. Denn bei unserem Begriff von einem reifen Individuum denken wir nicht an einen Menschen, der einfach fraglos und kritiklos die Normen und gängigen Ideale seiner Gemeinschaft hinnimmt, wie ein Kind den Anweisungen seiner Eltern folgt und folgen sollte. Vielmehr denken wir dabei an jemanden, der durch seine eigene Erfahrung und sein überlegtes Urteilen (und zwar ein auf *Erfahrung* fußendes Urteilen, nicht das Nachplappern der Vorlesungen des alten Professors Soundso in seinem Soziologiekurs für Erstsemester, worin er sein Programm zur Weltverbesserung entwickelt), also durch sein eigenes Leben, zu durchdachten und vernünftigen Einstellungen gelangt ist und nun nicht die Rolle eines gehorsamen Dieners irgendeiner unangreifbaren Autorität spielt, sondern seine eigenen selbstverantwortlichen Entscheidungen fällt. Pflicht bedeutet also bei uns keineswegs das, was sie im ganzen Orient bedeutet. Sie bedeutet nicht, wie ein Kind das anzunehmen, was die Autorität einem vorsetzt. Sie bedeutet denken, beurteilen und ein Ich ausbilden – also die Fähigkeit zu selbständiger Beobachtung und vernünftiger Kritik, die sich ihre Umwelt zu deuten wie auch die eigene Leistungskraft je nach Lage der Dinge einzuschätzen weiß, sowie außerdem die Fähigkeit, Handlungsabläufe in Gang zu setzen, die nicht auf Ideale der Vergangenheit abgestellt sind, sondern auf Möglichkeiten der Gegenwart. Aber genau das ist im Orient streng verboten.

Viele mir bekannte Professoren beginnen darauf hinzuweisen,

daß unsere Studenten heutzutage nicht nach Lehrern Ausschau halten, sondern nach Gurus. Der Guru im Orient übernimmt die Verantwortung für die sittliche Lebensführung seines Schülers, und umgekehrt muß es das Ziel des Schülers sein, sich mit dem Guru zu identifizieren und wenn möglich so zu werden wie er. Aber soweit ich sehen kann und wie ich auch meinen akademischen Kollegen sage, mangelt es unseren Studenten an der ersten Tugend eines solchen Schülers orientalischer Art, nämlich an Glauben, *shraddhā*, „vollkommenem Glauben" an den bedingungslos verehrten Guru. Andererseits haben wir herkömmlicherweise die Hoffnung gehegt, in den Studenten Kritikfähigkeit und selbstverantwortliches Urteilsvermögen auszubilden, und oft genug haben wir damit Erfolg gehabt. Wir haben tatsächlich bei der heutigen Generation in einem solchen Maße Erfolg gehabt, daß unsere Sprößlinge mittlerweile, kaum aus den Windeln heraus, schon ihre Lehrer belehren wollen, was denn doch des Guten ein wenig zuviel ist. Was sie vom Orient, dem so viele nachzueifern bestrebt sind, lernen dürfen, will ich hier nur mit der Bemerkung andeuten, daß es sie ein Stück – wenigstens ein oder zwei Schritte – auf den inneren Weg zu sich selbst führen müßte. Wenn dieser Weg verfolgt wird, ohne daß man sich den Bedingungen des heutigen Lebens entfremdet, so könnte dies in nicht wenigen Fällen zu einer neuen Tiefe und Fülle schöpferischen Denkens und zur Erfüllung im Leben wie auch in Literatur und Kunst führen.

Damit komme ich zu meiner dritten persönlichen Anekdote, die sich abermals um die religiöse Konfrontation von Ost und West dreht, nun aber eine Ahnung davon vermittelt, wie der Orient die Magie der Religion in Kunst umwandelt. Sie handelt von einer Begebenheit, die sich im Sommer des Jahres 1958 zutrug, als ich mich als Teilnehmer des Neunten Internationalen Kongresses über die Geschichte der Religionen in Japan aufhielt. Einer unserer führenden New Yorker Sozialphilosophen – ein gelehrter, umgänglicher und liebenswürdiger Herr, der allerdings über wenig oder gar keine Vorerfahrung in Sachen Orient oder Religion verfügte (ich fragte mich wirklich, durch welches Wunder er dorthin gekommen war) – stach in jener buntgemischten Versammlung besonders hervor. Nachdem er sich uns übrigen zum Besuch etlicher edler Shinto-Schreine und schöner buddhistischer Tempel angeschlossen hatte, war er schließlich soweit, ein paar gewichtige Fragen zu stellen. Es waren viele japanische Kongreßteilnehmer zugegen, nicht wenige unter ihnen Shinto-Priester, und anläßlich eines großen Festes, das in einem wunderbaren japanischen Garten stattfand, trat unser Freund an einen von diesen heran. „Wissen Sie", sagte er, „ich habe jetzt ein gutes Quantum Zeremonien miterlebt und eine ganze Reihe von Schreinen gesehen, aber ich kriege die Ideologie nicht mit, ich begreife Ihre Theologie nicht."

Bekanntlich enttäuschen die Japaner ihre Besucher höchst ungern, und höflich und anscheinend respektvoll angesichts der profunden Frage des ausländischen Gelehrten schwieg dieser Herr eine Weile, als müsse er sich gründlich bedenken, biß sich darauf die Lippen und schüttelte langsam den Kopf. „Ich glaube, wir haben keine Ideologie", versetzte er. „Wir haben keine Theologie. Wir tanzen."

Für mich war das die Lektion des Kongresses. Sie besagte, daß in Japan, in der einheimischen Shinto-Religion des Landes, in dem die Riten äußerst würdevoll, musikalisch und eindrucksvoll sind, kein Versuch gemacht wurde, die „Affektbilder" in Worte zu fassen. Man läßt sie – als Riten, als Kunstwerke – für sich selbst sprechen, durch die Augen zum lauschenden Herzen. Genauso sollten wir, wie ich meine, in unseren religiösen Riten auch verfahren. Man frage einen Künstler, was sein Bild „bedeutet", und man wird eine solche Frage nicht so bald wieder stellen. Bilder von Rang geben Einblicke, die die Sprache übersteigen, die über die sprachlich gesetzten Sinngehalte hinausgehen. Wenn sie nicht zu einem sprechen, dann liegt das daran, daß man nicht reif für sie ist, und Worte werden nur die *Meinung* in einem erzeugen, daß man verstanden hätte, und einen dadurch ganz abschneiden. Man fragt nicht, was ein Tanz bedeutet, man freut sich daran. Man fragt nicht, was die Welt bedeutet, man freut sich an ihr. Man fragt nicht, was man *selbst* bedeutet, man freut sich an sich selbst – das heißt, wenn man den Bogen raus hat.

Um sich aber an der Welt zu freuen, braucht es etwas mehr als nur gute Gesundheit und guten Mut, denn diese Welt ist, wie wohl inzwischen jeder weiß, schrecklich. „Alles Leben", sagte der Buddha, „ist leidvoll." Das ist es wirklich. Leben frißt Leben: So ist sein Wesen, das immer ein Werden ist. „Die Welt", bemerkte der Buddha, „ist ein unablässig brennendes Feuer." So ist es. Und eben dazu muß man heute „Ja!" sagen, muß man tanzen – einen wissenden, feierlichen, würdevollen Tanz mystischer Glückseligkeit, der den Schmerz im Herzen jedes mythischen Ritus überwindet.

Zum Abschluß will ich noch eine wirklich wunderbare Hindu-Sage aus dem *Skānda-Purāna* zu diesem Thema erzählen, die zu dem unendlichen reichen Mythenschatz um den Gott Shiva und seine herrliche Weltengöttin Pārvatī gehört. Einst begab es sich, daß ein dreister Dämon, der eben die herrschenden Götter der Welt gestürzt hatte, vor den großen Gott hintrat und nun an den Allerhöchsten die unerfüllbare Forderung richtete, dieser, der Gott, solle ihm, dem Dämon, seine Göttin aushändigen. Zur Erwiderung öffnete Shiva einfach das mystische dritte Auge in seiner Stirnmitte, und paff! da schlug ein Blitz in die Erde ein, und plötzlich stand ein zweiter Dämon da, größer noch als der erste. Er war eine riesige, ausgemergelte Kreatur mit einem Löwenkopf, seine Mähne wehte in alle Himmelsrichtungen – er war das Inbild unersättlichen Hungers. Er war ins Leben gerufen worden, um den ersten Dämonen aufzufressen, und dazu war er gewiß der Richtige. Der erste überlegte: „Was fange ich jetzt an?", und er entschloß sich zu seinem großen Glück, zu Shivas Gnade Zuflucht zu nehmen.

Nun besagt eine wohlbekannte theologische Regel, daß ein Gott dem, der zu seiner Gnade Zuflucht nimmt, nicht den Schutz verweigern darf, und daher mußte Shiva jetzt den ersten Dämonen vor dem zweiten schirmen und schützen. Dadurch blieb jedoch der zweite ohne Fleisch, um seinen Hunger zu stillen, und in seiner Qual fragte er Shiva: „Wen soll ich denn jetzt fressen?", woraufhin der Gott erwiderte: „Tja, wie wär's, wenn du dich selbst fressen würdest?"

Gesagt, getan. Mit reißenden Zähnen fing die wilde Erscheinung bei den Füßen an, arbeitete sich immer weiter hoch, fraß sich durch den eigenen Bauch und weiter durch Brust und Hals, bis nur noch das Gesicht übrigblieb. Der Gott war davon ganz hingerissen, denn hier war endlich ein vollkommenes Abbild jener Ungeheuerlichkeit des Lebens – des sich selbst verlebenden Lebens. Und zu der sonnenhaften Maske, die allein von dem löwenartigen Bild des Hungers übriggeblieben war, sprach Shiva frohlockend: „Ich werde dich ‚Gesicht der Glorie' nennen, Kīrttimukha, und du sollst über den Toren aller meiner Tempel erglänzen. Keiner, der dir Ehre und Andacht verweigert, wird mich jemals erkennen können."[16]

Aus all dem können wir die naheliegende Lehre ziehen, daß der erste Schritt zum Erfassen des höchsten göttlichen Symbols für das Wunder und Geheimnis des Lebens in der Anerkennung der ungeheuerlichen Natur des Lebens sowie seiner Glorie in dieser Gestalt besteht, das heißt in der Einsicht darin, daß das Leben eben so ist und daß es nicht verändert werden kann und wird. Wer zu wissen meint – und ihre Zahl ist Legion –, wie die Welt besser hätte sein können, als sie ist; wie sie gewesen wäre, wenn er sie erschaffen hätte, ohne Leid, ohne Kummer, ohne Zeit, ohne Leben – der taugt nicht zur Erleuchtung. Oder wer, wie so viele, denkt: ,,Erst einmal will ich die Gesellschaft verbessern, dann komme ich selbst an die Reihe", dem ist sogar die äußere Pforte zum Haus von Gottes Frieden verschlossen. Alle Gesellschaften sind schlecht, leidvoll, ungerecht und werden es immer sein. Wenn man also dieser Welt wirklich helfen will, so muß man lehren, wie in ihr zu leben sei. Und das vermag keiner, der nicht selbst gelernt hat, in ihr voll freudigem Leid und leidvoller Freude aus dem Wissen heraus zu leben, wie das Leben wirklich ist. Das ist der Sinn des ungeheuerlichen Kīrttimukha, des ,,Gesichtes der Glorie", über den Eingangspforten zu den Heiligtümern des Yoga-Gottes, dessen Braut die Göttin des Lebens ist. Niemand kann diesen Gott und diese Göttin erkennen, der sich nicht vor dieser Maske ehrfürchtig verneigt und demütig unter ihr hindurchschreitet.

VI
Die Inspiration der orientalischen Kunst

IN INDISCHEN LEHRBÜCHERN DER ÄSTHETIK werden viererlei Gegenstände der künstlerischen Darstellung für wert befunden. Bei diesen handelt es sich erstens um abstrakte Eigenschaften wie Güte, Wahrheit, Schönheit und dergleichen; sodann um Handlungen und Stimmungen besonderer Art (das Erschlagen von Feinden und Ungeheuern, das Erobern einer oder eines Geliebten, die Stimmungen der Schwermut, der Glückseligkeit und so weiter); drittens um Menschentypen (Brahmanen, Bettler, heilige oder verruchte Könige, Kaufleute, Diener, Liebende, Kastenlose, Verbrecher und dergleichen); und schließlich um Götter. Auffallend ist, daß sie alle unpersönlich sind, denn es besteht im Orient kein Interesse am Individuum als solchem oder an einzigartigen, beispiellosen Umständen oder Begebenheiten. Entsprechend bietet uns das prunkvolle Schauspiel der orientalischen Kunst hauptsächlich endlose Wiederholungen bestimmter erprobter und bewährter Themen und Motive. Wenn man diese mit dem strahlenden Reigen des Europas der Renaissance und Post-Renaissance vergleicht, so fällt einem vielleicht am stärksten die Abwesenheit von so etwas wie einer bedeutenden Porträtkunst in den orientalischen Traditionen auf. Man denke an die Werke von Rembrandt oder Tizian, an die Sorgfalt, die darin auf die Darstellung dessen verwandt wird, was wir Charakter, Persönlichkeit, Einmaligkeit einer individuellen Erscheinung in körperlicher wie seelischer Hinsicht nennen. Ein solches Bemühen um das, was nicht von Dauer ist, steht im äußersten Widerspruch zum Gestaltungsgeist der orientalischen Kunst. Unsere Achtung vor dem Individuum als einem einzigartigen Phänomen, das es in seinen charakteristischen Eigenarten nicht zu unterdrücken, sondern zu veredeln und zur Erfüllung zu führen gilt, da es ein Geschenk an die Welt ist, wie man es nie zuvor auf Erden sah und wie man es auch nie wieder sehen wird – diese Achtung läuft dem Geist nicht nur der orientalischen Kunst, sondern auch des orientalischen Lebens *toto caelo* zuwider. Dieser

Einstellung gemäß erwartet man vom Einzelnen keine Neuerungen oder Erfindungen, sondern daß er sich in der Kenntnis und der Wiedergabe der Normen vervollkommnet.

Dementsprechend muß sich der orientalische Künstler nicht allein den Standardthemen zuwenden – er darf auch an so etwas wie einem eigenen Ausdruck in unserem Sinne gar kein Interesse haben. Schilderungen vom einsamen, qualvollen Ringen des Künstlers auf der langen Suche nach seiner eigenen besonderen Sprache, die seine persönliche Aussage kundtun soll – in den Lebensläufen der westlichen Meister finden sie sich ja im Überfluß –, werden wir in den Annalen der orientalischen Kunst vergebens suchen. Eine solche ichbezogene Haltung ist dem Leben, Denken und religiösen Empfinden der Orientalen völlig fremd, da es ihnen im Gegenteil gerade um das Abtöten des Ich wie auch jeglichen Interesses an diesem vergänglichen Ding geht, das doch bloß das „Ich" eines fliehenden Traumes ist.

In negativer Hinsicht hat diese Pflege der Anonymität dazu geführt, daß sich ein ganzes Sammelsurium schulmäßiger Stereotypen *ad infinitum* fortzeugt – was allerdings nicht zu der Fragestellung gehört, mit der ich mich befassen möchte. Mein Thema sollen vielmehr jene Gattungen und Meisterwerke vollendeter Kunst sein, die den sterblichen Augen tatsächlich zum Gewahren einer unsterblichen Gegenwart in allen Dingen verhelfen. Das Lied, das man beim Lesen der *Bhagavadgītā* mit dem Ohr des Bewußtseins hört, das Lied von dem unsterblichen Geist, der niemals geboren wurde, niemals stirbt, sondern in allen zum Sterben geborenen Dingen als das wirkliche Sein ihres scheinbaren Seins lebt und dessen strahlender Glanz ihnen ihre Pracht verleiht, ist das allgegenwärtige Lied, das nicht allein in der indischen Kunst, sondern auch im Fernen Osten gesungen wird. Auf dieses Lied will ich mein eigenes jetzt einstimmen.

Fangen wir zunächst mit Indien an und schreiten wir später zum Fernen Osten fort. Die indische Kunst ist ein Yoga und ihr Meister eine Art Yogī. Nachdem der Künstler jahrelang den Pflichten eines gehorsamen Lehrlings nachgekommen ist und endlich die Anerkennung als Meister erhalten hat, der nun damit betraut wird, etwa einen Tempel zu bauen oder eine heilige Statue anzufertigen, wird er als erstes meditieren, um eine Vision des zu entwerfenden symbolischen Bauwerks oder der darzustellenden Gottheit vor seinem inneren Auge erstehen zu lassen. Es gibt sogar Sagen, wonach ganze Städte auf diese Weise geistig geschaut wurden: wie etwa ein heiliger Herrscher einen Traum hatte, worin er wie in einer Offenbarung die ganze Anlage des Tempels oder der Stadt, die zu bauen waren, erblickte. Ich frage mich, ob das nicht vielleicht der Grund ist, warum man sogar heute noch in gewissen orientalischen Städten spüren kann, daß man sich in einem Traum bewegt. Die Stadt gleicht einem Traum, da der Anstoß zu ihrer Gründung tatsächlich von einem Traum ausging, der dann in Stein ausgeführt wurde.

Bevor sich der Kunsthandwerker daranmacht, das Bild eines Gottes – sagen wir Vishnus – anzufertigen, wird er zunächst alle wichtige Schriften studiert haben, um sich die vorgeschriebenen Zeichen, Stellungen, Proportionen und so weiter des Gottes in der von ihm wiederzugebenden Erscheinung ins Gedächtnis einzuprägen. Er wird sich dann hinsetzen und in seinem Herzen die Keimsilbe des göttlichen Namens sprechen, und wenn er Glück hat, wird zur gegebenen Zeit eine Vision der von ihm auszuführenden Gestalt vor seinem inneren Auge auftauchen, welche daraufhin das Modell für sein Kunstwerk abgibt. Die größten Werke der großen Epochen Indiens waren also tatsächlich Offenbarungen, und zwar nicht von eingebildeten übernatürlichen Wesen, sondern von einer in uns schlummernden Naturgewalt, die wir nur zu erkennen brauchen, damit sie in unserem Leben zur Erfüllung gebracht werden kann; und wenn wir sie als Offenbarungen gehörig würdigen wollen, so müssen wir nur jene außerordentliche psychologische Lehrschrift *Die Beschreibung der sechs Zentren (Shatchakra-nirupāna)* zu Rate ziehen, die nun bereits seit gut vierzig Jahren (im Jahre 1958, A. d. Ü.) in der hervorragenden Übersetzung von Sir John Woodroffe vorliegt.[1]

Es ist die Hauptthese des in diesem grundlegenden Werk erläuterten sogenannten Kundalinīyoga-Systems, daß es sechs plus eins – also sieben – Energiezentren gibt, die vom unteren Rumpfende bis zum Scheitel senkrecht durch den ganzen Körper verlaufen und durch Yoga der Reihe nach aktiviert und dazu gebracht werden können, geistiges Bewußtsein und geistige Glückseligkeit in immer höheren Erlebensformen freizusetzen. Sie heißen *padma*, „Lotos", oder *chakra*, „Rad", und man muß sie sich so vorstellen, daß sie normalerweise schlaff herabhängen. Wenn sie jedoch von einer geistigen Kraft namens Kundalinī, die durch einen geheim-

119

nisvollen Kanal in der Mitte der Wirbelsäule zum Aufsteigen gebracht werden kann, berührt und aktiviert werden, so erwachen sie zu Leben und leuchten. Der Name dieser Kraft, *kundalinī*, ist ein feminines Sanskritsubstantiv und heißt „die Zusammengerollte", was sich hier auf die Vorstellung von einer zusammengerollten Schlange bezieht, von der man annimmt, daß sie im untersten der sieben Körperzentren schlafe. In den Mythologien des Orients symbolisieren Schlangen im allgemeinen die Lebenskraft, die die Hülle des Todes hinter sich läßt, wie eine Schlange ihre Haut abstreift, um gewissermaßen wiedergeboren zu werden. Diese Kraft stellt man sich in Indien weiblich vor, als die weibliche, formenschaffende, lebensspendende und lebenserhaltende Macht, die das Weltall und alle seine Wesen beseelt. Während sie zusammengerollt im untersten der sieben Körperzentren schläft, bleiben die übrigen sechs untätig. Das Ziel dieses Yoga besteht also darin, die Schlange aufzuwecken, so daß sie ihren Kopf erhebt, und sie durch den geheimnisvollen inneren Rückenmarkskanal namens *sushumnā* , „freudenreich", hinaufzubewegen, wobei sie auf jeder Stufe ihres erregenden Aufstiegs den dort befindlichen Lotos durchstößt. Während der Yogī mit übergeschlagenen Beinen aufrecht dasitzt, sich auf bestimmte Gedanken konzentriert und sich mystische Silben vorsagt, wird er zunächst darum bemüht sein, seinen Atemrhythmus zu regulieren und nach einer vorgegebenen Zählweise tief einzuatmen, die Luft anzuhalten und wieder auszuatmen, etwa durch das rechte Nasenloch ein, durch das linke aus und so fort. Dabei wird der ganze Körper von *prāna*, „Lebensenergie, Atem, Lebenshauch", durchdrungen, bis sich alsbald die zusammengerollte Schlange rührt und der Vorgang beginnt.

Wenn die zusammengerollte Schlange schlafend im ersten Lotoszentrum eines Menschen ruht, so zeichnet sich dessen Persönlichkeit, wie es heißt, durch geistige Stumpfheit aus. Seine Welt ist das graue Einerlei des Wachbewußtseins, und doch klammert er sich voller Gier an diese freudlose Existenz, will sie nicht aufgeben, hält blind an ihr fest. Ich muß in diesem Zusammenhang immer an das denken, was man uns über die Drachen erzählt hat: wie sie in ihren Höhlen vielerlei horten und bewachen. Was sie dort für gewöhnlich horten und bewachen, sind schöne Mädchen und Schätze aus Gold. Freilich können sie weder mit den einen noch mit den anderen wirklich etwas anfangen, aber doch behalten sie sie da, für immer und ewig. Im Leben nennt man solche Leute auch „Geier", und es gibt ihrer weiß Gott genug. Jedenfalls heißt dieser erste Lotos *mūlādhāra*, „Wurzelstütze". Sein Element ist die Erde, er hat vier karmesinrote Blütenblätter und liegt der Beschreibung nach zwischen den Genitalien und dem After.

Zentrum Nummer zwei befindet sich auf der Höhe der Genitalien, und dementsprechend ist die seelische Verfassung eines jeden, dessen Energien bis zu dieser Stufe gestiegen sind, von durch und durch Freudscher Art. Sex bedeutet ihm alles, so oder so, wie es ja auch für Freud der Fall war, der sich sicher war, daß die Menschen für nichts anderes lebten. Zudem besitzen wir heute sogar eine namhafte Schule von Theoretikern, die sich selbst Philosophen nennen und den ganzen Gang der Menschheitsgeschichte, des Denkens und der Kunst vom Standpunkt des Geschlechtstriebs aus interpretieren – ob er unterdrückt, frustriert, sublimiert oder befriedigt wurde. Der Name dieser Stelle lautet *svādhishthāna*, „ihre eigene Wohnstatt". Der Lotos hat sechs zinnoberrote Blütenblätter, und sein Element ist das Wasser.

Der dritte Lotos liegt auf Nabelhöhe. Sein Name *manipūra* bedeutet „die Stadt des schimmernden Juwels". Die zehn Blütenblätter dieses Lotos haben die Farbe schwerbeladener Regenwolken, sein Element ist das Feuer, und das beherrschende Interesse eines jeden, dessen sich entfaltende Schlangenkraft sich auf dieser Ebene festgesetzt hat, liegt darin, alles zu verzehren, zu erobern, sich einzuverleiben oder zu zwingen, seiner Denkungsart zu gehorchen. Seine seelische Verfassung, die von einem unersättlichen Willen zur Macht regiert wird, ist also Adlerschen Typs. Man kann daher sagen, daß Freud und Adler und ihre Anhänger die Phänomenologie des Geistes ausschließlich vom Standpunkt der *chakras* zwei und drei interpretiert haben – und daraus erklärt sich auch zur Genüge ihr Unvermögen, die mythischen Symbole der Menschheit wie auch die Ziele menschlichen Strebens in einem interessanteren Licht darzustellen.

Erst auf der Ebene des vierten *chakras* werden eigentlich menschliche, im Unterschied zu sublimierten tierischen, Ziele und Antriebe ins Auge gefaßt und wachgerufen. Auch beziehen sich nach irdischer Auffassung religiöse Symbole, die Bilderwelt der Kunst und die Fragestellungen der Philosophie im eigentlichen Sinne auf diese Stufe und die darauf folgenden (und nicht auf die

Belange der *chakras* eins, zwei und drei). Der Lotos dieses Zentrums liegt auf der Höhe des Herzens, sein Element ist die Luft, er hat zwölf Blütenblätter von einem orange-karmesinroten Farbton (die Farbe der Bandhūka-Blüte [Pentapoetes Phoenicea]) und einen sehr merkwürdigen Namen. Er heißt *anāhata*, „ohne Zusammenstoß", was vollständig ausgeführt „der nicht aus dem Zusammenstoß zweier Dinge zustandegekommene Ton" bedeutet. Alle Töne und Geräusche, die wir in dieser Welt von Zeit und Raum hören, werden durch den Zusammenstoß zweier Dinge erzeugt – der Ton meiner Stimme zum Beispiel durch den Atem, der meine Stimmbänder anstößt. Ebenso stammt auch jeder andere gehörte Ton von zusammenstoßenden Dingen, ob wir es sehen oder nicht. Was wäre denn nun der Ton, der *nicht* auf diese Weise erzeugt würde?

Die Antwort lautet, daß der nicht durch zwei zusammenstoßende Dinge zustandekommende Ton von jener Urenergie stammt, von der das Weltall selbst eine Manifestation ist. Er geht somit den Dingen voraus. Man könnte ihn sich dem mächtigen Brummton eines Elektrizitätswerks vergleichbar vorstellen oder dem normalerweise nicht gehörten Summen der Protonen und Neutronen eines Atoms, das heißt dem inneren Ton jener schwingenden Urenergie, deren Erscheinungen wir selbst und alles, was wir wissen und sehen, sind. Und es heißt, wenn man ihn hört, so ähnelt er am meisten dem OM-Laut.

Diese heilige indische Gebets- und Meditationssilbe soll, wie man sagt, aus vier symbolischen Elementen zusammengesetzt sein. Zunächst einmal kann die heilige Silbe, da das O im Sanskrit als Verbindung der zwei Laute A und U angesehen wird, AUM geschrieben und gehört werden, und durch diese Zerlegung werden drei ihrer vier Elemente sichtbar gemacht. Das vierte ist dann die Stille, die die so gesehene Silbe umgibt; aus ihr geht sie hervor, in sie sinkt sie zurück, und von ihr als dem Grund ihres Erscheinens wird sie getragen.

Wenn nun die Silbe AUM ausgesprochen wird, so hört man, wie das A hinten vom Rachen ausgeht, wie in der Vorwärtsbewegung die tönende Luftmasse beim U die ganze Mundhöhle ausfüllt und wie diese mit dem M von den Lippen geschlossen wird. Wenn die Silbe so ausgesprochen wird, heißt es, so enthält sie alle Sprachlaute. Und da die Konsonanten nur Unterbrechungen dieser Laute sind, so trägt die heilige Silbe bei richtiger Aussprache die Keimlaute aller Worte und somit die Namen aller Dinge und Bezüge in sich.

Es gibt eine äußerst interessante und wichtige Upanishad, die *Māndūkya-Upanishad*, worin die vier symbolischen Elemente der Silbe – das A, das U, das M und die Stille – als sinnbildlich für vier Ebenen, Stufen oder Formen des Bewußtseins ausgelegt werden.[2] Das A, das vom hinteren Rachenraum her ertönt, soll das Wachbewußtsein darstellen. Hier werden das Subjekt und die Objekte seines Erkennens als voneinander getrennt erlebt. Die Körper sind grobstofflicher Natur, sie sind nicht selbstleuchtend, und sie verändern ihre Formen langsam. Es gilt eine aristotelische Logik: *a* ist ungleich Nicht-*a*. Die Denkweise auf dieser Ebene ist die der mechanistischen Wissenschaft und des positivistischen Schließens, und die Lebensziele, die man sich hier steckt, entsprechen den *chakras* eins, zwei und drei.

Mit dem nächsten Laut, dem U, bei dem die vordringende Klangmasse gewissermaßen den ganzen Kopf ausfüllt, verbindet die Upanishad das Traumbewußtsein. Hierbei sind Subjekt und Objekt, der Träumende und sein Traum, wenn sie auch voneinander getrennt scheinen mögen, in Wirklichkeit eins, da die Bilder dem Willen des Träumenden entspringen. Sie sind zudem feinstofflicher Art, selbstleuchtend und von schnell wechselnder Form. Sie sind göttlicher Natur, und in der Tat sind alle Götter und Dämonen, Himmel und Höllen die kosmischen Gegenstücke zum Traum. Außerdem sind der Sehende und das Gesehene auf dieser feinstofflichen Ebene ein und dasselbe; alle Götter und Dämonen, Himmel und Höllen sind in uns – sind wir selbst. Darum kehre dich nach innen, wenn du dein Vorbild für die Darstellung eines Gottes suchst. Es sind also Erfahrungen auf dieser Bewußtseinsebene, die in der orientalischen Kunst sichtbar gemacht werden.

Mit dem M, dem dritten Element der Silbe, bei dem das Erstimmen dieses heiligen Lautes vorn an den geschlossenen Lippen endet, verbindet die Upanishad den traumlosen Tiefschlaf. Hier gibt es weder ein gesehenes Objekt noch ein sehendes Subjekt, sondern das Unbewußte – oder vielmehr latentes, potentielles Bewußtsein im ungeschiedenen Zustand und in Dunkel gehüllt. In den Mythen wird dieser Zustand mit dem des Weltalls zwischen den Kreisläufen gleichgesetzt, wenn alles in die kosmische Nacht zurückgekehrt ist, in den Schoß der kosmischen Mutter, den die Griechen in ihrer Sprache „Chaos" nennen oder von dem es im ersten Buch Mose 1,2 heißt: „Die Erde war wüst und leer, und es war finster auf der Tiefe." Es gibt weder ein Wach- noch ein Traumbewußtsein von irgendwelchen Objekten, sondern nur ungeformtes Bewußtsein in seinem ursprünglichen, auf nichts bezogenen Zustand – jedoch im Dunkel versunken.

Das höchste Ziel des Yoga kann also nur darin bestehen, wachen Sinnes in diesen Raum einzugehen, und das heißt, daß man sein Wachbewußtsein an dessen Ursprung im Bewußtsein *per se* „anschließt" oder „anjocht" (dies besagt die Sanskrit-Verbalwurzel *yuj*, von der das Substantiv *yoga* stammt) und es nicht auf irgendein Objekt richtet oder in irgendeinem Subjekt einsperrt, ob diese nun der Welt des Wachens oder des Schlafs angehören, sondern es rein, unbestimmt und unbegrenzt beläßt. Da alle Worte auf Objekte oder objektbezogene Vorstellungen und Gedanken verweisen, besitzen wir für die Erfahrung dieses vierten Zustandes kein Wort. Selbst solche Worte wie „Stille" oder „Leere" lassen sich nur aus dem Bezug auf Töne oder Dinge verstehen: Sie bezeichnen die Abwesenheit von Ton oder Ding. Hier geht es nun aber um die ursprüngliche Stille, die den Tönen vorausgeht und sie als Möglichkeit in sich trägt, und um die Leere, die den Dingen vorausgeht und das ganze Raum-Zeit-Gefüge mit seinen Galaxien als Möglichkeit in sich trägt. Kein Wort kann sagen, was die Stille spricht, die uns umgibt und in uns ist, diese Stille, die nicht stumm ist, sondern die sich im Wachen, im Träumen und in traumloser Nacht hören läßt, wie sie alle Dinge durchklingt. Die Stille umfängt, hält und durchflutet die Silbe AUM.

Man horche einmal auf den Lärm der Stadt. Man horche auf die Stimme seines Nächsten oder auf den Schrei der Wildgänse am hohen Himmel. Man horche überhaupt einmal auf irgendeinen Ton oder auf die Stille, ohne gleich Bescheid zu wissen, und man wird den Anāhata dieser Leere, die der Grund des Seins ist, und die Welt, die der Leib des Seins ist, hören: die Stille und die Silbe. Wenn man diesen Ton einmal gewissermaßen als den Ton und das Sein des eigenen Herzens und des ganzen Lebens „gehört" hat, so hat man Ruhe und Frieden gefunden. Es gibt keinen Grund zur Suche mehr, denn es ist hier, es ist dort, es ist überall. Und es ist das hohe Anliegen der orientalischen Kunst, zu verkünden, daß dies in Wahrheit so ist; oder wie im Westen unser Dichter Gerhart Hauptmann gesagt hat, daß Dichten in Wahrheit heißt, „hinter Worten das Urwort aufklingen lassen"[3]. Der Mystiker Meister Eckhart drückte denselben Gedanken in theologischer Form aus, als er seiner Gemeinde predigte: „Nimmt man eine Fliege in Gott, so ist die edler in Gott als der höchste Engel in sich selbst ist. Nun sind alle Dinge in Gott gleich und sind Gott selbst."[4] Das ist in kurzen Worten die Erfahrung von Anāhata auf der Stufe des vierten *chakras,* wo die Dinge ihre Wahrheit nicht länger verbergen, sondern wo das Wunder erlebt wird, das Blake im Auge hatte, als er schrieb: „Wären die Pforten der Wahrnehmung freigelegt, erschiene dem Menschen alles, wie es ist: unendlich."[5]

Und was ist nun von *chakra* fünf zu sagen?

Chakra fünf liegt auf der Höhe des Kehlkopfes und heißt *vishuddha,* „das ganz Gereinigte". Dieser Lotos hat sechzehn Blütenblätter von rauchig-purpurnem Farbton, und sein Element ist Äther, der Raum. Der Yogī, der dieses Zentrum erreicht, läßt Kunst, Religion, Philosophie und selbst das Denken hinter sich. Wie die Seele im Fegefeuer der christlichen Glaubenslehre von noch bestehenden irdischen Bindungen gereinigt und dadurch auf die beseligende Gottesschau vorbereitet wird, so ist der Zweck dieser indischen Stätte der Läuterung, alle weltlichen Scheidewände zwischen einem selbst und dem unmittelbaren Hören von AUM bzw. vom Standpunkt des Gesichtssinnes aus zwischen einem selbst und der Schau Gottes wegzuräumen. Die Vorbilder und Übungen dieser Stufe sind eher in der Einsiedlerklause und im Kloster anzutreffen als in der Kunst und im zivilisierten Leben, sie sind nicht ästhetischer, sondern asketischer Art. Und wenn schließlich die Ebene des sechsten Zentrums erreicht wird, so öffnet sich das geheimnisvolle innere Auge zur Gänze und auch das geheimnisvolle innere Ohr. Man erlebt dann mit unmittelbarer Gewalt das Ganze: Gesicht und Stimme des Herrn, dessen Form die Form aller Formen ist und dessen strahlender Glanz erschallt. Der Name dieses Lotos ist *ājñā,* was „Befehl, Auftrag" bedeutet. Er hat zwei Blütenblätter von wunderschönstem Weiß. Sein Element ist die Geisteskraft, und er befindet sich an jener wohlbekannten Stelle etwas oberhalb und zwischen den Augenbrauen. Hier ist man im Himmel und die Seele schaut ihr vollkommenes Objekt: Gott.

Es gibt allerdings noch eine letzte Schranke, auf die der große indische Heilige und Lehrer aus dem letzten Jahrhundert, Rāmakrishna, einmal seine Anhänger hingewiesen hat. Wenn nämlich, wie er sagte, der vollendete Yogī dergestalt in der Schau seines Geliebten verharrt, so besteht gewissermaßen noch eine unsichtbare Glaswand zwischen ihm selbst und demjenigen, in dem ihm das ewige Verlöschen zuteil würde. Denn sein höchstes Ziel ist nicht die Glückseligkeit dieses sechsten Lotos, sondern der absolute, unentzweite Zustand jenseits aller Kategorien, Visionen, Empfindungen, Gedanken und Gefühle jeglicher Art, der im siebten und letzten Lotos *sahasrāra,* „der Tausendblättrige", auf dem Scheitelpunkt des Kopfes eintritt.[6]

Ziehen wir also das Glas weg. Die zwei, die Seele und ihr Gott, das innere Auge und sein Objekt, sind beide gleichermaßen ausgelöscht. Es gibt jetzt weder ein Objekt noch ein Subjekt noch irgendetwas, das erkannt oder genannt werden könnte, sondern allein die Stille, die das vierte und letzte tragende Element der vormals gehörten, nun aber nicht mehr gehörten Silbe AUM ist.

Hier befindet man sich freilich jenseits der Kunst, sogar jenseits der indischen Kunst. Ich würde sagen, der indischen Kunst geht es darum, Erfahrungen anzudeuten oder wiederzugeben, die denen der Lotoszentren vier bis sechs gleichkommen: beim vierten der Erfahrung der Dinge und Geschöpfe dieser Welt, wie sie (um noch einmal mit Eckhart zu reden) „in Gott" sind; beim fünften der der schreckenerregenden, zerstörerischen Erscheinungsformen der kosmischen Mächte, die für ihre ich-zerschmetternde Rolle als grimmige, abscheuliche und entsetzliche Dämonen auftreten; und beim sechsten der ihrer beglückenden, furchtvertreibenden, wunderbaren, friedlichen und heroischen Formen. Man erblickt also in diesen wahrhaft erhebenden, visionären Meisterwerken stets entweder vom Gesichtspunkt der Ewigkeit aus dargestellte Geschöpfe oder mythische Personifizierungen der dem Menschen bekannten Gesichter des Ewigen.

Es findet sich daher in der indischen Kunst wenig, sehr wenig von der empirischen Tagseite der Wirklichkeit, von der Welt, wie sie die Menschen mit normalen Augen sehen. Weit davon entfernt gilt das Interesse Göttern und mythischen Szenen. Und wenn man indische Tempel ganz gleich aus welcher Zeit oder welchen Stils besucht, so fällt es einem geradezu ins Auge, wie sie entweder aus der Landschaft hervorgeschossen oder vom Himmel herabgefallen zu sein scheinen – ganz im Gegensatz etwa zu den entzückenden Tempelgärten des Fernen Ostens. Sie sind entweder aus den Tiefen einer unterirdischen Landschaft emporgeschossen oder haben sich als luftiges Gefährt oder als magischer Palast einer Himmelsgottheit nur für eine Ruhepause auf die Erde niedergesenkt. Wenn man einen der zahlreichen, ganz wunderbaren Höhlentempel betritt, die, man möchte sagen von Zauberkünstlern, tief in die Flanken der Berge hineingemeißelt wurden, so läßt man in der Tat nicht nur die Welt der normalen menschlichen Erfahrung hinter sich zurück und gelangt in eine erdeinsässiger Gnome, sondern man läßt auch seinen normalen Wirklichkeitssinn zurück und findet diese Formen echter, wirklicher und einem selbst inniger zugehörig als die gewohnten offenbaren Tatsachen unseres Lebens in der Lichtwelt. Das will sagen, daß es der indischen Kunst um das Übersteigen unserer normalen, zweiäugigen Lebensschau geht und daß sie darauf abzielt, dieses dritte Auge des Befehlslotos in der Stirnmitte zu öffnen und uns dadurch, sogar während wir wach sind, die steingewordene Vision einer Traumwelt von Himmel und Hölle zu enthüllen.

Dies alles unterscheidet sich sehr von dem Schwerpunkt der Kunst, wie er in den übrigen Ländern des Ostens, China, Korea und Japan, gesetzt wird. Der Buddhismus dieser Länder hat seinen Ursprung natürlich in Indien und kam im ersten Jahrhundert n. Chr. nach China und im sechsten Jahrhundert n. Chr. über Korea nach Japan. Zusammen mit dem Buddhismus wurde auch die wunderbare indische Kunst mit ihren Darstellungen der Mächte aller Himmel oberhalb und aller Höllen unterhalb dieses Erdenplanes eingeführt. Die natürliche Neigung des fernöstlichen Geistes geht jedoch sehr viel mehr zur Erde hin als die des indischen, ist weitaus nüchterner und mit den sichtbaren, zeitbedingten und praktischen Seiten des Daseins befaßt. Wie der bedeutende japanische buddhistische Philosoph Daisetz Teitaro Suzuki in vielen seiner Schriften über die Geschichte der Buddhalehre ausgeführt hat, steht die üppige Fülle der indischen Phantasie, die sich in atemberaubendem dichterischen Höhenflug mit Leichtigkeit über alles Zeitliche hinweg durch nur in Unendlichkeiten gemessene Sphären und Äonen schwingt, in krassem Gegensatz zur Denkweise vor allem Chinas, wo die gebräuchliche Bezeichnung für die gewaltige Größe dieses Universums „die Welt der zehntausend Dinge" lautet. Diese Zahl ist groß genug für ein Auge und einen Sinn, die sich eher auf die Zeit als auf die Ewigkeit richten, auf die Zeit in ihrem tatsächlichen Ablauf, sowie auf den Raum nach irdischem Maß, nicht über den Gesichtskreis hinaus gedehnt. Folglich ist selbst in der buddhistischen Kunst des Fernen Ostens zu beobachten, daß sich im allgemeinen mit der Sicht der Dinge auch die Interessen verschieben, wenn man vom sechsten *chakra* zur Ebene von *chakra* vier übergeht, von jenem Mondlichtlotos mit den zwei Blütenblättern, wo die Gottheit alles Dinghaften entkleidet geschaut wird, zu dem reichen Garten dieser schönen Welt selbst, wo die Dinge jeweils an ihren Orten daheim sind und erkennen lassen, daß sie selbst auf ihre Art göttlich sind. Denn „selbst in einem einzigen Haar befinden sich", wie ich sagen hörte, „tausend goldene Löwen".

Es lassen sich daher ohne weiteres zwei grundverschiedene Kunstgattungen im Fernen Osten ausmachen. Die eine ist die Gattung der buddhistischen Heiligenbilder, die den Geist der indischen visionären Inspiration soweit wie möglich weiterführen, allerdings auf die Ebene von *chakra* vier heruntergeholt. Die andere ist in der unübertroffenen Tradition chinesischer und japanischer Landschaftsmalerei am bemerkenswertesten ausgeprägt. Deren Werke sind völlig anderen Geistes, denn in ihnen spricht sich eine im Fernen Osten heimische Philosophie aus, die Philosophie des *Tao* – ein chinesisches Wort, das gemeinhin mit „der Weg, der Weg der Natur" übersetzt wird. Auf diesem Weg der Natur kommen alle Dinge aus der Dunkelheit ans Licht hervor und ziehen sich dann wieder aus dem Licht ins Dunkel zurück, wobei die zwei Prinzipien Licht und Dunkel in fortwährendem Wechselspiel und unterschiedlich aufeinander abgestimmten Verbindungen diese ganze Welt der „zehntausend Dinge" bilden.

Das Helle und das Dunkle heißen in diesem Denksystem *yang* und *yin*. Diese Worte beziehen sich ursprünglich auf die Sonnen- bzw. die Schattenseite eines Flusses: *yang* ist die Sonnenseite und *yin* die Schattenseite. Auf der Sonnenseite gibt es Licht und Wärme, und die Hitze der Sonne ist trocken. Im Schatten herrscht dagegen die Kühle der Erde, und die Erde ist feucht. Dunkel, kalt und feucht – hell, warm und trocken: Erde und Sonne als Gegenkräfte. Sie werden darüber hinaus mit dem Weiblichen als dem passiven und dem Männlichen als dem aktiven Prinzip in Verbindung gebracht. Damit ist kein *moralisches* Urteil beabsichtigt; kein Prinzip ist „besser" als das andere, keines „stärker" als das andere. Sie sind die zwei einander ebenbürtigen tragenden Prinzipien, auf denen die Welt beruht, und in ihrem Wechselspiel beseelen, schaffen und zersetzen sie alle Dinge.

Wenn wir nun unsere Augen über eine Landschaft, sagen wir mit Bergen, Wasserfällen und Seen, schweifen lassen, so sehen wir dabei Licht und Dunkel. Licht und Dunkel – wohin wir schauen, wir werden immer Nuancen und unterschiedliche Schattierungen von Licht und Dunkel zu Gesicht bekommen. Ein Künstler mit seinem Pinsel könnte also schwarz auf weiß, dunkel auf hell auftragen, um einen solchen Anblick wiederzugeben. Und tatsächlich war genau das der erste Grundsatz seiner ganzen Ausbildung: wie er unter Verwendung von Hell und Dunkel die Formen bildlich darstellen solle, die sowohl ihrem Wesen als auch ihrer Erscheinung nach aus den Kräften von hell und dunkel, *yang* und *yin* bestehen. Die äußere Form, das Helle und das Dunkle, muß als ein Ausdruck dessen, was innen ist, gestaltet werden. Der Künstler wirkt so mit seinem Pinsel auf stoffliche Entsprechungen derselben Prinzipien ein, die der ganzen Natur zugrunde liegen. Das Kunstwerk bringt somit das Wesen der Welt selbst zum Vorschein und zur Kenntnis, wobei jenes Wesen ein Wechselspiel dieser zwei, *yang* und *yin*, mit nicht endenwollenden Abwandlungen ist. Und die Lust am Betrachten dieses Wechselspiels ist die Lust eines Menschen, der die Wände, innerhalb derer sich das Schauspiel der Welt entfaltet, nicht durchbrechen und hinter sich lassen will, sondern der in ihnen bleiben und selbst mit den Möglichkeiten dieser sich unendlich und unaufhörlich wandelnden allumfassenden Zwiefalt spielen will.

In China und Japan schaut der Künstler mit offenen Augen in die Welt. Will er etwa Bambus malen? Nun, so muß er den Rhythmus von *yang* und *yin* im Bambus in sich aufnehmen, muß den Bambus kennen, mit dem Bambus leben, ihn beobachten, ihn erspüren, ja ihn essen. In China begegnen wir den sogenannten sechs Regeln, sechs Grundsätzen der klassischen Malkunst, die auch für Japan gelten. Der erste dieser sechs ist *Rhythmus*. Wenn man Bambus betrachtet, muß man das Gefühl für den Rhythmus des Bambus bekommen; bei einem Vogel für den Rhythmus seines Vogellebens, für seinen Glanz, seine Ruhehaltung und seinen Flug. Will man etwas darstellen, so ist die erste Bedingung, daß man seinen Rhythmus erkannt und erfahren hat. Der erste Grundsatz heißt also Rhythmus, er ist das unerläßliche erste Ausdrucksmittel der Kunst. – Der zweite Grundsatz ist *organische Form*. Das soll heißen, daß ein Strich ein tadelloser, fortlaufender, lebendiger Strich sein muß, der selbst organisch und nicht die bloße Nachahmung von etwas Lebendigem ist. Jedoch muß in seiner eigenen Lebendigkeit natürlich der Rhythmus des dargestellten Gegenstands eingefangen sein. – Regel Nummer drei ist *Naturtreue*. Das Auge des Künstlers wendet sich nicht ab. Es hält sich an die Natur – was jedoch nicht besagt, daß das Werk fotografisch zu sein hat. Es ist der Lebensrhythmus des Gegenstandes, dem der Künstler treu bleiben muß. Zeigt das Bild einen Vogel, so muß dieser auch wie ein Vogel aussehen; zeigt es einen Vogel, der auf einem Bambus sitzt, so sind die zwei Wesenheiten von Vogel und Bambus gleichermaßen zugegen. – Die vierte Regel betrifft die *Farbe,* was die ganze geheimnisvolle Wissenschaft von Licht und Schatten, dem Hellen und dem Dunklen einschließt, durch welche das Wesen von Energie und Trägheit wiedergegeben wird. – Als fünftes kommt *die Plazierung des Gegenstandes auf der Bildfläche;* ich habe beobachtet, daß dies ein Grundsatz ist, der heute in der japanischen Fotografie streng befolgt wird. In Japan gibt es zum Beispiel eine Malweise, die das „Malen in einer Ecke" genannt wird und bei der ein relativ kleiner Gegenstand in einer großen Weite (etwa ein Fischerboot im Nebel) auf eine solche Weise in eine Ecke des Bildes gesetzt wird, das es einen Einfluß auf die ganze Szene ausübt und diese zum Leben erweckt. – Schließlich ist da noch die Frage des *Stils,* die Forderung, daß der angewandte Stil – der Schwung, die Grobheit oder Feinheit der Pinselstriche – dem Rhythmus des Gegenstands angemessen sein sollte.

Natürlich muß der Künstler, um festzustellen, was er vor sich hat, vor allen Dingen schauen, und das Schauen ist schließlich keine aggressive Tätigkeit. Man befiehlt nicht seinen Augen: „Geht hin und macht mit dem Ding dort dieses oder jenes!" Man schaut, schaut lange, und die Welt tritt in einen ein. Es gibt einen wichtigen chinesischen Ausdruck, *wu-wei,* „Nicht-Tun", was nicht etwa „Nichtstun" bedeutet, sondern „nichts erzwingen".

Die Dinge werden sich je nach ihrer Art von selbst auftun. Wie sich dem meditierenden indischen Künstler ein Gott zeigen mag, genauso zeigt sich dem Schauenden im Fernen Osten die Welt in ihrer inneren Form. „Der Weg [*Tao*] ist nahe, und sie suchen ihn in der Ferne"[7], lautet ein alter Spruch des chinesischen Philosophen Mong Dsi (Mencius). Daß das Weltall aus seinem eigenen freien Antrieb Form gewinnt, wobei dieser Antrieb letztlich mit dem der Natur des Künstlers eins ist wie auch mit dem seines Pinsels, wenn dieser das *Tao* der Dinge schwarz auf weiß wiedergibt – dieser Gedanke ist für die taoistische Sichtweise äußerst wesentlich.

Es gibt im Chinesischen zwei einander entgegengesetzte Worte für „Gesetz", die Joseph Needham in seinem Buch *Wissenschaft und Zivilisation in China* definiert und erläutert: das Wort *li* und das Wort *tse*. Man nimmt an, daß sich das Wort *li* ursprünglich auf die natürliche Zeichnung eines Jadesteins bezog, auf seine Äderung und im übertragenen Sinne auf die natürliche Wüchsigkeit des Lebens; dagegen scheint das zweite Wort, *tse*, ursprünglich in Beziehung zu den mit einem Stift auf einen Kessel eingeritzten Zeichen gestanden zu haben. Da diese Zeichen von Menschenhand stammen, deutet das Wort auf verordnete und beratschlagte gesellschaftliche Gesetze im Gegensatz zu natürlichen hin, auf vom Verstand ersonnene Gesetze im Gegensatz zu solchen, in denen man die ordnende Hand der Natur selbst am Werk sah. Es ist aber die Aufgabe der Kunst, diese letzteren, das heißt die Gesetze, Bau- und Bewegungsformen der Natur zu ergründen und aufzuzeigen. Dazu darf der Künstler der Natur nicht seine eigenen Absichten aufzwingen, sondern muß in einfühlsamer Arbeit seinen eigenen Naturbegriff, seine Vorstellung von der zu meisternden Aufgabe und seine künstlerischen Techniken mit den wirklich gegebenen Formen der Natur in Einklang bringen. So erlangt er das Gleichgewicht zwischen Tun und Nicht-Tun, woraus das vollendete Kunstwerk entspringt.

Darüber hinaus erfüllt dieses Prinzip des nichts erzwingenden Tuns im Fernen Osten jede Disziplin, bei der es um wirkungsvolles Handeln geht. Als ich das letzte Mal in Japan war, waren in Tokyo die Meisterschaftskämpfe im Sumo-Ringen in vollem Gange, wo diese großen, dicken, fetten Burschen aufeinander losgehen. Dick sind sie wirklich – jemand hat gesagt, sie seien ein Beispiel für das

Gesetz vom Überleben des Fettesten*. Bei jedem Wettkampf sitzen die zwei Ringer die meiste Zeit über in der Hocke und schätzen sich gegenseitig ab. Sie nehmen diese Haltung ein, behalten sie eine Weile bei, springen dann auf, gehen an den Rand, greifen sich eine Handvoll Salz, schleudern sie achtlos auf den Boden und nehmen wieder ihre Hockstellung ein. Sie wiederholen diesen Vorgang etliche Male, und inzwischen rast die japanische Menge, schreit, wartet auf den entscheidenden Moment – und plötzlich packen sie sich und päng! donnert einer von ihnen auch schon auf die Matte. Der Kampf ist vorbei. Ja, was haben sie denn die ganzen Runden über getrieben, in denen sie sich nur abwartend gegenüber hockten? Sie haben sich gegenseitig abgeschätzt und sich auf ihre Mitte konzentriert, jenen inneren Ruhepunkt, dem alles Handeln entspringt. In einer Art *yin-yang*-Balance hielt jeder das Gleichgewicht zum anderen, und wer vom anderen in einem Moment der Unkonzentriertheit erwischt wurde, ging zu Boden.

Man hat mir erzählt, daß in früheren Tagen ein junger Mann, der in Japan die Schwertkunst zu erlernen wünschte, vom Meister eine Zeitlang weitgehend unbeaufsichtigt gelassen wurde und unterdessen die täglich anfallenden Arbeiten in der Schule, Geschirrspülen und so weiter erledigte. Dann und wann tauchte der Meister selbst plötzlich von irgendwoher auf und versetzte ihm einen Schlag mit dem Stock. Wenn das erste Jahr auf diese Art vergangen ist, wird das Opfer langsam vorsichtig geworden sein. Aber das wird ihm auch nichts nützen, denn wenn er darauf gefaßt ist, daß der Schlag etwa von dort drüben kommt, so wird er ihn von hier hinten abkriegen und beim nächstenmal aus dem Nichts. Schließlich wird der genarrte Junge zu der Erkenntnis kommen, daß er am besten tut, wenn er auf gar keine besondere Richtung achtet, denn wenn er zu ahnen meint, woher die Gefahr drohen könnte, so wird er auf die falsche Richtung achtgeben. Der einzige Schutz besteht darin, andauernd rundherum gesammelt und wach zu bleiben, immer auf der Hut vor einem Überraschungsangriff und bereit zur sofortigen Erwiderung.

Es gibt eine nette Anekdote über einen gewissen Meister dieses Schlags, der den jungen Männern seiner Schule bekannt gab, er wolle sich vor einem jeden verneigen, der ihn auf irgendeine Weise

---

* „Survival of the fattest" – Wortspiel mit dem Darwinschen „survival of the fittest", dem Überleben des Tüchtigsten (A. d. Ü.).

überrumpeln könnte. Tage vergingen, und der Meister wurde nie überrumpelt. Er war niemals unachtsam. Als er aber eines Tages von einem nachmittäglichen Aufenthalt im Garten zurückgekehrt war, verlangte er nach etwas Wasser, um seine Füße darin zu baden, und es wurde ihm von einem Zehnjährigen gebracht. Das Wasser war ein wenig kalt. Er hieß den Jungen es aufwärmen. Es war heiß, als der Kleine damit zurückkam, und der Meister, der ohne zu überlegen seine Füße hineingestellt hatte, zog sie rasch wieder heraus, kniete nieder und verneigte sich tief vor dem kleinsten Jungen in seiner Schule.

Durch die Sünde der Unachtsamkeit, indem man also nicht auf der Hut, nicht ganz wach ist, macht man sich schuldig, den Augenblick im Leben zu verpassen. Die ganze Kunst des Handelns, ohne zu handeln *(wu-wei)*, besteht aber in unablässiger Wachsamkeit. Man ist dann jederzeit voll bewußt, und da das Leben ein Ausdruck des Bewußtseins ist, lebt sich damit das Leben gewissermaßen von selbst. Es braucht nicht angewiesen oder gelenkt zu werden. Es bewegt sich von selbst. Es lebt sich von selbst. Es spricht und handelt von selbst.

So kommt es, daß die ideale Kunst in der ganzen orientalischen Welt, in Indien so gut wie in China und Japan, niemals als eine vom Leben abgetrennte Tätigkeit angesehen wurde, die sich in Ateliers für Bildhauerei, Malerei, Tanz, Musik und Theater abkapselt, wie es bei uns in den letzten Jahren weitgehend üblich ist. Kunst hieß im Orient des Altertums Lebenskunst. Mit den Worten des verstorbenen Dr. A. K. Coomaraswamy, der etwa dreißig Jahre lang Kustos des *Boston Museum of Fine Arts* war: „In der Welt des Altertums war der Künstler kein Mensch besonderer Art, sondern jeder Mensch war auf eine besondere Art Künstler." Bei allen alltäglichen Verrichtungen wie auch in jedem Beruf sollte das höchste Anliegen, das begehrte Ziel, die Vollendung des Werkes sein – was das genaue Gegenteil der heutigen Gewerkschaftsmentalität ist, die sich nur darum sorgt, wie hoch der Lohn und wie kurz die Arbeitszeit ist. „Ein Erwachsener sollte sich schämen", schrieb Dr. Coomaraswamy in einer seiner Erörterungen dieses Themas, „wenn das Produkt seiner Arbeit den Anforderungen eines Meisterwerks nicht genügt." Und ich muß zugeben, ich hatte in all den Jahren, in denen ich mich mit den Kunstwerken der Alten beschäftigte – ob sie nun aus Ägypten und Mesopotamien, Griechenland oder dem Hinteren Orient stammten – oft den Eindruck, daß die Hersteller dieser unglaublichen Schöpfungen Elfen oder Engel gewesen sein mußten; jedenfalls waren sie bestimmt nicht von der Art wie wir heute. Ich meine aber auch, daß selbst wir Heutigen, wenn wir uns nur den Trick angewöhnen könnten, uns zwischen den Kaffeepausen durch nichts ablenken zu lassen, gleichfalls entdecken könnten, daß wir engelhafte Gaben, Kräfte und Fertigkeiten besitzen.

Während also, wie schon gesagt, der indische Geist und die indische Kunst dazu neigen, sich in der Phantasie über diese Welt der zehntausend Dinge hinauszuschwingen, verweilen die chinesischen Künste und Künstler des *Tao* lieber bei der Natur, im Einklang mit ihren Wundern. Die alten Schriften berichten uns, daß auch die altehrwürdigen taoistischen Weisen Chinas die Berge und Bäche liebten. Sie werden im allgemeinen als Menschen dargestellt, die das Stadtleben aufgegeben und sich allein in die Wildnis zurückgezogen haben, um dort im Einklang mit der Natur zu wohnen. In Japan ist dies jedoch unmöglich, da es dort überall so viele Menschen gibt, daß man einfach nicht mit der Natur allein sein kann – jedenfalls nicht sehr lange. Sogar wenn man den Gipfel eines unwegsamen Berges erklimmt, wird man dort oben auf eine Picknickgesellschaft stoßen, die schon vor einem da war. Es gibt dort kein Entrinnen von den Menschen. Es gibt kein Entrinnen von der Gesellschaft. So kommt es, daß, obwohl das japanische und das chinesische Schriftzeichen für den Begriff „Freiheit" (japanisch *jiyu*, chinesisch *tzu-yu*) der Form nach genau gleich sind, der Chinese darunter ganz selbstverständlich Freiheit von den menschlichen Bindungen versteht, der Japaner jedoch das Aufgehen darin durch bereitwillige Hingabe an die weltlichen Verpflichtungen.[8] Einerseits also Freiheit *außerhalb* der Gesellschaft, unter dem hohen Himmelszelt, auf einer Bergspitze im Nebel beim Pilzesuchen („Keiner weiß, wo ich bin!"); und andererseits Freiheit *innerhalb* der nicht abzuschüttelnden Bande der vorgegebenen Welt, der Gesellschaftsordnung, in der und zu deren Nutzen man aufgezogen wurde. Obgleich man auf diesen Rahmen beschränkt bleibt, macht man doch die Erfahrung wirklicher „Freiheit", indem man sich von ganzem Herzen und mit voller Kraft darin einbringt, denn letzten Endes ist das Lebensgefühl, das man auf dem Berggipfel findet, auch dann im Herzen des Menschen lebendig, wenn er in Gesellschaft ist.

Es gibt eine eigenartige, höchst interessante Redeweise im Japanischen, die in einer ganz besonderen Art des höflichen, aristokratischen Sprechens besteht und „Spielsprache", *asobase kotoba*, genannt wird. Anstatt etwa zu jemandem zu sagen: „Ihr kommt in Tokyo an", würde man diese Feststellung mit dem Satz: „Ihr spielt Ankunft in Tokyo" ausdrücken. Man geht hierbei davon aus, daß die angeredete Person ihr Leben und ihre Kräfte so in der Gewalt hat, daß für sie alles ein Spiel ist. Sie kann am Leben teilnehmen, wie man an einem Spiel teilnimmt, frei und unbeschwert. Dieser Gedanke wird sogar so weit geführt, daß man nicht zu jemandem sagt: „Ich habe erfahren, daß Euer Vater gestorben ist", sondern vielmehr: „Ich habe vernommen, daß Euer Herr Vater Sterben gespielt hat."[9] Ich möchte behaupten, daß dies wirklich eine edle, prachtvolle Art ist, dem Leben zu begegnen. Was getan werden *muß*, wird mit einem solchen Willen in Angriff genommen, daß die Ausführung buchstäblich „spielerisch" geschieht. Das ist die Haltung, die Nietzsche als *amor fati* bezeichnete: das eigene Schicksal lieben. Genau das meinte der alte Römer Seneca mit seinem oft zitierten Ausspruch: „*Ducunt volentem fata, nolentem trahunt*"[10] – „Den Willigen führt das Geschick (die Schicksalsgöttinnen), den Unwilligen zerrt es."

Bist du dem dir bestimmten Los *gewachsen*? Dieser Anspruch steht hinter Hamlets sorgenschwerer Frage. Wer das Leben in seinem höchsten Sinne erfährt, dem sind Verdruß und Genuß, Leid und Freud untrennbar miteinander vermischt. Der Wille zum Leben selbst, durch den man das Licht der Welt erblickte, war allerdings ein Einwilligen darin, selbst unter Schmerzen in diese Welt zu kommen, andernfalls wäre man niemals hierher gelangt. *Dies* ist die Vorstellung, die dem orientalischen Gedanken der Reinkarnation zugrunde liegt. Da du in dieser Welt zu dieser Zeit, an diesem Ort und mit diesem besonderen Schicksal geboren wurdest, so war es in der Tat dies, was du für deine endgültige Erleuchtung wolltest und brauchtest. Das war eine starke und große und wunderbare Sache, die du da vollbracht hast – freilich nicht jenes „Du", für das du dich jetzt hältst, sondern das „Du", das bereits da war, bevor du geboren wurdest, und das auch jetzt noch dein Herz schlagen und deine Lungen atmen läßt und all jene komplizierten Vorgänge in deinem Innern für dich erledigt, die dein Leben ausmachen. Verlier jetzt bloß nicht die Nerven! Zieh es durch und spiel dein Spiel zu Ende!

Natürlich weiß jeder, der jemals bei einem Spiel mitgemacht hat, daß man – ob als Verlierer oder als Gewinner – den meisten Spaß an den Spielen hat, die am schwersten sind und bei denen es die kniffligsten, ja die gefährlichsten Aufgaben zu meistern gilt. Daher kommt es auch, daß sich Künstler im Orient so gut wie im Abendland für gewöhnlich nicht damit zufrieden gegen, bloß einfache Sachen zustande zu bringen – und sehr bald schon wird für einen Künstler etwas einfach, was uns übrigen schwerfiele. Der Künstler sucht die Herausforderung, die schwierige Aufgabe, denn seine Grundhaltung dem Leben gegenüber ist nicht eine der Arbeit, sondern eine des Spiels.

Die Kunst als eine Seite des Lebensspieles und das Leben selbst als ein kunstvolles Spiel anzusehen, ist eine wunderbar fröhliche und frische Einstellung zu dem recht gemischten Segen des Daseins und steht ganz im Gegensatz zu der unseres christlichen Abendlandes, die auf einem Mythos von der Schuld aller Welt beruht. Irgendwann einmal fand der Fall in dem bekannten Garten statt, und seit der Zeit sind wir alle Erbsünder. Jede natürliche Handlung ist ein Akt der Sünde und wird vom Wissen um seine Schuldbeladenheit begleitet. Im Orient dagegen glaubt man an die angestammte Unschuld der Natur, selbst wo sie für unsere menschlichen Augen und Gefühle grausam erscheint. Die Welt ist, wie es in Indien heißt, das „Spiel" des Gottes. Es ist ein wundersames, gedankenloses Spiel, ein rohes Spiel, das roheste, grausamste, gefährlichste und schwerste, bei dem alle Tricks erlaubt sind. Oft sieht es so aus, als würden die Besten verlieren und die Schlimmsten siegen. Aber letztendlich geht es nicht um Sieg, denn wie wir bereits lernten, als wir die „freudenreiche" Bahn der Kundalinī nachverfolgten, sind Sieg und Niederlage im gewöhnlichen Sinne nur Erfahrungen, die den niederen *chakras* zugehören. Das Ziel der aufsteigenden Schlange ist es, das Licht des Bewußtseins innerlich zu läutern und zu mehren, und der erste Schritt dazu, in den Genuß dieser Gabe zu gelangen, besteht der *Bhagavadgītā* wie auch vielen anderen Weisheitsbüchern zufolge im vollkommenen Verzicht auf jedes Streben nach den Früchten der Handlung, sei es in dieser Welt oder in der nächsten. Wie der Gott Krishna auf dem Schlachtfeld zu dem Krieger und König Arjuna sprach: „Deine Aufgabe liegt allein im Handeln, nicht in dessen Früchten.... Wer sieht, daß der Weg der Entsagung und der des Handelns eins sind, dieser sieht (in Wahrheit)."[11]

Das Leben als Kunst und die Kunst als Spiel, als Tun um seiner selbst willen, ohne Gedanken an Gewinn oder Verlust, Lob oder Tadel – das ist also der Schlüssel dazu, das Leben selbst in einen Yoga und die Kunst in das Mittel zu einem solchen Leben zu verwandeln.

Es gibt eine kleine buddhistische Geschichte, die, wie ich meine, geeignet ist, diese Aussage durch ein amüsantes Bild zu vertiefen. Sie handelt von einem jungen chinesischen Gelehrten namens Chu, der mit seinem Freund eine Wanderung in die Berge unternahm. Zufällig stießen sie auf die Ruinen eines Tempels, zwischen dessen eingefallenen Mauern sich ein alter Mönch als Einsiedler häuslich niedergelassen hatte. Da er die zwei kommen sah, zupfte sich der Alte sein Gewand zurecht und kam auf sie zugeschlurft, um sie herumzuführen. Ein paar Statuen der Unsterblichen standen herum, und hier und da waren auf den verbliebenen Mauern etliche lebensechte Wandmalereien von Menschen, Tieren und blühendem Grün zu sehen. Chu und sein Freund waren bezaubert, und dies um so mehr, als sie hoch oben an einer der Wände die Ansicht eines hübschen Städtchens bemerkten, in deren Vordergrund ein entzückendes Mädchen mit Blumen in den Händen stand. Ihre Haare hingen herab, was zu bedeuten hatte, daß sie noch unverheiratet war, und kaum hatte Chu sie erblickt, da war er auch schon bis über beide Ohren in sie verliebt. Während seine Phantasie ihn noch an dem lieblichen Lächeln auf ihren Lippen festhielt, war er plötzlich, ehe er sich's versah, durch die Macht des listigen alten Mönches, der ihm eine Lektion zu erteilen gedachte, selbst dort in jenem Städtchen, und auch das entzückende Mädchen war da.

Sie begrüßte ihn freudig und führte ihn zu sich nach Hause. Auf der Stelle entbrannten sie in leidenschaftlicher Liebe zueinander und kamen einige Tage lang nicht voneinander los. Als ihre Freundinnen herausfanden, daß die beiden so zusammenlebten, lachten sie und sprachend neckend zu ihr: ,,Oh, oh! Und deine Haare hängen immer noch herab?" Sie brachten lackierte Haarnadeln herbei, und als sie ihr das Haar anmutig hochgesteckt hatten, verliebte sich der arme Chu mehr denn je in sie. Eines Tages jedoch hörten sie draußen auf der Straße ein beängstigendes Stimmengewirr, das Rasseln von Ketten und die schweren Tritte von Stiefeln. Sie eilten ans Fenster und erblickten eine Einheit der kaiserlichen Polizei, die unterwegs war, um nicht gemeldete Fremde aufzuspüren. Das erschrockene Mädchen bat Chu, sich zu verstecken, was dieser auch tat. Er verkroch sich unterm Bett. Als er darauf aber draußen noch größeren Tumult vernahm, sprang er darunter hervor und stürzte zum Fenster. Da merkte er plötzlich, daß seine Ärmel flatterten, und er sah, daß er aus dem Bild hinausgeraten war und durch die Luft auf seinen Freund und den alten Mönch unter ihm zugeschwebt kam. Die beiden standen dort, wo sie nur wenige kurze Augenblicke zuvor alle drei gestanden hatten, und als Chu herunterkam und sich ihnen wieder zugesellte, waren er und sein Freund baß erstaunt. Sie wandten sich an den Mönch und verlangten eine Erklärung.

„Gesichte werden geboren und sterben in denen, die sie schauen", sagte dieser einfach. „Was weiß schon ein alter Mönch?" Er hob aber seine Augen zu dem Bild auf, und die zwei folgten seinem Blick. Wer hätte das gedacht? Das Mädchen trug sein Haar hochgesteckt.[12]

VII
Zen

IN INDIEN BENUTZT MAN ZWEI NETTE BILDBEISPIELE, um die zwei Haupttypen religiösen Verhaltens zu charakterisieren. Das eine heißt „der Weg des Kätzchens", das andere „der Weg des Äffchens". Wenn ein Kätzchen „Miau" schreit, so eilt die Mutter herbei, packt es im Genick und bringt es in Sicherheit. Aber jeder, der schon einmal Indien bereist hat, wird beobachtet haben, daß sich in einer Horde Affen, die sich vom Baum herabschwingen und über die Straße hüpfen, die Jungen ganz von selbst auf den Rücken ihrer Mütter anklammern. Entsprechend gilt für die zwei Verhaltensweisen: Die erste ist die desjenigen, der „O Herr, o Herr, komm und rette mich!" betet, und die zweite ist die eines Menschen, der ohne Beten und Klagen an sich selbst arbeitet. In Japan nennt man diese zwei Haltungen *tariki*, „äußere Stärke" bzw. „Kraft von außen", und *jiriki*, „eigene Stärke" bzw. „Streben oder Kraft von innen". Im Buddhismus jenes Landes sind dementsprechend diese radikal gegensätzlichen Wege zur Erleuchtung durch zwei sich scheinbar widersprechende Typen religiösen Lebens und Denkens vertreten.

Der erste und populärere dieser zwei ist der der Jodo- und Shinshu-Sekten, bei denen ein transzendentaler, völlig mystischer Buddha, der auf sanskrit Amitābha, „Unermeßlicher Glanz" – auch Amitāyus, „Unermeßliches Leben" – und auf japanisch Amida heißt, um Befreiung von der Wiedergeburt angerufen wird, ebenso wie Christus im christlichen Gebet um Erlösung. *Jiriki* andererseits, der Weg der Selbsthilfe, des eigenen Tuns, der inneren Kraft, die Hilfe von irgendeinem Gott oder Buddha weder erfleht noch erwartet, sondern aus sich heraus strebt, das zu erlangen, was sich erlangen läßt – dieser Weg ist in Japan in erster Linie durch die Zen-Sekte vertreten.

In Indien erzählt man sich eine Geschichte, wie der Gott Vishnu, der Erhalter des Weltalls, eines Tages plötzlich Garuda, sein Himmelsreittier, den goldgefiederten Sonnenvogel, zu sich rief. Als seine Frau, die Göttin Lakshmī, ihn nach dem Grund befragte, erwiderte er, er habe gerade bemerkt, daß sich einer seiner Gläubigen in Not befinde. Kaum jedoch war er davongeflogen, da war er auch schon wieder zurück und stieg von seinem Reittier ab, und als die Göttin abermals nach dem Grund fragte, antwortete er, er habe gesehen, wie sich sein Verehrer selbst geholfen hätte.

Der Weg der *jiriki*, wie er in der mahāyāna-buddhistischen Sekte, die in Japan Zen heißt, vertreten ist, ist eine Religionsform (wenn man ihn so nennen darf) ohne Angewiesensein auf Gott oder Götter, ohne Vorstellung von einer höchsten Gottheit und sogar ohne Bedarf für den Buddha – ja überhaupt ohne Erwähnung von etwas Übernatürlichem. Er ist beschrieben worden als:

„Eine besondere Übertragung außerhalb der Schriften;
nicht angewiesen auf Worte oder Buchstaben;
ein direktes Deuten auf des Menschen Herz;
Einblick ins eigene Wesen; und dadurch
das Erlangen der Buddhaschaft."

Das Wort *zen* selbst ist eine entstellende japanische Aussprache des chinesischen Wortes *ch'an*, das seinerseits eine entstellende chinesische Aussprache von Sanskrit *dhyāna* ist, was „Kontemplation, Meditation" bedeutet. Aber Kontemplation wovon?

Der Leser versetze sich für einen Augenblick in den Vortragssaal, wo ich den Stoff dieses Kapitels ursprünglich darlegte. Oben erblicken wir viele Lampen. Jede Glühbirne ist von den anderen getrennt, und wir können sie uns daher als voneinander unabhängig denken. So betrachtet erscheinen sie als eine Reihe empirischer Tatsachen, und die ganze so gesehene Welt heißt auf japanisch *ji hokkai*, „die Welt der Dinge".

Doch überlegen wir weiter. Jede dieser getrennten Glühbirnen ist eine Lichtquelle, und das Licht ist nicht viele, sondern eines. Das heißt, das eine Licht zeigt sich durch alle diese Glühbirnen. Wir können also entweder an die vielen Glühbirnen oder an das eine Licht denken. Wenn zudem diese oder jene Glühbirne ausginge, so würde sie durch eine andere ersetzt werden und wir hätten wieder das gleiche Licht. Das Licht, das eines ist, erscheint also durch viele Glühbirnen.

Analog dazu könnte ich von meinem Podium aus alle Leute im Publikum überschauen, und so wie jede Glühbirne dort oben eine Lichtquelle ist, so ist jeder von uns hier unten eine Bewußtseinsquelle. Wichtig an einer Glühbirne ist aber die Qualität ihres Lichtes. Ebenso ist an jedem von uns die Qualität seines Bewußtseins wichtig. Obwohl jeder dazu neigen mag, sich hauptsächlich mit seinem gesonderten Körper und dessen Ach und Weh zu identifizieren, ist es doch auch möglich, den eigenen Körper als eine bloße Bewußtseinsquelle zu betrachten und sich also das Bewußtsein als das eine Anwesende zu denken, das hier durch uns alle zum Vorschein gebracht wird. Dies sind nur zwei Möglichkeiten, dieselbe Reihe vorliegender Tatsachen auszulegen und zu erleben. Eine ist nicht wahrer als die andere. Sie sind lediglich zwei Auslegungs- und Erlebensweisen: Die erste stellt sich auf den Standpunkt der Vielfalt getrennter Dinge, die zweite auf den des Einen, das durch diese Vielfalt zum Vorschein gebracht wird. Und während die erste im Japanischen *ji hokkai* heißt, so heißt die zweite *ri hokkai*, „die Welt des Absoluten".

Nun kann das Bewußtsein der *ji hokkai* nicht anders als unterscheidend sein, und indem man sich auf diese Weise selbst erfährt, ist man begrenzt wie das Licht einer Glühbirne in diesem zerbrechlichen Glaskolben. Im Bewußtsein der *ri hokkai* dagegen gibt es keine derartige Begrenzung. Das vornehmste Ziel aller orientalischen mystischen Lehren läßt sich folglich dahingehend beschreiben, daß diese uns in die Lage versetzen sollen, den Angriffspunkt unserer Selbstidentifikation sozusagen von der Glühbirne zu ihrem Licht zu verschieben, von der sterblichen Hülle zu dem Bewußtsein, dessen Träger unsere Körper lediglich sind. Das ist in der Tat der ganze Sinn des berühmten Ausspruchs in der indischen *Chhāndogya-Upanishad*: „Tat tvam asi – das bist du." Das heißt: Du selbst bist der ungeschiedene, allumfassende Grund allen Seins, allen Bewußtseins und aller Glückseligkeit.

Allerdings nicht das „Du", mit dem man sich normalerweise identifiziert, das heißt das „Du", das benannt, nummeriert und fürs Finanzamt computermäßig erfaßt wurde. Das ist *nicht* jenes „Du", das „Das" ist; vielmehr ist es der Zustand, der dich zu einer gesonderten Glühbirne macht.

Es ist jedoch nicht leicht, das Schwergewicht des eigenen Seinsgefühls vom Körper zu dessen Bewußtsein zu verschieben und dann von diesem Bewußtsein zum Bewußtsein überhaupt.

Als ich in Indien war, traf ich den heiligen Weisen Shrī Ātmānanda Guru von Trivandrum und hatte ein kurzes Gespräch mit ihm. Die Frage, die er mir zu bedenken gab, lautete: *„Wo bist du zwischen zwei Gedanken?"* In der *Kena-Upanishad* wird uns gesagt:

„Das, bis zu dem kein Aug' vordringt,
Nicht Rede und Gedanke nicht,
Bleibt unbekannt, und nicht sehn wir,
wie einer es uns lehren mag!"[1]

Denn beim Zurückkommen aus dem Zustand zwischen zwei Gedanken wird man finden, daß alle Worte – die sich natürlich nur auf Gedanken und Dinge, Namen und Formen beziehen können – bloß irreführen. Wie es in der Upanishad weiter heißt:

„Verschieden ist's vom Wißbaren,
Und doch darum nicht unbewußt!"[2]

Es wird doch wohl jeder in seinem Leben gewiß entdeckt haben, daß es tatsächlich unmöglich ist, jemandem eine Erfahrung, gleich welcher Art, in Worten mitzuteilen, wenn dieser nicht selbst eine entsprechende Erfahrung gemacht hat. Man versuche beispielsweise nur einmal, das Erlebnis einer Skiabfahrt einen Berghang hinunter einem Menschen zu erklären, der noch nie Schnee gesehen hat. Außerdem können Gedanken und Definitionen die eigenen Erfahrungen schon zunichte machen, bevor sie überhaupt aufgenommen wurden, wie in Fällen, wenn man etwa fragt: „Kann dieses Gefühl Liebe sein?" – „Ist es erlaubt?" – „Kommt es gelegen?" Letzten Endes mag man sich solche Fragen freilich stellen müssen, aber leider bleibt die Tatsache bestehen, daß in dem Moment, da sie auftauchen, die Spontaneität abebbt. Ein festgestelltes Leben ist an das Vergangene gebunden, es strömt nicht mehr vorwärts in die Zukunft. Und es ist absehbar, daß jemand, der sein Leben fortwährend in die Bezugsrahmen von Zwecken, Wichtigkeiten und Sinnklärungen verspannt, am Schluß entdecken wird, daß er das Gefühl dafür, das Leben zu erleben, verloren hat.

Das erste und vornehmste Ziel des Zen ist es folglich, das Netz unserer Begriffe zu zerreißen – darum ist es von mancher Seite eine Philosophie des „Nichtdenkens" genannt worden. Eine Reihe von westlichen psychologischen Therapieschulen ist der Ansicht, daß wir alle in erster Linie einen Sinn für unser Leben brauchen und suchen. Für manche mag das eine Hilfe sein, aber sie hilft nur dem Verstand, und wenn sich dann der Verstand mit seinen Namen und Kategorien, seinen Querverbindungen und Sinnsetzungen an das

Leben heranmacht, so geht das, was zuinnerst ist, im Nu verloren. Im Gegensatz dazu hält sich das Zen an die Einsicht, daß das Leben und das Lebensgefühl dem Sinn vorausgehen; es geht darum, das Leben geschehen zu lassen, nicht darum, es zu nennen. Es wird dich also wieder an den Ort rücken, wo du lebst – dorthin, wo du bist, und nicht, wo dein Name steht.

Es gibt eine beliebte Geschichte vom predigenden Buddha, die oft von Zenmeistern erzählt wird: wie er eine einzelne Lotosblume hochhielt, in welcher Geste dann seine ganze Predigt bestand. Nur einer aus der Schar seiner Zuhörer jedoch verstand die Botschaft, ein Mönch namens Kāshyapa, der heute als der Gründer der Zen-Sekte gilt. Der Buddha sah es, nickte ihm wissend zu und hielt dann eine mündliche Predigt für die übrigen. Diese Predigt war für diejenigen, die noch der Sinngebung bedurften, die noch im Netz der Gedanken gefangen waren, und wies doch darüber hinaus, wies den Ausweg aus dem Netz, den einige von ihnen eines Tages finden mochten.

Der Buddha selbst hatte der Legende zufolge das Netz erst nach Jahren des Suchens und der Entsagung zerrissen, bis er endlich zum Bodhi-Baum gelangte, dem sogenannten Baum der Erleuchtung im Mittelpunkt des Weltalls – jenem Zentrum seines eigenen tiefsten Schweigens, das T. S. Eliot in seinem Gedicht „Burnt Norton" den „ruhenden Pol der kreisenden Welt" genannt hat. Mit den Worten des Dichters:

„Ich kann nur sagen: *dort* waren wir, doch nicht wo.

Ich kann nicht sagen, wie lange, denn das stellte es in die Zeit."[3]

Dort, an jenem Baum, ging der Gott, dessen Name Begehren und Tod ist und dessen Macht die Welt bewegt, den Gesegneten an, um ihn von seinem Sitz zu stoßen. Er nahm seine liebliche Gestalt als Erreger des Begehrens an, herrlich anzuschauen, und führte dem Gesegneten seine drei wunderschönen Töchter Sehnsucht, Erfüllung und schmerzliche Ernüchterung vor. Wenn in dem, der dort unbeweglich saß, der Gedanke „ich" aufgekommen wäre, so hätte er gewiß auch „sie" gedacht und sich geregt. Da er jedoch allen Sinn für die *ji hokkai*, die voneinander getrennten Dinge, verloren hatte, blieb er ungerührt, und die erste Versuchung schlug fehl.

Augenblicklich verwandelte sich der Herr des Begehrens in den König Tod und rannte mit der ganzen Gewalt seines schrecklichen

Heeres gegen den Gesegneten an. Doch abermals fand er dort, wo der Gesegnete saß, weder ein „Ich" noch ein „Sie", und die zweite Versuchung schlug ebenfalls fehl.

Schließlich nahm der Widersacher die Form des Herrn des Dharma, der Pflicht, an und bestritt dem Gesegneten das Recht, unbeweglich an jenem ruhenden Punkt der kreisenden Welt zu sitzen, wenn es doch die Pflichten seiner Kaste von ihm als Fürsten verlangten, daß er von seinem Palast aus die Menschen regiere. Daraufhin änderte der Fürst zur Antwort einfach die Haltung seiner rechten Hand, indem er seine Finger übers Knie zur Erde streckte und die sogenannte „Erdberührungsgeste" vollzog, auf welchen Wink hin die Göttin Erde selbst, die als Mutter Natur älter ist als die Gesellschaft und deren Recht gleichfalls älter ist, ihre Stimme erhob und donnernd verkündete, daß er, der dort saß, sich im Laufe unzähliger Leben der Welt derart restlos hingegeben hatte, daß es dort niemanden mehr gab.

Der Elefant, auf dem der Herr des Begehrens, des Todes und der Pflicht ritt, verneigte sich in Ehrfurcht vor dem Gesegneten, und das Heer samt dem Gott selbst verschwand. Daraufhin erlangte er, der unter dem Baum saß, in jener Nacht die ganze Erkenntnis dessen, wovon ich hier spreche: daß er selbst kein „Eigenes" sei, sondern identisch mit der *ri hokkai*, die alle Namen und Formen übersteigt und, wie wir wiederum in der *Kena-Upanishad* lesen, „unaussprechbar durch Rede"[4] ist.

Als der Buddha das Netz der getrennten Dinge, in dem Fühlen und Denken gefangen sind, zerrissen hatte, war er von dem gedankenzerschmetternden reinen Licht derart überwältigt, daß er sieben Tage lang absolut gebannt so sitzen blieb, wie er saß. Dann erhob er sich, ging sieben Schritte von der Stelle fort, wo er gesessen hatte, und blieb abermals sieben Tage auf die Stätte seiner Erleuchtung blickend stehen. Weitere sieben Tage ging er zwischen den Stellen, wo er gestanden und wo er gesessen hatte, hin und her. Danach saß er sieben Tage lang unter einem zweiten Baum und dachte über die Bedeutungslosigkeit dessen, was er soeben erfahren hatte, für jenes Weltnetz nach, in das er sich wieder einlassen mußte. Noch einmal sieben Tage meditierte er wieder unter einem anderen Baum über die Süße der Befreiung. Dann begab er sich zu einem vierten Baum, wo sich ein gewaltiger Sturm erhob, der sieben Tage lang über ihn hin und um ihn herum raste. Die Weltenschlange stieg von ihrer Stätte unterhalb des kosmischen Baumes auf, wand sich sacht um den Gesegneten und spreizte ihre Kobrahaube über ihm aus, um ihn wie mit einem Schild zu beschirmen. Das Unwetter zog ab, die Weltenschlange entwich, und sieben Tage lang besann sich der Buddha in aller Ruhe unter einem fünften Baum und dachte bei sich: „Dies läßt sich nicht lehren."

Denn die Erleuchtung läßt sich tatsächlich nicht übermitteln.

Kaum jedoch hatte der Buddha diesen Gedanken gefaßt, da stiegen die Götter des höchsten Himmels – Brahmā, Indra und ihre Engel – zu dem Gesegneten herab, um ihn zu bitten, zum Wohl der Menschen, der Götter und aller Wesen zu lehren. Und er willigte ein. Im Anschluß daran lehrte der Buddha neunundvierzig Jahre lang in dieser Welt. Aber er wollte und konnte nicht die Erleuchtung lehren. Darum ist der Buddhismus nur ein Weg. Man nennt ihn ein Fahrzeug *(yāna)* zum anderen Ufer, das uns von diesem Ufer der *ji hokkai* (der Erfahrung der Getrenntheit der Dinge, der vielen Glühbirnen, der einzelnen Lichter) zu jenem anderen der *ri hokkai* jenseits der Begriffe und des Gedankennetzes übersetzt, wo die Erkenntis einer Stille über allen Stillen in einem blitzartigen Erleben wirklich wird.

Wie also lehrte der Buddha?

Er ging als ein Arzt, der eine Krankheit diagnostiziert, in die Welt hinaus, um seinen Patienten eine Heilkur zu verschreiben. Zunächst warf er die Frage auf: „Welches sind die Symptome für die Krankheit der Welt?" Und er gab die Antwort: „Leiden!" Die erste edle Wahrheit lautet: „Alles Leben ist leidvoll."

Haben wir das vernommen? Haben wir das verstanden? „*Alles* Leben ist leidvoll!" Das wichtige Wort ist hier „alles", das man nicht im Sinne von „modernem" Leben oder (wie ich kürzlich hörte) „Leben unter dem Kapitalismus" übersetzen kann, so daß man nur die Gesellschaftsordnung zu ändern bräuchte, damit die Menschen glücklich würden. Der Buddha lehrte *nicht* die Revolution. Seine erste edle Wahrheit besagt, daß das *Leben* – alles Leben – leidvoll ist. Seine Heilkur mußte also Abhilfe schaffen können, ganz gleich wie die sozialen, ökonomischen oder geographischen Verhältnisse des Kranken aussahen.

Demgemäß lautete die zweite Frage des Buddha: „Kann eine solche vollständige Heilung erzielt werden?" Und seine Antwort war: „Ja!" Die zweite edle Wahrheit*: „Befreiung vom Leiden läßt sich erlangen." Damit kann nicht Befreiung vom Leben gemeint sein (durch Abkehr vom Leben, Selbstmord oder etwas Derartiges), denn diese hätte schwerlich eine Gesundung des Patienten bedeutet. Der Buddhismus wird falsch gelehrt, wenn er als eine Befreiung vom Leben ausgelegt wird. Die Frage des Buddha zielte nicht auf die Befreiung vom Leben, sondern vom Leiden ab.

Wie wäre also jener Gesundheitszustand beschaffen, der ihm nicht nur vorschwebte, sondern den er bereits selbst erlangt hatte? Wir erfahren es von seiner dritten edlen Wahrheit: „Die Befreiung vom Leiden ist Nirvāna."

Die buchstäbliche Bedeutung dieses Sanskritwortes *nirvāna* ist „erloschen", und es bezieht sich aus dem Munde des Buddha auf ein Verlöschen der Ichhaftigkeit. Damit wird auch die Genußsucht des Ich verloschen sein, seine Furcht vor dem Tode und sein Sinn für von der Gesellschaft auferlegte Pflichten. Denn der Befreite wird von innen heraus bewegt, nicht von irgendeiner äußeren Autorität; und dieser innere Antrieb entspringt keinem Pflichtgefühl, sondern dem Mitleid für alle leidenden Wesen. Der Erleuchtete ist weder tot, noch hat er sich von der Welt abgekehrt, sondern bewegt sich im Besitz der vollen Erkenntnis und Erfahrung der *ri hokkai* in der *ji hokkai,* in welcher Gautama nach seiner Erleuchtung bis ins hohe Greisenalter von zweiundachtzig Jahren lehrte. Und was lehrte er? Er lehrte den Weg der Befreiung vom Leiden, den achtfältigen Pfad, wie er seine Lehre nannte, nämlich: rechte Anschauung, rechte Gesinnung, rechtes Reden, rechtes Handeln, rechte Lebensführung, rechtes Streben, rechtes Aufmerken und rechte Versenkung.

Wenn man aber wissen will, was der Buddha genau mit dem Wort „recht" (sanskrit *samyak* – „angemessen, ganz, verwirklicht, richtig, eigentlich, echt") meinte, so würde man den unterschiedlichen Antworten der Autoritäten entnehmen können, daß die Auslegungen der Buddha-Lehren seitens der verschiedenen Schulen seiner Nachfolger nicht immer übereinstimmen.

Die ersten Schüler Gautamas folgten ihm streng in seiner Lebensweise, kehrten sich als Mönche von der profanen Welt ab, gingen in den Wald oder ins Kloster, um sich asketischen Übungen zu

---

* Die Überlieferung spricht von *vier* edlen Wahrheiten, deren zweite besagt, daß die Ursache des Leidens unwissendes Begehren sei (A. d. Ü.).

widmen. Ihr Weg war der des *jiriki*, des „eigenen Strebens", auf dem sie die Welt verließen und kraft großer geistiger Anstrengung das Verlangen nach ihren Gütern, die Furcht vor Tod und Entbehrung, allen Sinn für gesellschaftliche Verpflichtungen und vor allem jeden Gedanken an „Ich" und „Mein" wegwuschen. Der Buddha selbst hatte ja in seinem Leben anscheinend diesen negativen Weg verkörpert, und das Klosterleben ist bis zum heutigen Tage eine beherrschende Kraft in der ganzen buddhistischen Welt geblieben.

Jedoch etwa fünfhundert Jahre nach dem Leben und Hingang des Buddha (dessen Lebensdaten jetzt allgemein als ca. 563–483 v. Chr. angesetzt werden), das heißt ziemlich genau zu Beginn der christlichen Ära im Westen, kam in den buddhistischen Zentren Nordindiens eine neue Richtung auf, die seine Lehre anders auslegte. Die Hauptvertreter dieser späteren Sichtweise waren gewisse neuere Anhänger des Meisters, die selbst zur Erleuchtung gelangt waren und Hintergründe der Lehre einzusehen vermochten, die den frühesten Schülern entgangen waren. Sie hatten entdeckt, daß man nicht wirklich die Welt als Mönch oder Nonne verlassen mußte, um die Gabe der Erleuchtung zu empfangen. Man konnte weiter im Leben bleiben, in der selbstlosen Wahrnehmung weltlicher Aufgaben, und dabei nicht weniger gewiß das Ziel erreichen.

Mit dieser folgenschweren Erkenntnis trat ein neues Vorbild ins Zentrum der buddhistischen Gedanken- und Vorstellungswelt, ein neues Bild der Erfüllung: nicht der Mönch mit kahlgeschorenem Schädel in sicherer Abgeschiedenheit von den Mühen und Wirren der Gesellschaft, sondern eine königliche Gestalt in hoheitlichen Gewändern, die eine Juwelenkrone trug und ein Lotosymbol der Welt selbst in der Hand hielt. Diese Gestalt, die sich der Welt unseres normalen Lebens zuwendet, nennt man einen Bodhisattva, das heißt einen, dessen „Wesen" *(sattva)* „Erleuchtung" *(bodhi)* ist; denn während das Wort *buddha* „erwacht, Erwachter" bedeutet, heißt *bodhi* „erwachend, Erwachen". Das bekannteste, höchstgepriesene, große wachende Wesen dieser Art ist der schöne Heilige vieler Wunderlegenden, der auf sanskrit Avalokiteshvara heißt. Der Name bedeutet nach gewöhnlichem Verständnis „Der Herr, der (in Mitleid) auf die Welt schaut"*. Die Gestalt erscheint in

---

* In *Der Heros in tausend Gestalten*. Suhrkamp, Frankfurt/M. 1978, S. 406 (Anm. 115), erklärt Campbell: „*Avalokita* = niederschauend, zugleich aber

der indischen Kunst immer als Mann, im Fernen Osten hingegen als die chinesische Göttin der Barmherzigkeit Kuan Yin (japanisch Kwannon), da ein solches Wesen jenseits der Grenzen des Geschlechts steht und das Weibliche sicher die Eigenschaft der Gnade besser ausdrückt als das Männliche.

Von diesem Bodhisattva geht die Sage, daß er im Begriff war, die vollständige Befreiung aus dem Strudel der Wiedergeburten, der unsere Welt ist, zu erlangen, als er die Felsen, die Bäume und die gesamte Schöpfung klagen hörte. Als er nach der Bedeutung dieses Stöhnens fragte, wurde ihm gesagt, daß seine bloße Anwesenheit hier allen ein Gefühl nirvanischer Verzückung eingeflößt hätte, das sich verlieren würde, wenn er die Welt verließe. Deshalb entsagte er in selbstlosem, grenzenlosem Mitleid der Befreiung, um die er im Laufe unzähliger Lebzeiten gerungen hatte, so daß er durch seinen Verbleib in dieser Welt für alle Zeit als ein Lehrer und Helfer aller Wesen dienen könnte. Er erscheint unter Kaufleuten als ein Kaufmann, unter Prinzen als ein Prinz, sogar unter Insekten als ein Insekt. Er ist in uns allen immer dann verkörpert, wenn wir im vertrauten Umgang miteinander sind, uns im Gespräch belehren oder uns mitleidvoll helfen.

Es gibt eine reizende chinesische Legende von der unendlichen Erlösungskraft dieses wahrhaft wunderbaren Bodhisattvas. Sie handelt von ganz einfachen Leuten, die in einem Dorf am abgelegenen Oberlauf des Gelben Flusses wohnten. Diese hatten nie etwas von Religion gehört und interessierten sich nur für Bogenschießen und schnelle Pferde. Eines Morgens früh erschien jedoch eine staunenerregend schöne, junge Frau auf ihrer Dorfstraße, die einen mit frischen, grünen Weidenblättern ausgelegten und mit goldschuppigen Fischen aus dem Fluß gefüllten Korb trug. Sie rief ihre Ware aus, die im Nu ausverkauft war, woraufhin sie wieder verschwand. Am nächsten Morgen kehrte sie zurück, und so ging es einige Tage. Die jungen Männer des Dorfes hatten natürlich ein Auge auf sie geworfen, und eines Morgens, an dem sie schon nach ihr Ausschau gehalten hatten, fingen sie sie ab und baten sie um ihre Hand.

„O ehrenwerte Herren", antwortete sie, „natürlich möchte ich

auch: gesehen, erblickt; *ishvara* = Herr; daher bedeutet der Name beides, ‚Der in Mitleid niederschauende Herr' und ‚Der Herr, der im Innern erblickt wird'." (A. d. Ü.)

gern heiraten. Aber ich bin nur eine einzelne Frau, ich kann Sie nicht alle heiraten. Wenn daher einer von Ihnen das Sūtra der barmherzigen Kuan Yin auswendig aufsagen kann, so werde ich diesen erwählen."

Von dergleichen hatten sie bis dahin nicht einmal gehört, aber in jener Nacht machten sie sich an die Arbeit, und als die junge Frau am nächsten Morgen erschien, machten dreißig ihren Anspruch geltend. „O ehrenwerte Herren, ich bin nur eine einzelne Frau", versetzte sie wieder. „Wenn einer von Ihnen das Sūtra zu erklären vermag, so werde ich diesen heiraten." Am folgenden Morgen waren es zehn. „Wenn einer von Ihnen in drei Tagen den Sinn des Sūtras *erkennen* kann", versprach sie, „so werde ich diesen gewiß zum Mann nehmen." Und als sie am dritten Morgen darauf kam, stand nurmehr einer da, sie zu empfangen. Er hieß Mero. Als sie ihn erblickte, lächelte die wunderschöne, junge Frau.

„Ich sehe", sprach sie, „daß Ihr wirklich den Sinn des heiligen Sūtras der barmherzigen Kuan Yin erkannt habt, und so nehme ich Euch freudig als meinen Mann an. Mein Haus werdet Ihr heute abend an der Biegung des Flusses finden. Meine Eltern werden Euch dort empfangen."

Am Abend begab sich Mero nach ihren Anweisungen auf die Suche, und an der Flußbiegung, zwischen den Felsen am Ufer, entdeckte er ein kleines Haus. Zwei Alte, ein Mann und eine Frau, standen an der Pforte und winkten ihm, und als er nähertrat und seinen Namen nannte, sagte der alte Mann: „Wir haben schon lange auf Euch gewartet", und die Frau führte ihn in das Zimmer ihrer Tochter.

Dort ließ sie ihn allein, doch das Zimmer war leer. Vom offenen Fenster aus sah er eine Sandfläche, die bis zum Fluß reichte, und im Sand die Abdrücke von Frauenfüßen. Er folgte ihnen und fand am Rand des Wassers zwei goldene Sandalen. Im schwindenden Licht der Dämmerung schaute er sich um und erblickte jetzt zwischen den Felsen kein Haus mehr. In der Nähe des Flusses stand nur ein Schilfbüschel, das in der Abendbrise trocken raschelte. Plötzlich war ihm klar: Das Fischermädchen war keine andere gewesen als die Bodhisattva selbst. Und er verstand voll und ganz, wie groß die Milde der grenzenlos barmherzigen Kuan Yin ist.[5]

Das ist ein Märchen vom Weg der „äußeren Hilfe", *tariki*, dem Weg des Kätzchens, der jedoch nicht der Weg des Zen ist.

Ich habe bereits die Legende erwähnt, in der der Buddha eine Lotosblume hochhebt und nur einer aus der Schar seiner Zuhörer den Sinn erfaßt. Der Leser stelle sich vor, er säße während meines Vortrags im Publikum, und ich würde eine Lotosblume hochheben und nach ihrem Sinn fragen! Oder besser keine Lotosblume, denn mit der sind viele wohlbekannte, allegorische Anspielungen verknüpft. Man stelle sich vor, ich hebe eine Butterblume hoch und frage nach dem Sinn einer Butterblume! Oder ich nehme ein dürres Stück Holz und frage: „Was bedeutet ein dürres Stück Holz?" Oder noch anders: Jemand fragt mich nach dem Sinn des Buddhismus oder des Buddha, und ich hebe ein dürres Stück Holz hoch!

Der Buddha heißt auch der „So-Gekommene", Tathāgata. Er „bedeutet" nicht mehr als eine Blume, als ein Baum, nicht mehr als das Weltall, nicht mehr als du und ich. Und jedesmal, wenn etwas auf solche Weise erlebt wird, einfach in und an und für sich, ohne Beziehung zu irgendwelchen Begriffen, Wichtigkeiten oder praktischen Zusammenhängen – ein jeder solcher Moment reinen gebannten Schauens wirft, solange er dauert, den Betrachter auf seine eigene, jeder Bedeutung bare Existenz zurück. Auch er *ist* einfach – „so gekommen" – eine Bewußtseinsquelle, gleicht einem aus dem Feuer gestobenen Funken.

Als der Buddhismus im ersten Jahrhundert n. Chr. von Indien nach China gebracht wurde, wurden die Mönche mit kaiserlichen Ehren aufgenommen, Klöster wurden errichtet, und das ungeheure Werk, die indischen Schriften zu übersetzen, wurde in Angriff genommen. Trotz der wirklich gewaltigen Schwierigkeit, die die Übertragung aus dem Sanskrit ins Chinesische bietet, ging die Arbeit ausgezeichnet vonstatten und war bereits gute fünfhundert Jahre im Gange, als um das Jahr 520 n. Chr. aus Indien ein seltsam grimmiger, alter buddhistischer Heiliger und Weiser namens Bodhidharma nach China kam, der sich sogleich zum kaiserlichen Palast begab. Der Sage von diesem Besuch nach fragte der Kaiser seinen etwas widerborstigen Gast, wie hohen Verdienst er sich wohl durch seinen Klosterbau, seine Unterstützung von Mönchen und Nonnen, Förderung von Übersetzern und so weiter erworben habe. „Gar keinen!" antwortete Bodhidharma.

„Wie das?" erkundigte sich der Kaiser.

„Das sind geringe Taten", kam die Antwort. „Sie haben nur Schatten zum Gegenstand. Das einzig echt verdienstvolle Werk ist

Weisheit, rein, vollkommen und geheimnisvoll, und diese wird nicht durch äußere Handlungen erlangt."

„Was", fragte der Kaiser, „ist die edle Wahrheit in ihrem höchsten Sinne?"

„Sie ist leer", antwortete Bodhidharma. „Sie hat nichts Edles an sich."

Seine Majestät bekam es langsam über. „Und wer ist dieser Mönch hier vor mir?"

Worauf der Mönch erwiderte: „Keine Ahnung", und den Hof verließ.

Bodhidharma zog sich in ein Kloster zurück und setzte sich dort mit dem Gesicht zur Wand nieder. Neun Jahre lang, so wird uns berichtet, verharrte er dort in absolutem Stillschweigen, um zu zeigen, daß eigentlicher Buddhismus keine Sache frommer Werke, der Übersetzung von Schriften oder des Vollzugs von Ritualen und dergleichen sei. Während er dort saß, kam ein konfuzianischer Gelehrter mit Namen Hui K'o und sprach ihn ehrfurchtsvoll an: „Meister!" Aber der Meister blickte nur immer auf die Wand, und kein Anzeichen verriet, daß er ihn auch nur gehört hatte. Hui K'o blieb stehen – tagelang. Es fiel Schnee. Bodhidharma blieb genau so, wie er war – in völligem Stillschweigen. Um schließlich die Aufrichtigkeit seines Begehrs zu beweisen, zog der Besucher sein Schwert, schlug sich den linken Arm ab und legte ihn vor dem Lehrer hin. Auf dieses Zeichen hin wandte sich der Mönch um.

„Ich suche Unterweisung in der Lehre des Buddha", sagte Hui K'o.

„Die läßt sich nicht durch einen anderen finden", kam die Entgegnung.

„Dann bitte ich dich, meiner Seele Frieden zu geben."

„Bring sie her, und ich werde es tun."

„Ich suche sie schon seit Jahren", erwiderte Hui K'o, „aber wenn ich ihr nachspüre, kann ich sie nicht finden."

„Na also! Sie ist in Frieden. Laß sie in Ruhe", sagte der Mönch und drehte sich wieder zur Wand um. Hui K'o aber erwachte dadurch jäh zu der Einsicht, daß er über alle Kenntnisse und Belange des Tagbewußtseins erhaben war, und wurde der erste Ch'an-Meister Chinas.

Der nächste Lehrer von entscheidender Bedeutung in dieser chinesischen Ch'an-Linie großer Namen, Hui-neng (638–713

n. Chr.), war, wie uns berichtet wird, ein ungebildeter Holzfäller. Seine Mutter war Witwe, und er sorgte für ihren Unterhalt durch das Austragen von Brennholz. Eines Tages stand er an der Tür eines Privathauses und wartete auf einen Auftrag, als er jemanden im Innern dabei belauschte, wie dieser die Verse einer Mahāyāna-Schrift rezitierte, die *Vajrachchhedikā* „der Diamantspalter", heißt. „Erwecke den Geist", vernahm er, „und hefte ihn an nichts." Augenblicklich überkam ihn die Erleuchtung.

Da er seine Einsicht vertiefen wollte, machte sich Hui-neng zu einem Kloster auf, dem Kloster zur Gelben Pflaume, wo der alte Abt Hung-jen, der der führende Ch'an-Meister seiner Zeit war, den ungebildeten jungen Burschen abschätzte und ihn zur Küchenarbeit einteilte. Acht Monate später, da er die Zeit gekommen sah, seinen Nachfolger zu bestimmen, verkündete Hung-jen, daß er demjenigen von seinen Mönchen, der am besten das Wesen der buddhistischen Lehre in einer einzigen Strophe zusammenfassen könnte, das Abtgewand und die Bettelschale als Symbole des höchsten Amtes übergeben würde. Es gab etwa fünfhundert Mönche, die miteinander wetteiferten, und unter ihnen war einer von außerordentlicher Begabung, von dem alle annahmen, daß er siegen würde: Shen-hsiu. Und es waren in der Tat *seine* vier Zeilen, die ausgewählt und in aller Form an die Wand neben der Tür zum Speisesaal geschrieben wurden:

„Der Leib ist der Bodhi-Baum,
Die Seele ein klarer Spiegel;
Gib acht, daß du ihn stets sauber hältst,
Daß sich kein Staub darauf lege."

Damit brachte er den Gedanken zum Ausdruck, das Wesen des buddhistischen Weges sei eifrige Läuterung.

Der ungebildete Küchengehilfe jedoch, der von dem Wettbewerb gehört hatte, ersuchte in jener Nacht einen Freund, ihm das an die Wand geschriebene Gedicht vorzulesen. Als er es vernommen hatte, bat er, man möge das folgende danebensetzen:

„Der Leib ist kein Bodhi-Baum,
Die Seele kein klarer Spiegel;
Da im Grunde nichts existiert,
Worauf sollte der Staub sich legen?"

Als der Abt am nächsten Morgen das aufgeregte Reden seiner Mönche hörte, kam er herunter, stand eine Weile vor dem anonymen Gedicht, nahm seinen Schuh und wischte es ärgerlich weg. Er hatte aber den Verfasser richtig geraten. In jener Nacht ließ er den Küchengehilfen kommen und übergab ihm das Gewand und die Schale. „Hier, mein Sohn", sagte er, „hier sind die Insignien dieses Amtes. Jetzt geh! Fliehe! Mach dich davon!"

Shen-hsius Lehrmeinung wurde zur grundlegenden Satzung der nördlichen Ch'an-Schule Chinas, die auf der Idee der „stufenweisen Lehre" *(chien-chiao)* und auf der Pflege der Bildung fußte. Hui-neng hingegen wurde zum Gründer einer südlichen Schule der „abrupten Lehre" *(tun-chiao),* die auf der Einsicht beruhte, daß die Buddha-Erkenntnis intuitiv und blitzartig erlangt wird. Dafür jedoch sind die Exerzitien in einem Kloster nicht nur unnötig, sondern möglicherweise sogar hinderlich, und eine solche Lehrmeinung würde, wie der alte Abt voraussah, das gesamte Mönchswesen zweifelhaft erscheinen lassen und schließlich untergraben. Daher seine Mahnung, fortzugehen.

„Schau nach innen!" soll Hui-neng Berichten zufolge gelehrt haben. „Das Geheimnis ist in dir."

Wie aber, wenn nicht durch das Studium der Lehre, kann dieses Geheimnis erkannt werden?

In den Zen-Klöstern Japans ist die bevorzugte Methode die Meditation, die von einer eigenartigen Abfolge vorsätzlich absurder Meditationsworte, *koan* genannt, angeleitet und angestachelt wird. Dafür werden größtenteils Aussprüche der alten chinesischen Meister genommen, wie zum Beispiel: „Zeig mir das Gesicht, das du hattest, bevor dein Vater und deine Mutter geboren wurden!" Oder: „Welcher Ton wird laut, wenn eine Hand klatscht?" Solche Nüsse kann der Verstand nicht knacken. Erst sammeln und dann narren sie das Denken. In den Klöstern wird den Anwärtern auf Erleuchtung von ihren Meistern befohlen, über diese Rätsel zu meditieren und mit Antworten wiederzukommen. Ein ums andere Mal versagen sie und werden zurückgeschickt, um weiterzumeditieren, bis plötzlich, in einem Augenblick, der Verstand losläßt und eine treffende Entgegnung spontan hervorbricht. Es ist, wie man mir sagte, behauptet worden, das höchste Koan sei das Weltall selbst und wenn man dieses beantwortet hätte, kämen die anderen Antworten von selbst. „Ein Koan", erklärte D. T. Suzuki, „ist kein logischer Lehrsatz, sondern der Ausdruck eines gewissen geistigen Zustandes."[6] Es ist jener geistige Zustand einer Einsicht jenseits des Verstandes, den die scheinbar absurden, aber in Wirklichkeit sorgsam gestaffelten Folgen von Kopfzerbrechern hervorrufen sollen. Und daß sie wirken und seit Jahrhunderten gewirkt haben, ist die Antwort auf jeden Zweifel, den ein spitzfindiger Kritiker an ihrem Sinn oder Wert anmelden könnte.

Ich möchte nun eine moderne westliche Parabel von der buddhistischen „Weisheit vom anderen Ufer" erzählen – jenem Ufer jenseits des Verstandes, vor dem „Worte, nicht angelangt, wieder abdrehen". Ich habe es zuerst vor über dreißig Jahren von den Lippen meines sehr großen und guten Freundes Heinrich Zimmer gehört.[7] Der Buddhismus ist, wie gesagt, ein Fahrzeug bzw. eine Fähre zum anderen Ufer. Stellen wir uns vor, wie wir selbst an *diesem* Ufer stehen, sagen wir auf Manhattan Island. Wir haben es satt, haben die Nase voll. Wir schauen nach Westen über den Hudson River, und da erblicken wir auf einmal Jersey. Wir haben eine Menge von New Jersey, dem Gartenstaat, gehört. Was für eine Veränderung im Vergleich zu dem schmutzigen New Yorker Pflaster das doch sicher wäre! Es gibt aber noch keine Brücken, man muß mit der Fähre übersetzen. Und so haben wir uns angewöhnt, an den Piers zu sitzen und sehnsüchtige Blicke nach Jersey hinüberzuwerfen, darüber zu meditieren. Obwohl wir nicht wissen, wie es dort wirklich ist, denken wir doch mit wachsender Inbrunst daran. Eines Tages bemerken wir, wie ein Boot von der Küste Jerseys ablegt. Es kommt über das Wasser auf uns zu, und es legt genau zu unseren Füßen an. Es ist ein Fährmann an Bord, und er ruft: „Jemand nach Jersey?" – „Hier!" rufen wir. Und der Bootsmann streckt uns die Hand entgegen.

„Sind Sie auch völlig sicher?" fragt er jedoch, als wir in sein Boot steigen. Und er warnt uns: „Es gibt keine Rückfahrkarte nach Manhattan. Wenn Sie von diesem Ufer ablegen, so verlassen Sie New York für immer: alle Ihre Freunde, Ihren Beruf, Ihre Familie, Ihren Namen, Ihr Ansehen, alles und jeden. Sind Sie noch immer ganz sicher?"

Wir sind vielleicht ein wenig eingeschüchtert, aber wir nicken und erklären, daß wir sicher sind, ganz sicher: Wir haben Fun City, die Vergnügungsstadt bis zum Erbrechen ausgekostet.

Das ist also der Weg, ein Mönch oder eine Nonne zu werden, der

Weg des mönchischen Buddhismus, der Weg der ersten Nachfolger des Buddha und heute der des Buddhisten in Ceylon, Burma und Thailand. Wir besteigen hiermit die sogenannte „kleine Fähre", das „kleinere Fahrzeug", *Hīnayāna*, das so heißt, weil nur diejenigen in diesem Boot zum anderen Ufer fahren können, die bereit sind, der Welt als Mönche oder Nonnen zu entsagen. Die Angehörigen der Laiengemeinde, die noch nicht willens sind, den schicksalhaften Schritt zu tun, müssen lediglich auf eine spätere Inkarnation warten, wenn sie die leere Dünkelhaftigkeit ihres Wohllebens besser durchschauen. Diese Fähre ist eng, ihre Sitze sind hart, und der Name, der auf ihrer Seite steht, ist *Theravāda*, „die Lehre der alten Heiligen".

Wir gehen an Bord, der Fährmann reicht uns ein Ruder, und das Boot verläßt den Hafen. Schiff ahoi! Wir sind unterwegs, aber auf einer durchaus längeren Fahrt, als wir ahnten. In der Tat kann sie etliche Lebzeiten dauern. Dennoch genießen wir sie bereits und fühlen uns schon überlegen. Wir sind die Geweihten, die Reisenden, die Menschen der Überfahrt, weder hier noch dort. In Wirklichkeit wissen wir natürlich nicht mehr über den Gartenstaat als die Narren (wie wir sie jetzt nennen) hinter uns am Ufer in der Rattenfalle New York; aber wir steuern in die richtige Richtung, und unsere Lebensgrundsätze sind völlig anders als die der Leute daheim. In der Stufenfolge beim Aufstieg der Kundalinī (siehe oben S. 119–126) befinden wir uns jetzt auf *chakra* fünf, Vishuddha, dem „ganz Gereinigten", dem Zentrum der asketischen Übungen. Zunächst finden wir es sehr interessant und fesselnd. Doch dann beginnt es überraschenderweise nach und nach enttäuschend zu werden – ja hoffnungslos. Denn das Ziel von dem allen besteht darin, das Ich-Bewußtsein gänzlich abzustreifen, jedoch je mehr wir danach streben, desto mehr bauen wir unser Ich auf, da wir in Wirklichkeit an nichts als an uns denken: „Wie stehe *ich* da?" – „Habe *ich* heute Fortschritte gemacht? In dieser Stunde? Dieser Woche? Diesem Monat? Diesem Jahr? Diesem Jahrzehnt?" Es gibt manche, die sich so an diese ganze Selbstprüferei hängen, daß eine Landung das Letzte wäre, was sie wirklich erreichen wollten. Und doch könnte das Wunder in einem günstigen Augenblick der Selbstvergessenheit tatsächlich geschehen, und unser Boot könnte, ganz im Geiste der alten Heiligen, auf den Strand gesetzt werden – in Jersey, dem Gartenstaat, Nirvāna. Wir gehen an Land. Wir haben die Fähre und alle ihre Ge- und Verbote hinter uns gelassen.

Aber schauen wir jetzt, wo wir sind. Wir sind in *ri hokkai* angelangt, dem Ufer der Erkenntnis der Einheit, der Unentzweitheit, der Ungeteiltheit. Wir drehen uns um, um zu sehen, wie sich die Küste von Manhattan von diesem absoluten Gesichtspunkt aus darstellt... Staunen! Es *gibt* kein „anderes" Ufer. Es gibt keinen trennenden Fluß; keine Fähre, keinen Fährmann; keinen Buddhismus, keinen Buddha. Die frühere Vorstellung vor der Erleuchtung, daß es zwischen Gebundenheit und Freiheit, zwischen Leben in Leid und in Verzückung des Nirvāna einen Unterschied zu erkennen gälte und daß eine Fahrt vom einen zum anderen unternommen werden müßte, war illusorisch, war falsch. Diese Welt, die du und ich hier von der Zeit gequält auf der Bewußtseinsebene der *ji hokkai* erleben, ist auf der Ebene der *ri hokkai* nirvānische Glückseligkeit. Dazu bedarf es nicht mehr, als daß wir die Linse unseres Schauens und Erlebens anders einstellen.

Aber ist es nicht eben dies, was der Buddha vor zweieinhalbtausend Jahren lehrte und verhieß? Löscht die Ichhaftigkeit mit ihren Begierden und Ängsten aus, und im Nu seid ihr im Nirvāna! Wir sind bereits dort, wir müssen es nur erkennen. Diese ganze weite Erde ist die Fähre, die schon im unendlichen Weltraum vor Anker liegt. Auf ihr ist jeder, so wie er ist, immer schon daheim. Dies ist die Tatsache, die einen plötzlich als „jähe Erleuchtung" überkommen mag. Daher der Name Mahāyāna – „große Fähre", „größeres Fahrzeug" – für den Buddhismus dieses unentzweiten Denkens, den man am ehesten als den Buddhismus Tibets, des mittelalterlichen Chinas, Koreas und Japans kennt.

Wir haben also jetzt herausgefunden, daß die Welt der vielen gesonderten Dinge, die *ji hokkai*, von der *ri hokkai* nicht verschieden ist. Es gibt zwischen den beiden keine Trennung. Der japanische Mahāyāna-Begriff für diese Erkenntnisstufe lautet *ji-ri-mu-ge*, „Dinge und Einheit: keine Trennung". Obwohl wir uns in der Welt der Vielheit bewegen, erkennen wir auch: „Dies ist das Eine." Wir erleben die Alleinheit als eine Wirklichkeit – und zwar nicht nur die von uns Menschen allen, sondern auch die der Glühbirnen an der Decke und der Wände des großen, alten Vortragssaals und der Stadt draußen, Manhattan, und – jawohl! – auch der Gärten von Jersey. Wir beziehen gleichermaßen die Vergangenheit mit ein – unsere zahlreichen, grundverschiedenen Vergangenheiten – und die Zukunft, die bereits hier ist wie eine Eiche in der Eichel.

Dies alles erkennend und erfahrend umherzugehen, heißt, wie in einem wunderbaren Traum zu leben.

Dies ist letzten Endes noch nicht alles; es ist noch ein weiterer Erkenntnisgrad möglich, nämlich der in Japan *ji-ji-mu-ge* genannte: „Ding und Ding: keine Trennung", keine Teilung zwischen den Dingen. Als Analogie dient das Bild eines Netzes mit Edelsteinen: das Weltall als ein großes, ausgebreitetes Netz mit einem Edelstein an jedem Knotenpunkt, wobei jeder Edelstein nicht nur alle anderen widerspiegelt, sondern sich auch selbst in allen spiegelt. Ein anderes Bild ist das einer Blumengirlande. In einer Girlande ist keine Blume die „Ursache" einer anderen, aber alle zusammen sind die Girlande. Normalerweise denken wir an Ursachen und Wirkungen. Ich versetze diesem Buch einen Stoß, und es bewegt sich. Es bewegt sich, weil ich es gestoßen habe. Die Ursache ging der Wirkung voraus. Was ist nun allerdings die Ursache für das Wachstum einer Eichel? Die künftige Eiche! Demnach ist das, was in der Zukunft geschehen soll, die Ursache für das, was sich jetzt ereignet. Gleichzeitig ist das, was sich in der Vergangenheit ereignete, auch die Ursache für das, was gerade stattfindet. Zusätzlich verursachen viele Dinge ringsum, zu allen Seiten, das, was gerade stattfindet. Alles verursacht jederzeit alles.

Die Buddhisten tragen dieser Tatsache mit ihrer Lehre vom gegenseitigen Hervorbringen Rechnung. Sie besagt, daß nichts – kein Mensch und keine Sache – für irgend etwas, was sich jemals zuträgt, verantwortlich zu machen ist, weil alles sich gegenseitig hervorbringt. Das ist im wesentlichen ein Grund dafür, warum ich in Japan sogar kurz nach dem Zweiten Weltkrieg unter den Leuten, die ich traf, keinen Groll entdeckte. Feinde bringen sich gegenseitig hervor: Sie sind zwei Teile des einen Ganzen. Ein Führer und seine Gefolgschaft sind ebenfalls Teile des einen Ganzen. Du und deine Feinde, du und deine Freunde – alle sind Teile des einen Ganzen, der einen Girlande: „Ding und Ding: keine Trennung".

Diese Einstellung ist ganz gewiß groß. Sie ist darüber hinaus die beseelende Idee, die vielen Werken fernöstlicher buddhistischer Kunst innewohnt. Wenn man sich zum Beispiel ein japanisches Gemälde von einem Kranich anschaut, so stellt dieses nicht einfach dar, was du oder ich für einen Kranich ansehen könnten, sondern das Weltall, eine Spiegelung der *ri hokkai,* das eine

Buddha-Bewußtsein aller Dinge. Zudem kann man alles auf diese Weise betrachten und unmittelbar erfahren.

Ein Mönch kam zu Ch'i-an von Yen-kuan. „Wer ist der Vairochana-Buddha?" fragte er.

Der Meister sagte: „Sei so gut und bring mir den Krug dort her."

Der Mönch brachte ihn dem Meister, der ihn darauf hieß, den Krug wieder dorthin zurückzustellen, wo er ihn hergeholt hatte. Dies tat der Mönch und bat dann den Meister erneut, ihn über den Vairochana zu belehren.

Ch'i-an erwiderte: „Er ist schon lange dahingegangen."

Dies ist es letzten Endes, was mit dem mahāyāna-buddhistischen Begriff *zen<ch'an<dhyāna* = „Kontemplation" gemeint ist. Es ist ein Weg der Kontemplation, den man genauso gut und gern beim Spazierengehen, beim Arbeiten oder bei einem sonstigen Treiben in dieser Welt verfolgen kann, wie wenn man nach Art Bodhidharmas im Lotossitz ruhend auf eine Wand oder auf gar nichts starrt. Es ist ein Weg, froh in dieser profanen Welt zu leben, sein Teil in ihr zu tun wie auch von ihr zu empfangen. Dann ist die Arbeit für unseren Lebensunterhalt ebenso eine Übung wie unser Familienleben, unser Umgang mit Bekannten, unsere Leiden und unsere Freuden. T. S. Eliot bezog diesen Gedanken in seinem Stück *Die Cocktail Party* – mit einer Reihe von versteckten Zitaten aus buddhistischen Schriften – auf den Rahmen eines modernen Gesellschaftszirkels. Und im mittelalterlichen Japan war dies der Buddhismus der Samurai. Sein Einfluß läßt sich bis auf den heutigen Tag in den japanischen Kampfkünsten spüren: im Ringen, Schwertfechten, Bogenschießen und in den übrigen. In gleicher Weise kommt dieser Buddhismus in den Künsten des Gartenbaus, des Blumensteckens, des Kochens und sogar in der Kunst, ein Päckchen zu verpacken und ein Geschenk darzubieten, zur Geltung. Sein Weg ist der „Weg des Äffchens", *jiriki*, „eigene Kraft", die nicht nur auf das ausgeübt wird, was in unserem Teil der Welt als eigentliches Anliegen der Religion angesehen werden könnte, sondern in jedem Lebensbereich, und dies überaus bedacht und gewissenhaft. Tatsächlich erklärt sich die fast unglaubliche Schönheit der japanischen Kultur in der Hauptsache dadurch. Große Armut, Leiden, Grausamkeit und Ungerechtigkeiten, die ganzen üblichen Begleiterscheinungen des Daseins in diesem Jammertal, sind dort in vollem Ausmaß vorhanden – wie sie es überall sind und sein wer-

den, solange die Welt besteht. Aber es gibt einen Ausweg aus dem Leiden. Der Ausweg aus dem Leiden heißt Nirvāna. Und Nirvāna ist die Welt selbst, wenn sie ohne Begierde und Furcht gerade so erlebt wird, wie sie ist: *ji-ji-mu-ge*. Es ist hier! Es ist hier!

Zum Abschluß noch eine volkstümliche indische Geschichte, die Rāmakrishna oft und gern erzählte, um die Schwierigkeit dabei zu veranschaulichen, gleichzeitig der zwei Bewußtseinsebenen der Vielheit und des Transzendenten gewahr zu sein. Sie handelt von einem jungen Yoga-Schüler, dessen Guru ihm gerade klargemacht hatte, daß er in seinem Wesen mit der Macht, die das Weltall erhält und die wir im theologischen Denken als „Gott" personifizieren, identisch sei. Tief bewegt und hochgemut bei dem Gedanken, er selbst sei eins mit dem Herrn und Sein des Weltalls, ging der junge Mann in einem Zustand völliger Versunkenheit davon. Als er in diesem Zustand durch das Dorf schritt und auf der Straße zum Dorf hinaus, sah er einen großen Elefanten in seine Richtung kommen, der eine Sänfte auf dem Rücken trug und dessen Führer, wie es üblich ist, hoch oben auf seinem Nacken, über dem Kopf saß. Als der junge Möchtegernheilige, der über den Satz „Ich bin Gott; alles ist Gott" meditierte, den mächtigen Elefanten auf sich zukommen sah, setzte er als klare logische Folgerung hinzu: „Der Elefant ist auch Gott." Das Tier, dessen Schellen im majestätischen Rhythmus seines gemessenen Schrittes bimmelten, kam ständig näher, und der Führer auf seinem Rücken fing an zu rufen: „Mach den Weg frei! Mach den Weg frei, du Idiot! Mach den Weg frei!" Der junge Mann in seiner Verzückung dachte noch immer: „Ich bin Gott; der Elefant ist Gott." Und da er die Rufe des Führers hörte, fügte er hinzu: „Sollte sich Gott vor Gott fürchten? Sollte Gott Gott den Weg freimachen?" Die Erscheinung kam ständig näher, der Führer auf ihrem Nacken schrie ihn immer noch an, und der junge Mann blieb in unbeirrter Meditation sowohl auf seinem Platz auf der Straße als auch bei seiner transzendenten Einsicht – bis dann der Augenblick der Wahrheit kam und der Elefant einfach seinen langen Rüssel um den Verrückten schlang und ihn von der Straße schleuderte.

An Leib und Seele zusammengestaucht landete der junge Mann im Straßengraben – zwar nicht sonderlich verletzt, aber völlig erledigt. Er rappelte sich auf, und ohne auch nur seine Kleider wieder in Ordnung zu bringen, kehrte er ganz aufgelöst zu seinem Guru zurück, um eine Erklärung zu verlangen. „Du hast mir erzählt", sagte er, nachdem er die Sache dargelegt hatte, „du hast mir erzählt, ich sei Gott." – „Ja", antwortete der Guru, „du bist Gott." – „Du hast mir erzählt, alles sei Gott." – „Ja", versetzte der Guru wieder, „alles ist Gott." – „Dann war der Elefant Gott?" – „Allerdings. Der Elefant war Gott. Aber warum hast du nicht auf die Stimme Gottes gehört, die dir vom Kopf des Elefanten zurief, und bist aus dem Weg gegangen?"[8]

VIII
Die Mythologie der Liebe

WAS FÜR EIN WUNDERVOLLES THEMA! Und wie wundervoll ist die Mythenwelt, die dieses weltumspannende Geheimnis feiert! Die Griechen hielten Eros, den Gott der Liebe, für den ältesten der Götter, aber auch für den jüngsten, der frisch und tauäugig in jedem liebenden Herzen geboren wird. Es gab außerdem zwei Arten von Liebe, je nachdem, ob diese Gottheit in ihrer irdischen oder himmlischen Gestalt erschien. Dante, der dem klassischen Vorbild folgte, sah, wie die Liebe vom höchsten Sitz der Trinität bis zu den tiefsten Abgründen der Hölle das Weltall durchpulste und umtrieb.

Eines der erstaunlichsten Bilder der Liebe, das ich kenne, ist eine mystische persische Darstellung Satans als des treuesten Liebenden Gottes. Jeder kennt die alte Sage, wie Gott nach der Erschaffung der Engel diesen befahl, niemanden anzubeten als ihn allein. Dann aber, nach der Erschaffung des Menschen, befahl er ihnen, sich in Ehrfurcht vor diesem edelsten seiner Werke zu neigen, und Luzifer weigerte sich – aus Stolz, wie es heißt. Nach dieser islamischen Lesart des Falles geschah es aber deshalb, weil er Gott so tief und glühend liebte, daß er sich nicht dazu bewegen konnte, sich vor einem anderen zu neigen. Und *dafür* wurde er in die Hölle geworfen und dazu verdammt, für immer dort, fern von seiner Liebe, zu existieren.

Es ist behauptet worden, daß die schlimmste von allen Qualen der Hölle weder das Feuer noch der Gestank sei, sondern der ewig währende Entzug der seligmachenden Schau Gottes. Wie unendlich qualvoll muß also die Verbannung dieses großen Liebenden sein, der sich nicht dazu bewegen konnte, nicht einmal auf Gottes eigenes Wort hin, sich vor einem anderen Wesen zu neigen!

Die persischen Dichter haben die Frage gestellt: „Welche Kraft erhält Satan?" Und sie haben darauf folgende Antwort gefunden: „Die Erinnerung an den Klang der Stimme Gottes, als er sprach: ‚Hebe dich hinweg!'" Welch ein Bild für jene äußerste geistige Marter, die die Verzückung und die Qual der Liebe in einem ist!

Ein weiteres lehrendes Beispiel aus Persien stellen das Leben und die Worte des großen Sufi-Mystikers al-Hallādsch dar, der im Jahre 922 gefoltert und gekreuzigt wurde, weil er verkündet hatte, daß er und sein Geliebter – nämlich Gott – eins seien. Er hatte seine Liebe zu Gott mit der des Falters zur Flamme verglichen. Der Falter schwirrt bis zum Morgengrauen um das helle Licht herum und kehrt darauf mit angesengten Flügeln zu den Seinen zurück, um von der Schönheit zu berichten, die er entdeckte. Dann verlangt es ihn danach, völlig in sie einzugehen, und in der folgenden Nacht fliegt er in die Flamme und wird eins mit ihr.[1]

Aus einem solchen Sinnbild spricht eine Verzückung, die wir alle auf die eine oder andere Weise, zu dieser oder jener Zeit, heftiger oder abgeschwächter erfahren oder uns wenigstens ausgemalt haben müssen. Die Liebe hat aber noch eine andere Seite, die vielleicht auch manche erfahren haben und die ebenfalls von einer persischen Überlieferung zum Ausdruck gebracht wird. In einer alten zoroastrischen Sage über die Urahnen des Menschengeschlechts wird das erste Paar als erdentsprungen dargestellt, und zwar in Form eines einzelnen Schilfrohrs, worin die zwei so eng miteinander verbunden waren, daß man sie nicht hätte auseinanderhalten können. Nach einer Zeit jedoch trennten sie sich, und nach einer weiteren Zeit vereinigten sie sich wieder, und es wurden ihnen zwei Kinder geboren, die sie so zärtlich und rückhaltlos liebten, daß sie sie verzehrten. Eines aß die Mutter, der Vater aß das andere. Daraufhin senkte Gott zum Schutz des Menschengeschlechts die Kraft der menschlichen Liebesfähigkeit um neunundneunzig Prozent. Danach bekamen diese Ureltern noch sieben weitere Kinderpaare, die jedoch, Gott sei Dank, alle überlebten. Die altgriechische Vorstellung vom Liebesgott als dem ältesten der Götter hat in Indien ihr Gegenstück in dem oben (S. 89) aus der *Brihadāranyaka-Upanishad* zitierten altehrwürdigen Mythos von einem namenlosen Urwesen, das sich anfangs selbst nicht kannte, aber dann „Ich", *aham*, ausrief und dabei sogleich fürchtete, daß jenes neuentdeckte „Ich" getötet werden könnte. Es überlegte sich aber: „Wovor sollte ich mich fürchten, da nichts andres außer mit da ist?" Und es kam ihm der Gedanke: „Ich wollte, es gäbe noch ein Zweites!" Es zerspaltete sich in zwei Hälften, eine männliche und eine weibliche, und aus diesem ersten Paar gingen alle Geschöpfe dieser Erde hervor. Und als alles vollbracht war, schaute der Mann sich um, sah die Welt, die er erschaffen hatte, und sprach den Gedanken aus: ,,Dies alles bin ich!"[2]

Diese Geschichte besagt, daß jenes vor dem Bewußtsein daseiende Urwesen, das am Anfang ,,Ich!" sagte und Furcht, später Verlangen empfand, das treibende Moment in unser aller unbewußt getriebenem Leben ist. Zum zweiten lehrt der Mythos, daß wir durch unser Erleben der Liebesvereinigung am Schöpfungsakt dieses Urgrunds allen Seins teilhaben. Denn nach der indischen Auffassung ist unsere räumliche und zeitliche Getrenntheit voneinander hier auf der Erde – unsere Vielheit – nur ein untergeordneter, irreführender Aspekt der Wahrheit, die eigentlich so aussieht, daß wir in unserem Wesen einem einzigen Sein, einem einzigen Urgrund angehören. Diese Wahrheit erkennen und erleben wir, wenn wir in der Ekstase der Liebe aus uns herausgehen, unsere Grenzen überschreiten.

Der große deutsche Philosoph Schopenhauer behandelt in seiner trefflichen ,,Preisschrift über die Grundlage der Moral" diese transzendentale geistige Erfahrung.[3] Wie kommt es, so fragt er, daß ein Einzelner seine eigene Person und Sicherheit so weit vergessen kann, daß er sich selbst und sein Leben in Gefahr bringt, um einen anderen vor dem Tode oder vor Schmerzen zu retten, als ob das Leben jenes anderen sein eigenes wäre und die Bedrohung jenes anderen seine eigene? Ein solcher Mensch handelt demnach, antwortet Schopenhauer, aus einer instinktartigen Erkenntnis der Wahrheit heraus, daß er und der andere tatsächlich eins sind. Er hat sich nicht von dem geringeren, untergeordneten Wissen leiten lassen, wonach er selbst von anderen getrennt ist, sondern von einer unmittelbaren Erfahrung der größeren, echteren Wahrheit, daß wir im Grunde unseres Seins alle eins sind. Schopenhauer nennt dieses Motiv *Mitleid* (im Original deutsch, A. d. Ü.), und er bestimmt es als die alleinige Quelle einer von sich aus moralischen Handlung. Seiner Ansicht nach gründet es in einer metaphysisch richtigen Einsicht. Für einen Augenblick ist man selbstlos, grenzenlos, ichlos. Und ich hatte kürzlich des öfteren Gelegenheit, an dieses Wort Schopenhauers zu denken, als ich in den Fernsehnachrichten über Vietnam die heroischen Hubschraubereinsätze unter Beschuß zur Rettung verwundeter junger Männer aus feindlichem Gebiet sah. Ihre Kameraden dachten nicht an ihre eigene Sicherheit und brachten ihr junges Leben in Gefahr, als ob das Leben, das es zu retten galt, ihr eigenes wäre. Wenn wir wirklich nach einem Beispiel für Liebesdienst aus unseren Tagen suchen, so würde ich sagen, daß er dort *wahrhaftig* geleistet wird.

In der religiösen Überlieferung Indiens werden fünf Grade der Liebe aufgeführt, durch die ein Gläubiger im Dienst an seinem und im Wissen um seinen Gott zunimmt, und das heißt für indische Begriffe: in der Erkenntnis seiner eigenen Identität mit jenem Sein alles Seienden, das am Anfang „Ich" sagte und dann gewahrte: „Ich bin diese ganze Welt!" Der erste Grad einer solchen Liebe ist die eines Dieners zu seinem Herrn: „O Gott, du bist der Herr, ich bin dein Diener. Befiehl, und ich werde gehorchen!" Der indischen Lehrmeinung nach ist dies die angemessene geistige Haltung für die meisten Gottgläubigen in aller Welt. Die zweite Stufe der Liebe ist dann die von Freund zu Freund, deren typisches Beispiel in der christlichen Tradition die Beziehung von Jesus zu seinen Jüngern ist. Sie waren Freunde. Sie konnten Fragen erörtern und dabei sogar Meinungsverschiedenheiten haben. Eine solche Liebe aber verlangt eine tiefere Verständnisbereitschaft, eine höhere geistige Entwicklungsstufe als die erste. Im Hindu-Schrifttum findet sie sich in der *Bhagavadgītā*, dem großen Zwiegespräch zwischen dem Pāndava-Fürsten Arjuna und seinem göttlichen Wagenlenker, dem Gott Krishna, dargestellt. Der folgende dritte Grad der Liebe ist die der Eltern zu ihrem Kind, für die in der christlichen Welt das Bild der Weihnachtskrippe steht. Man pflegt hierbei in seinem Herzen das innerliche göttliche Kind des eigenen erwachten geistigen Lebens – wie es die Worte des Mystikers Meister Eckhart an seine Gemeinde sagen: „Es ist Gott wertvoller, daß er geistig geboren werde von einer jeglichen Jungfrau oder (= will sagen) von einer jeglichen guten Seele, als daß er von Maria leiblich geboren ward."[4] Und abermals: „Gottes höchstes Streben ist: gebären. Ihm genügt es nimmer, er gebäre denn seinen Sohn in uns."[5] Im Hinduismus erhält dieses Motiv in der volkstümlichen Verehrung des frechen, kleinen „Butterdiebes", des Krishnakindes unter den Kuhhirten, bei denen es aufwuchs, seinen liebenswertesten Ausdruck. Aus der neueren Zeit kennen wir den Fall der bereits oben (S. 110) erwähnten bedrückten Frau, die den indischen Heiligen und Weisen Rāmakrishna aufsuchte und sagte: „O Meister, ich spüre nicht, daß ich Gott liebe." Dieser fragte: „Gibt es denn nichts und niemanden, den du liebst?" Worauf sie erwiderte:

„Meinen kleinen Neffen." Und er sprach zu ihr: „Da hast du deine Liebe zu Gott und deinen Dienst an ihm: in der Liebe und dem Dienst, die du diesem Kind erweist."

Der vierte Grad der Liebe ist die Gottesliebe. Die katholischen Nonnen tragen den Trauring ihrer geistigen Vermählung mit Christus. So ist auch jede Liebesheirat geistiger Natur. Wie Jesus gesagt haben soll, „werden die zwei *ein* Fleisch sein" (Mt 19,5). Denn nun ist nicht mehr man selbst, das vereinzelte Leben, der „kostbare Schatz", sondern die Zweisamkeit, die jeder auf seine Weise lebt und in deren Wissen er sich selbst übersteigt. In Indien muß die Frau ihren Gatten als ihren Herrn verehren, ihr Dienst an ihm ist der Gradmesser ihrer Religiosität. Allerdings hören wir nichts Vergleichbares von den Pflichten eines Mannes gegenüber seiner Frau.)

Und was ist nun endlich die fünfte und höchste Stufe der Liebe nach dieser indischen Rangordnung? Es ist die leidenschaftliche, verbotene Liebe. In der Ehe, so heißt es, ist man immer noch im Besitz der Vernunft. Man genießt noch die Güter dieser Welt und erfreut sich seiner Stellung in ihr, seines Wohlstands, seines gesellschaftlichen Ansehens und alles übrigen. Außerdem kommt die Heirat im Orient durch Absprache der Familien zustande und hat rein gar nichts mit dem zu tun, was wir heutzutage im Westen unter Liebe verstehen. Von leidenschaftlicher Liebe ergriffen zu sein, kann in einem solchen Rahmen nur verboten sein, da diese in die Ordnung des pflichtgetreuen und tugendsamen Lebens wie ein verheerender Sturmwind einbricht. Das Ziel einer solchen Liebe kann nur das des Falters in dem Bilde al-Hallādschs sein: im Feuer der Liebe zu verlöschen. Das Vorbild dazu gibt die Krishna-Legende, wenn sie von dem leidenschaftlichen Verlangen des jungen, fleischgewordenen Gottes nach seiner sterblichen, verheirateten Angebeteten Rādhā und dem von ihr erwiderten leidenschaftlichen Verlangen nach ihm erzählt. Um noch einmal den Mystiker Rāmakrishna anzuführen, der in seiner Hingabe an die Göttin Kālī sein ganzes Leben lang selbst ein solcher Liebender war: Wenn man Gott so sehr geliebt und alles um der Schau seines Antlitzes willen geopfert hat, so kann man sagen: „O mein Gott, jetzt offenbare dich mir!", und er wird es tun *müssen*.

Der Gott Krishna erscheint in Indien auch in der Gestalt des nächtlichen Flötenspielers im Wald von Vrindāban, auf dessen unwiderstehliche Flötentöne hin die jungen Frauen aus ihren Ehebetten schlüpfen und sich in den im Mondschein liegenden Wald stehlen, um in überirdischer Wonne mit ihrem schönen, jungen Gott die Nacht durchzutanzen.

Dem zugrunde liegt der Gedanke, daß man in der Verzückung der Liebe über weltliche Gesetze und Beziehungen hinausgetragen wird, da diese nur auf die niedere Welt scheinbarer Getrenntheit und Vielfalt zutreffen. Als im zwölften Jahrhundert der heilige Bernhard von Clairvaux im selben Geiste über das biblische Hohelied predigte, behauptete er, das Verlangen der Seele nach Gott übersteige Gesetz und Vernunft gleichermaßen. Zudem waren die qualvolle Gespaltenheit und der Widerstreit der zweierlei moralischen Verpflichtung, nämlich zur Vernunft einerseits und andererseits zur leidenschaftlichen Liebe, für die Christen von Anfang an ein Stein des Anstoßes. „Denn das Fleisch streitet wider den Geist", schreibt zum Beispiel Paulus an die Galater, „und der Geist wider das Fleisch" (Gal 5,17).

Abaelard, der Zeitgenosse des heiligen Bernhard, erblickte den höchsten Beweis für die Liebe Gottes zum Menschen darin, daß Gottes Sohn zur Erde niederstieg und Fleisch wurde und den Tod am Kreuz auf sich nahm. In der christlichen Hermeneutik hatte die Kreuzigung des Heilands schon immer ein großes Problem dargestellt, denn nach christlichem Glauben erduldete Jesus den Tod freiwillig. Warum? In Abaelards Augen geschah dies nicht, wie es einige zu seiner Zeit vertreten hatten, als ein dem Satan entrichteter Tribut, um die Menschheit aus seiner Hand zu „erlösen", noch geschah es, wie andere meinten, um dem Vater die „Sühneschuld" für Adams Sünden zu begleichen. Es war vielmehr ein williges Selbstopfer aus Liebe, das die Gegenliebe der Menschen entzünden sollte, so daß diese von weltlichen Dingen ab- und Gott zugekehrt werden sollten. Daß Christus bei dieser Liebestat wohl nicht wirklich gelitten hat, können wir einem Ausspruch des Mystikers Meister Eckhart entnehmen: „Wer nicht um der Liebe willen leidet, dem ist Leiden Leiden und es ist ihm schwer. Wer aber um der Liebe willen leidet, der leidet nicht und das Leiden ist fruchtbar vor Gott."[6]

In der Tat scheint mit der Gedanke selbst, Gott sei aus Liebe in die Welt herabgestiegen, um die Gegenliebe des Menschen zu ihm zu entzünden, genau das Gegenteil jenes Paulus-Wortes zu besagen, das ich gerade zitiert habe. Mir scheint hierin vielmehr die Vorstellung enthalten zu sein, daß Gott so sehr nach Huldigung durch die Menschen verlangt, wie die Menschen nach der Gnade Gottes, daß also das Verlangen beiderseitig ist. Daß der Gekreuzigte als wahrer Gott und wahrer Mensch angesehen wird, würde dann als die Entsprechung von Gabe und Gegengabe eines *gegenseitigen* Opfers erscheinen, das keine Versühnung *(atonement)* im büßerischen Sinne, sondern eine Versohnung *(at-one-ment)* im liebenden wäre. Wenn zudem das Zeichen des Kreuzes nicht mehr nur den einen historischen Augenblick der Kreuzigung Christi auf Golgatha symbolisiert, sondern auf das Geheimnis der Gegenwart Gottes und seiner Teilhabe an der Not aller lebenden Wesen zu jeder Zeit und an jedem Ort ausgedehnt wird, so müßte es als das Zeichen einer ewigen Bejahung von allem aufgefaßt werden, was ist, was je war und was je sein wird. Die Worte Christi fallen einem ein, wie sie im gnostischen *Evangelium nach Thomas* wiedergegeben werden: „Spaltet ein (Stück) Holz, ich bin da. Hebt den Stein auf und ihr werdet mich da finden."[7] Auch die Platons, der im *Timaios* davon spricht, die Zeit sei „ein bewegtes Abbild der Ewigkeit"[8]. Oder etwa die von William Blake: „Die Ewigkeit ist verliebt in die Erzeugnisse der Zeit."[9] Und es gibt eine denkwürdige Stelle bei Thomas Mann, wo er den Menschen preist als „eine hohe Begegnung von Geist und Natur auf ihrem sehnsuchtsvollen Weg zueinander"[10].

Wir können also guten Gewissens behaupten, daß wohl manche Sittenrichter sich vermessen mögen, einen Unterschied zwischen zwei Sphären und Gewalten zu treffen – eine des Fleisches und eine andere des Geistes, eine der Zeit und eine andere der Ewigkeit –, daß aber das Aufkeimen der Liebe solche Setzungen umstößt und ein Lebensgefühl erweckt, dem alle solche Gegensätze eins sind.

Die meistverehrte orientalische Verkörperung einer solchen weltbejahenden, die Gegensätze überwindenden Haltung ist der bereits in einiger Ausführlichkeit als Inbegriff grenzenloser Barmherzigkeit besprochene Bodhisattva Avalokiteshvara, dessen Entsprechung in China die Kuan Yin, in Japan die Kwannon ist (siehe oben S. 147–149). Im Gegensatz zum Buddha, der nach Abschluß seines Lebens und Lehrens dahinging, um nicht mehr wiederzukehren, verkörpert dieses unendlich barmherzige Wesen, das auf seine ewige Erlösung verzichtete, um für immer in diesem Strudel der Wiedergeburten zu bleiben, für alle Zeit das geheimnisvolle

Wissen um die Erlösung zu Lebzeiten. Die in diesem Sinne gelehrte Befreiung hat paradoxerweise nicht den Charakter einer Flucht aus dem Strudel, sondern den eines vollen und freiwilligen Ertragens seiner Leiden aus Mitleid. Man kommt nämlich durch Selbstlosigkeit in der Tat von sich selbst los, und die Lösung von sich selbst macht einen auch von Begierde und Furcht los. Wie der Bodhisattva, so werden auch wir dadurch in dem Maße erlöst, wie unser Mitleiden immer vollkommener wird.

Es heißt, daß von den Fingerspitzen des Bodhisattvas Ambrosia bis selbst in die tiefsten Abgründe der Hölle träufelt und dort die Seele erquickt, die noch in den Folterkammern ihrer Leidenschaften eingeschlossen sind. Außerdem erfahren wir, daß wir in unserem ganzen Umgang miteinander wissentlich oder unwissentlich seine Werkzeuge sind. Es ist auch nicht das Bestreben des Bodhisattvas, diese Erdenwelt zu verändern oder zu „verbessern", wie wir so gern sagen. Gegensatz, Spannung, Niederlagen und Siege liegen in der Natur der Dinge, und der Bodhisattva wirkt, indem er sich in die Natur der Dinge einläßt. Er ist mildtätig ohne einen besonderen Zweck. Und da *alles* Leben leidvoll ist und sein muß, kann die Lösung dafür nicht darin liegen, von einer Lebensform zur anderen überzugehen oder „fortzuschreiten", sondern nur darin, die Stütze des Leidens selbst zu beseitigen: die Vorstellung von einem zu pflegenden Ich, das an seine eigenen zwingenden Begriffe von dem, was gut und böse, richtig und falsch, recht und unrecht sei, gebunden ist. Diese Zwiespalte werden, wie wir gesehen haben, durch den metaphysischen Trieb des Mitleids beseitigt.

Liebe als Leidenschaft *(passion)*, Liebe als Mitleiden *(compassion)*: dies sind die zwei extremen Pole bei unserem Thema. Man hat sie oft als absolut gegensätzlich dargestellt: einerseits leiblich, andererseits seelisch. Aber bei beiden wird der Einzelne aus sich herausgerissen und öffnet sich einer Erfahrung, in der er seine Identität in einer weiteren, bleibenden Dimension wiederfindet. In beiden Formen gilt es, das Werk des Eros, des ältesten und jüngsten der Götter, zu erblicken, desselben Gottes, von dem der altindische Mythos berichtet, er habe sich am Anfang in die Schöpfung ergossen.

Im Abendland findet sich die eindrucksvollste Darstellung der Liebe als *Leidenschaft* zweifellos in der Sage vom Liebestrank Tristans und Isoldens, in der der paradoxe Charakter des Geheimnis-

ses besungen wird: die Qual der Liebeslust und die Lust des Liebenden an dieser Qual, die von edlen Herzen als das Ambrosia des Lebens selbst erfahren wird. So schrieb der größte aller großen Tristan-Dichter, Gottfried von Straßburg, von dessen Fassung der Sage Richard Wagner die Anregung zu seiner Oper empfing:
„Ich habe mir eine Aufgabe vorgenommen –
zum Nutzen der Welt
und zur Freude edler Herzen,
jener Herzen, für die mein Herz schlägt,
und jener Welt, in die mein Herz blickt."

Aber dann setzt er hinzu:
„Ich spreche nicht von den gewöhnlichen Menschen –
wie etwa jenen, von denen ich höre, daß sie
kein Leid ertragen können
und immer nur in Freude leben wollen.
Gott möge ihnen das doch gewähren!
Zu solchen Menschen und zu dieser Lebensauffassung
paßt, was ich sagen will, nicht.
Ihre Lebensart und meine sind grundverschieden.
Von ganz anderen Menschen spreche ich,
die gleichzeitig in ihrem Herzen tragen:
Ihre süße Bitterkeit, ihr liebes Leid,
ihre Herzensfreude und ihre Sehnsuchtsqual,
ihr glückliches Leben, ihren traurigen Tod,
ihren glücklichen Tod, ihr trauriges Leben.
Dieses Leben will auch ich leben,
unter solchen Menschen will auch ich Mensch sein,
mit ihnen zugrunde gehen oder aber selig werden."[11]

Hören wir hier nicht ein Echo jener selben metaphysisch gegründeten Ahnung von einem Zusammentreffen und einer Übersteigung der Gegensätze, die wir bereits in den Figuren Satans in der Hölle, Christi am Kreuz und des von der Flamme verzehrten Falters symbolisch dargestellt fanden?

Im Liebeserleben und Liebesverständnis des europäischen Mittelalters, wie es nicht nur von Gottfried und den Tristan-Dichtern, sondern auch von den Troubadours und Minnesängern des zwölften und frühen dreizehnten Jahrhunderts vorgetragen wurde, wird jedoch ein Ton angeschlagen, der sich von allem Orientalischen gründlich unterscheidet, ob es nun aus dem Fernen, Mittleren oder

Nahen Osten stammt. Das buddhistische „Mitleid", *karuṇā*, kommt der christlichen „Nächstenliebe", *agape*, gleich, die in Christi Gebot, seinen Nächsten wie sich selbst zu lieben, auf den Begriff gebracht wird. Am stärksten kommt sie in den Worten zum Ausdruck, die ich als die höchsten, edelsten und kühnsten der christlichen Botschaft ansehe: „Liebet eure Feinde (und) bittet für die, so euch verfolgen, auf daß ihr Kind seid eures Vaters im Himmel. Denn er läßt seine Sonne aufgehen über die Bösen und über die Guten und läßt regnen über Gerechte und Ungerechte" (Mt 5,44–45).

In allen großen traditionellen Darstellungen der Liebe als Mitleid oder Nächstenliebe, *agape*, wird diese Tugend als ein allgemeines und unpersönliches Verhalten beschrieben, das sich über Unterschiede und sogar über Untergebenheitsverhältnisse hinwegsetzt. Dieser höheren, *geistigen* Liebe wird für gewöhnlich die niedere Liebe der Fleischeslust oder, wie sie so oft genannt wird, der „animalischen Begierde" entgegengestellt, die ebenfalls allgemein und unpersönlich ist und sich über Unterschiede und sogar über Untergebenheitsverhältnisse hinwegsetzt. Vielleicht könnte man diese letztere am besten ganz einfach als die Brunst der männlichen und weiblichen Geschlechtsorgane füreinander beschreiben und die Schriften von Sigmund Freud als den maßgebenden modernen Text über diese Art von Liebe bezeichnen. Im Europa des zwölften und frühen dreizehnten Jahrhunderts jedoch, zunächst in der Dichtung der provenzalischen Troubadours und dann, mit einem neuen Akzent, in der der Minnesänger, meldete sich eine Art des Liebeserlebens zu Wort, die sich von den obigen zweien in ihrer überkommenen Gegensätzlichkeit von Grund auf unterschied. Da ich diese typisch und ausschließlich europäische Variation unseres Themas als eine der bedeutendsten Mutationen nicht nur des menschlichen Gefühlslebens, sondern auch des geistigen Bewußtseins unseres Menschengeschlechts betrachte, werde ich ein wenig dabei verweilen, bevor ich zum abschließenden Teil dieses Kapitels komme.

Zunächst einmal muß gesagt werden, daß die Heirat im Mittelalter fast gänzlich eine Angelegenheit der Gesellschaft, der Familien war, wie sie das natürlich in Asien seit eh und je und für viele Menschen auch im Westen bis auf den heutigen Tag noch ist. Man wurde aufgrund familiärer Absprachen verheiratet. Vor allem in

Adelskreisen wurden junge, kaum dem Mädchenalter entwachsene Frauen als politische Pfänder unter die Haube gebracht, während die Kirche solche Verbindungen mit ihren hier durchaus unangebrachten mystischen Worten von den zweien absegnete, die nun *ein* Fleisch sein sollten, vereint durch die Liebe und durch Gott. „Was nun Gott zusammengefügt hat, das soll der Mensch nicht scheiden" (Mt 19,6). Wenn eine echte Liebeserfahrung in ein solches Netzwerk einschnitt, so war sie immer ein Vorbote des Unheils. Nicht genug damit, daß man als Strafe für seine Unkeuschheit auf dem Scheiterhaufen verbrannt werden konnte, man würde auch noch nach einhelliger Meinung für alle Zeiten im Höllenfeuer brennen. Und trotzdem kam die Liebe zu solchen edlen Herzen, wie sie von Gottfried gerühmt wurden – sie kam nicht nur, sie wurde hereingebeten. Die Troubadours machten es sich zur Aufgabe, diese Leidenschaft zu preisen, die ihrer Ansicht nach einer göttlichen Gnade von ungleich höherem Rang entsprang als die Sakramente der Kirche; sie stand höher als das Sakrament der Ehe, und wenn ihr der Himmel verwehrt war, so wurde sie in der Hölle geheiligt. Daß zudem das Wort Amor die umgekehrte Schreibung von Roma war, schien den Gegensatz wunderbar auf den Begriff zu bringen.

Worin aber lag nun die besondere Eigenheit dieser neuartigen Liebe, die weder *agape* noch *eros* war, sondern *amor*?

Streitgefechte der Troubadours hierüber waren ein Lieblingsthema ihrer Lieder. Die treffendste Definition gelang einem der Angesehensten aus ihrem Kreis, Guiraut de Borneilh, und ist in einer seiner Strophen überliefert, worin er sagt, daß *amor* als Frucht der *Augen* und des *Herzens* wählerisch auf das Persönliche und Besondere sieht.

Wohlgemerkt: Eine solche edle Liebe ist *nicht* wahllos. Sie verfährt nicht nach dem Grundsatz: Liebe deinen Nächsten wie dich selbst, ganz gleich wer er sein mag. Sie ist nicht *agape*, Nächstenliebe oder Mitleid, und sie ist auch keine Äußerung eines allgemeinen sexuellen Begehrens, das genauso wahllos ist. Sie ist also weder im Himmel noch in der Hölle daheim, sondern auf Erden, und sie entspringt der Seele eines besonderen Individuums und speziell der Vorliebe seiner Augen. Seine Augen erblicken ein anderes besonders Individuum, und ihr Bild wird an sein Herz weitergetragen, das allerdings (wie wir aus anderen Zeugnissen jener Zeit erfahren) ein „edles" oder „vornehmes" Herz und fähig sein muß, Liebe, *amor*, zu empfinden und nicht bloß Begierde.

Wie sieht nun eine Liebe aus, die die Frucht einer solchen Haltung ist?

Sowohl in der nahöstlichen als auch der indischen Variante der orientalischen erotischen Mystik wird die Frau als eine Möglichkeit für den Liebenden begriffen, Tiefen jenseits der Tiefen transzendenter Erleuchtung zu erleben – ganz in der Weise, wie Dante Beatrice verehrte. Nicht so bei den Troubadours. Für sie war die Geliebte eine Frau, nicht die Manifestation irgendeines göttlichen Prinzips, und zwar ganz konkret *diese* Frau. Die Liebe galt *ihr*. Und die besungene Erfahrung war eine irdische Liebesqual, die dadurch entstand, daß die Vereinigung der Liebe auf dieser Erde niemals vollkommen verwirklicht werden kann. Die Lust der Liebe liegt im Vorgeschmack der Ewigkeit, der Schmerz der Liebe im Verfliegen der Zeit – Gottfrieds „süße Bitterkeit" und „liebes Leid" sind von ihrem Wesen. Für solche, die „kein Leid ertragen können und immer nur in Freude leben wollen", ist der ambrosische Trank dieses größten Lebensgeschenks ein zu starker Tropfen. Gottfried erhob die Liebe gar zur Göttin und führte sein verwirrtes Liebespaar zu ihrer Kapelle in der Wildnis, die man *der minnenden hol*, „Grotte der Liebenden", nannte und wo anstelle eines Altars das prächtige kristallene Bett der Liebe stand.

Aber die am tiefsten zu Herzen gehende Stelle in Gottfrieds Fassung der Sage ist für mich die Szene, mit der Wagner seine Oper beginnen läßt: als nämlich das junge Paar auf der Überfahrt von Irland unwissentlich den Minnetrank zu sich nimmt und die beiden nun allmählich der Liebe gewahr werden, die seit einiger Zeit still in ihren Herzen herangereift ist. Brangaene, die treue Dienerin, die versehentlich das verhängnisvolle Glas unbeobachtet gelassen hatte, macht ihnen die schreckliche Eröffnung:

„‚O weh', antwortete sie, ‚dieses Glas
und der Trank, der darin war,
kostet euch beide das Leben!'..."

Worauf ihr erwidert wird:

„‚Das walte Gott', sagte Tristan.
‚Ob Tod oder Leben:
Es hat mich angenehm vergiftet.
Ich weiß nicht, wie der andere Tod ist;

dieser jedenfalls gefällt mir gut.
Wenn die herrliche Isolde
immer so mein Tod sein soll,
dann will ich mich mit Vergnügen bemühen
um einen ewigen Tod."'[12]

Brangaene hatte nur den leiblichen Tod gemeint, jedoch Tristans Bemerkung über „dirre tôt" bezog sich auf die Ekstase seiner Liebe und die über „ein êweclîchez sterben" auf eine Ewigkeit in der Hölle – was für einen Katholiken im Mittelalter nicht bloß eine blumige Redensart war.

Ich muß an die islamische Darstellung Satans denken, des großen Liebenden Gottes in Gottes Hölle. Auch werfen diese Worte Tristans ein Licht auf jene Szene in Dantes *Inferno,* wo der Dichter beschreibt, wie er den Ring der Wollüstigen durchschreitet, und erzählt, er habe dort die umhergewirbelten, schreienden Seelen der sämtlichen höchstberühmten Liebenden der Geschichte erblickt, die von einem Höllensturm an ihm vorbeigetragen wurden: Semiramis, Helena, Kleopatra, Paris und – jawohl, auch Tristan. Er erzählt, wie er dort mit Francesca da Rimini, Arm in Arm mit ihrem Schwager Paolo, gesprochen und sie gefragt habe, was die beiden denn in diese Ewigkeit des Schreckens gestürzt hätte; woraufhin sie ihm berichtete, wie sie gemeinsam die Geschichte von Guinevere und Lancelot gelesen, sich an einer bestimmten Stelle gegenseitig in die Augen geschaut und sich am ganzen Leibe zitternd geküßt und an jenem Tage nicht mehr in dem Buch weitergelesen hätten.[13] Wenn ich mir diese Stelle im Lichte von Tristans freudiger Bejahung eines ewigen Todes vor Augen führe, so muß ich mich fragen, ob Dante wirklich ganz im Recht gewesen sein konnte, wenn er den Zustand der Seelen in der Hölle als völlig trostlose Qual betrachtete. Sein Standpunkt war der eines Außenseiters, und zwar außerdem eines, dessen eigene Liebe ihn vorwärts und empor zum Gipfel des höchsten Himmels trug. Paolo und Francesca dagegen standen inmitten einer ungleich feurigeren Leidenschaft, über deren fruchtbare Lust uns ein Wort William Blakes Aufschluß geben kann, eines anderen Visionärs, der in *The Marriage of Heaven and Hell (Die Vermählung von Himmel und Hölle)* schreibt: „Als ich durch die Feuer der Hölle wanderte, entzückt von den Genüssen des Genius, die den Engeln als Pein und Wahnsinn erscheinen..."[14] Denn es steht mit der Hölle wie mit dem Himmel: Wenn du erst einmal da bist, dann bist du dort auch richtig, das heißt letzten Endes genau dort, wo du wirklich hinwillst.

Die gleiche Auffassung hat auch Jean-Paul Sartre in seinem Stück *Huis Clos (Bei geschlossenen Türen)* vertreten, dessen Schauplatz ein im Second-Empire-Stil spärlich eingerichteter Hotelsalon in der Hölle mit einer Statuette von Eros auf dem Kaminsims ist. In dieses Einzelzimmer werden drei Dauergäste von einem Kellner geführt, einer nach dem anderen.

Der erste, ein pazifistischer Journalist mittleren Alters, ist eben in dieser Minute als Deserteur erschossen worden, und sein Stolz lechzt nun danach, daß man ihm sagt, sein Versuch, nach Mexiko zu fliehen und dort eine pazifistische Zeitschrift herauszugeben, sei heroisch gewesen – er sei kein Feigling. Dann wird als zweite eine Lesbierin hereingeleitet, die dabei ums Leben gekommen ist, als eine junge, verheiratete Frau, die von ihr verführt worden war, in ihrer Wohnung heimlich den Gashahn aufdrehte und zusammen mit ihr im Bett erstickte. Diese kalte Intellektuelle empfindet sofort Verachtung für den Schwächling, mit dem sie dort nun für alle Zeit zusammen sein soll, und macht ihm in seiner Not nicht den geringsten Mut. Das kann die nächste und letzte Eintretende genauso wenig, eine mannstolle junge Person, die ihr uneheliches Kind ertränkt und ihren Liebhaber zum Selbstmord getrieben hat.

Diese zweite Frau zeigt natürlich sogleich Interesse an dem Mann, aber der braucht keine Leidenschaft, sondern Mitleid. Die Lesbierin vereitelt jeden Versuch, den sie unternehmen, um zu einer Art Einvernehmen zu gelangen, und macht sich unterdessen auf ihre Art an die andere Frau heran, die daran weder Interesse hat, noch auch nur begreift, was sie eigentlich will. Als diese so großartig zusammenpassenden drei mit ihren hartnäckigen Ansprüchen aneinander an einem solchen äußersten Frustrationspunkt angelangt sind, daß eine Flucht – in welcher Form auch immer – das einzige zu sein scheint, was jemand in einer solchen Lage wollen könnte, da springt die zuvor abgeschlossene Tür ihres Zimmers auf und zeigt die himmelblaue Leere draußen – und keiner geht. Die Tür schließt sich wieder, und sie sind nun für immer in ihrer selbstgewählten Zelle eingesperrt.

So ziemlich dasselbe sagt Bernard Shaw im III. Akt seines Stücks *Man and Superman (Mensch und Übermensch)*, in jener köstlichen

Szene, in der eine kleine, alte Dame, eine treue Tochter der Kirche, davon in Kenntnis gesetzt wird, daß die Landschaft, durch die sie frohgemut schlendert, nicht im Himmel, sondern in der Hölle ist. Sie ist entrüstet. „Ich sage Ihnen, Sie Elender, ich weiß bestimmt, daß ich nicht in der Hölle bin", beharrt sie, und zwar: „Weil ich keinen Schmerz fühle."[15] Nun, wenn sie mag, kann sie ohne weiteres über den nahegelegenen Hügel in den Himmel spazieren, wird ihr gesagt. Aber sie wird zugleich gewarnt, daß Leute, die sich in der Hölle wohlfühlen, die Anstrengungen des Aufenthalts dort erfahrungsgemäß unerträglich finden. Es gibt ein paar – die meisten davon Engländer –, die trotzdem dort bleiben, nicht etwa weil sie glücklich sind, sondern weil sie meinen, sie seien das ihrem Rang, nun im Himmel zu sein, schuldig. „Wenn ein Engländer sich unbehaglich fühlt", erklärt ihr der Teufel, „so glaubt er, er sei moralisch."[16] Dieser treffende Shawsche Seitenhieb bringt mich nun zu meinen abschließenden Gedanken über das Thema dieses Kapitels.

Die Sage vom Heiligen Gral war es, in der symbolisch das Heilungswerk dargestellt wurde, durch das die zwischen Ehre und Liebe zerrissene Welt, wie sie in der Tristansage geschildert wird, von ihrer Unschlüssigkeit genesen sollte. Die unerträgliche geistige Wirrnis jener Zeit fand in dieser hochsymbolischen Geschichte ihren Ausdruck im Bild eines „wüsten Landes" – desselben Bildes, das auch T. S. Eliot in seinem gleichnamigen, 1922 veröffentlichten Gedicht übernahm, um den Zustand unserer eigenen aufgewühlten Zeit zu kennzeichnen. In jener Epoche der kirchlichen Despotie wurde jede natürliche Regung als verderbt gebrandmarkt, und das allein zulässige Mittel zur „Erlösung" bestand in den Sakramenten, die von einer erst wirklich verderbten geistlichen Obrigkeit gespendet wurden. Die Menschen wurden gezwungen, Glaubenslehren zu bekennen und zu befolgen, die in Wirklichkeit gar nicht unbedingt die ihren waren. Die auferlegte Sittenordnung hatte den Vorrang gegenüber den Forderungen der Wahrheit und der Liebe. Die Qualen der Hölle wurden auf Erden durch die Folterungen von Ehebrecherinnen, Häretikern und anderen Übeltätern vor Augen geführt, wenn diese auf öffentlichen Plätzen geviertelt oder verbrannt wurden. Jede Hoffnung auf ein besseres Los verstieg sich in jene himmlischen Höhen, von denen Gottfried mit solcher Geringschätzung gesprochen hatte, wo diejenigen, die kein Leid ertragen konnten, immer nur in Freude leben wollten.

In der Gralssage, wie sie Gottfrieds großer Zeitgenosse und führender dichterischer Rivale Wolfram von Eschenbach in seinem *Parzival* wiedergibt, wird diese Verwüstung der christlichen Welt symbolisch auf die schreckliche Verletzung des jungen Gralskönigs Anfortas zurückgeführt, dessen Name „Unfestigkeit" bedeutet, und die entscheidende Tat, die man sich von dem ersehnten Gralsritter erhoffte, war die Heilung dieses gräßlich verwundeten Jünglings. Anfortas hatte das hohe Amt des Hüters über dieses erhabenste Symbol des geistigen Lebens bezeichnenderweise nur geerbt und sich nicht rechtmäßig verdient. Er hatte sich, mit anderen Worten, für seine Rolle nicht wirklich würdig erwiesen, sondern besaß stattdessen noch immer die natürliche Lebhaftigkeit der Jugend. Wie alle edlen Jünglinge jener Zeit ritt auch er eines Tages mit dem Schlachtruf „*Amor!*" auf den Lippen aus der Gralsburg aus. Sogleich traf er auf einen heidnischen Ritter aus einem Land unweit von dem umfriedeten Paradiesgarten, einen Ritter, der auf die Suche nach dem Gral ausgeritten war und dessen Namen in seine Lanzenspitze eingeritzt hatte. Die zwei legten die Lanzen an, ritten gegeneinander, und der heidnische Ritter fiel. Aber seine Lanze mit dem eingeschriebenen Namen des Grals darauf hatte den jungen König bereits entmannt, und ihre abgebrochene Spitze blieb in der peinigenden Wunde stecken.

Dieses Unglück war im Wolframs Augen ein Symbol für die Trennung von Geist und Natur in der christlichen Welt: für die Schmähung der Natur als verderbt, für die Anmaßung einer angeblich *über*natürlich begnadeten Obrigkeit und für die daraus folgende tatsächliche Schändung der Natur wie auch der Wahrheit. Die Heilung des verstümmelten Königs konnte also nur ein unverdorbener, *natürlich* begnadeter Jüngling vollbringen, der aufgrund der wirklich geleisteten Arbeit und Erfahrung seines eigenen Lebens die höchste Krone verdiente und der von einem Geist unerschrockener edler Liebe, standhafter Treue und spontanen Mitleids bewegt wurde. Ein solcher Mensch war Parzival. Und obwohl wir auf diesen wenigen Seiten keinen Überblick über den ganzen symbolhaften Verlauf seines Lebens geben können, so läßt sich doch anhand von vier Hauptepisoden genug sagen, um den Kernpunkt der Heilsbotschaft des Dichters anzudeuten.

Der edle Jüngling war von seiner verwitweten Mutter in einem Wald abseits der höfischen Welt aufgezogen worden, und erst als er einmal durch einen Zufall eine kleine Schar fahrender Ritter erblickte, die auf einer Verfolgung an seinem Anwesen vorbeiritten, erfuhr er von der Ritterschaft, verließ seine Mutter und machte sich auf den Weg zu König Artus' Hof. Seine Erziehung in höfischem Benehmen und ritterlicher Kampfkunst empfing er von Gurnemanz, einem alten Fürsten, der seine augenfällige Begabung bewunderte und ihm seine Tochter zur Ehe anbot. Parzival aber dachte: „Meine Frau darf mir nicht einfach zufallen, ich muß sie mir *verdienen!*" Und so lehnte er höflich die Gabe ab und ritt, wieder allein, davon.

Er ließ die Zügel locker am Hals seines Streitrosses hängen und wurde so durch den Willen der Natur (seines Reittiers) zu der belagerten Burg der verwaisten und mit ihm gleichaltrigen Königin Kondwiramurs *(conduire amour)* geführt, die er am nächsten Tag heldenhaft vor den unerwünschten Anschlägen eines Königs rettete, der gehofft hatte, ihr Lehensgut durch Gefangennahme und Heirat dem seinen hinzufügen zu können. Diese liebreizende junge Königin sollte die Frau werden, die er sich verdient hatte – und da war kein Priester, der die Trauung vollzog. Hier also lautet die Heilsbotschaft des Dichters Wolfram, daß edle Liebe allein die Ehe heiligt und daß eheliche Treue nur die Bekräftigung der Liebe ist.

Die zweite These, die der Dichter daraufhin aufstellt, besagt, daß der Wille der menschlichen Natur durch das Erreichen des höchsten geistigen Zieles, für das der Gral im Mittelalter als Symbol stand, erfüllt und nicht etwa überwunden oder vergeistigt würde. Denn erst *nachdem* Parzival den normalen weltlichen Forderungen seiner Zeit – durch ritterliche Taten und durch Heirat – Genüge getan hatte, wurde er ohne jede Vorwarnung oder Absicht in das unvorhergesehene und unvorhersehbare Abenteuer von höherer geistiger Art verwickelt, das die Gralsburg und die wunderbare Heilung ihres Königs symbolisieren. Ein mystisches Gesetz bestimmte den Gang des Abenteuers, und es verlangte, daß der Held, der es bestehen wollte, keine Ahnung von der gestellten Aufgabe oder den Regeln haben durfte, sondern alles von sich aus getreu der Regung seiner Natur vollbringen mußte. Die Burg würde wie eine Vision vor ihm auftauchen. Die Zugbrücke würde herabgelassen und er würde hinüberreiten und freudig willkommen geheißen werden. Und wenn der verstümmelte König auf seiner Bahre in den prächtigen Saal getragen würde, so erwartete man nichts anderes von ihm, als daß er ihn fragte, was ihm fehle. Die Wunde würde auf der Stelle heilen, das wüste Land würde grünen und der rettende Held selbst zum König erhoben werden. Bei seiner ersten Ankunft und Bewirtung jedoch verhielt sich Parzival höflich zurückhaltend, obgleich ihn Mitleid rührte, denn Gurnemanz hatte ihn gelehrt, daß ein Ritter keine Fragen stelle. Er ließ also zu, daß die Sorge um sein gesellschaftliches Ansehen die Regung seiner Natur unterdrückte – und genau das tat natürlich jeder damals und war die Ursache dafür, daß alles im Argen lag.

Ich muß nun diese lange und wunderbare Geschichte leider ganz kurz fassen: Weil der junge, schlecht beratene Ritter dem Gebot seines Herzens zuwider gehandelt hatte, wurde er daraufhin verhöhnt, gedemütigt, verflucht, verlacht und aus dem Umkreis des Grals verbannt. Er war über das, was sich zugetragen hatte, so beschämt und fassungslos, daß er Gott bitterlich verdammte, weil er meinte, er sei böswillig getäuscht worden. Jahrelang ritt er auf seiner verzweifelten, einsamen Suche umher, um wieder Einlaß in die Gralsburg zu erlangen und ihren leidenden König zu erlösen. Ja selbst nachdem er von einem Waldeinsiedler erfahren hatte, daß nach dem göttlichen Gesetz jenes Zauberbanns keiner die Burg finden würde, der sie suchte, und keiner, der einmal versagt hatte, jemals eine zweite Gelegenheit bekommen sollte, ließ der entschlossene Jüngling nicht ab, denn ihn trieb das Mitleid für den schrecklich verwundeten König, der durch sein Versagen weiter solche Qualen litt.

Daß er am Schluß doch siegreich sein sollte, war aber ironischerweise die Folge seiner Treue zu Kondwiramurs und seiner Furchtlosigkeit im Kampf und nicht seines verstockten Vorsatzes, die Burg wiederzufinden. Der unmittelbare Anlaß dazu war ein großes und glanzvolles Hochzeitsfest mit so mancher schönen Dame hier und da und allerlei elegantem Getändel zwischen farbenprächtigen Zelten, von dem er fortritt – nicht aus moralischer Entrüstung, sondern weil er Kondwiramurs Bild in seinem Herzen trug (die er in all den grausamen Jahren seines unerbittlichen Suchens nicht zu Gesicht bekommen hatte) und sich daher nicht dazu bewegen konnte, an irgendwelchen Vergnügungen jenes herrlichen festlichen Ereignisses teilzunehmen. Er ritt allein davon. Und er war noch nicht weit geritten, da kam aus einem nahgelegenen Wald ein strahlender islamischer Ritter auf ihn zu und griff ihn an.

Parzival wußte schon seit einiger Zeit, daß er einen älteren Halbbruder hatte, einen Moslem, und er war es, der ihn nun angriff. Sie prallten aufeinander und lieferten sich ein hitziges Gefecht. „Ich muß aus gutem Herzen klagen über ihren Kampf", schrieb Wolfram, „weil *ein* Leben und *ein* Blut sich einander so unhold erwiesen – waren sie doch beide *eines* Mannes Söhne, der ein Fundament war der geläuterten Treue.... Man kann wohl sagen: so stritten ‚sie', wenn man sie beide ‚zwei' nennen will. Aber sie waren beide nur einer. Mein Bruder und ich, das ist ebenso *ein* Leben wie der gute Mann und sein gutes Weib."[17] Die Kampfszene ist eine verwandelte Wiederholung des Zusammentreffens von Anfortas mit dem Heiden. Hier jedoch zerbarst Parzivals Schwert auf dem Helm des anderen. Der Moslem warf seine eigene Klinge fort, da er es verschmähte, einen wehrlosen Ritter zu ermorden, und die zwei setzten sich nieder, worauf es zwischen ihnen zu einem Erkennen kam.

Diese gefährliche Begegnung stellt deutlich eine allegorische Anspielung auf die zwei gegensätzlichen Religionen der Zeit, Christentum und Islam, dar, sozusagen „zwei edle Söhne eines Vaters". Und als die zwei Brüder ganz einig miteinander sind, erscheint wunderbarerweise eine Gralsbotin und lädt *beide* auf die Burg ein – was in einem christlichen Werk aus der Zeit der Kreuzzüge ein sicherlich bemerkenswertes Detail ist! Der verwundete König wird geheilt, Parzival nimmt seinen Platz ein, und der Moslem freit die Gralsjungfrau (deren reine Hände allein das symbolische Gefäß getragen haben) und reist mit ihr in seine orientalische Heimat ab, um dort in Wahrheit und Liebe zu herrschen. Er soll dort (wie es im Text heißt) „dem Volke zum Rechte helfen".[18]

Aber diesen wundervollen *Parzival* Wolframs von Eschenbach muß man einfach gelesen haben. Durch Witz und Heiterkeit unterscheidet er sich in Geist und Aussage völlig von dem pompösen Opus Richard Wagners. Er ist eines der reichhaltigsten, größten und kulturell hochstehendsten Werke des europäischen Mittelalters und außerdem als ein Denkmal der welterlösenden Kraft der Liebe in allen ihren Formen vielleicht die größte Liebesgeschichte aller Zeiten.

Ich möchte mich nun zum Abschluß einem Autoren unserer Tage zuwenden, Thomas Mann, der bereits in seiner ersten Novelle, *Tonio Kröger,* die Liebe als das bändigende Prinzip seiner Kunst darstellte.

Der junge norddeutsche Held dieser Geschichte, dessen Mutter eine Frau von „exotischem Blut" war, spürte, daß er sich von seinen blauäugigen, blonden Spielgefährten nicht nur der äußeren Erscheinung, sondern auch dem Temperament nach unterschied. Es lag ein seltsam wehmütiger Zug intellektueller Verachtung in der Art, wie er sie ansah, aber auch Neid vermischt mit Bewunderung und Liebe. Ja, in seinem geheimen Herzen gelobte er ihnen allen ewige Treue – vor allem einem gewissen Hans mit blauen Augen und gewinnendem Wesen und der schönen, blonden Ingeborg, die für ihn auf eine unwiderstehliche Art den Reiz frischer Menschenschönheit und jugendlichen Lebens verkörperten.

Als er erwachsen geworden war, verließ Tonio den Norden, um sein Glück als Schriftsteller zu machen, zog in eine Stadt im Süden und lernte dort eine junge Russin mit dem Namen Lisaweta und ihren „Kreis von geistreichen Leuten" kennen. Er fühlte sich jedoch unter diesen Kritikern und Verächtern menschlicher Normalität nicht mehr daheim, als er sich vordem in der Gesellschaft gefühlt hatte, der ihr Hohn galt. So stand er zwischen zwei Welten – „ein verirrter Bürger", wie er sich selbst bezeichnete. Und als er diesem zweiten Schauplatz seines Lebens den Rücken kehrte, schrieb er eines Tages der kritischen Lisaweta eine Art Manifest in Brieform, worin er sein Selbstverständnis als Künstler darlegte.

Er hatte erkannt, daß das rechte Wort, *le mot juste,* verwunden, ja töten kann. Doch ein Schriftsteller muß es sich zur Pflicht machen, genau zu beobachten und zu benennen und damit zu verwunden und möglicherweise sogar zu töten. Denn was der Schriftsteller derart beschreibend benennt, sind zwangsläufig Unvollkommenheiten. Vollkommenheit im Leben gibt es nicht, und wenn es sie gäbe, so wäre sie nicht liebenswert, sondern staunenswert, vielleicht sogar langweilig. Der Vollkommenheit fehlt das Persönliche. (Alle Buddhas, heißt es, sind vollkommen, und daher sind sie sich gleich. Indem sie die Befreiung von den Unvollkommenheiten dieser Welt erlangt haben, haben sie sie auf Nimmerwiedersehen verlassen. Die Bodhisattvas jedoch, die hier ausharren, sehen das Leben und Treiben dieser unvollkommenen Welt mit Augen voll Tränen des Mitleids an.) Halten wir fest, was auch der Kerngedanke Thomas Manns zu dieser Frage ist: Das Liebenswerte an jedem Menschen sind eben seine Unvollkommenheiten. Für sie muß der Schriftsteller die rechten Worte finden und diese wie

Pfeile ins Schwarze senden – aber mit einem Balsam versehen, dem Balsam der Liebe an jeder Pfeilspitze. Denn das Schwarze, die Unvollkommenheit, ist gerade das Persönliche, Menschliche, Natürliche am anderen und der Nabel seines Lebens.

„Ich bewundere", so schrieb Tonio Kröger seiner intellektuellen Freundin, „die Stolzen und Kalten, die auf den Pfaden der großen, der dämonischen Schönheit abenteuern und den ‚Menschen' verachten, – aber ich beneide sie nicht. Denn [und hier schickt er sein eigenes Geschoß ab] wenn irgend etwas imstande ist, aus einem Literaten einen Dichter zu machen, so ist es diese meine Bürgerliebe zum Menschlichen, Lebendigen und Gewöhnlichen. Alle Wärme, alle Güte, aller Humor kommt aus ihr, und fast will mir scheinen, als sei sie jene Liebe selbst, von der geschrieben steht, daß einer mit Menschen- und Engelszungen reden könne und ohne sie doch nur ein tönendes Erz und eine klingende Schelle sei."[19]

Thomas Mann gab diesem Prinzip den Namen „erotische" oder „plastische Ironie", und es war über die weiteste Strecke seiner künstlerischen Laufbahn das Leitprinzip seines Schaffens. Das unerbittliche Auge spürt auf, der Verstand benennt, das Herz öffnet sich mitleidsvoll; und die Lebenskraft eines jeden Herzens, das das Leben liebt, erweist, bewährt und bemißt sich schließlich an seiner Fähigkeit, alles, was vom Auge wahrgenommen und vom Verstand benannt wurde, mit solchem Mitleid aufzufassen. In seinem Brief an die Römer schreibt Paulus: „Denn Gott hat alle beschlossen unter den Unglauben, auf daß er sich aller erbarme" (Röm 11,32).

Darüber hinaus dürfen wir sicher sein, daß das Leben jeden von uns letztlich auf die Probe stellen wird, ob er solcher Liebe wirklich fähig ist – wie es zu seiner Zeit Thomas Mann auf die Probe stellte, dem sich sein blauäugiger Hans und seine blonde Ingeborg unter Hitler in Wesen verwandeln, die er nur als entartete Ungeheuer bezeichnen und beschreiben konnte.

Wie verhält man sich in einer solchen Prüfung?

Paulus hat gesagt: „Sie (die Liebe) verträgt alles" (1. Kor 13,7). Wir kennen auch das Wort Jesu: „Richtet nicht, auf daß ihr nicht gerichtet werdet" (Mt 7,1). Und von Heraklit gibt es die Aussprüche: „Für Gott ist alles schön und gut und gerecht; die Menschen aber haben das eine als ungerecht, das andere als gerecht angenommen."[20] „Und Gut und Übel ist eins."[21]

Hierin liegt ein tiefes und schreckliches Geheimnis, das wir vielleicht nicht verstehen können, möglicherweise auch gar nicht verstehen wollen, mit dem wir uns aber doch vertraut machen müssen, wenn wir eine solche Prüfung bestehen wollen. Denn die Liebe ist gerade so stark wie das Leben. Wenn das Leben etwas hervorbringt, was der Verstand „böse" nennt, so können wir dagegen „redlichen Sinns" in den gerechten Kampf ziehen. Wenn wir jedoch dabei das Prinzip der Liebe fahren lassen (Christi „Liebet eure Feinde!"), so lassen wir damit auch unsere Menschlichkeit fahren.

„Der Mensch darf", mit den Worten des amerikanischen Schriftstellers Hawthorne, „auch dem Schuldigsten nicht sein Bruderrecht aberkennen."[22]

IX
Mythologien des Krieges und des Friedens

ES IST AUS EINEM EINLEUCHTENDEN GRUND VIEL LEICHTER, Beispiele für Kriegsmythologien zu nennen als für Friedensmythologien, denn abgesehen davon, daß der Konflikt zwischen Gruppen den Menschen von jeher normal vorgekommen ist, muß man der grausamen Tatsache ins Auge sehen, daß Töten eine Vorbedingung für jede Art von Leben ist: Das Leben lebt auf Kosten des Lebens, es verzehrt Leben und würde andernfalls gar nicht sein. Für manche ist diese schreckliche Notwendigkeit von Grund auf unannehmbar, und solche Menschen haben von Zeit zu Zeit Mythologien von einem Weg zu immerwährendem Frieden in die Welt gesetzt. Sie gehörten jedoch für gewöhnlich nicht zu dem Menschenschlag, der im – von Darwin so genannten – allgemeinen Kampf ums Dasein überlebte. Vielmehr waren sie es, die sich mit der Natur des Lebens auf dieser Erde abfanden. Schlicht und einfach gesagt, haben die Nationen, Stämme und Völker, die auf Kriegsmythologien getrimmt wurden, überlebt und konnten ihre Überlebensstrategien in mythischer Form an ihre Nachkommen weitergeben.

Bei dem weiten, weiten Rückblick, den die jüngsten paläologischen Forschungen und Funde gestatten, hat man jetzt den Eindruck, daß es im urzeitlichen Ostafrika, wo die frühesten Spuren menschlichen Lebens zum Vorschein gekommen sind, bereits in den Anfängen vor wenigstens 1,8 Millionen Jahren zwei deutlich unterschiedliche Arten von Hominiden (Menschenartigen) auf dieser Erde gegeben hat. Der eine, den sein Entdecker Professor L. S. B. Leakey Zinjanthropus taufte, scheint ein Pflanzenfresser gewesen zu sein. Seine Linie ist ausgestorben. Der andere, den Leakey Homo habilis, „(technisch) begabter oder fähiger Mensch", nannte, war ein Fleischfresser, der vom Töten lebte und Werkzeuge und Waffen herstellte.

„Der Mensch", schrieb Oswald Spengler, „ist ein Raubtier."[1] Das ist einfach eine Tatsache der Natur. Und auch dies ist eine Tatsache: daß im ganzen Tierreich Raubtiere im Vergleich zu ihrer pflanzenfressenden Beute im allgemeinen nicht nur die Stärkeren, sondern auch die Intelligenteren sind. Heraklit erklärte den Krieg zum Vater aller Dinge, oder um es noch einmal mit den Worten Spenglers zu sagen: ,,Wer den Mut nicht hat, Hammer zu sein, findet sich mit der Rolle des Ambosses ab."[2] Manch eine empfindsame Seele hat deshalb die Natur unausstehlich gefunden und als Reaktion auf diese unliebsame Wahrheit die Lebenstüchtigsten samt und sonders als ,,sündhaft", ,,böse" oder ,,abstoßend" heruntergemacht; als Gegenideal hat sie das Vorbild dessen hingestellt, der die andere Backe hinhält und dessen Reich nicht von dieser Welt ist. So kommt es, daß man letzten Endes im großen geschichtlichen Überblick zwei radikal entgegengesetzte Grundmythologien ausmachen kann: Die eine bejaht und will diese gräßliche Vorbedingung alles irdischen Lebens und von der anderen wird sie verneint.

Wenn wir uns den primitiven Mythologien der schriftlosen Völker dieser Erde zuwenden, so stellen wir sofort fest, daß sie ausnahmslos von der ersten, bejahenden Art sind. Mir ist kein einziges primitives Volk auf der Welt bekannt, daß den Streit verwirft oder verachtet oder den Krieg als etwas absolut Böses hinstellt. Die großen Jägerstämme töten fortwährend Tiere, und da die Fleischvorräte begrenzt sind, kommt es zwangsläufig zu Zusammenstößen zwischen den Angehörigen der rivalisierenden Gruppen, die hinter denselben Herden her sind. Jägervölker sind in der Regel Kriegervölker, und damit nicht genug, ergötzen sich auch noch viele am Kampf und machen aus einem Feldzug ein Bravourstück. Die Riten und Mythen solcher Stämme sind für gewöhnlich von dem Gedanken getragen, daß es in Wirklichkeit gar keinen Tod gibt. Wenn das Blut eines geschlachteten Tieres dem Erdboden wiedergegeben wird, so trägt es die Lebensessenz zur Wiedergeburt zurück zur Mutter Erde, und dasselbe Tier wird im nächsten Jahr wiederkehren, um abermals seinen irdischen Leib darzubringen. Die jagdbaren Tiere werden auf diese Weise als willige Opfer betrachtet, die ihre Leiber den Menschen unter der Bedingung überlassen, daß entsprechende Riten vollzogen werden, um die Lebensessenz ihrer Quelle zurückzugeben. Ebenso werden nach kriegerischen Auseinandersetzungen besondere Rituale aufgeführt, um die Seelen der Erschlagenen zu besänftigen und sie ins Land der Geister zu entlassen.

Zu solchen Zeremonien können auch Riten gehören, um die Kriegswütigkeit und das Schlachtenfieber derjenigen zu dämpfen, die getötet haben. Denn das ganze Geschäft des Tötens gilt als sehr gefahrvoll, ob es sich dabei nun um Tiere oder um Menschen handelt. Einerseits droht die Gefahr der Rache von seiten des getöteten Menschen oder Tieres, und andererseits besteht die ebenso große Gefahr, daß den, der getötet hat, die Mordlust packt und er Amok läuft. Zusammen mit den Riten zu Ehren und zur Beschwichtigung der Geister können folglich auch besondere Riten vollzogen werden, um die heimkehrenden Krieger wieder auf die Gepflogenheiten des Lebens daheim einzustimmen.

Eines der ersten Bücher, für das ich als Herausgeber zeichnen durfte, beschrieb eine Navaho-Kriegszeremonie, die begleitet war von einer Reihe von Sandmalereien (bzw. in diesem Fall von „Blütenstaubmalereien", die aus zermahlenen Blütenblättern angefertigt wurden). Das Ganze stellte die Sage von den Zwillingskriegsgöttern der Navahos dar, deren Riten man in den Jahren des Zweiten Weltkriegs auf der Reservation wiederaufleben ließ, um die jungen Navahos, die in die Armee der Vereinigten Staaten eingezogen worden waren, in den Geist des Krieges einzuweihen. Die Zeremonie hieß *Where the Two Came to Their Father* (*Wo die Zwei zu ihrem Vater kamen*). Sie schilderte die Reise der Navaho-Zwillingshelden zum Sitz der Sonne, ihres Vaters, um durch ihn in den Besitz des Zaubers und der Waffen zu gelangen, womit sie die Ungeheuer vernichten wollten, die damals ungehindert in der Welt ihr Unwesen trieben. Es ist nämlich ein Grundgedanke praktisch jeder Kriegsmythologie, daß der Feind ein Ungeheuer ist und daß seine Tötung nur zum Schutz der einzigen wahrhaft tauglichen Ordnung menschlichen Lebens auf Erden geschieht, welche natürlich die des eigenen Volkes ist. In diesem Navaho-Ritus wird der junge Krieger, der die Weihe erhält, mit den jungen Heldengöttern aus mythischer Zeit identifiziert, die damals die Menschheit beschützten, indem sie die Wildnis von giftigen Schlangen, Riesen und anderen Ungeheuern säuberten. Genau hier liegt meiner Meinung nach eines der großen Probleme unserer eigenen vielgeplagten Gesellschaft, daß junge Männer, die dazu erzogen wurden, ihren Platz in den behüteten Gehegen des friedlichen Lebens daheim einzunehmen, wenig oder gar keine psychologische Anleitung erhalten, wenn sie plötzlich zum Krieger geschlagen werden.

Sie sind folglich seelisch nicht dafür gerüstet, der ihnen abverlangten Rolle in diesem uralten Spiel des Lebens gerecht zu werden, und können sich angesichts ihrer unangebrachten Moralgefühle nicht zu einer positiven Haltung durchringen.

Aber nicht alle primitiven Völker sind kämpferisch eingestellt, und wenn wir uns von den jagenden und kriegsführenden Nomaden der Steppen mit ihren wandernden Herden den wesentlich seßhafteren Dorfbewohnern der Tropen zuwenden, die in einer grünen Umwelt leben, wo von jeher Pflanzen und nicht Tiere das Grundnahrungsmittel abgaben, so könnten wir erwarten, eine relativ friedfertige Welt vorzufinden, die wenig oder gar keinen Bedarf an einer Psychologie oder Mythologie des Kriegshandwerks hat. Wie jedoch bereits in früheren Kapiteln erwähnt, herrscht in den ganzen tropischen Breiten ein seltsamer Glaube, der auf der Beobachtung beruht, daß sich in der Pflanzenwelt neues Leben aus der Fäulnis erhebt, daß dem Tod Leben entspringt und daß aus den vermoderten Gewächsen des letzten Jahres neue Pflanzen sprießen. Demgemäß nährt das beherrschende Mythenmotiv vieler Völker aus diesen Regionen die Vorstellung, daß man durch Töten das Leben fördert, und tatsächlich haben sich genau in diesen Teilen der Welt bis auf den heutigen Tag die entsetzlichsten und bizarrsten Menschenopferrituale gehalten, die von dem Gedanken erfüllt sind, daß man tötet, um das Leben anzuregen. In diesen Gegenden blüht auch die Kopfjagd, die von der Grundidee ausgeht, daß ein heiratsfähiger junger Mann erst dann ein Leben zeugen kann, wenn er ein Leben genommen und als Trophäe einen Kopf mit heimgebracht hat. Bei der Hochzeit wird der Kopf dann hoch geehrt, also keinesfalls mit Geringschätzung betrachtet, sondern vielmehr ehrerbietig bewirtet, da er ja den Kindern, die in dieser Ehe nun empfangen und geboren werden sollen, sozusagen die Lebenskraft verleiht.

Was die grausige Aufgabe betrifft, Opfer zum weiteren Gedeihen des Lebens herbeizuschaffen, so besitzen wir dafür ein extremes Beispiel in der Kultur der alten Azteken, die fortwährend Menschen auf ihren zahlreichen Altären hinschlachten zu müssen meinten, weil sonst die Sonne auf ihrer Bahn innehielte, die Zeit stehenbliebe und das Weltall zerfiele. Einfach nur um sich Hunderte und Tausende von Opfern zu besorgen, überzogen die Azteken ihre Nachbarn ständig mit Krieg. Ihre eigenen Krieger hatten die Priesterwürde inne, und der Krieg, der sogar zwischen den Elementen, zwischen Wind und Erde, Wasser und Feuer tobte, war das Prinzip, auf dem ihr Weltall gründete. Die höchste Feier dieses Prinzips war das große Kriegsritual, das sie den Blumenkrieg nannten.

Nun nahm im uralten Nahen Osten, wo etwa vom achten Jahrtausend v. Chr. an zuerst getreideanbauende Gemeinwesen und daraufhin die ersten Städte entstanden, nach und nach eine völlig neue Ordnung des menschlichen Daseins Gestalt an, die nicht auf Sammeln und Jagen, sondern auf Fruchtanbau und -ernte beruhte und für die an erster Stelle die große und gute Mutter Erde als treusorgende Ernährerin galt. Unter den Menschen jener Zeit kamen die Fruchtbarkeitsriten auf, die seitdem die wesentlichen Riten aller Kulturen auf landwirtschaftlicher Grundlage waren – Rituale, die sich um den Pflug, um das Säen und Ernten, um die Spreu und die erste Frucht drehten. Ungefähr während der ersten tausend Jahre ihres Daseins waren diese frühesten Kleinstädte in der Lage, sich ohne Schutzmauern zu halten. Um das sechste Jahrtausend v. Chr. jedoch und noch auffallender während des fünften tauchen den Archäologen zufolge Mauern in jenen Zentren kulturellen Lebens auf, und dadurch wissen wir, daß umherschweifende Kriegervölker begannen, die mittlerweile vergleichsweise reichen Siedlungen der friedlichen und schwer arbeitenden Ackerbauern zu bedrohen und gelegentlich zu überfallen und zu plündern.

Die zwei wichtigsten Räuberrassen in den westlichen Gebieten dieses sich neu herausbildenden Kulturbereiches waren die viehzüchtenden Arier aus den Weidelanden Osteuropas und die Semiten aus dem Süden, der syrisch-arabischen Wüste, mit ihren Ziegen- und Schafherden. Beide waren harte und grausame Kämpfer, und ihre Überfälle auf Dörfer und Städte waren entsetzlich. Das Alte Testament strotzt von Schilderungen, wie friedliche Siedlungen überwältigt, ausgeraubt und völlig zerstört werden. Man stelle sich vor: Die Wächter auf den Türmen erspähen am Horizont eine Staubwolke. Ein Sturm? Nein! Es ist eine Beduinenhorde – und am nächsten Morgen ist in den Mauern dieser Stadt keine Menschenseele mehr am Leben.

Dementsprechend sind die zwei größten Werke der Kriegsmythologie im Westen die *Ilias* und das Alte Testament. Die Griechen der späten Bronze- und frühen Eisenzeit wurden zu Herren der antiken Ägäis, als die Amoriter, Moabiter und die ersten Habiru oder Hebräer gerade Kanaan überrannten. Diese Invasionen ereigneten sich etwa zur gleichen Zeit, und auch die Sagen, die ihre Siege feierten, entstanden gleichzeitig. Außerdem unterschieden sich die grundlegenden mythischen Vorstellungen, die den einen wie den anderen Sagenkorpus beseelten, ebenfalls nicht sehr voneinander. Beide entwarfen das Bild einer Art zweistöckiger Welt mit dem Erd-Geschoß unten und einem Obergeschoß für die göttlichen Wesen. Unten auf dem Erdenplan wurden bestimmte Kriege geführt – nach dem Motto: Die *Unseren* schlagen die *Anderen* –, wobei jedoch der Fortgang dieser Kriege von oben gelenkt wurde. Im Falle der *Ilias* entzweien sich die verschiedenen Gottheiten des polytheistischen Pantheons über ihre Unterstützung der beiden Seiten. Auch dort oben entbrennt der Streit. Poseidon gegen den Willen des Zeus, Athene gegen Aphrodite und zeitweise Zeus gegen Hera. Je nach dem Stand der Auseinandersetzungen zwischen den Göttern droben wendet sich auch das Glück für die Heere unten auf der Erde. Dabei ist es einer der interessantesten Züge der *Ilias,* daß sie zwar zu Ehren der Griechen verfaßt wurde, aber dennoch die Trojaner in weitaus größerem Maße auszeichnet und ehrt. Der edle trojanische Streiter Hektor ist der seelisch vornehmste Held des Epos. Neben ihm ist Achilleus ein Schlächter. Und die zärtliche Episode im sechsten Gesang, wo Hektor von seiner Frau Andromache und seinem kleinen Sohn Astyanax, den die Amme „einem schönen Sterne vergleichbar" auf den Armen trägt, Abschied nimmt und ins Gefecht zieht, ist sicherlich der Gipfel an Menschlichkeit, Güte und wahrer Männlichkeit in dem gesamten Werk.

„Unglückselger, dich tötet dein Mut noch, und du erbarmst dich
Nicht des kleinen Kindes noch meiner, der Armen, die bald wird
Witwe von dir; denn bald schon erschlagen dich die Achäer,
Alle gegen die stürmend."[3]

So klagt die treue Frau, und ihr strahlender Gemahl antwortet ihr:
„Ärmste, du muß nicht zu sehr dich grämen in deinem Herzen,
Gegen das Schicksal wird kein Mann mich zum Hades entsenden.
Doch dem Verhängnis ist noch keiner der Männer entronnen,
Ob gering oder edel, nachdem er einmal geboren."[4]

Und als das kleine Kind ängstlich vor dem blinkenden Helm des Vaters mit dem Busch von Roßhaar zurückschreckt, lacht Hektor herzlich, nimmt ihn ab und setzt ihn schimmernd auf die Erde, küßt darauf seinen Sohn, wiegt ihn in den Armen und spricht für ihn ein Gebet zu Zeus, bevor er geht, um erschlagen zu werden.

Oder man denke an die großartige Tragödie des Aischylos *Die Perser:* Ist es nicht außerordentlich, ein solches Werk kaum zwanzig Jahre, nachdem Aischylos selbst bei Salamis gegen die einfallenden Perser gekämpft hat, in einer griechischen Stadt aufzuführen? Der Schauplatz ist Persien, wo die Königin des Landes und ihr Hof die Rückkehr ihres geschlagenen Königs Xerxes aus dieser Schlacht beratschlagen. Sie ist aus persischer Sicht geschrieben und zeigt, mit was für einem Respekt und großen Einfühlungsvermögen die alten Griechen sogar ihren zu der Zeit schlimmsten Feind betrachten konnten.

Aber wenn wir uns von der *Ilias* und Athen nach Jerusalem und dem Alten Testament wenden, so begegnet uns eine Mythologie mit einem ganz anderen Obergeschloß und einer ganz anderen Macht dort oben: kein polytheistisches Pantheon, das beide Seiten gleichermaßen begünstigt, sondern ein starrsinniger einziger Gott, dessen Sympathien immer nur auf einer Seite sind. Entsprechend wird in diesem Schriftwerk vom Feind, wer er auch immer sein mag, in einer Art und Weise geredet, die in krassem Gegensatz zur griechischen steht und ihn gewissermaßen als Untermenschen erscheinen läßt – nicht als ein „Du" etwa im Sinne Martin Bubers, sondern als eine Sache, ein „Es". Ich habe ein paar charakteristische Passagen ausgewählt, die sicherlich jeder ohne weiteres wiedererkennen wird und die ihm, in diesem Zusammenhang gelesen, zu der Einsicht verhelfen mögen, daß wir auf eine der brutalsten Kriegsmythologien aller Zeiten getrimmt wurden.

Zunächst also folgendes:

> „Wenn dich der Herr, dein Gott, ins Land bringt, in das du kommen wirst, es einzunehmen, und er ausrottet viele Völker vor dir her, die Hethiter, Girgasiter, Amoriter, Kanaaniter, Perisiter, Hewiter und Jebusiter, sieben Völker, die größer und stärker sind als du, und wenn sie der Herr, dein Gott, vor dir dahingibt, daß du sie schlägst, so sollst du an ihnen den Bann vollstrecken. Du sollst keinen Bund mit ihnen schließen und keine Gnade gegen sie üben und sollst dich mit ihnen nicht

verschwägern; eure Töchter sollt ihr nicht geben ihren Söhnen, und ihre Töchter sollt ihr nicht nehmen für eure Söhne. Denn sie werden eure Söhne mir abtrünnig machen, daß sie andern Göttern dienen; so wird dann des Herrn Zorn entbrennen über euch und euch bald vertilgen. Sondern so sollt ihr mit ihnen tun: Ihre Altäre sollt ihr einreißen, ihre Steinmale zerbrechen, ihre heiligen Pfähle abhauen und ihre Götzenbilder mit Feuer verbrennen. Denn du bist ein heiliges Volk dem Herrn, deinem Gott. Dich hat der Herr, dein Gott, erwählt zum Volk des Eigentums aus allen Völkern, die auf Erden sind"(5. Mose 7,1–6).

„Wenn du vor eine Stadt ziehst, um gegen sie zu kämpfen, so sollst du ihr zuerst den Frieden anbieten. Antwortet sie dir friedlich und tut dir ihre Tore auf, so soll das ganze Volk, das darin gefunden wird, dir fronpflichtig sein und dir dienen. Will sie aber nicht Frieden machen mit dir, sondern mit dir Krieg führen, so belagere sie. Und wenn sie der Herr, dein Gott, dir in die Hand gibt, so sollst du alles, was männlich darin ist, mit der Schärfe des Schwerts erschlagen. Nur die Frauen, die Kinder und das Vieh und alles, was in der Stadt ist, und alle Beute sollst du unter dir austeilen und sollst essen von der Beute deiner Feinde, die dir der Herr, dein Gott, gegeben hat. So sollst du mit allen Städten tun, die sehr fern von dir liegen und nicht zu den Städten dieser Völker hier gehören.

Aber in den Städten dieser Völker hier, die dir der Herr, dein Gott, zum Erbe geben wird, sollst du nichts leben lassen, was Odem hat, sondern sollst an ihnen den Bann vollstrecken, nämlich an den Hethitern, Amoritern, Kanaanitern, Perisitern, Hewitern und Jebusitern, wie dir der Herr, dein Gott, geboten hat"(5. Mose 20,10–17).

„Wenn dich nun der Herr, dein Gott, in das Land bringen wird, von dem er deinen Vätern Abraham, Isaak und Jakob geschworen hat, es dir zu geben – große und schöne Städte, die du nicht gebaut hast, und Häuser voller Güter, die du nicht gefüllt hast, und ausgehauene Brunnen, die du nicht ausgehauen hast, und Weinberge und Ölbäume, die du nicht gepflanzt hast –, und wenn du nun ißt und satt wirst, so hüte dich, daß du nicht den Herrn vergißt, der dich aus Ägyptenland, aus der Knechtschaft, geführt hat" (5. Mose 6,10–12).

Und wenn wir nach dem fünften Buch Mose weiterlesen und zum Buch Josua kommen, dem größten aller Kriegsbücher, so stoßen wir auf die Geschichte von der Zerstörung Jerichos, der berühmtesten Geschichte darin. Man blies die Posaunen, die Mauern fielen um. „So eroberten sie die Stadt", lesen wir, „und vollstreckten den Bann an allem, was in der Stadt war, mit der Schärfe des Schwerts, an Mann und Weib, jung und alt, Rindern, Schafen und Eseln.... Aber die Stadt verbrannten sie mit Feuer und alles, was darin war. Nur das Silber und Gold und die kupfernen und eisernen Geräte taten sie zum Schatz in das Haus des Herrn" (Jos 6,20–21.24). Die nächste Stadt war Ai. „Und sie erschlugen sie, bis niemand mehr von ihnen übrigblieb noch entrinnen konnte.... Und alle, die an diesem Tage fielen, Männer und Frauen, waren zwölftausend, alle Leute von Ai" (Jos 8,22.25). „So schlug Josua das ganze Land auf dem Gebirge und im Süden und im Hügelland und an den Abhängen mit allen seinen Königen und ließ niemand übrig und vollstreckte den Bann an allem, was Odem hatte, wie der Herr, der Gott Israels, geboten hatte (Jos 10,40).

Und zwar derselbe Gott, dessen Gebot „Du sollst nicht töten!" unsere heutigen Friedenstauben so häufig im Mund führen.

Dann kommt als nächstes das Buch der Richter, an dessen Ende erzählt wird, wie der Stamm Benjamin zu Frauen kam (Richt 21). Die früheste biblische Hymne, Deboras Siegeslied, ist ein Kriegsgesang (Richt 5). Im ersten Buch der Könige finden wir die durch und durch greulichen Blutbäder, die – natürlich im Namen Jahwes – von Elia und Elisa angerichtet werden. Als nächstes folgen die Reformen Josias (2. Kön 22–23), doch kurz darauf wird Jerusalem selbst von Nebukadnezar, dem König von Babel, belagert und im Jahre 586 v. Chr. eingenommen (2. Kön 25).

Und doch schwebt über all dem das schöne Ideal eines endgültigen und allgemeinen Friedens, der von der Zeit Jesajas an so verlockend durch alle führenden Kriegsmythologien des Westens geisterte. So steht beispielsweise am Schluß von Jesaja 65 das bestrickende und so oft zitierte Bild: „Wolf und Schaf sollen beieinander weiden; der Löwe wird Stroh fressen wie das Rind, aber die Schlange muß Erde fressen. Sie werden weder Bosheit noch Schaden tun auf meinem ganzen heiligen Berge, spricht der Herr" (Jes 65,25). Kurz zuvor hat uns jedoch derselbe Jesaja davon in

Kenntnis gesetzt, wie das Ideal des kommenden Friedens in Wirklichkeit aussehen wird. So müssen wir dort lesen:

„Fremde werden deine Mauern bauen, und ihre Könige werden dir dienen. Denn in meinem Zorn habe ich dich geschlagen, aber in meiner Gnade erbarme ich mich über dich. Deine Tore sollen stets offen stehen und weder Tag noch Nacht zugeschlossen werden, daß der Reichtum der Völker zu dir gebracht und ihre Könige herzugeführt werden. Denn welche Völker oder Königreiche dir nicht dienen wollen, die sollen umkommen und die Völker verwüstet werden. Die Herrlichkeit des Libanon soll zu dir kommen, Zypressen, Buchsbaum und Kiefern miteinander, zu schmücken den Ort meines Heiligtums; denn ich will die Stätte meiner Füße herrlich machen. Es werden gebückt zu dir kommen, die dich unterdrückt haben, und alle, die dich gelästert haben, werden niederfallen zu deinen Füßen und dich nennen ‚Stadt des Herrn', ‚Zion des Heiligen Israels'" (Jes 60,10–14).

Es klang seltsam und nicht wenig bedrohlich und beängstigend, unlängst aus dem Siegesjubel, der in Israel auf den Sechstagekrieg und den Sabbath am siebten Tag folgte, ein Echo dieser selben Töne heraushören zu können. Anders als die griechische ist diese Mythologie durchaus noch sehr lebendig. Um das Bild abzurunden, muß man natürlich sagen, daß auch die Araber *ihre* Kriegsmythologie von Gottes Gnaden haben, denn auch sie sind ihrer Überlieferung zufolge ein Volk aus Abrahams Samen: die Nachkommen Ismaels, seines erstgeborenen Sohnes. Außerdem waren es nach dieser Geschichtsversion, die im Koran bekräftigt wird, Abraham und Ismael, die vor der Geburt Isaaks in Mekka die Ka'aba errichteten, das vereinigende, zentrale Symbol und Heiligtum der gesamten arabischen Welt und des ganzen Islam. Die Araber verehren dieselben Propheten wie die Juden und führen gleichfalls ihre Glaubenslehren auf sie zurück. Sie ehren Abraham, sie ehren Moses. Sehr hoch ehren sie Salomon. Sie ehren auch Jesus als einen Propheten. Mohammed jedoch ist für sie der letzte Prophet, und von ihm, der selbst ein großer Streiter war, stammt ihre fanatische Mythologie vom unerbittlichen Krieg in Gottes Namen.

Der *djihād*, der Auftrag zum Heiligen Krieg, ist ein Programm, das aus gewissen Koranstellen entwickelt wurde, die in der Zeit der großen Eroberungen vom siebten bis zehnten Jahrhundert als bindende Verpflichtung für jeden islamischen Mann ausgelegt wurden, der frei, volljährig, im vollen Besitz seiner geistigen Kräfte und körperlich diensttauglich ist. „Euch ist vorgeschrieben, (gegen die Ungläubigen) zu kämpfen", lesen wir in der zweiten Sure des Koran, Vers 216, „obwohl es euch zuwider ist. Aber vielleicht ist euch etwas zuwider, während es gut für euch ist, und vielleicht liebt ihr etwas, während es schlecht für euch ist. Gott weiß Bescheid, ihr aber nicht."[5] „Für die Sache der Wahrheit zu kämpfen, ist eine der höchsten Formen der Nächstenliebe", kann man in einem Kommentar zu dieser Stelle lesen. „Kann man etwas Kostbareres darbringen als sein eigenes Leben?" Alle Länder, die nicht zum „Gebiet des Islam" *(dār al-Islām)* gehören, müssen erobert werden und gelten daher als „Gebiet des Krieges" *(dār al-harb)*. „Mir ist befohlen", soll der Prophet gesagt haben, „so lange zu kämpfen, bis die Menschen Zeugnis ablegen, daß es keinen Gott außer Gott gibt und daß Mohammed sein Gesandter ist." Demnach muß im Idealfall jeder Moslemfürst wenigstens einmal im Jahr einen Feldzug gegen die Ungläubigen unternehmen. Wo sich dies jedoch als nicht mehr möglich erweist, genügt es, wenn ein wohlgerüstetes Heer für den *djihād* gedrillt und einsatzbereit gehalten wird.

Die Juden, „das Volk des Buches", wie sie in diesem Denken genannt werden, nehmen darin einen besonderen Platz ein, denn sie waren es, die als erste das Wort Gottes empfingen, es dann aber nach Mohammeds Ansicht wiederholt verrieten und von den nachfolgenden Propheten abtrünnig wurden, sie verstießen und sogar ermordeten. Im Koran werden sie des öfteren angesprochen und bedroht, wofür ich hier nur eine Stelle als Beispiel zitieren will, die Verse 4–8 aus der Sure 17 (wobei sich das Wort „wir" im Text stets auf Gott und „Ihr" auf die Juden bezieht, während mit der „Schrift" die Bibel gemeint ist*:

> „Und wir haben für die Kinder Israel in der Schrift die (folgende) Entscheidung getroffen: ‚Ihr werdet zweimal auf der Erde Unheil anrichten, und ihr werdet (dabei) sehr mächtig (und anmaßend) sein. Wenn nun die Drohung vom ersten (Mal) in Erfüllung geht, schicken wir Diener von uns, die über eine gewaltige Kampfkraft verfügen, gegen euch. Sie treiben sich dann (sengend und plündernd) zwischen den Häusern herum.

---

*)Fußnote zu „Schrift" in der hier zitierten Koran-Übersetzung von Rudi Paret: „Oder: im Buch (der Vorherbestimmung) (?)" (A. d. Ü.).

Es ist eine Drohung, die (bestimmt) ausgeführt wird. Hierauf lassen wir euch gegen sie wieder die Oberhand gewinnen, versorgen euch reichlich mit Vermögen und Söhnen und geben euch ein stärkeres Aufgebot. – Wenn ihr Gutes tut, tut ihr es für euch selber. Ebenso wenn ihr Böses tut. – Und wenn die Drohung vom letzten (Mal) in Erfüllung geht, sollen sie euch schlimm mitspielen und die Kultstätte (in Jerusalem) betreten, wie beim ersten Mal, und völlig zugrunde richten, was sie in ihre Gewalt bekommen. Vielleicht wird sich euer Herr (nach alledem wieder?) über euch erbarmen. Wenn ihr euch aber wieder (so) verhaltet (wie vorher), tun (auch) wir es. Und wir haben die Hölle zu einem Gefängnis für die Ungläubigen gemacht.'"[6]

Dies also sind die zwei Kriegsmythologien, die sich bis auf den heutigen Tag im vielumstrittenen Nahen Osten aneinander reiben und noch dazu führen können, daß unser Planet in die Luft fliegt.

Doch kehren wir in Gedanken wieder in die Vergangenheit zurück, deren Fortsetzung unsere Gegenwart ist. Der alte biblische Vorsatz, Jahwe ein Massenopfer darzubringen, indem man alles Leben in einer bezwungenen Ortschaft oder Stadt niedermetzelt, war nur die jüdische Version eines unter den frühen Semiten allgemein geübten Brauches – bei den Moabitern, den Amoritern, den Assyrern und allen anderen. Allerdings scheint um die Mitte des achten Jahrhunderts v. Chr. dem Assyrer Tiglath-Pileser III. (König von 745–727) aufgefallen zu sein, daß in einer eroberten Provinz, in der jedermann erschlagen wird, keiner mehr zum Versklaven übrigbleibt. Falls jedoch welche am Leben bleiben, so rotten sie sich alsbald zusammen, und man hat einen Aufstand niederzuwerfen. Aus diesem Grund erfand Tiglath-Pileser das Verfahren, ganze Völkerschaften von einer Region in eine andere zu verschleppen. Wenn man also eine Stadt eingenommen hatte, so mußte ihre gesamte Einwohnerschaft zu Zwangsarbeit an einem anderen Ort verurteilt und die dortige Bevölkerung in die geräumte Stadt umgesiedelt werden. Die Idee war erfolgreich und setzte sich durch, und nachdem zwei Jahrhunderte ins Land gegangen waren, hatte man die gesamte Bevölkerung des Nahen Ostens von ihren Wohnsitzen vertrieben. Es gab kaum noch eine bodenständige Volksgruppe. Als Israel fiel, wurde das Volk nicht abgeschlachtet, wie es ein halbes Jahrhundert davor sein Los gewesen wäre, sondern es wurde deportiert, und ein anderes Volk (das man später Samariter nannte) wurde herbeigeschafft, um ihr früheres Reich zu bewohnen. Das gleiche geschah, als Jerusalem im Jahre 586 fiel: Die Bevölkerung wurde nicht niedergemetzelt, sondern nach Babel überführt, worüber es in dem berühmten Psalm 137 heißt:

> An den Wassern zu Babel saßen wir und weinten,
>   wenn wir an Zion gedachten.
> Unsere Harfen hängten wir
>   an die Weiden dort im Lande.
> Denn die uns gefangen hielten,
>   hießen uns dort singen
> und in unserm Heulen fröhlich sein:
>   „Singet uns ein Lied von Zion!"
> Wie könnten wir des Herrn Lied singen
>   in fremdem Lande?
> Vergesse ich dich, Jerusalem,
>   so verdorre meine Rechte.
> Meine Zunge soll an meinem Gaumen kleben,
>   wenn ich deiner nicht gedenke,
> wenn ich nicht lasse Jerusalem
>   meine höchste Freude sein.
> Herr, vergiß den Söhnen Edom nicht,
>   was sie sagten am Tage Jerusalems:
>   „Reißt nieder, reißt nieder bis auf den Grund!"
> Tochter Babel, du Verwüsterin,
>   wohl dem, der dir vergilt, was du uns angetan hast!
> Wohl dem, der deine jungen Kinder nimmt
>   und sie am Felsen zerschmettert!

Aber dann kam es ganz plötzlich durch das überraschende Auftauchen und die glänzenden Siege der arischen Perser über jedes Volk des Altertums – außer dem griechischen – vom Bosporus und oberen Nil bis zum Indus zu einer radikalen Umwandlung der ganzen Mythologie des Nahen Ostens. Babel fiel im Jahre 539 v. Chr. an Cyrus den Großen, für den die Herrschaft über ein Weltreich allerdings nicht gleichbedeutend war mit Massakrieren oder Entwurzeln, sondern der gedachte, die Völker in ihre Heimatländer zurückzuführen, ihren Gottesdienst wieder zuzulassen und sie durch einheimische Satrapen ihres Glaubens regieren zu lassen. So wurde er zum ersten König der Könige. Dieser Titel der mächtigen persischen Monarchen wurde bald zum Titel des Herrn, des Gottes Israels selbst, dessen Volk Cyrus seine Stadt wiedergab und das er zum Wiederaufbau seines Tempels ermunterte. In Jesaja 45 wird dieser Heide sogar als ein regelrechter Messias gepriesen: Er ist der gesalbte Diener Jahwes, und das Werk seiner Hände ist in Wirklichkeit das Werk der Hände Jahwes, das zur Rückführung seines Volkes an dessen heilige Stätte geschieht. Und wenn ich das Kapitel recht verstehe, so verheißt es durch den Mund seines Propheten, daß letzten Endes nicht die Perser, sondern das Volk Jahwes selbst im Namen Gottes über die Welt herrschen würde (Jes 45,14–25).

Die echte Mythologie der Perser stammte hingegen nicht von Jesaja, sondern von Zarathustra (griechisch Zoroaster), und da sie einen beträchtlichen Einfluß nicht nur auf das Judentum, sondern auch auf die ganze Entwicklung des Christentums ausüben sollte, tun wir gut daran, ein wenig bei ihr zu verweilen, bevor wir bei unserer Überschau mit den Friedensmythologien weitermachen.

Der Weltenschöpfer war dieser Anschauung zufolge Ahura Mazda, ein Gott der Wahrheit und des Lichtes, dessen ursprüngliche Schöpfung vollkommen gewesen war. Jedoch eine gegenwirkende böse Macht der Finsternis und der Lüge, Angra Mainyu, ließ darin Böses aller Art einfließen, so daß es zu einem allgemeinen Fall in die Unwissenheit kam und seither ein dauerndes Ringen zwischen den Mächten des Lichtes und der Finsternis, der Wahrheit und der Lüge im Gange ist. Diese Mächte sind nach persischer Auffassung nicht auf ein Volk oder einen Stamm beschränkt, sondern sind kosmisch und allumfassend, und jeder Einzelne, gleich welchem Volk oder Stamm er angehört, muß sich mit seinem eigenen freien Willen für eine Seite entscheiden und sich entweder der Macht des Guten oder der des Bösen in dieser Welt zugesellen. Entschließt er sich für die erstere, so wird er durch seine Gedanken, Worte und Taten dazu beitragen, daß die Vollkommenheit des Weltalls wiederhergestellt wird; wenn aber für die letztere, so bereitet er sich in einer Hölle, die seinem Leben entspricht, schweres Leid.

Wenn der Tag des endgültigen Weltsieges näherrückt und die Mächte der Finsternis ihr letztes Verzweiflungsgefecht liefern, wird eine Zeit allgemeiner Kriege und weltweiter Katastrophen kommen, woran anschließend der letztendliche Erlöser Saoshyant erscheinen wird. Angra Mainyu und seine Dämonen werden restlos aufgerieben werden, die Toten werden in Leibern aus makellosem Licht auferstehen, die Hölle wird vergehen, die darin gefangenen Seelen werden geläutert entlassen, und es wird eine Ewigkeit des Friedens, der Reinheit, der Freude und der Vollkommenheit folgen.

Nach Ansicht der alten persischen Könige waren sie selbst in einem besonderen Sinne die Stellvertreter der Sache und des Willens des Lichtgottes auf Erden. Daher begegnen wir in dem Vielvölker- und Vielkulturenreich der Perser, das ja das erste Reich dieser Art in der Weltgeschichte war, einem religiös begründeten imperialistischen Drang, der darauf hinausläuft, daß der persische König der Könige im Namen des Wahren, des Guten und des Lichtes zum Führer der Menschheit bei der Wiederaufrichtung der Wahrheit werde. Diese Idee hat von jeher eine besondere Anziehungskraft auf Könige ausgeübt und ist infolgedessen von erobernden Monarchen auf der ganzen Welt übernommen worden. In Indien beispielsweise ist das mythische Bild vom Chakravartin, dem Weltenkönig, dessen erlauchte Gegenwart den Menschen Frieden und Heil bringen soll, weitgehend von diesem Gedanken angeregt und läßt sich auch im Königtum des ersten buddhistischen Monarchen Ashoka (ca. 242–248 v. Chr.) erkennen. Und in China erhob unmittelbar im Anschluß an die wirre Zeit der „Kämpfenden Staaten", *tschan-kuo*, der erste Herrscher eines vereinten Reiches, Schi Huang-ti (221–207 v. Chr.), den Anspruch, im Auftrag des Himmels, unter dem Himmelsgesetz zu regieren.

Es darf somit kaum verwundern, wenn sich in den Prophezeiungen des enthusiastischen jüdischen Verfassers von Jesaja 40–55, der ein Zeitgenosse von Cyrus dem Großen und ein Augenzeuge der Heimkehr von Jerusalems Bevölkerung mit persischer Erlaubnis war, Anhaltspunkte für einen Einfluß von zoroastrischen Ideen finden lassen, beispielsweise in den berühmten Passagen von Kapitel 45: „So spricht der Herr zu seinem Gesalbten, zu Cyrus.... Ich bin der Herr, und sonst keiner mehr, der ich das Licht mache und schaffe die Finsternis, der ich Frieden gebe und schaffe Unheil. Ich bin der Herr, der dies alles tut" (Jes 45,1.6–7). In diesen Kapiteln, die von dem sogenannten zweiten oder Deutero-Jesaja verfaßt wurden, finden wir den frühesten Lobpreis Jahwes als nicht nur des größten und mächtigsten Gottes unter den Göttern, sondern als des einen Gottes der Welt, in dem nicht allein die Juden, sondern auch die Heiden ihr Heil finden sollen: „Wendet euch zu mir, so werdet ihr gerettet, aller Welt Enden;" lesen wir dort zum Beispiel, „denn ich bin Gott und sonst keiner mehr" (Jes 45,22). Während die frühere Messiaserwartung der vorbabylonischen Propheten einfach einem vorbildlichen König auf dem Thron Davids gegolten hatte, der das Königreich „stärke und stütze durch Recht und Gerechtigkeit von nun an bis in Ewigkeit" (Jes 9,6), taucht in der nachbabylonischen Zeit und besonders in den sehr späten, apokalyptischen Schriften der alexandrinischen Epoche – zum Beispiel im Buch Daniel 7,13–27 – das Bild von einem auf, dem am Ende der historischen Zeit „alle Völker und Leute aus so vielen verschiedenen Sprachen dienen sollten. Seine Macht ist ewig und vergeht nicht, und sein Reich hat kein Ende" (Dan 7,14.) Auch heißt es von jener Zeit: „Und viele, die unter der Erde schlafen liegen, werden aufwachen, die einen zum ewigen Leben, die andern zu ewiger Schmach und Schande" (Dan 12,2).

Es kann keinen Zweifel am Einfluß der zoroastrischen Eschatologie auf Ideen wie diese vom Ende der Welt und der Auferstehung der Toten geben. Darüber hinaus ist in den Essener-Schriftrollen vom Toten Meer der Einfluß persischen Gedankenguts auf Schritt und Tritt offensichtlich. Die Zeit der Essener war ja auch von derart schrecklichen Unruhen heimgesucht, daß das Ende der Welt und das Kommen des Heilands Saoshyant von jedem durchaus erwartet werden konnten, der mit dem alten zoroastrischen Motiv vertraut war. Selbst in Jerusalem kam es zu einer Spaltung in zwei um die Oberhand streitende Parteien: Die eine hielt treu am Gesetz fest und wurde von den Hasidäern, den orthodoxen „Frommen", unterstützt; die andere gab griechischen Ideen den Vorzug. Die Anhänger der letzteren Partei gingen (wie wir im ersten Buch der Makkabäer erfahren) zum griechischen König Antiochus und holten von ihm die Erlaubnis ein, sich in Jerusalem ein Gymnasion zu errichten, „wie es bei den fremden Völkern Brauch ist, und ließen bei sich die Beschneidung rückgängig machen. So fielen sie vom heiligen Bund ab, vermischten sich mit den fremden Völkern und gaben sich dazu her, Böses zu tun" (1. Makk 1,14-15).[7] Daraufhin entbrannten neue Zwistigkeiten in der heiligen Stadt, die ihren Höhepunkt erreichten, als die Griechen, um die Ansprüche eines opportunistischen Griechenfreunds auf das Hohepriesteramt zu unterstützen, den Tempel plünderten und Befehl gaben, im ganzen Land heidnische Altäre aufstellen zu lassen. Dies löste im Jahre 168 v. Chr. in dem Dorf Modeïn einen Zusammenstoß aus, bei dem Mattatias und seine fünf Söhne (die Makkabäer) nicht nur den ersten Juden, der an den heidnischen Altar getreten war und opfern wollte, „wie es der König angeordnet hatte" (1. Makk 2,23), angriffen und erschlugen, sondern auch den griechischen Beamten, der gekommen war, den Altar aufzustellen. Dann jedoch maßten sich die Makkabäer selbst schamlos sowohl den Königs- als auch den Hohepriestertitel an, wozu sie durch ihre Geburt nicht berechtigt waren, und innerhalb ihrer Sippe wurde in den anschließenden Erbfolgekämpfen eine Reihe von häßlichen Verraten und Morden begangen. Die Pharisäer, Hasidäer und andere, die wider diese Gottlosigkeiten grollten, zettelten alsbald einen Aufstand an, der mit äußerster Grausamkeit von dem regierenden Alexander Jannäus (König von 104–78 v. Chr.) niedergeschlagen wurde. Dieser ließ in einer einzigen Nacht achthundert seiner Feinde ans Kreuz binden und deren Frauen und Kinder vor ihren Augen abschlachten. Er selbst sah den Hinrichtungen während eines Trinkgelages zu, bei dem er sich öffentlich mit seinen Kebsweibern amüsierte. „Das Volk ergriff solch ein Entsetzen", vermerkte der jüdische Geschichtsschreiber Josephus zum Abschluß seiner Schilderung dieser Greueltat, „daß von den Gegnern in der folgenden Nacht achttausend aus ganz Judäa entflohen."[8]

Es ist der Gedanke geäußert worden, daß insbesondere dieses Ereignis der Anlaß dazu gewesen sein könnte, daß in der Wildnis am Ufer des Toten Meeres die apokalyptische Gemeinde von Qumran gegründet wurde. Jedenfalls sahen ihre Gründer das Ende der Welt voraus und bereiteten sich ernsthaft darauf vor, sich des Überlebens würdig zu erweisen und die Bestimmung des verbleibenden Gottesvolkes in Ewigkeit weiterzuführen. Sie scheinen die Erwartung gehegt zu haben, selbst ein Heer von solch hehrem Mut aufstellen zu können, daß sie mit Gottes Hilfe die Welt bezwingen und läutern würden. Es würde zu einem vierzigjährigen Krieg zwischen den „Söhnen des Lichtes" und den „Söhnen der Finsternis" kommen (das alte zoroastrische Motiv!). Dieser würde mit einem sechs Jahre dauernden Kampf gegen solche unmittelbaren Nachbarn wie die Moabiter und die Ägypter beginnen und nach einem

Jahr Sabbathruhe mit einer Reihe von Feldzügen gegen die Völker aus entlegeneren Ländern neu aufflammen. Auf ihre Trompeten und Feldzeichen wollten die Bundestreuen begeisternde, großtönende Titel schreiben: „Berufene Gottes", „Fürsten Gottes", „Bezeugungen Gottes für den Rat der Heiligkeit", „Von Gott (kommt) die Hand gegen alles frevelnde Fleisch", „Wahrheit Gottes", „Gerechtigkeit Gottes", „Ehre Gottes" und so weiter.[9] Unterdessen aber stritten sich leider Gottes in Jerusalem die zwei Söhne des Alexander Jannäus um die Königswürde. Einer von ihnen ersuchte 63 v. Chr. die Römer, ihn in seiner Sache zu unterstützen – und damit war es geschehen.

Es ist höchst interessant, sich das Gefühl vom bevorstehenden Ende der Welt zu vergegenwärtigen, das in dieser ganzen Zeit unter den Juden aller Glaubensrichtungen geherrscht zu haben scheint. In einem zoroastrischen Rahmen hätte man den Erlöser Saoshyant erwartet, in dem des nachbabylonischen Judentums war es der Gesalbte, der Messias, der zu erscheinen hatte. Die Völker sollten vernichtet werden. Selbst von Israel würde nur ein Rest überleben. Und in dieser Atmosphäre äußerster Dringlichkeit wurde das Christentum geboren. Der Prophet Johannes der Täufer, der nur ein paar Kilometer jordanaufwärts von den Bundestreuen vom Toten Meer entfernt taufte, wartete gleichfalls und bereitete den Weg, und zu *ihm* kam Jesus. Dieser fastete darauf vierzig Tage in der Wüste und kehrte zurück, um seine eigene Version der allgemeinen apokalyptischen Botschaft zu verkünden.

Worin besteht denn nun der grundlegende Unterschied zwischen der Botschaft des Christus Jesus und der der Bundestreuen im nahegelegenen Qumran? Wie mir scheint darin, daß die Bundestreuen sich selbst als die Söhne des Lichtes ansahen, die im Begriff waren, gegen die Söhne der Finsternis ins Feld zu ziehen, daß also ihre ganze Haltung auf Kriegsvorbereitung ausgerichtet war, während dagegen die Schlacht nach der frohen Botschaft Jesu bereits geschlagen war. „Ihr habt gehört, daß gesagt ist: ,Du sollst deinen Nächsten lieben und deinen Feind hassen.' Ich aber sage euch: Liebet eure Feinde; bittet für die, so euch verfolgen, auf daß ihr Kinder seid eures Vaters im Himmel. Denn er läßt seine Sonne aufgehen über die Bösen und über die Guten und läßt regnen über Gerechte und Ungerechte" (Matth 5, 43–45). Genau dies ist, wie ich meine, der Unterschied zwischen einem Evangelium des Krieges und einem des Friedens.

Allerdings stoßen wir etwas später bei Matthäus (10,34–37) auf die befremdlichen Worte: „Ihr sollt nicht wähnen, daß ich gekommen sei, Frieden zu bringen auf die Erde. Ich bin nicht gekommen, Frieden zu bringen, sondern das Schwert. Denn ich bin gekommen, den Menschen zu erregen wider seinen Vater und die Tochter wider ihre Mutter und die Schwiegertochter wider ihre Schwiegermutter. Und des Menschen Feinde werden seine eigenen Hausgenossen sein. Wer Vater oder Mutter mehr liebt als mich, der ist mein nicht wert; und wer Sohn oder Tochter mehr liebt als mich, der ist mein nicht wert." Und bei Lukas (14,26) hören wir noch einmal ein Echo derselben Aussage: „So jemand zu mir kommt und hasset nicht seinen Vater, Mutter, Weib, Kinder, Brüder, Schwestern, auch dazu sein eigen Leben, der kann nicht mein Jünger sein."

Der Schlüssel zum Verständnis all dessen liegt meiner Meinung nach in der letzten hier zitierten Zeile sowie in den Worten, die unmittelbar auf jedes unserer zwei Zitate folgen. Bei Matthäus (10,38–39): „Und wer nicht sein Kreuz auf sich nimmt und folgt mir nach, der ist mein nicht wert. Wer sein Leben findet, der wird's verlieren; und wer sein Leben verliert um meinetwillen, der wird's finden." Und bei Lukas (14,27): „Und wer nicht sein Kreuz trägt und mir nachfolgt, der kann nicht mein Jünger sein." Des weiteren, abermals bei Matthäus (19,21): „Gehe hin, verkaufe, was du hast, und gib's den Armen . . .; und komm und folge mir nach!" Und noch einmal: „Folge du mir und laß die Toten ihre Toten begraben!" (8,22)

Vorbildlich nach dieser Lehre ist ein asketischer, absoluter Verzicht auf jegliche Anteilnahme am normalen weltlichen Leben, auf Familienbande, Gemeinschaft und alles, so daß man „die Toten" – die wir eigentlich die Lebenden nennen – „ihre Toten begraben" läßt. Darin erweist sich die früheste christliche Lehre als verwandt mit der der frühen Buddhisten und Jainas. Sie ist eine „Waldeinsiedlerlehre", die das allgemeine Thema der Apokalypse nicht mehr auf eine geschichtliche Zukunft, sondern in einer radikalen Schwerpunktverschiebung auf eine seelische Gegenwart bezieht. Das heißt, das Ende der Welt und der kommende Tag des Herrn dürfen nicht im Bereich der Zeit erwartet, sondern müssen jetzt sofort in der Einsamkeit verwirklicht werden, im Herzenskämmerlein. Diese Auffassung wird von den Zeilen am Schluß des gnostischen *Evangeliums nach Thomas* bestätigt, wo die Jünger Jesus fragen: „Das Reich, wann wird es kommen?", und er ihnen antwortet: „Es wird nicht in Erwartung kommen. Man wird nicht sagen: Siehe, hier! oder: Siehe, dort!, sondern das Reich des Vaters ist über der Erde ausgebreitet und die Menschen sehen es nicht."[10]

Daß Jesus außerdem mit seinem Wort über das Schwert, das er gebracht habe, unmöglich eine Waffe zum handgreiflichen Kampf gemeint haben kann, tritt deutlich in der Szene seiner Gefangennahme im Garten Gethsemane zutage. Dort lesen wir:

„Da kam Judas, der Zwölfe einer, und mit ihm eine große Schar mit Schwertern und mit Stangen von den Hohepriestern und Ältesten des Volkes. Und der Verräter hatte ihnen ein Zeichen gegeben und gesagt: Welchen ich küssen werde, der ist's; den greifet. Und alsbald trat er zu Jesus und sprach: Gegrüßet seist du, Rabbi! und küßte ihn. Jesus aber sprach zu ihm: Mein Freund, warum bist du gekommen? Da traten sie hinzu und legten die Hände an Jesus und griffen ihn. Und siehe, einer von denen, die mit Jesus waren, reckte die Hand aus und zog sein Schwert und schlug nach des Hohenpriesters Knecht und hieb ihm ein Ohr ab. Da sprach Jesus zu ihm: Stecke dein Schwert an seinen Ort! Denn wer das Schwert nimmt, der soll durchs Schwert umkommen" (Matth 26,47–52).

Ist das nicht deutlich genug? Und doch war jener wackere Haudegen, der im Johannes-Evangelium (18,10) als Petrus zu erkennen gegeben wird, nicht der letzte von den Anhängern Jesu, der seinen Lehrer und dessen Lehre ebenso gewiß verriet wie Judas. Seit dem vierten Jahrhundert, der Zeit von Konstantins Siegen, gedieh die Kirche, die auf dem Felsen gegründet ward, dessen Namen jener selbe gute Petrus führte, zum großen Teil durch das Schwert. Auf der Höhe des Mittelalters, unter dem mächtigen Papst Innozenz III. (1198–1216), erreichte das Blitzen der hitzigen Waffe Petri in den prasselnden Feuern des Albigenser-Kreuzzugs einen flammenden Gipfelpunkt. Die Menschen, die dabei den Flammen zum Opfer fielen, waren die häretischen Katharer, die selbsternannten „Reinen", die ausdrücklich dem Schwert abgeschworen hatten, um in Frieden ein Leben von asketischer Reinheit zu führen.

Als Asket der Welt und ihrem Leben, ja sogar dem Lebenswillen selbst zu entsagen, kann man folglich als die bekannteste Einübung des Friedens bezeichnen, die der Menschheit bislang vorgeschlagen wurde. Den historischen Umständen, unter denen sie erstmals verkündet wurde, nach zu schließen, entstand sie – oder griff sie zumindest um sich – als eine Reaktion auf ein allgemeines Gefühl der Verzweiflung darüber, daß alles zerfiel. Der ältere Mythos hatte die Vorstellung von einem großen Krieg genährt, einem heiligen Endzeitkrieg, durch den am Ende der geschichtlichen Zeit zu guter Letzt eine Weltherrschaft des Friedens errichtet werden sollte. Dies war allerdings eigentlich keine Friedensmythologie, sondern vielmehr ein Aufruf zum Krieg, zum Krieg auf Dauer – bis... Und ironischerweise wurde die asketische christliche Botschaft, kaum daß sie von den Lippen Jesu an die Ohren seiner nächsten Jünger gelangt war, zu einer von vielen solchen Doktrinen des Heiligen Krieges, des *djihād* oder des Kreuzzugs, verkehrt, und sie wird seitdem weiterhin so ausgelegt. Ich will nun kurz einen Überblick über die Ideale und Schicksale einiger anderer der bekanntesten asketischen Friedensmythologien geben und diese vergleichen.

Zweifellos die strengste und rücksichtslos konsequenteste unter ihnen ist die Religion der Jainas in Indien, deren Verkünder Mahāvīra ein Zeitgenosse des Buddha war. Die Lehre Mahāvīras war bereits zu seiner Zeit sehr alt, da er nur der letzte einer langen, bis in vorgeschichtliche Zeiten zurückreichenden Reihe von Jaina-Meistern war, die man die „Furtbereiter", Tīrthankaras, nennt. Getreu dem Grundsatz der völligen Gewaltlosigkeit, die alle diese Weisen lehrten, darf der Anwärter auf Befreiung von der Wiedergeburt kein Wesen töten noch verletzen, noch irgendwelches Tierfleisch verzehren. Er darf nicht einmal nachts Wasser trinken, da er dabei Insekten mit verschlucken könnte, die möglicherweise an der Wasseroberfläche schwimmen. Es müssen Gelübde abgelegt werden, die die Anzahl der Schritte pro Tag beschränken, da jeder Schritt, den man macht, das Leben von Insekten, Würmern und dergleichen gefährdet. Im Wald lebende Jaina-Yogīs haben kleine Besen bei sich, mit denen sie den Boden vor jedem Schritt fegen, und bis auf den heutigen Tag kann man in Bombay Mönche und Nonnen der Jaina-Sekte sehen, die (wie Chirurgen im Operationssaal) Mullschleier über Mund und Nase tragen, um zu verhindern, daß sie irgendein lebendes Wesen einatmen. Man darf keine Früchte essen, die gepflückt wurden, man muß warten, bis die Früchte von selbst abfallen. Auch darf man lebende Pflanzen nicht mit einer Klinge abschneiden. Logischerweise ist dem Jaina-Mönch an einem frühzeitigen Tod gelegen, allerdings nicht bevor sein Lebenswille ganz und gar ausgelöscht ist. Denn sollte er mit auch nur dem geringsten Impuls zu leben, zu genießen oder sein eigenes Leben zu schützen, sterben, so würde er mit Sicherheit wiedergeboren werden, wieder in dieser gräßlichen Welt sein und wieder Wesen verletzen und morden.

Der Buddhismus in seiner primitiven Form stand der Jaina-Sekte sehr nahe, verschob jedoch den Akzent in entscheidender Weise vom buchstäblichen Auslöschen des eigenen Lebens zum Auslöschen des eigenen Ich. Es ist das Gefühl für „Ich" und „Mein", das man ablegen muß, der Impuls, sich selbst, sein Eigentum und sein Leben zu schützen. Es wird dabei eher auf Seelisches als auf Körperliches Wert gelegt, und doch können wir auch hier feststellen, das ein bis zum bitteren Ende durchgehaltenes Gebot absoluter Tugendhaftigkeit schließlich zu einer Haltung führen kann, die einer völligen Lebensverneinung sehr ähnlich sieht.

Zum Beispiel gibt es eine fromme buddhistische Geschichte vom Schicksal des Königs Vessantara, den ein benachbarter Herrscher um die Leihgabe seines königlichen weißen Elefanten bat. Weiße Elefanten ziehen die Wolken an, und die Wolken bringen natürlich Regen. König Vessantara gab den Elefanten in seiner Selbstlosigkeit hin, ohne sich auch nur zu besinnen. Seine Untertanen jedoch empörten sich darüber, daß er angeblich so wenig Sorge für ihr eigenes Wohlergehen an den Tag gelegt hätte, und vertrieben ihn zusammen mit seiner Familie aus dem Reich. Die königliche Familie reiste in Kutschen ab; als sie jedoch an den Waldrand gelangten, wurden sie von einer Schar Brahmanen angehalten, die die Kutsche samt den Pferden verlangten. In völliger Selbstlosigkeit gab Vessantara, der weder „Ich" noch „Mein" kannte, diese Wertsachen willig hin und ging zu Fuß mit seiner Familie in den gefährlichen Wald hinein. Als nächstes wurde er von einem alten Brahmanen angesprochen, der ihm seine Kinder abverlangte. Die Mutter erhob egoistisch Einspruch, doch der König, der weder „Ich" noch „Mein" kannte, händigte ihm die Kinder willig aus – als Sklaven. Dann wurde auch noch die Frau gefordert, und auch sie wurde dem Alten überlassen.[11]

Man lernt aus dieser Geschichte, was Jesus meinte, als er uns dazu anhielt, Vater und Mutter, Sohn und Tochter, sogar unser eigenes Leben zu lassen und ihm zu folgen; dem, der unseren Rock verlangt, auch noch den Mantel zu geben; und wenn man geschlagen wird, auch noch die andere Backe hinzuhalten. In der frommen buddhistischen Mär wendet sich natürlich alles zum Besten, denn die Brahmanen waren in Wirklichkeit Götter, die den König auf die Probe stellten, und die Kinder, die Frau und das übrige waren sicher in den Palast der Großeltern gebracht worden – ganz ähnlich wie in der biblischen Geschichte von Abraham, wo dieser von der Hand Gottes, der ihn nur auf die Probe stellen wollte, daran gehindert wird, Isaak zu opfern. Dennoch bleibt bei beiden Legenden gleichermaßen die Frage bestehen, wo bei solchen frommen Großtaten das Gute aufhört und das Böse anfängt. Wie weit wird etwa der erklärte Pazifist in seiner Haltung gehen, absolut niemanden und nichts zu verteidigen als seine eigene ach so geistige Reinheit? Die Frage ist für unsere Zeit nicht unwesentlich.

Wenn wir uns nun noch weiter nach Osten begeben, nach China und Japan, so treffen wir auf eine weitere Gruppe von Friedensmythologien, insbesondere die von Lao-tse und Konfuzius. Viele würden den Grundgedanken dieser Mythologie als romantisch bezeichnen, denn er besagt ganz einfach, daß es in der gesamten Natur eine allerfüllende geistige Harmonie gibt: eine Ordnung, nach der die zwei Prinzipien oder Mächte von aktiv und passiv, hell und dunkel, heiß und kalt, himmlisch und irdisch durch alles Leben, alle Geschichte und alle geschichtlichen Gebilde hin ihr Wechselspiel treiben. Diese Prinzipien nennt man *yang* und *yin*. Die Kraft des *yang*-Prinzips ist in der Jugend vorherrschend, die des *yin*-Prinzips steigt später mit zunehmendem Alter. *Yang* ist im Sommer, im Süden und am Mittag bestimmend, *yin* im Winter, im Norden und bei Nacht. Der Weg ihrer Wandlungen durch alle Wesen und Dinge ist der Weg alles Seienden, das *Tao*. Indem man sich mit dem *Tao* – mit seiner Zeit, seiner Welt, mit sich selbst – in Einklang bringt, erreicht man die Ziele des Lebens und findet Frieden in dem Gefühl, mit allem zu harmonieren.

Die bekannteste, zutiefst erleuchtete Darlegung dieser taoistischen Philosophie findet sich in dem kleinen Buch von einundachtzig Sprüchen, das man das *Tao Te King* nennt, das „Buch vom rechten Wege und von der rechten Gesinnung", und das einem sagenhaften, langbärtigen Weisen namens Lao-tse, „alter Weiser", zugeschrieben wird. Im dreißigsten Spruch dieses Weisheitsbuches steht zu lesen:

„Wer auf dem rechten Wege
  dem Menschenherrscher beisteht,
der vergewaltigt nicht durch Waffen die Welt:
  sein Tun liebt den Gegenschlag.
  Auf den Rastplätzen der Heere
    wachsen Distel und Dornen,
  und das Gefolge großer Armeen
    sind gewiß unheilvolle Jahre.
Der Tüchtige ist entschlossen – nichts weiter –
  und er wagt es nicht,
um zu erobern, gewalttätig zu werden:
  er ist entschlossen, doch prahlt nicht,
  er ist entschlossen, doch brüstet sich nicht,
  er ist entschlossen, doch nicht hochmütig,
  er ist entschlossen, da es nicht anders geht,
  er ist entschlossen, doch nicht gewalttätig.
Sind die Geschöpfe erstarkt, dann altern sie:
  das heißt, sie sind ohne rechten Weg.
Was aber ohne rechten Weg ist, das ist bald am Ende."¹²
Und noch einmal im einunddreißigsten Spruch:
„Noch so prachtvolle Waffen
  sind des Unheils Werkzeug:
die Geschöpfe beargwöhnen
  und verabscheuen sie:
hat man den rechten Weg,
  so verweilt man nicht dabei.
Ist der Edle zu Hause,
  dann schätzt er die Linke,
führt er die Waffe,
  dann schätzt er die Rechte.
Die Waffe ist eben des Unheils
  und nicht des Edlen Werkzeug:
    kann er nicht anders,
    dann braucht er sie.
Friede und Beschaulichkeit aber
  sind ihm das Höchste.
Er siegt, doch findet es nicht schön:
  fände er es jedoch schön,
so wäre das Freude am Menschenschlachten.

Hat man aber Freude am Menschenschlachten,
    so kann man halt sein Wollen
    in der Welt nicht durchsetzen."[13]

Wie jedoch alle Welt weiß, ist die lange, lange Geschichte Chinas weitgehend durch ein Schwanken zwischen der Herrschaft unbarmherziger Despoten und Jahrhunderten der Kriegswirren gekennzeichnet. Wenigstens seit der Zeit der „Kämpfenden Staaten" (453–221 v. Chr.) haben die Truppenbewegungen großer Berufsheere einen erheblich größeren Einfluß auf den Gang der chinesischen Politik gehabt als so etwas wie Lao-tses „rechter Weg" und „rechte Gesinnung". Tatsächlich sind uns aus dieser äußerst turbulenten Epoche zwei kalt berechnende, durch und durch machiavellistische Werke über die Kunst, die Macht an sich zu reißen und zu behalten, überliefert: Das sogenannte *Buch des Herrn Shang* sowie Sun tzes *Kriegskunst*. Ich möchte zuerst kurz aus Sun tze zitieren:

„1. ... Der Krieg ist für den Staat ein großes Wagnis, er ist der Ausgangspunkt des Lebens oder des Todes, ist der Weg zum Weiterbestehen oder zum Untergang. Dies zu begreifen, ist notwendig.

2. Fünf Aspekte lassen sich erkennen, und man mißt den Krieg nach sieben Grundsätzen, die ich danach erkläre.

3. Der erste Aspekt ist der Weg, der zweite der Himmel, der dritte die Erde, der vierte der Heerführer, der fünfte das Gesetz.

Der Weg [die Methode der Kriegsführung]: Wenn man erreicht, daß die Gedanken des Volkes eins sind mit denen des Regierenden, wenn das Volk bereit ist, mit ihm zu sterben, bereit ist, mit ihm zu leben, wenn es weder Furcht noch Zweifel kennt.

Der Himmel [die klimatischen Bedingungen]: Er ist das Licht und das Dunkel, die Kälte und die Hitze, die Folge der Jahreszeiten.

Die Erde [die geographischen und topographischen Bedingungen]: Sie ist das Ferne und das Nahe, das Ebene und das Unebene, das Breite und das Enge, sie ist Leben und Tod.

Der Heerführer: Er ist der Verstand, die Gerechtigkeit, die Menschlichkeit, die Tapferkeit und die Strenge.

Das Gesetz: Es ist die militärische Ordnung, die Führung und Versorgung der Truppen.

Kein Feldherr, der diese fünf Aspekte nicht kennt; wer sie sich zu eigen macht, wird siegen; wer sie sich nicht zu eigen macht, wird nicht siegen."[14]

Und aus dem *Buch des Herrn Shang*:

„Der Landesfrieden beruht auf Landwirtschaft und Krieg, desgleichen die Ehre des Herrschers.... Wenn in einem Land die folgenden zehn Dinge anzutreffen sind: Dichtung und Geschichtsschreibung, Riten und Musik, Tugend und deren Pflege, Mildtätigkeit und Anständigkeit, Scharfsinn und Bildung, dann verfügt der Herrscher über keinen, den er zur Verteidigung und Kriegsführung anstellen kann.... Wenn aber ein Land diese zehn Dinge austreibt, so werden sich ihm keine Feinde zu nahen wagen, und selbst wenn sie es sollten, würden sie zurückgeschlagen werden.... Ein Land, das die Stärke liebt, führt Schwergewichtiges ins Gefecht und wird daher erfolgreich sein. Ein Land, das den Scharfsinn liebt, führt Leichtgewichtiges ins Gefecht und wird daher gefährdet sein.... Wenn ein Land in Gefahr ist und der Herrscher in Sorge, so hat es keinen Zweck, Bataillone berufsmäßiger Schwätzer aufzustellen, um diese Gefahr abzuwenden. Der Grund dafür, daß ein Land in Gefahr und sein Herrscher in Sorge ist, liegt in einem starken Feind oder in einem anderen großen Staat."[15]

„Ackerbau, Handel und Verwaltung sind die drei ständigen Funktionen in einem Staat. Diese drei Funktionen bringen sechs parasitäre Funktionen hervor, nämlich: Altenpflege, Leben auf Kosten anderer, Schönheit, Liebe, Ehrgeiz und tugendhafte Lebensführung. Wenn sich diese sechs Parasiten einnisten können, wird es zur Zerstückelung kommen.... Ein Land, in dem die Guten über die Schlimmen herrschen, wird von Unordnung heimgesucht, so daß es zerstückelt wird. Aber ein Land, in dem die Schlimmen über die Guten herrschen, wird geordnet sein, so daß es stark wird.... Wenn man die Strafen hoch ansetzt und die Belohnungen niedrig, dann liebt der Herrscher seine Untertanen und sie werden für ihn sterben. Wenn man aber die Belohnungen hoch ansetzt und die Strafen niedrig, dann liebt der Herrscher seine Untertanen nicht, noch werden sie für ihn sterben."[16]

Und schließlich:

„Wenn man Maßnahmen trifft, derer sich der Feind schämen würde, verschafft man sich einen Vorteil."[17]

Auch in Indien sind ja die praktischen Künste der Regierungs- und der Kriegsführung im Laufe einer langen Geschichte von einem derartigen Denken geformt und angeregt worden. Die heutigen Leser der *Bhagavadgītā* vergessen gern, daß die Schrift, die sie als einen religiösen Traktat lesen, ein Teil eines der größten Kriegsepen aller Zeiten ist, des indischen „Buches vom großen Krieg der Söhne Bharatas", *Mahābhārata,* aus dem im folgenden ein paar charakteristische Stellen aus dem Buch XII zitiert werden (die *Gītā* ist aus Buch VI):

„Ein König, der seine eigene Stärke kennt und ein großes Heer befehligt, sollte freudig und beherzt, ohne sein Ziel bekannt zu machen, die Order zum Vorrücken gegen einen Feind geben, der aller Verbündeten und Freunde beraubt ist oder bereits mit einem anderen im Krieg liegt und daher unachtsam ist, oder auch gegen einen, der schwächer ist als er selbst – wohlgemerkt nachdem er zunächst Vorsorge für den Schutz der eigenen Stadt getroffen hat....

Ein König sollte nicht für alle Zeit unter einem mächtigeren König leben. Mag er auch schwach sein, so sollte er doch versuchen, den Stärkeren zu stürzen, und, dazu entschlossen, fortfahren, sein Eigen zu regieren. Er sollte den Stärkeren mit Waffen, Feuer und Gift bedrängen. Er sollte Zwietracht unter den Ministern und Gefolgsleuten des anderen säen....

Der König ist auf seine Staatskasse und sein Heer angewiesen. Sein Heer wiederum ist auf seine Staatskasse angewiesen. Sein Heer ist die Quelle aller seiner religiösen Verdienste. Seine religiösen Verdienste wiederum sind der Rückhalt seines Volkes. Die Staatskasse kann niemals ohne Druck auf andere aufgefüllt werden. Wie kann denn das Heer ohne Druck unterhalten werden? Folglich begeht der König keine Sünde, wenn er auf seine Untertanen in Zeiten der Bedrängnis Druck ausübt, um seine Staatskasse zu füllen.... Durch Reichtum können beide Welten – diese und die andere – erworben werden, desgleichen Wahrheit und religiöses Verdienst. Ein Mensch ohne Reichtum ist mehr tot als lebendig....

Man sollte den Feind so lange auf den eigenen Schultern ertragen, wie die Zeiten ungünstig sind. Wenn sich jedoch die Gelegenheit bietet, sollte man ihn zerschmettern wie einen Tonkrug an einem Stein....

Ein König, der Gedeihen sucht, sollte nicht zögern, seinen Sohn, Bruder, Vater oder Freund umzubringen, wenn ihm einer oder mehrere von diesen im Wege stehen sollten....

Ohne lebenswichtige Interessen anderer zu beschneiden, ohne viele grausame Taten zu begehen, ohne lebende Geschöpfe zu töten wie die Fischer Fische, bringt man es nicht zu Gedeihen....

Es gibt keine besonderen Klassen von Wesen, die Feinde oder Freunde heißen. Die Leute werden ja nach der Gunst oder Ungunst der Umstände zu Freunden oder Feinden....

Jede Arbeit sollte gründlich erledigt werden.... Indem er seine Einwohner umbringt, seine Straßen zerstört und seine Häuser anzündet und niederreißt, sollte ein König das Reich seines Feindes verheeren."

Und Schließlich:

„Macht geht vor Recht, Recht kommt von Macht, Recht wird von Macht getragen wie die Lebewesen von der Erde. Wie der Rauch dem Wind, so muß das Recht der Macht folgen. Recht an sich hat keine Gewalt – es hängt an der Macht wie die Schlingpflanze am Baum."

In der Tat ist die *Bhagavadgītā* selbst als ein Kapitel dieses Kriegerepos ihrem Ziel und Inhalt nach ein Aufruf an einen jungen König, der vor der Schlacht, zu der er das Zeichen geben soll, von Gewissensbissen geplagt wird, sich innerlich von allen Schmerz- und Schuldgefühlen wegen des Tötens freizumachen. So wird er belehrt:

„Dem Geborenen ist der Tod gewiß, dem Toten ist die Geburt gewiß. Darum sollst du über eine unvermeidliche Sache nicht trauern.... Der im Körper von uns allen weilt, o Bhārata (Arjuna), ist ewig, unzerstörbar. Darum sollst du kein Wesen beklagen.... Nicht spalten ihn die Schwerter, nicht brennt ihn das Feuer, nicht benetzen ihn die Wasser, nicht trocknet ihn der Wind. Er kann nicht gespalten, nicht verbrannt, nicht benetzt und nicht ausgetrocknet werden. Er ist ewig, allgegenwärtig, unwandelbar, unbeweglich, immerwährend."[18]

Das ist alles in allem für das orientalische Denken der letzte Grund allen Friedens. Auf dem Feld des Handelns – das heißt im Leben – gibt es keinen Frieden und kann es nie welchen geben. Um Frieden zu erlangen, muß man handeln, wie man handeln muß, aber ohne innerliche Verhaftung – so lautet die Regel. Die Unterweisung des jungen Kriegerkönigs Arjuna der *Gītā* lautet:

„Gib die Anhänglichkeit auf, o Schätzegewinner (Arjuna), und vollbringe, im Yoga gefestigt, deine Werke. Sei gleichmütig gegen Erfolge und Mißerfolge. Gleichmut wird Yoga genannt. Das Werk steht tief unter der Zügelung des Verstandes, o Schätzegewinner. Suche im Verstande deine Zuflucht. Erbarmenswert sind jene, die nach Früchten trachten. Wer seinen Verstand (an das Göttliche) geschirrt hat (oder: in seinem Verstande wohl gegründet ist), läßt beides fahren: Gut und Böse. Befleißige dich darum des Yoga. Yoga ist Geschick im Handeln."[19]

Indem man sowohl alle Furcht um die Früchte des Handelns als auch alle Begierde danach aufgibt, vollbringt man ohne Verhaftung die Arbeit, die getan werden muß. Diese Arbeit schreibt einem die Pflicht vor, und die Pflicht eines Königs ist es, zu kämpfen und zu töten. So lesen wir:

„Größeres gibt es für einen Krieger nicht als den pflichtgemäßen Kampf. Glücklich sind die Kshatriyas [Krieger], o Pārtha (Arjuna), denen sich ein solcher Krieg wie eine weit geöffnete Himmelstüre darbietet."[20]

Somit sind in diesem Zusammenhang die Mythologie des Friedens und die Mythologie des Krieges gleich. Dieses Paradoxon ist nicht nur im Hinduismus, sondern auch im Buddhismus – dem Buddhismus des Mahāyāna – grundlegend. Denn da schließlich die Weisheit vom anderen Ufer alle Gegensatzpaare übersteigt, muß sie notwendigerweise auch den Gegensatz von Krieg und Frieden übersteigen und einschließen. Wie ein mahāyāna-buddhistischer Aphorismus erklärt: „Diese selbe Welt mit ihrer ganzen Unvollkommenheit ist die goldene Lotoswelt der Vollkommenheit." Und wenn man es nicht so sehen kann oder mag, so ist das nicht die Schuld der Welt.

Das Weltall kann auch nicht zu Recht als böse angesehen werden. Die Natur ist nicht böse, sondern sie ist der „Handlungsleib" des Buddha-Bewußtseins. Streit ist demnach nichts Böses, und in einem Kampf ist keiner der Gegner schlechter oder besser als der andere.

Entsprechend ist die barmherzige Teilnahme des Bodhisattvas am Weltgeschehen absolut frei von Schuld, und sie ist auch absolut unpersönlich. Im selben Sinne ist das Ideal des „freudigen Aufgehens" im „Handlungsleib des Buddha-Bewußtseins", das der Mahāyāna-Buddhismus uns allen weist, absolut unpersönlich, selbstlos und schuldfrei. Mir wurde berichtet, daß nach der Schlacht von Port Arthur im Russisch-japanischen Krieg von 1904 die Namen nicht nur der Männer, sondern auch der Pferde, die dabei ihr Leben gelassen hatten, *in memoriam* auf eine Gedenktafel gesetzt wurden – als Bodhisattvas.

Fassen wir zusammen: Seit frühesten Zeiten bestand der Gedanke, daß der Krieg (welcher Art auch immer) nicht nur unvermeidlich und gut, sondern auch die normale und aufregendste gesellschaftliche Vorgehensweise der zivilisierten Menschheit sei; das Kriegführen galt als normale Vergnügung wie auch als Pflicht der Könige. Ein Herrscher, der weder einen Krieg führte, noch einen plante, war nach dieser Denkweise ein Narr – ein „Papiertiger".

Doch andererseits lassen sich in den Annalen der Weltgeschichte auch Berichte von einem diesem diametral entgegengesetzten Standpunkt finden, dessen Ziel es ist, allen Kampf und Streit aufzugeben und einen Frieden auf Dauer zu schaffen. Da aber Streit und Schmerz zum irdischen Dasein dazugehören, läuft dieses Streben für gewöhnlich darauf hinaus, daß das Leben selbst, so wie wir es kennen, verneint wird. Die krassesten Beispiele für diese verneinende Haltung kann man in Indien im Jainismus und frühen (Hīnayāna-)Buddhismus erblicken, aber es hat auch im Westen welche gegeben, etwa in gewissen frühchristlichen Strömungen oder im Frankreich des zwölften Jahrhunderts unter den Albigensern.

Bei unserem Überblick über die Kriegmethologien haben wir sowohl in der Thora als auch im Koran die Überzeugung angetroffen, daß Gott, der Schöpfer und alleinige Regent des Weltalls, absolut und immer auf der Seite einer bestimmten auserwählten Gemeinschaft stünde und daß folglich *seine* Kriege Heilige Kriege seien, die in seinem Namen und nach seinem Willen geführt würden. Ein davon nicht weit abweichender Gedankengang trieb die Azteken zu ihren „Blumenkriegen" um der Gefangenen willen an, die man opfern wollte, damit die Sonne auf ihrer Bahn weiterliefe. In der *Ilias* andererseits liegen die Sympathien der Olympier auf beiden Seiten des Gefechts und wird der trojanische Krieg selbst nicht vom kosmischen, sondern vom irdischen, menschlichen Standpunkt aus gesehen: als ein Krieg der Rückgewinnung einer geraubten Gattin. Und es war ein Trojaner, kein Grieche, in dessen Charakter und Worten das edle Vorbild des menschlichen Kriegerhelden seinen Ausdruck fand: Hektor. Hierin sehe ich einen deutlichen Unterschied zum Geist der zwei semitischen Kriegsmythologien und zum anderen eine Verwandtschaft mit dem indischen *Mahābhārata*. Die unbeirrte Entschlossenheit Hektors zum Kampf, um seine fraglose Pflicht gegenüber seiner Familie und seiner Stadt zu erfüllen, und die „Selbstbeherrschung" (Yoga), die in der *Gītā* von Arjuna bei der Erfüllung der Pflichten seiner Kaste verlangt wird, sind im wesentlichen von gleicher Art. Außerdem werden im indischen wie im griechischen Epos die Kämpfer auf beiden Seiten gleichermaßen geehrt und gewürdigt.

Schließlich haben wir bei unserer Überschau aber noch einen dritten Standpunkt hinsichtlich der Ideale und Ziele von Krieg und Frieden festgestellt, einen Standpunkt, der den Krieg als Leben und das Leben als Krieg weder bejaht noch verneint, sondern auf eine Zeit hofft, da die Kriege ein Ende haben sollen. Im eschatologischen Mythos der persischen Zarathustra-Religion, der der erste gewesen zu sein scheint, von dem eine solche Aussicht ernsthaft ins Auge gefaßt wurde, stellte sich der Tag der großen Verwandlung als eine kosmische Krise dar, in der die Naturgesetze zu gelten aufhörten und eine Ewigkeit sonder Zeit, sonder Wandel und sonder Leben (nach unserem Verständnis von Leben) einträte. Ironischerweise würden in den Jahrhunderten des Kampfes, die dieser allgemeinen Verklärung unmittelbar vorausgingen, reichlich Kriege stattfinden. Innerhalb des persischen Reiches selbst jedoch sollte unterdessen eine vorbildliche Herrschaft relativen Friedens wachsen und gedeihen – unter dem Druck von königlichen Spionen, Spitzeln und Polizisten. Und mit der Ausdehnung dieses Friedensreiches würden sich auch die Grenzen der Herrschaft des irdischen Friedens ausdehnen – bis...

Aber wir kennen dergleichen aus neuerer Zeit und unmittelbarer Erfahrung. Wie wir gesehen haben, wurde diese Idee dem biblischen Bild von Israel einverleibt und ging in der Zeit, in der die Schriftrollen vom Toten Meer entstanden, auf das apokalyptische Christentum über (siehe Markus 13,3–37). Sie bezeichnet im wesentlichen das, was die Araber mit dem *dār al-Islām* und dem *dār al-harb* meinen. Und im Frieden nach Moskauer Art haben wir sie wieder – mit Spionen, Spitzeln, Polizeiterror und allem übrigen.

Soweit ich weiß, findet sich in den großen Traditionen über die genannten Gedanken zu Krieg und Frieden hinaus nur noch ein weiterer, der erstmalig im Jahre 1625 von dem bedeutenden niederländischen Rechtsphilosophen Grotius in seiner epochalen Abhandlung *Vom Recht des Krieges und des Friedens* ausgesprochen wurde. Hierin wird zum erstenmal in der Menschheitsgeschichte ein Völkerrecht vorgeschlagen, das auf ethischen und nicht auf Urwaldgrundsätzen beruht. In Indien nannte man das leitende Prinzip zwischenstaatlicher Beziehungen schon vor Jahrhunderten *matsya-nyāya,* den ,,Brauch der Fische", womit gesagt sein soll, daß die Großen die Kleinen fressen und daß die Kleinen gewitzt sein müssen. Der Krieg ist die natürliche Fürstenpflicht, und Friedenszeiten sind nur Zwischenspiele wie die Verschnaufpause beim Boxkampf. Dagegen ist der Krieg nach Auffassung von Grotius eine Verletzung des eigentlichen zivilisierten Normalfalles, das heißt des Friedens, und sein Ziel sollte es sein, Frieden zu schaffen, und zwar einen nicht mit Waffengewalt erzwungenen Frieden, sondern einen Frieden im vernünftigen beiderseitigen Interesse. Dies wiederum war das Ideal, das Woodrow Wilson repräsentierte, als er gegen Ende des Ersten Weltkrieges vom ,,Frieden ohne Sieg" sprach. Dieses Ideal symbolisiert auch die Figur unseres amerikanischen Adlers, der mit einem Bündel Pfeile in seiner linken Klaue, einem Ölzweig in seiner rechten und – ganz im Geiste von Grotius – mit dem Kopf nach rechts zum Ölzweig hingewandt dargestellt wird. Wir wollen jedoch im Namen des Friedens hoffen, daß er die Pfeilspitzen auf der anderen Seite so lange scharf hält, bis weder Asketentum noch Waffengewalt, sondern eine Einsicht in den beiderseitigen Nutzen dafür garantiert, daß die *gesamte* Menschheit zu guter Letzt die Herrschaft des Friedens erlebt.

X
Schizophrenie – die Reise nach innen

IM FRÜHLING DES JAHRES 1968 WURDE ICH GEBETEN, eine Reihe von Vorträgen über Schizophrenie im Esalen Institute in Big Sur, Kalifornien, zu halten. Ich hatte dort das Jahr zuvor über Mythologie gesprochen, und offenbar war Michael Murphy, der phantasievolle junge Leiter dieses hochinteressanten Projekts, der Meinung, daß daran irgendwie angeknüpft werden sollte. Da ich jedoch so gut wie nichts über Schizophrenie wußte, rief ich ihn nach Erhalt des Briefes an.

„Mike, ich habe von Schizophrenie keine blasse Ahnung", sagte ich. "Wie wär's, wenn ich was von Joyce erzählte?"

„Klar, prima!" erwiderte er. „Aber über Schizophrenie möchte ich trotzdem etwas von Ihnen hören. Wir werden einen Doppelvortrag in San Francisco ankündigen: Sie und John Perry über Mythologie und Schizophrenie. Wie klingt das?"

Nun kannte ich damals Dr. Perry noch nicht; aber in meiner Jugend war mir das große Erlebnis zuteil geworden, den Blarney-Stein* zu küssen – und das ist gewiß ein Dutzend Doktortitel wert. Ich dachte mir also: „Na gut. Warum nicht?" Außerdem hatte ich solches Vertrauen zu Mike Murphy, daß ich mit ziemlicher Sicherheit annahm, er habe etwas Interessantes dabei im Sinn.

Einige Wochen später bekam ich dann tatsächlich Post von Dr. med. John Weir Perry aus San Francisco, der mir den Nachdruck eines Aufsatzes über Schizophrenie zusandte, den er im Jahre 1962 in den *Annals of the New York Academy of Sciences*[1] veröffentlicht hatte. Zu meiner großen Überraschung stellte ich beim Lesen fest, daß die Bilderwelt der Schizophrenen vollkommen der der Fahrt des mythischen Helden gleicht, die ich 1949 in meinem Buch *The Hero with a Thousand Faces (Der Held in tausend Gestalten)* umrissen und erläutert hatte.

---

* Ein Stein im Mauerwerk von Blarney Castle bei Cork in Irland, der jedem die Gabe großer Beredtheit verleihen soll, der sich rückwärts hinabbeugt und ihn küßt (A. d. Ü.).

Dieses Buch beruhte auf einer vergleichenden Untersuchung der Menschheitsmythologien, bei der ich nur hier und da beiläufig auf Erscheinungen wie Träume, Hysterie, mystische Visionen und dergleichen zu sprechen gekommen war. Es enthielt hauptsächlich eine Gruppierung von Themen und Motiven, die allen Mythologien gemeinsam sind, und ich hatte bei ihrer Zusammenstellung keine Ahnung davon gehabt, in welchem Maße sie mit Wahnsinnsphantasien übereinstimmten. In meinen Augen waren sie die allgemeingültigen, archetypischen, in der Seele verankerten symbolischen Themen und Motive aller traditionellen Mythologien, und dem Aufsatz von Dr. Perry konnte ich nun entnehmen, daß dieselben symbolischen Figuren spontan dem losgerissenen, gepeinigten Seelenzustand des modernen Individuums entspringen, das einen völligen schizophrenen Zusammenbruch erlitten hat – das heißt, der Verfassung eines Menschen, der die Verbindung zum Leben und Denken seiner Gemeinschaft verloren hat und aus seiner eigenen, ganz und gar abgeschnittenen Lage heraus Zwangsvorstellungen hervorbringt.

Der übliche Ablauf sieht kurz gefaßt so aus: Zunächst einmal fällt er aus seiner Gesellschaftsordnung und seinem sozialen Umfeld heraus; als nächstes folgt ein langer, tiefer Rückzug, der ihn sozusagen zeitlich zurückversetzt und seelisch tief in sein Inneres führt; dort kommt es zu einer Reihe aufwühlender Begegnungen, düster-schrecklicher Erlebnisse, und daraufhin (wenn der Kranke Glück hat) zu Begegnungen, die sammelnd auf ihn wirkend, ihn erfüllen, ausgleichen und ihm frischen Mut geben; und dann findet schließlich in solchen Glücksfällen eine Rückreise statt: eine Wiedergeburt zum Leben. Genauso sieht auch das allgemeingültige Schema der Fahrt des mythischen Helden aus, das ich in meiner eigenen Veröffentlichung als 1. Trennung, 2. Initiation, 3. Rückkehr beschrieben habe:

> „Der Heros verläßt die Welt des gemeinen Tages und sucht einen Bereich übernatürlicher Wunder auf, besteht dort fabelartige Mächte und erringt einen entscheidenden Sieg, dann kehrt er mit der Kraft, seine Mitmenschen mit Segnungen zu versehen, von seiner geheimniserfüllten Fahrt zurück."[2]

Nach diesem Muster verläuft der Mythos, und nach ihm verlaufen auch diese Phantasien der Seele.

Dr. Perry stellte nun in seinem Aufsatz die These auf, daß es in bestimmten Fällen das Beste sei, den schizophrenen Prozeß seinen Lauf nehmen zu lassen und die Psychose nicht durch die Verordnung von Schocktherapien und dergleichen im Frühstadium zu unterdrücken, sondern im Gegenteil den Prozeß der Zerspaltung und Wiedereinswerdung zu unterstützen. Wenn ein Arzt allerdings auf diese Weise helfen will, muß er die Bildersprache der Mythen vestehen. Er muß verstehen, was die bruchstückhaften Zeichen und Signale bedeuten, die sein Patient in seiner völligen Entfremdung von vernunftgemäßen Denk- und Mitteilungsformen zu äußern versucht, um in irgendeiner Weise Verbindung aufzunehmen. So gesehen ist ein schizophrener Zusammenbruch eine nach innen und zurück führende Reise, um etwas Versäumtes nachzuholen oder etwas Verlorenes wiederzugewinnen und dadurch das Leben wieder ins Lot zu bringen. Wir sollten den Reisenden gehen lassen. Er hat den Sprung getan und sinkt nun, vielleicht ertrinkt er. Doch wie in der alten Sage von Gilgamesch und seinem langen, tiefen Hinabtauchen auf den Grund des Weltenmeeres, um dort das Wunderkraut der Unsterblichkeit zu pflücken, so liegt auch bei ihm das grüne Gold seines Lebens dort unten. Man darf ihn nicht davon wegreißen, sondern muß ihm dahin verhelfen.

Mein Abstecher nach Kalifornien war jedenfalls herrlich. Die Gespräche mit Dr. Perry und unsere gemeinsame Vortragsveranstaltung eröffneten mir eine völlig neue Sicht der Dinge. Das Erlebnis regte mich mehr und mehr zum Nachdenken über die mögliche Bedeutung dieser Mythenstoffe für Menschen an, die heute in Not sind. Die ganzen Jahre über hatte ich in einer mehr oder weniger akademischen, wissenschaftlichen Art und Weise mit persönlicher Begeisterung über diese Stoffe gearbeitet, ohne eine genaue Kenntnis der Methoden zu besitzen, mit denen sie für die Bedürfnisse anderer nutzbar gemacht werden könnten.

Dr. Perry und Michael Murphy machten mich mit einem Aufsatz über „Schamanen und akute Schizophrenie" von Dr. Julian Silverman vom National Institute of Mental Health (Staatliches Institut für geistige Gesundheit) bekannt, der im Jahre 1967 im *American Anthropologist* erschienen war[3], und darin stieß ich abermals auf etwas, das für mein eigenes Forschen und Denken von größtem Interesse und unmittelbarer Bedeutung war. Ich hatte in meinen eigenen Werken bereits darauf hingewiesen[4], daß das Zeremonialleben primitiver Jägervölker seine mythischen Bilder und Rituale weitgehend aus den seelischen Erlebnissen der Schamanen bezieht. Der Schamane ist jemand (Mann oder Frau), der in früher Jugend eine schwere seelische Krise durchgemacht hat, die man heute als eine Psychose bezeichnen würde. Normalerweise läßt die besorgte Familie einen älteren Schamanen rufen, damit er das Kind aus seinem Zustand herausholt, was diesem erfahrenen Heiler durch geeignete Mittel, Lieder und Übungen auch gelingt. Wie Dr. Silverman in seinem Aufsatz ausführt und zeigt: „In primitiven Kulturen, in denen eine derart ungewöhnliche Lösung dieser Lebenskrise gutgeheißen wird, wirkt sich die abnorme Erfahrung (der Schamanismus) auf Denken und Fühlen des Einzelnen in der Regel förderlich aus – er wird als ein Mensch mit erweitertem Bewußtsein angesehen." In solch einer rational geordneten Kultur wie der unseren bzw. um die These wieder in Dr. Silvermans Worten zu formulieren, „in einer Kultur, die einem keine Richtlinien zum Verständnis einer derartigen Krisenerfahrung an die Hand gibt, wird sich das Leiden des Einzelnen (des Schizophrenen) in der Regel über die ursprünglichen Angstzustände hinaus verstärken." Ich möchte dazu den Fall eines Eskimoschamanen beschreiben, der in den zwanziger Jahren von dem großen dänischen Wissenschaftler und Forschungsreisenden Knud Rasmussen befragt wurde. Rasmussen war ein Mann, der in höchstem Maße menschliche Anteilnahme und Verständnis besaß und in der Lage war, in einer großartigen Weise von Mann zu Mann mit den Typen von Menschen zu reden, denen er während der fünften dänischen Thule-Expedition auf seinem Weg quer durch die ganzen arktischen Landstriche Nordamerikas begegnete. Diese Expedition legte von 1921 bis 1924 die ganze lange Strecke von Grönland bis Alaska zurück.

Igjugarjuk war ein Schamane vom Stamm der Karibu-Eskimos, der die nordamerikanischen Tundren bewohnt. Als er jung war, hatten ihn ständig Träume heimgesucht, die er sich nicht erklären konnte. Sonderbare unbekannte Wesen kamen und sprachen zu ihm, und wenn er aufwachte, erinnerte er sich so deutlich an alles, daß er seinen Freunden und Familienangehörigen genau beschreiben konnte, was er gesehen hatte. Die beunruhigte Familie, die nicht wußte, was es damit auf sich hatte, ließ einen alten Schamanen namens Perqanaoq rufen, der nach seiner Untersuchung des Falls den jungen Mann auf einen Schlitten setzte, auf dem er eben

Platz hatte, und ihn im tiefsten Winter, in der vollkommen finsteren und eisigen arktischen Winternacht, weit in eine gottverlassene Eiswüste hinauszog. Dort baute er ihm eine winzige Schneehütte, in der knapp genug Raum war, daß er darin mit übergeschlagenen Beinen sitzen konnte. Er durfte den Schnee nicht betreten, sondern wurde vom Schlitten gehoben und in der Hütte auf ein Fell gesetzt, das gerade groß genug für ihn war. Weder Essen noch Trinken wurden ihm dagelassen. Er wurde angewiesen, nur an den Großen Geist zu denken, der alsbald erscheinen würde, und wurde dreißig Tage lang dort allein gelassen. Nach fünf Tagen kehrte der Alte mit ein wenig lauwarmem Wasser zurück und nach fünfzehn Tagen mit einem zweiten Trunk und einem Bissen Fleisch. Aber das war schon alles. Die Kälte und der Hunger waren so hart, „daß er bisweilen ein wenig starb"[5]. Die ganze Zeit über dachte er an den großen Geist, dachte und dachte und dachte, bis gegen Ende der Prüfung tatsächlich ein Helfergeist in Gestalt einer Frau zu ihm kam, die über ihm in der Luft zu schweben schien. Er sah sie während dieser Zeit nicht wieder, aber sie wurde sein Helfergeist. Der ältere Schamane brachte ihn dann nach Hause, wo er weitere fünf Monate lang eine strenge Diät halten und danach wieder fasten mußte. Solche oft wiederholten Fasten sind, wie er seinem dänischen Gast erzählte, das beste Mittel, um ein Wissen vom Verborgenen zu erlangen. „Alle wahre Weisheit", sagte Igjugarjuk, "findet man nur fern von den Menschen, draußen in der großen Einsamkeit, und sie kann nur erlangt werden durch Leiden. Entbehrungen und Leiden sind das einzige, was den Sinn eines Menschen für das öffnen kann, was den anderen verborgen ist."[6]

Ein anderer mächtiger Schamane, den Dr. Rasmussen in Nome, Alaska, traf, erzählte ihm von einem ähnlichen Forschen in der Stille. Aber dieser alte Knabe, dessen Name Najagneq war, hatte sich mit den Leuten seines Dorfes überworfen. Man muß wissen, daß Schamanen ziemlich gefährlich leben. Die Leute haben die Angewohnheit, ihrem Schamanen die Schuld zu geben, wenn irgend etwas schiefgeht. Sie schreiben es seinem vermeintlichen Zauber zu. Und dieser alte Mann hatte sich zu seinem Schutz ein paar Tricks und mythische Schreckgespenster ausgedacht, um seinen Nachbarn Angst einzujagen und sie sicher in Schach zu halten. Dr. Rasmussen begriff, daß Najagneqs Geisterzauber zum größten Teil ausgemachter Schwindel war, und fragte ihn eines Tages, ob er selbst an irgendwelche von seinen Geistern glaube. Darauf erwiderte dieser: „Ja, ich glaube an eine Kraft, die wir Sila nennen und die in einfachen Worten nicht zu erklären ist. Ein starker Geist, der Erhalter des Universums, des Wetters, ja des ganzen Erdenlebens – so gewaltig, daß seine Rede zu Menschen nicht durch gewöhnliche Worte hörbar wird, sondern durch Stürme, Schneefall, Regenschauer, Meeresaufruhr, durch all die Kräfte, vor denen der Mensch Furcht hat. Aber er hat auch noch eine andere Art, sich zu offenbaren, nämlich durch Sonnenschein, Meeresstille oder kleine, unschuldig spielende Kinder, die nichts verstehen.... In guten Zeiten hat Sila den Menschen nichts zu melden, er ist verschwunden in seinem unendlichen Nichts und bleibt verschwunden, solange die Menschen das Leben nicht mißbrauchen, sondern Ehrfurcht vor ihrer täglichen Nahrung hegen. Niemand hat Sila gesehen. Sein Wohnort ist so geheimnisvoll, daß er zur gleichen Zeit bei uns und unendlich weit fort ist."[7]

Und was sagt Sila?

Das, was das ganze Universum erfüllt, seine Seele, „sieht man nie, man hört nur die Stimme. Wir wissen nur, daß es eine sanfte Stimme wie eine Frau hat, eine so zarte und sanfte Stimme, daß selbst Kinder sich nicht davor fürchten können. Und es sagt: ‚*Sila ersinarsinivdlugo*' – ‚Fürchte dich nicht vor dem Universum'.[8]

Nun waren dies sehr einfache Menschen – wenigstens nach unseren Begriffen von Kultur, Bildung und Zivilisation. Doch ihre Weisheit, die sie aus ihren innersten Tiefen schöpften, stimmt im Kern mit dem überein, was wir von den angesehensten Mystikern gehört und erfahren haben. Hier liegt eine tiefe und allgemein menschliche Weisheit, mit der wir auf unseren üblichen Wegen geschäftigen, rationalen Denkens nicht oft in Berührung kommen.

In seinem Artikel über Schamanismus hat Dr. Silverman zwei sehr voneinander abweichende Formen von Schizophrenie unterschieden. Die eine nennt er die „eigentliche Schizophrenie", die andere „paranoide Schizophrenie", und nur bei der eigentlichen Schizophrenie treten Analogien zu dem auf, was ich als „Schamanenkrise" bezeichnet habe. Nach dem charakteristischen Verlaufsschema der eigentlichen Schizophrenie kommt es zu einem Zurückweichen vor den Eindrücken der Außenwelt. Interesse und Konzentration nehmen ab. Die Welt der Objekte tritt zurück, und man wird von Invasionen aus dem Unbewußten überrascht und überwältigt. Bei der „paranoiden Schizophrenie" dagegen bleibt die Person der Welt und ihren Ereignissen gegenüber wach und äußerst feinfühlig, legt sich jedoch alles im Sinne seiner eigenen projizierten Phantasien, Ängste und Beklemmungen aus und wähnt sich von Angriffen bedroht. Die Angriffe kommen in Wirklichkeit von innen, aber der Betroffene projiziert sie nach außen und bildet sich ein, alle Welt würde ihn belauern. Laut Dr. Silverman ist dies nicht die Art von Schizophrenie, die zu dem Schamanismus vergleichbaren inneren Erfahrungen führt, und er erklärt: „Es ist, als ob der paranoid Schizophrene in seiner Unfähigkeit, die nackten Schrecken seiner Innenwelt zu verstehen oder auszuhalten, seine Aufmerksamkeit vorschnell auf die Außenwelt richtete. Bei dieser Art von abwürgender Krisenlösung wird das innere Chaos gewissermaßen nicht verarbeitet *oder* es kann gar nicht verarbeitet werden." Der vom Wahn Befallene ergeht sich sozusagen ungehemmt auf dem Feld seines eigenen projizierten Unbewußten.

Der entgegengesetzte Typ des psychotischen Patienten bietet dagegen einen mitleiderregenden Anblick, denn er ist in die tiefe innere Schlangengrube gefallen. Seine ganze Aufmerksamkeit, sein ganzes Wesen ist dort unten in einen Kampf auf Leben und Tod mit den fürchterlichen Erscheinungen unbändiger psychischer Energien verstrickt. Genau das macht ja allem Anschein nach auch der angehende Schamane auf seiner visionären Fahrt durch. Wir müssen uns also als nächstes fragen, worin der Unterschied zwischen der Notlage des „eigentlich Schizophrenen" und der Trance des Schamanen besteht. Die Antwort darauf lautet einfach, daß der primitive Schamane seine Gesellschaftsordnung und deren Formen nicht verwirft, sondern vielmehr dank dieser Formen wieder zu rationalem Bewußtsein zurückgebracht wird. Wenn er zurückgekehrt ist, stellt sich außerdem im allgemeinen heraus, daß seine persönlichen inneren Erfahrungen die überkommenen Formen neu bestätigen, auffrischen und untermauern, da sich seine persönliche Traumsymbolik mit der Symbolik seiner Kultur deckt. Im Unterschied dazu findet im Falle eines modernen psychotisch Erkrankten ein radikaler Bruch mit dem Symbolsystem seiner Kultur statt, der keinerlei wirksame Anknüpfung zuläßt. Das bestehende Symbolsystem gibt hier dem armen, verirrten Schizophrenen, der von den ihm völlig fremden Ausgeburten seiner eigenen Einbildung in

Angst und Schrecken versetzt wird, nicht die geringste Hilfestellung, während es im Falle des primitiven Schamanen eine grundlegende Übereinstimmung zwischen seinem äußeren und seinem inneren Leben gibt.

Wie schon gesagt, war dieser Abstecher nach Kalifornien für mich außerordentlich interessant, und als ich nach New York zurückkehrte, lud mich ein führender Psychiater aus unserer leidgeprüften Stadt, Dr. Mortimer Ostow, dazu ein, mich an einer Diskussion über einen Aufsatz zu beteiligen, den er auf einer Sitzung der Society for Adolescent Psychiatry (Gesellschaft für Jugendpsychiatrie) verlesen wollte. Ein guter Geist schien alles für mich in die Wege zu leiten. Der Aufsatz erwies sich als eine Studie über gewisse gemeinsame Merkmale, die Dr. Ostow aufgefallen waren und die eine Verbindung nahezulegen schienen zwischen den „Mechanismen" (wie Dr. Ostow sich ausdrückte) der Schizophrenie, der Mystik und der LSD-Erfahrung einerseits und dem „Widerspruchsgeist" *(antinomianism)* der heutigen Jugend andererseits: jener aggressiv antisozialen Einstellung, die im Verhalten und in den Lesefrüchten eines großen Teils der studierenden Jugend und der sie zur Zeit beratenden Lehrkräfte so hervorstechend geworden ist. Auch diese Einladung war für mich eine Schlüsselerfahrung und tat meinem eigenen Denken ein weiteres entscheidendes Feld auf, in das meine Mythenforschungen mit hineinspielen mochten und mit dem ich außerdem in meiner Eigenschaft als Hochschulprofessor bereits in Berührung gekommen war.

Ich erfuhr, daß man den Rückzug mit LSD und den damit verbundenen Sprung ins Innere mit einer eigentlichen Schizophrenie und den Widerspruchsgeist der heutigen Jugend mit einer paranoiden Schizophrenie vergleichen kann. Das Gefühl, daß in jedem Winkel des sogenannten Establishments, das heißt der modernen Zivilisation, die Gefahr auf einen lauert, ist für viele dieser jungen Leute keine bloße Vorspiegelung oder reines Theater, sondern eine echte seelische Verfassung. Der Bruch ist wirklich, und was in der Außenwelt bombardiert und in die Luft gesprengt wird, sind tatsächliche Symbole innerer Ängste. Darüber hinaus sind viele nicht einmal in der Lage, sich mitzuteilen, da jeder Gedanke für sie so stark mit dem Gefühl besetzt ist, daß er rational gar nicht ausdrückbar sei. Erstaunlich viele unter ihnen bringen nicht einmal einen einfachen Aussagesatz zustande, ohne sich nicht fortwährend mit der nichtssagenden Floskel „irgendwie" *(like)* selbst ins Wort zu fallen, was sie endlich auf stumme Zeichen und gefühlsgeladenes Schweigen zurückwirft, womit sie um Anerkennung flehen. Manchmal hat man im Umgang mit ihnen das Gefühl, daß man sich in einer Irrenanstalt ohne Wände befindet. Und das angebrachte Mittel gegen die Mißstände, die sie beschreien, ist nicht soziologischer Art (wie es unsere Medien und viele unserer Politiker behaupten), sondern psychiatrischer.

Das LSD-Phänomen dagegen ist – wenigstens für mich – interessanter. Es ist eine vorsätzlich herbeigeführte Schizophrenie, von der man erwartet, daß sie von selbst wieder abklingt – was allerdings nicht immer der Fall ist. Auch Yoga ist eine vorsätzliche Schizophrenie: Man reißt sich durch einen Sprung ins Innere von der Welt los, und die visionären Räume, in die man gelangt, sind in der Tat die gleichen wie bei einer Psychose. Worin besteht nun der Unterschied? Was ist der Unterschied zwischen einer psychotischen oder einer LSD-Erfahrung und einer yogischen oder mystischen? In jedem Falle springt man in dasselbe tiefe Meer des Innern, daran kann es keinen Zweifel geben. Die symbolischen Figuren, denen man begegnet, sind in vielen Fällen identisch – darauf werde ich gleich noch zu sprechen kommen. Aber *es gibt* einen wichtigen Unterschied. Er ist, um es hart zu sagen, ganz einfach derselbe wie zwischen einem Taucher, der schwimmen kann, und einem, der es nicht kann. Der Mystiker, der eine natürliche Begabung dafür mitbringt und Schritt für Schritt den Anweisungen eines Meisters folgt, taucht ins Wasser ein und stellt fest, daß er schwimmen kann. Der unvorbereitete, führerlose und unbegabte Schizophrene hingegen ist hineingefallen oder absichtlich hineingesprungen und geht jetzt unter. Kann er gerettet werden? Wenn man ihm eine Leine zuwirft – wird er danach greifen?

Fragen wir zuerst nach den Wassern, in die er abgesunken ist. Wir haben gesagt, sie seien dieselben wie bei der mystischen Erfahrung. Welcher Art sind sie denn nun? Und wie kann man darin schwimmen?

Es sind die Wasser der universalen Archetypen des Mythos. Ich habe während meinem ganzen, der Erforschung der Mythologien gewidmeten Leben mit diesen Archetypen gearbeitet und kann daher versichern: Sie existieren wirklich und sind überall auf der

Welt gleich. Sie werden in den verschiedenen Traditionen unterschiedlich dargestellt, zum Beispiel in einem buddhistischen Tempel, einer mittelalterlichen Kathedrale, einem sumerischen Zikkurat oder einer Maya-Pyramide. Die Bilder der Gottheiten werden in den verschiedenen Teilen der Welt, je nach der Tier- und Pflanzenwelt des Landes, seiner Geographie, den Rassemerkmalen und so weiter voneinander abweichen. Die Mythen und Riten werden unterschiedliche Deutungen und Nutzanwendungen erfahren und unterschiedliche gesellschaftliche Bräuche besiegeln und bestärken müssen. Und dennoch sind die archetypischen Kernformen und -ideen gleich – und zwar oft in ganz umwerfendem Maße. Also was *sind* sie? Was stellen sie dar?

Der Psychologe, der sie am besten behandelt, am besten beschrieben und am besten gedeutet hat, ist C. G. Jung. Er nennt sie „Archetypen des kollektiven Unbewußten", womit er sich auf jene Strukturen der Psyche bezieht, die nicht das Produkt einer rein individuellen Erfahrung, sondern Gemeingut der ganzen Menschheit sind. Seiner Ansicht nach ist der Tiefengrund, die Bodenschicht der Seele ein Ausdruck des Instinktsystems unserer Art, das im menschlichen Körper, seinem Nervensystem und seinem wunderbaren Gehirn verankert ist. Alle Tiere verhalten sich instinktiv. Sie besitzen natürlich auch Verhaltensweisen, die sie lernen müssen, und müssen ihr Verhalten den Umständen anpassen, aber jede Art anders, ganz nach ihrer „Natur". Man beobachte, wie eine Katze ein Wohnzimmer betritt, und dann vielleicht einmal, wie ein Hund das macht. Beide folgen Impulsen, die ihrer Art eigen sind, und diese sind es letzten Endes, die ihrem Leben die endgültige Gestalt verleihen. So wird auch der Mensch beherrscht und bestimmt. Er besitzt sowohl ein biologisches Erbgut als auch eine persönliche Biographie, wobei die „Archetypen des Unbewußten" Ausdruck des ersteren sind. Die unterdrückten persönlichen Erinnerungen an die Erschütterungen, Enttäuschungen, Ängste usw. der Kindheit, denen die Freudsche Schule so viel Aufmerksamkeit schenkt, unterscheidet Jung dagegen von jenen und nennt sie das „persönliche Unbewußte". Während das erste Unbewußte biologischer Natur und Gemeingut der Art ist, ist das zweite biographisch, gesellschaftlich bestimmt und von Mensch zu Mensch verschieden. Die meisten unserer Träume und unserer alltäglichen Schwierigkeiten werden natürlich von diesem letzteren herrühren, aber bei einem Absprung in die Schizophrenie sinkt man ins „Kollektive" ab, und die dort erlebte Bilderwelt gehört großenteils zur Gattung der mythischen Archetypen.

Was nun die Macht des Instinkts betrifft, so erinnere ich mich an einen dieser wunderschönen Disney-Naturfilme, der eine Meeresschildkröte dabei zeigte, wie sie ihre Eier etwa zehn Meter vom Wasser entfernt in ein Loch im Sand legte. Ein paar Tage später kam eine kleine Schar von winzigen, neugeborenen Schildkröten, jede etwa so groß wie ein Knopf, aus dem Sand hervor, und ohne im geringsten zu zögern, setzten sie sich alle in Richtung Meer in Bewegung. Ohne langes Hin und Her. Ohne herumzuprobieren. Ohne zu fragen: „Wo sollte ich mich nun gescheiterweise als erstes hinbegeben?" Nicht eines von diesen kleinen Dingern schlug den falschen Weg ein, etwa daß es zunächst im Gebüsch herumkrabbelte, dort „Oh!" sagte, sich wieder umdrehte und dachte: „Für so etwas bin ich zu schade!" Nein, keineswegs! Sie gingen alle in die Richtung, die ihre Mutter im voraus gekannt haben muß – Mutter Schildkröte oder Mutter Natur. Unterdessen hatten sich die Möwen die Neuigkeit zugeschrien, und sie kamen in einem ganzen Schwarm wie Stukas auf diese kleinen Knöpfe, die ins Wasser wollten, herabgeschossen. Die Schildkröten wußten ganz genau, daß sie dorthin mußten, und sie eilten so schnell sie ihre Beinchen vorwärtsschieben konnten – die Beinchen wußten übrigens schon genau, wie sie zu schieben hatten. Kein Üben oder Versuchen war erforderlich gewesen. Die Beine wußten, was sie zu tun hatten, und die kleinen Augen wußten, daß sie auf das, was sie da vor sich sahen, zustrebten. Der ganze Organismus arbeitete reibungslos, und die ganze Brigade winziger Panzer hielt schwerfällig, aber so schnell es ging, auf das Meer zu. Und dann... Dann hätte man doch gewiß damit gerechnet, daß auf solche kleinen Wesen die großen, hohen Wellen bedrohlich wirken müßten. Aber nicht doch! Sie marschierten geradewegs ins Wasser und konnten auch schon schwimmen. Und kaum waren sie drin, da machten sich natürlich schon die Fische an sie heran. Das Leben ist hart!

Wenn die Leute davon reden, zur Natur zurückzukehren – wissen sie eigentlich, was sie da fordern?

Es gibt ein anderes eindrucksvolles Beispiel für untrügliche Instinktsicherheit, wiederum bei winzigen, gerade eben geborenen Dingern: eine eben ausgeschlüpfte Brut Küken, von denen manche sogar noch Splitter ihrer Eierschalen an den Schwänzen kleben haben. Wenn ein Falke über ihr Gehege fliegt, huschen sie in den Unterschlupf, bei einer Taube tun sie es nicht. Wo haben sie den Unterschied gelernt? Wer oder was beschließt bei einer solchen Entscheidung? Man hat Versuche mit künstlichen Falken aus Holz durchgeführt und hat diese an einem Draht über solche Gehege gezogen. Die Hühner huschen alle in den Unterschlupf. Wenn man aber dieselben Modelle rückwärts zieht, tun sie es nicht.

Sowohl die Bereitschaft, auf bestimmte auslösende Reize zu reagieren, als auch die darauffolgenden richtigen Verhaltensmuster werden in allen solchen Fällen zusammen mit der Physis der Art vererbt. Diese sogenannten „angeborenen Auslösemechanismen" (AAM) sind wesentlich für den Aufbau des Zentral-Nervensystems, und es gehören auch welche zur natürlichen Ausstattung des Homo sapiens.

So also sieht der Instinkt aus. Und wem das noch nicht einleuchtet, wer aus Hintertupfingen kommt und noch an der lenkenden Kraft und Weisheit des bloßen Instinkts seine Zweifel hat, der lese einfach einmal in einem Biologiebuch über das Leben der Parasiten nach. Man lese beispielsweise einmal etwas über den Tollwutvirus, und man wird sich fragen, ob ein Mensch es wert ist, den Wirt für ein solches Wunderwesen abzugeben. Der Virus weiß ganz genau, was er zu tun, wohin er zu gehen und was er im menschlichen Nervensystem anzugreifen hat, wie er dorthin gelangt und wann genau das zu sein hat, um jenes Wesen, das man uns als die höchste Schöpfung von Gottes Hand anzusehen gelehrt hat, in seinen elenden Sklaven zu verwandeln, der darauf versessen ist, zu beißen und dadurch den Virus in die Blutbahn des nächsten Opfers zu übertragen, wo er wieder zu den Speicheldrüsen wandert, um den nächsten Anfall herbeizuführen.

Nun besitzt jeder Mensch ein eingewurzeltes Instinktsystem, ohne das wir nicht einmal geboren werden würden. Aber jeder von uns ist durch seine Erziehung auf ein bestimmtes Kultursystem zugeschnitten worden. Es ist das Besondere am Menschen und unterscheidet uns von allen anderen Geschöpfen des Tierreichs, daß wir, wie bereits oben (S. 54) erwähnt, zwölf Jahre zu früh zur Welt kommen. Keine Mutter würde es sich anders wünschen, aber so sieht es jedenfalls aus, und das ist unser Problem. Das Neugeborene hat weder die Klugheit einer knopfgroßen, frisch ausgeschlüpften Schildkröte noch die eines Kükens, dem noch ein Stück von der Eierschale am Schwanz klebt. Das Kind des Homo sapiens, das völlig unfähig ist, für sich selbst zu sorgen, ist für eine zwölfjährige Abhängigkeitsperiode an die Eltern oder einen Elternersatz gebunden, und während dieser zwölf Abhängigkeitsjahre werden wir zu Menschen. Wir lernen, nach Menschenart zu gehen wie auch mit den Mitteln des jeweiligen Wort- und Begriffsschatzes zu sprechen und zu denken. Man bringt uns bei, auf bestimmte Signale positiv und auf andere negativ oder mit Angst zu reagieren, und die meisten dieser uns beigebrachten Signale gehören nicht der natürlichen, sondern einer bestimmten gesellschaftlichen Ordnung an. Sie sind gesellschaftsspezifisch. Doch die Impulse, die sie auslösen und lenken, sind Teil der Natur, der Biologie, des Instinkts. Jede Mythologie ist folglich eine Gruppierung von kulturell bedingten Auslösezeichen, deren natürliche und kulturelle Bestandteile so innig miteinander verschmolzen sind, daß es in vielen Fällen ganz und gar unmöglich ist, das eine vom anderen zu unterscheiden. Solche kulturell festgelegten Signale regen die kulturell eingeprägten AAMs des menschlichen Nervensystems an wie die Signalreize der Natur die natürlichen Reflexe eines Tiers.

Ein funktionierendes mythisches Symbol habe ich als „ein energiefreisetzendes und -lenkendes Zeichen" definiert. Dr. Perry hat solche Signale „Affektbilder" genannt. Ihre Botschaften sind nicht ans Gehirn gerichtet, um dort verstanden und weitergeleitet zu werden, sondern direkt an die Nerven, die Drüsen, das Blut und den *Nervus sympathicus*. Aber sie gehen *durch* das Gehirn, und das Gehirn mit seiner Erziehung kann sich einmischen, mißverstehen und dadurch die Botschaften entstellen. Wenn das geschieht, können die Zeichen nicht mehr die gewünschte Wirkung tun. Die ererbte Mythologie wird verstümmelt, und ihr Wert als Leitfaden geht verloren oder wird falsch aufgefaßt. Noch schlimmer ist es, wenn man dazu erzogen wurde, auf Signale einer bestimmten Art zu reagieren, die in der allgemeinen Umwelt nicht vorkommen, wie es zum Beispiel häufig der Fall ist, wenn Kinder in den Kreisen gewisser besonderer Sekten aufgewachsen sind, die sich von den Kulturformen der übrigen Gesellschaft fernhalten bzw. diese sogar verachten oder beschimpfen. Ein solcher Mensch wird sich im größeren Umfeld der Gesellschaft nie ganz zuhause, sondern immer etwas beklommen und sogar leicht paranoid fühlen. Nichts berührt ihn so, wie es sollte, bedeutet für ihn das, was es sollte, oder bewegt ihn so, wie es die anderen bewegt. Um Zufriedenheit zu finden, muß er sich notgedrungen in den beengten und daher beengenden Rahmen der Sekte, Familie, Kommune oder Reservation zurückziehen, auf den er eingestimmt wurde. Im größeren Umfeld ist er verwirrt und sogar gefährlich.

Mir scheint hiermit ein entscheidendes Problem berührt zu sein, dem sich Eltern und Familien ohne Umschweife stellen müssen: Es muß gewährleistet sein, daß die Signale, die sie ihren Kindern einprägen, diese für die Welt, in der sie einmal leben müssen, tauglich machen und sie nicht von ihr entfremden – es sei denn, man ist um jeden Preis darauf aus, seinen Nachkommen die eigene Paranoia zu vererben. Häufiger ist aber der Normalfall, daß vernünftige Eltern den Wunsch haben, sowohl gesellschaftlich als auch körperlich gesunde Sprößlinge in die Welt gesetzt zu haben, die so weit mit der gesamten Einstellung der Kultur, in die sie hineinwachsen, übereinstimmen, daß sie ihre Werte vernünftig beurteilen und sich konstruktiv an ihre fortschrittlichen, anständigen, lebensfördernden und fruchtbringenden Elemente anschließen können.

Das entscheidende Problem, vor dem wir stehen, ist wie gesagt entscheidend für unser Menschsein: Wir müssen dafür sorgen, daß die Mythologie – die Anordnung der bezeichnenden Signale, der Affektbilder, der energiefreisetzenden und -lenkenden Zeichen –, die wir an unsere Kinder weitergeben, geeignete richtungsweisende Botschaften übermittelt, so daß sie voll und lebendig in der Umwelt aufgehen können, in der sie ihr Leben zubringen müssen, und sich nicht in eine ferne Vergangenheit, eine fromm herbeigesehnte Zukunft oder schlimmstenfalls gar in irgendeine nörgelnde und abartige Sekte oder vorübergehende Modetorheit verrennen. Ich behaupte, daß dieses Problem entscheidend ist, denn wenn es schlecht gelöst wird, so hat dies für den verbildeten Einzelnen zur Folge, daß er – mythisch gesprochen – in ein „wüstes Land" gerät. Die Welt spricht nicht zu ihm, er spricht nicht zur Welt. Wenn das eintritt, kommt es zu einer Abtrennung, der Einzelne wird auf sich selbst zurückgeworfen, und er wird zum Spitzenkandidaten für jenen psychotischen Bruch, der aus ihm entweder einen eigentlich Schizophrenen in einer Gummizelle macht oder einen paranoid Schizophrenen, der in einer Klapsmühle ohne Wände hemmungslos seine Parolen brüllt.

Bevor ich im folgenden den allgemeinen Ablauf, die Geschichte eines solchen Bruchs schildere – die innere Hin- und Rückreise in die Tiefe, könnte man sagen –, möchte ich daher noch ein Wort zu den Aufgaben sagen, die eine gut funktionierende Mythologie normalerweise erfüllt. Meiner Ansicht nach sind es vier.

Die erste Aufgabe ist eine mystische und besteht darin, im Individuum ein Gefühl der Ehrfurcht und Dankbarkeit gegenüber dem Geheimen an der Welt zu wecken und zu bewahren, nicht damit es in Furcht davor lebt, sondern damit es erkennt, daß es selbst daran teilhat, da das Geheimnis des Seins auch das Geheimnis in der Tiefe seines eigenen Wesens ist. Genau das hörte der alte Medizinmann aus Alaska, als Sila, die Seele des Universums, zu ihm sprach: „Fürchte dich nicht." Denn die Natur, mit den Augen dieser Welt gesehen, ist wie gesagt hart. Sie ist furchtbar, schrecklich, gräßlich. Sie ist ein Etwas, das vernunftbeflissene, existenzialistische Franzosen zu der Bezeichnung „absurd!" veranlaßt. (Das ist das Wunderbare an den Franzosen: Sie sind derartig nachhaltig von Descartes geprägt, daß alles, was nicht auf kartesische Koordinaten zurechtgestückt werden kann, absurd sein muß. Wir müssen uns aber fragen, wer oder was hier absurd ist, wenn Urteile dieser Art als Philosophie ausgegeben werden!)

Die zweite Aufgabe einer lebendigen Mythologie ist es, ein Bild des Weltalls zu entwerfen, das sich mit dem Wissensstand der Zeit, den Wissenschaften und den Praxisbereichen der Leute verträgt, an die sich die Mythologie wendet. Zur Stunde hinken natürlich die Weltbilder *aller* großen Religionen mindestens zweitausend Jahre hinterher, und das allein ist in der Tat Grund genug für einen sehr tiefgehenden Bruch. Wenn man sich fragt, warum in einer Zeit wie der unseren, einer Zeit größter religiöser Inbrunst und Suche, den Kirchen ihre Gemeinden davonlaufen, dann liegt die Antwort zu einem großen Teil sicherlich genau hierin. Sie verheißen ihrer Herde den Frieden auf einer grünen Weide, die es nie gab, nie geben wird und die es jedenfalls in keinem Winkel der heutigen Welt gibt. Ein solches mythisches Angebot ist ein Garantieschein für eine zumindest leichte Schizophrenie.

Die dritte Aufgabe einer lebendigen Mythologie besteht darin, die Normen einer bestehenden, besonderen Sittenordnung zu bestätigen, zu stützen und einzuprägen, und zwar die der Gesellschaft, in der der Einzelne leben muß. Und die vierte ist es, ihn

Stufe für Stufe auf der ganzen absehbaren Bahn eines nützlichen Lebens so zu leiten, daß er sich Gesundheit, Kraft und geistige Harmonie bewahrt.

Führen wir uns die Abfolge dieser Stufen noch einmal kurz vor Augen.

Die erste ist natürlich die des Kindes, daß die besagten zwölf Jahre lang sowohl körperlich als auch seelisch von der Leitung und Obhut seiner Familie abhängt. Wie ich bereits im Kapitel III erwähnte, läßt sich der naheliegende Vergleich mit den Beuteltieren anstellen, den Känguruhs, Opossums, Wallabies usw. Da diese Tiere keine Plazenta besitzen, kann der Fötus nicht mehr im Mutterleib bleiben, wenn die nahrhaften Bestandteile (der Nährdotter) des Eis aufgebraucht wurden, und die kleinen Dinger müssen daher geboren werden, lange bevor sie lebenstüchtig sind. Das kleine Känguruh wird nach nur dreiwöchiger Trächtigkeit geboren, hat aber bereits starke Vorderläufe und weiß genau, was es damit zu tun hat. Das winzige Geschöpf kriecht – wohlgemerkt wiederum instinktiv – im Bauch seiner Mutter nach oben zum Beutel, krabbelt hinein und saugt sich dort an einer Zitze fest, die (instinktiv) in seinem Maul anschwillt, so daß es nicht davon loskommen kann, und bleibt dort so lange, bis es selbst hüpfen kann, in einer zweiten Gebärmutter: einer „Gebärmutter mit Ausblick".

Einer genau vergleichbaren biologischen Aufgabe dient bei unserer eigenen Art eine Mythologie, die ein nicht minder unerläßliches biologisches Organ, nicht minder ein Naturprodukt ist, wenn es auch nicht so scheint. Wie das Nest eines Vogels wird eine Mythologie aus Materialien gefertigt, die scheinbar völlig bewußt, aber doch einem unbewußt von innen vorgeschriebenen Bauplan zufolge der jeweiligen Umwelt entnommen werden. Es spielt keine Rolle, ob ihre tröstenden, aufbauenden, anleitenden Bilder für einen Erwachsenen passen. Sie ist nicht für Erwachsene gedacht. Ihre wichtigste Aufgabe ist es, eine unfertige Seele zur Reife zu erziehen und dafür zu bereiten, der Welt ins Auge zu sehen. Die eigentliche Frage, die zu stellen ist, lautet also, ob sie einen Charakter bildet, der in dieser Welt, so wie sie ist, leben kann oder nur in irgendeinem Himmel oder in einer Phantasiegesellschaft. Die nächste Aufgabe muß folglich darin bestehen, dem fertigen jungen Menschen dabei zu helfen, den Schritt hinaus und davon weg zu tun, den Mythos, diese zweite Gebärmutter, zu verlassen und, wie es im Orient heißt, ein „Zweimalgeborener" zu werden, ein verantwortlicher Erwachsener, der sich in seiner bestehenden Welt vernünftig bewegt und seine Kinderzeit hinter sich gebracht hat.

Ich will hierbei noch eine boshafte Bemerkung über unsere religiösen Institutionen machen: Sie fordern und erwarten nichts anderes, als daß man die Gebärmutter, die sie bereitstellen, *nicht* verläßt. Es ist, als ob man von jungen Känguruhs verlangen wollte, daß sie im Beutel ihrer Mutter bleiben sollen. Wir alle wissen, was sich als Folge davon im sechzehnten Jahrhundert zugetragen hat: Der ganze Beutel der Mutter Kirche riß entzwei, und – alle Pferde des Königs und all seine Mannen kriegten ihn daraufhin nicht mehr zusammen. Er ist also nun zerstört, und wir haben nicht einmal mehr für unsere kleinsten Känguruhs einen geeigneten Beutel. Wir haben allerdings Lesen, Schreiben und Rechnen *(„reading, 'riting, and 'rithmetic")* als eine Art künstlichen Ersatz, und wenn man etwa seinen Doktor machen will, dann kann es einem passieren, daß man bis zu seinen fünfundvierzigsten Lebensjahr in diesem unorganischen Brutkasten hockt. Mir ist aufgefallen, daß Professoren, denen man im Fernsehen Fragen stellt, für gewöhnlich herumdrucksen und sich räuspern und „hmm" und „äh" machen, bis man sich fragt, ob sie vielleicht gerade eine seelische Krise durchleben oder nur einfach nicht die richtigen Worte für ihre erhabenen Gedanken finden. Wenn man dagegen einem professionellen Baseball- oder Footballspieler selbst eine ziemlich schwierige Frage stellt, so kann er sie im allgemeinen frisch von der Leber weg beantworten. Er hat die Gebärmutter mit Brief und Siegel verlassen, als er vielleicht neunzehn und der beste Amateurspieler weit und breit war. Aber der andere arme Kerl mußte bis ins hohe Mannesalter als ein kleines Licht unter den großen Professorenleuchten sitzen bleiben, und obwohl er sich in der Zwischenzeit seinen akademischen Grad erworben haben muß, war es zu spät für ihn, um noch damit zu beginnen, das an sich zu entwickeln, was man für gewöhnlich Selbstverstrauen nennt. Der Stempel der professoralen Leuchten ist seinen AAMs für alle Zeiten aufgedrückt, und daher hofft er noch immer, daß niemand ihm für seine Antworten schlechte Noten gibt.

Aber kaum hat man sich die Erwachsenenrolle halbwegs angelernt und sich in dieser unserer Gesellschaft einen Platz erobert, da werden einem auch schon langsam die Glieder morsch, der Ruhestand kündigt sich an und stellt sich mit der ärztlichen Pflegebedürftigkeit, der Altersrente und allem übrigen ungemein schnell ein. Man hat es jetzt mit einer unbeschäftigten Psyche zu tun, der eigenen, und besitzt jede Menge „disponible Libido", wie Jung es nannte. Was soll man damit anfangen? Jetzt ist die klassische Zeit für den Nervenzusammenbruch der späten Jahre, für Scheidung, Alkoholdebakel und so fort gekommen. Unvorhergesehen ist das Licht des Lebens in ein ebenso unvorhergesehenes Unbewußtes abgesunken, und darin geht man unter. Die Situation würde viel besser aussehen, wenn einem in den Jahren der Kindheit die Kindermythen nachhaltig eingeprägt worden wären, so daß einem nun, da die Zeit für den Sprung zurück und hinab gekommen ist, die Landschaft hier unten ein wenig vertrauter vorkommen würde. Wenigstens für einige der Ungeheuer, auf die man trifft, wäre man mit Namen und vielleicht sogar mit Waffen versehen worden, denn es ist ganz einfach eine Tatsache, und zwar eine sehr wichtige, daß die Mythenbilder, die in der Kindheit als Schilderungen äußerer, übernatürlicher Wesen verstanden werden, in Wirklichkeit Symbole der gestaltenden Kräfte (oder Archetypen, wie Jung sie nannte) des Unbewußten sind. Zu diesen Kräften und zu den Naturgewalten, für die sie stehen – den inneren Mächten und Stimmen der Seele (Sila) des Universums –, kehrt man zurück, wenn man eines Tages den Sprung tut – und der Tag kommt todsicher.

Versuchen wir also angesichts der uns bevorstehenden Herausforderung, uns etwas mit den Gezeiten und Strömungen unseres inneren Meeres vertraut zu machen. Ich möchte hierzu etwas von dem mitteilen, was ich kürzlich über die Wunder des schizophrenen Sprungs ins Innere gehört habe.

Die erste Erfahrung ist ein Gefühl der Spaltung. Der betroffene Mensch sieht die Welt entzweigehen: Ein Teil rückt von ihm ab, im anderen Teil ist er selbst. Das ist der Anfang der Regression, des Abbröckelns und Zurückflutens. Eine Zeitlang kann er sich selbst in zwei Rollen erleben. Eine davon ist die Rolle des Clowns, des Gespenstes, der Hexe, des Sonderlings, des Außenseiters. Das ist die äußere Rolle, die er spielt, in der er sich herabsetzt und den Narren macht, eine Witzfigur, den Herumgestoßenen, den Dummen. Innerlich jedoch ist er der Heiland, und das weiß er. Er ist der Held, der für ein großes Schicksal ausersehen ist. Kürzlich erwies mir ein solcher Heiland dreimal die Ehre, mich zu besuchen: ein hochgewachsener, schöner junger Mann mit dem Bart, den sanften Augen und dem ganzen Gebaren eines Christus. LSD war sein Sakrament – LSD und Sex. „Ich habe meinen Vater gesehen", erzählte er mir beim zweiten Mal. „Er ist jetzt alt und hat mir gesagt, ich solle einfach warten. Ich werde es merken, wenn die Zeit für mich gekommen ist."

Die zweite Stufe ist in vielen klinischen Schilderungen beschrieben worden. Auf ihr erfolgt ein furchtbares Abfallen, eine sowohl zeitliche als auch biologische Regression. Der Psychotiker fällt in seine eigene Vergangenheit zurück und wird zu einem Säugling, zu einem Fötus im Mutterschoß. Man macht die furchterregende Erfahrung, ins tierische Bewußtsein abzugleiten, in tierische und noch tiefer stehende, sogar pflanzliche Formen. Ich denke hierbei an die Sage von Daphne, der Nymphe, die in einen Lorbeerbaum verwandelt wurde. Psychologisch gesehen würde ein solches Bild eine Psychose anzeigen. Die Jungfrau war entsetzt darüber, daß der Gott Apollon sie mit seiner Liebe verfolgte, flehte ihren Vater, den Flußgott Peneios, um Hilfe an, und dieser verwandelte sie in einen Baum.

„Zeig mir das Gesicht, das du hattest, bevor dein Vater und deine Mutter geboren wurden!" Wir hatten bereits Anlaß, auf dieses Meditationsthema der japanischen Zen-Meister hinzuweisen. Im Laufe eines schizophrenen Rückzugs kann der Psychotiker auch den Überschwang einer Vereinigung mit dem Weltall kennenlernen, die die Grenzen der Person übersteigt – das „ozeanische Gefühl", wie Freud es nannte. Auch Gefühle, im Besitz eines neuen Wissens zu sein, stellen sich ein. Dinge, die zuvor geheimnisvoll gewesen waren, werden jetzt völlig begriffen. Man erlebt unbeschreibliche Erkenntnisse, und wenn wir etwas darüber lesen, können wir wirklich nur staunen. Ich habe mittlerweile Dutzende von Schilderungen gelesen, und sie stimmen in oft verblüffender Weise mit den Einsichten der Mystiker und den Bildern der hinduistischen, buddhistischen, ägyptischen und antiken Mythen überein.

Beispielsweise wird in einem Menschen, der nie an Reinkarnation geglaubt oder auch nur davon gehört hat, die Empfindung wach, daß er schon immer gelebt habe, daß er schon viele Lebzeiten hinter sich habe und doch niemals geboren wurde und niemals sterben werde. Es ist, als ob er sich als den Ātman (das Selbst) erkannt hätte, von dem in der *Bhagavadgītā* zu lesen steht: „Nicht wird er geboren, noch stirbt er jemals .... Er ist ungeboren, ewig, dauerhaft und uralt. Er wird nicht getötet, wenn der Körper getötet wird."[9] Der Patient (wie wir ihn jetzt nennen wollen) hat das, was von seinem Bewußtsein noch übrig ist, mit dem Bewußtsein aller Dinge, der Felsen, der Bäume, der ganzen natürlichen Welt vereint, aus der wir alle hervorgegangen sind. Er ist in Einklang mit dem, was in der Tat immer existierte, wir wir es im Wurzelgrunde in Wirklichkeit alle sind und dort Frieden haben. Dazu heißt es wiederum in der *Gītā:* „Wer, wie eine Schildkröte ihre Glieder, seine Sinnesorgane allerseits von den Sinnesobjekten zurückzieht, dessen Verstand ist fest gegründet (in der Weisheit). ... In dieser Lauterkeit des Geistes wird ihm das Ende allen Kummers bereitet."[10]

Kurzum, ich sage hiermit nichts anderes, als daß unser schizophrener Patient tatsächlich unabsichtlich dieselbe wonnigliche ozeanische Tiefe erlebt, nach deren Genuß der Yogī und der Heilige unentwegt streben, nur daß sie darin schwimmen, während er darin untergeht.

Als nächstes kann, einer Reihe von Berichten zufolge, das Gefühl aufkommen, vor einer furchtbaren Aufgabe zu stehen, bei der Gefahren auftreten und gemeistert sein wollen, aber auch eine Vorahnung von unsichtbaren hilfreichen Mächten, die einen führen oder einem durchkommen helfen können. Dies sind die Götter, die Schutzdaimonen oder -engel: angeborene Seelenkräfte, die fähig sind, den quälenden, verschlingenden oder zerrüttenden negativen Mächten entgegenzutreten und ihrer Herr zu werden. Und wenn man den Mut hat weiterzugehen, wird man schließlich in einer Art schrecklichem Anfall eine kulminierende, überwältigende Krise erleben oder sogar eine Reihe von solchen Kulminationen, mehr als man ertragen kann.

Diese Krisen treten hauptsächlich in vier typischen Formen auf, je nachdem, welche Art von Schwierigkeit die Regression in erster Linie herbeigeführt hat. Beispielsweise wird ein Mensch, der in seiner Kindheit echte Liebe entbehren mußte, der in einer Familie aufwuchs, wo er wenig oder gar keine Zuwendung erfuhr, sondern nur Autorität, Strenge und Befehle, oder in einem Haus mit vielen Krächen und Wutausbrüchen, einem herumtobenden, betrunkenen Vater oder dergleichen – ein solcher Mensch wird auf seiner Fahrt zurück eine Neuorientierung und Sammlung seines Lebens um einen Mittelpunkt der Liebe suchen. Entsprechend wird die Kulmination (wenn er nach dem Bruch zum Anfang seines persönlichen Lebens und sogar darüber hinaus zu einer Empfindung des erotischen Urtriebes zum Leben zurückgefunden hat) in einer Entdeckung eines Zentrums der Zärtlichkeit und Liebe in seinem eigenen Herzen bestehen, worin er zur Ruhe kommen kann. Dies wird das Ziel und der Sinn seines ganzen rückwärts gerichteten Strebens gewesen sein, und die Erkenntnis dieses Zentrums wird so erfolgen, daß er auf die eine oder andere Weise eine Art visionärer Erfüllung der „heiligen Vereinigung" mit einer ihn – als seine Frau oder nicht – mütterlich umfangenden Erscheinung erlebt.

Wenn es nun ein Haushalt war, in dem der Vater eine Null gewesen war, ein Nichts ohne jeden Einfluß daheim; wo es keine Spur von väterlicher Autorität gegeben hatte, keine männliche Erscheinung, die man hätte ehren oder achten können, sondern nur einen Wust von häuslichem Kleinkram und krankhaftem weiblichem Getue, so wird die Suche einem achtbaren Vaterbild gelten, und eben das wird man auch finden müssen: eine Art von symbolischer Verwirklichung einer übernatürlichen Tochter-Vater- oder Sohn-Vater-Beziehung.

Eine dritte häusliche Situation, die einen beträchtlichen Liebesentzug bedeutet, ist die des Kindes, das sich selbst aus dem Kreis seiner Familie ausgeschlossen und so behandelt fühlt, als ob es unerwünscht wäre, oder desjenigen, das überhaupt keine Familie hat. Zum Beispiel in Fällen einer zweiten Eheschließung, wo eine zweite Familie entstanden ist, kann sich ein Kind aus der ersten (womöglich zu Recht) ausgeschlossen, weggeschubst oder alleingelassen fühlen. Das alte Märchenthema von der bösen Stiefmutter und den bösen Stiefgeschwistern trifft hier zu. Solch ein Ausgeschlossener wird auf seiner einsamen Reise nach innen danach streben, einen Kreis – und zwar keinen *Familien-*, sondern einen *Welt*kreis – zu finden oder sich zurechtzumachen, dessen Dreh- und Angelpunkt *er* ist. Dr. Perry schilderte mir den Fall eines schizophrenen Patienten, der so vollständig und zutiefst abgeschnitten war, daß niemand irgendeine Kommunikation mit ihm herstellen konnte. Eines Tages zeichnete dieser arme, stumme Mensch in Gegenwart des Arztes einen rohen Kreis und setzte dann einfach seinen Bleistift mit der Spitze in die Mitte. Dr. Perry beugte sich vor und sagte zu ihm:

„Sie *sind* im Zentrum, nicht wahr? Sie *sind* es!" *Diese* Botschaft drang durch und setzte eine Rückkehr in Gang.

Ein durch und durch faszinierender Inside-Bericht von einem schizophrenen Zusammenbruch findet sich im letzten Kapitel von Dr. R. D. Laings Buch *The Politics of Experience (Phänomenologie der Erfahrung)*. Dort schildert ein früherer Kommodore der britischen Royal Navy, der heute Bildhauer ist, ein eigenes schizophrenes Abenteuer, auf dessen Höhepunkt er eine vierte Art von Durchbruch erlebte: eine Empfindung reinen Lichtes, die Empfindung eines entsetzlich gefährlichen, überwältigenden Lichtes, dem er sich stellen und standhalten mußte. Seine Schilderung erinnert sehr stark an das im *Tibetischen Totenbuch* beschriebene Buddha-Licht, von dem es heißt, daß man es unmittelbar nach dem Tode wahrnähme und daß es, wenn man ihm standhält, die Befreiung von der Wiedergeburt brächte, für die meisten aber zu schwer zu ertragen sei. Der frühere Marineoffizier, ein gewisser Jesse Watkins, achtunddreißig Jahre alt, hatte keine Vorkenntnisse von orientalischen Philosophien oder Mythologien besessen, aber als sich seine Zehntagereise dem Höhepunkt näherte, war ihre Bilderwelt nicht mehr von der des Hinduismus und Buddhismus zu unterscheiden.

Alles hatte mit dem beunruhigenden Gefühl angefangen, daß die Zeit selbst rückwärts liefe. Der Mann war bei sich zu Hause im Wohnzimmer gewesen und hatte nebenbei ein bekanntes Lied im Radio gehört, als er dieses unheimliche Gefühl bekam. Er stand auf und schaute in einen Spiegel, um festzustellen, was los sein könnte, und obwohl ihm das Gesicht, das er dort erblickte, bekannt vorkam, schien es das eines Fremden zu sein, nicht sein eigenes. Er wurde in eine Beobachtungsstation gebracht, ins Bett gesteckt und hatte in jener Nacht das Gefühl, daß er gestorben sei und daß die anderen ringsum in der Station ebenfalls gestorben seien. Er fiel zeitlich immer weiter zurück und gelangte in eine Art Landschaft mit Tieren, wo er selbst als ein Tier umherwanderte: ein Nashorn, das Nashornlaute ausstieß, das Angst hatte und doch aggressiv und auf der Hut war. Er hatte auch das Gefühl, daß er ein Säugling sei, und konnte sich wie ein kleines Kind schreien hören. Er war gleichzeitig der Beobachter und das von ihm Beobachtete.

Man gab ihm Zeitungen zu lesen, aber er kam damit nicht voran, weil alles, jede Schlagzeile, ausufernde Assoziationen in Gang setzte. Ein Brief von seiner Frau erweckte den Eindruck, daß sie in einer anderen Welt sei, in der er nie wieder leben würde. Er fühlte, daß er dort, wo er sich befand, Kräfte angezapft hatte, die in uns allen angelegt sind. So heilte er zum Beispiel an einem einzigen Tag einen tiefen Schnitt in seinem Finger, den er sich nicht von den Krankenpflegern behandeln ließ, indem er einfach, wie er erklärte, „irgendwie intensive Aufmerksamkeit darauf verwandte"[11]. Er fand heraus, daß er lautstarke Patienten anderswo auf der Station dazu bringen konnte, sich hinzulegen und ruhig zu sein, indem er sich im Bett aufsetzte und sie scharf anstarrte. Er fühlte, daß er mehr war, als er sich jemals vorgestellt hatte, daß er immer existiert hatte, in allen Lebensformen, und daß er dies alles wieder erlebte; aber auch, daß ihm jetzt eine große und schreckliche Reise bevorstand, und dies flößte ihm ein tiefes Angstgefühl ein.

Diese großen, neuen Kräfte, die er verspürte – die Kontrolle über seinen eigenen Körper und der Einfluß auf andere –, nennt man in Indien *siddhi*. Man kennt sie dort (so wie sie hier von diesem Mann des Westens erlebt wurden) als in uns schlummernde Mächte, die allem Leben innewohnen und die der Yogī in sich freisetzen kann. Man hört von ihnen in der Christlichen Wissenschaft *(Christian Science)* und auch in anderen Formen von „Heilung durch den Glauben", Gesundbeten und so weiter. Die Wunder der Schamanen, Heiligen und Heilande sind abermals wohlbekannte Beispiele. Und was das Erleben einer Identität mit allem Sein, dem ganzen Leben, und von Verwandlungen in Tiergestalten betrifft, so vergleiche man dazu das folgende Lied. Amairgen (Amergin), der sagenhafte größte Dichter der ersten gälischen Kelten, die nach Irland kamen, soll es gesungen haben, als ihr Leitschiff an der irischen Küste landete:

„Ich bin der Wind, der auf die See atmet
ich bin die Woge des Meeres
ich bin das Rauschen der Wellen
ich bin der Ochse der sieben Schlachten
ich bin der Geier auf dem Felsen
ich bin ein Strahl der Sonne
ich bin die Schönste der Pflanzen
ich bin ein wilder Eber an Kühnheit
ich bin ein Lachs im Wasser
ich bin ein See in der Ebene

ich bin ein Wort der Weisheit
ich bin die Lanzenspitze in der Schlacht
ich bin der Gott, der im Haupte das Feuer schafft."[12]

Indem wir im Geiste den Verlauf dieser Zehntagesreise ins Innere mitverfolgen, bewegen wir uns also auf wohlbekanntem mythischem Grund, wenn er auch noch so seltsam und schwankend wirken mag. Und auch die Stellen, wo sie zum Höhepunkt gelangt, werden uns, wenn sie auch sonderbar sind, (in einer geheimen Weise) eigenartig vertraut sein.

Der Reisende hatte, wie er erzählt, das ,,besonders deutliche Empfinden", daß die Welt, die er gerade erlebte, drei Ebenen hatte, wobei er sich in der mittleren Sphäre befand und eine Ebene höherer Erkenntnis über sich und eine Art Wartezimmerebene unter sich hatte. Man vergleiche in der Bibel das kosmische Bild von Gottes Himmel oben, der Erde darunter und den Wassern unterhalb der Erde. Oder man denke an Dantes *Göttliche Komödie*, die Tempeltürme Indiens und der mittelamerikanischen Mayas, die Zikkurate von Altsumer. Unten sind die Höllen der Gepeinigten, oben ist der Lichthimmel und dazwischen der Berg der stufenweise auf ihrem geistigen Höhenwege aufsteigenden Seelen. Jesse Watkins zufolge befinden sich die meisten von uns auf der untersten Ebene und warten (*en attendant Godot*, könnte man sagen) wie in einem allgemeinen Wartezimmer. Sie sind noch nicht im Mittelraum des Kämpfens und Suchens, den er betreten hatte. Er hatte Empfindungen von unsichtbaren Göttern über ihm und überall ringsum, die verantwortlich waren und alles in der Hand hatten. Und am höchsten Punkt stand mit der höchsten Aufgabe der höchste Gott von allen.

Was dies alles darüber hinaus so schrecklich machte, war das Wissen, daß schließlich jeder einmal diese Aufgabe an der Spitze übernehmen mußte. Alle, die im Irrenhaus um ihn herum waren, die gleich ihm gestorben und auf der mittleren Ebene des Fegefeuers waren, erlebten – wie er es ausdrückte – ,,eine Art Erwachen". (Erinnern wir uns daran, daß das Wort *Buddha* ,,der Erwachte" bedeutet.) Die ganzen Wahnsinnigen um ihn herum waren auf dem Wege, zu erwachen und diese Spitzenposition einzunehmen, wenn ihre Zeit gekommen war, und der jetzt dort oben war, war Gott. *Gott war ein Wahnsinniger*. Er war derjenige, der alles zu tragen hatte: „diese enorme Last", wie Watkins es ausdrückte, „die Dinge zu kennen und zu lenken und zu leiten."[13] „Da geht die ... Reise hin und jeder einzelne von uns muß da durch, und ... du kannst dich nicht davor drücken ..., der Zweck von allem und die ganze Existenz bestehen ... darin, dir zu ermöglichen, noch einen Schritt weiter zu gehen und noch einen Schritt und noch einen Schritt und so weiter ..."[14]

Ist es nicht erstaunlich, eine solche Häufung orientalischer Motive im Logbuch der Nachtmeerfahrt eines kriegsgedienten britischen Marineoffiziers aufgezeichnet zu finden, der kurzzeitig wahnsinnig war? Es gibt eine frühe buddhistische Fabel von einer Reise mit demselben Ausgang, die in einem berühmten Hindu-Fabelbuch überliefert ist, „Die Geschichte von Tschakradhara" (*chakrādhāra*, „der Radträger") im *Pañchatantra*. Die Geschichte handelt von vier befreundeten Brahmanen, die um ihre Habe gekommen waren und daher beschlossen, gemeinsam loszuziehen und zu Reichtum zu gelangen. Im Lande Avanti (wo einstmals der Buddha lebte und lehrte) begegnete ihnen ein Yogī namens Bhairavānanda. Als sie ihm ihre Notlage geschildert und ihn um Hilfe gebeten hatten, gab dieser eindrucksvolle Mann jedem von ihnen einen magischen Baumwollfaden und wies sie an, nach Norden zu den Nordhängen des Himalaya zu wandern. Wem irgendwo ein Faden zu Boden fiele, der würde, so versicherte er ihnen, dort seinen Schatz finden.

Der Faden des Anführers fiel als erster zu Boden, und sie entdeckten, daß die Erde an jener Stelle reichlich Kupfer barg. „Seht nur!" rief er. „Nehmt euch, so viel ihr wollt!" Aber die anderen wollten lieber weiterziehen, und so suchte der Anführer allein sein Kupfer zusammen und kehrte um. Wo der Faden des zweiten hinfiel, lag Silber, und sein Besitzer kehrte als zweiter um. Der nächste fand Gold. „Siehst du nicht, worauf es hinausläuft?" sagte der vierte der Schar. „Zuerst Kupfer, dann Silber, dann Gold. Als nächstes werden sicherlich Diamanten und Perlen kommen." Aber der andere blieb bei seinem Gold, und der vierte ging weiter.

Und die indische Geschichte fährt fort:
„Und so wanderte der vierte Brahmane allein fort.
Als er eine Weile gewandert war, begann er entsetzlich unter der Hitze zu leiden und fühlte sich sehr durstig. Bald verlor er den Weg, den ihm der Yogī angedeutet hatte und ging immer im Kreise herum. Als er so umherirrte, begegnete er plötzlich einem Mann,

dessen Körper ganz mit Blut beschmiert war. Unaufhörlich wirbelte ein Rad hinter seinem Kopf. Der Brahmane näherte sich ihm schnell und fragte: ‚Wer bist du? Und was bedeutet dieses Rad, das unaufhörlich hinter deinem Kopf wirbelt? Aber wer du auch immer sein magst, um Himmels willen, sage mir schnell, wo ich Wasser bekommen kann.'
Kaum hatte der Brahmane diese Wort gesprochen, so bewegte sich das Rad von dem anderen Mann zu ihm und begann hinter seinem eigenen Kopf zu wirbeln.
‚Freund!' schrie er: ‚Was soll das bedeuten?'
‚Dieses Rad heftete sich unter ähnlichen Umständen an meinen Kopf', antwortete er.
‚Aber wann werde ich es wieder los?' fragte der Brahmane. ‚Denn es schmerzt mich unerträglich.'
‚Mein Freund!' antwortete dieser Mann: ‚Nur wenn irgendeiner, der einen magischen Faden bei sich trägt, hierher kommt und zu dir spricht, wird dich das Rad verlassen und hinter seinem Kopf wirbeln.'
‚Wie lange bist du schon hier gewesen?' fragte der Brahmane.
‚Ich weiß nicht genau, wann ich hierherkam', sagte der Mann, ‚aber ich erinnere mich, daß ich unter der Regierung des Königs Rāma in einem schrecklichen Elend lebte, und irgendwie gelang es mir, einen magischen Faden zu bekommen. Damit kam ich hierher. Ich traf einen Mann, hinter dessen Kopf ein Rad unaufhörlich wirbelte. Ich stellte die gleiche Frage an ihn, so wie du es getan hast, und sogleich verließ ihn das Rad und begann hinter meinem Kopf zu wirbeln.'
‚Aber Freund!' fragte der Brahmane: ‚Wie konntest du Essen und Trinken bekommen, wenn das Rad hinter deinem Kopf unaufhörlich wirbelte?'
‚Mein lieber Freund!' antwortete der Mann. ‚Da Gott Kubera fürchtete, daß sein Reichtum gestohlen werden könnte, erfand er diese schreckliche Sache, und seitdem wagt niemand hierher zu kommen. Aber wenn doch jemand mit einem magischen Faden hierher kommt, wird er Hunger, Durst, Alter und Tod nicht kennen, aber er wird unaufhörlich ebenso wie du leiden. Nun lebe wohl, ich werde nach Hause gehen.'
Mit diesen Worten verabschiedete sich der Mann und ließ den Brahmanen allein zurück."[15]

In der Fassung dieser Nacherzählung erscheint die alte Fabel als eine Warnung an alle vor der Gefahr unmäßiger Gier. In ihrer früheren Form jedoch war sie eine mahāyāna-buddhistische Legende über den Pfad gewesen, auf dem man zum Bodhisattva wird, wobei dort das sofortige Stellen der Frage das Zeichen dafür gewesen war, daß es der Seelenreisende in selbstloser Barmherzigkeit zur Vollendung gebracht hatte. Die Gestalt des verwundeten Königs in der mittelalterlichen christlichen Gralssage fällt einem ein sowie die Frage, die dort von dem ankommenden reinen Gralsritter gestellt werden mußte, um dadurch den König zu heilen und selbst die Königswürde zu erlangen (siehe oben S. 177–178). Man denkt auch an den Kopf des gekreuzigten Christus mit der Dornenkrone und an eine Reihe anderer Figuren: den an einen Felsen im Kaukasus gefesselten Prometheus, von dessen Leber ein Adler frißt; den gleichfalls an einen Felsen festgemachten Loki, dem das feurige Gift einer Weltenschlange für alle Zeiten auf den Kopf tropft; oder gar Satan, wie Dante ihn sah, im Zentrum der Erde, in ihrem Angelpunkt, womit er ganz seinem Urbild, dem griechischen Hades (römisch Pluto) entspricht, der der Herr der Unterwelt wie auch des Reichtums ist und somit (in jener wunderbaren Weise, die einem so oft begegnet, wenn man mythische Formen vergleicht) das genaue abendländische Gegenstück zu Indiens Erdgott Kubera, demselben Gott des Reichtums und des sich qualvoll drehenden Rades, der in dieser Fabel erwähnt wird.

Unser schizophrener Visionär jedoch fühlte, daß er sich an der Rolle des wahnsinnigen, entsetzlich leidenden Gottes auf dem Gipfel des Weltalls übernehmen würde, daß sie zuviel für ihn war. Wer wäre wirklich in der Lage, die volle Wucht der Erfahrung dessen, was das Leben in Wahrheit ist, was das Weltall in Wahrheit ist, in ihrer ganzen schrecklichen Lust auszuhalten und willig hinzunehmen? Das wäre vielleicht die äußerste Probe auf die Vollkommenheit der eigenen Barmherzigkeit: diese Welt, genau so wie sie ist, ohne Vorbehalt bejahen zu können, während man ihre ganze schreckliche Lust ekstatisch in sich erträgt und sie dabei wie wahnsinnig allen Wesen wünscht! Jesse Watkins wußte jedenfalls in seinem Wahnsinn, daß er genug erfahren hatte.

,,Doch manchmal war es – verheerend", sagte er, als er sein ganzes Abenteuer zusammenfaßte, ,,und es belastete meinen Geist so stark, daß ich fürchtete, es ginge wieder los.... Ich war...

plötzlich etwas so viel Größerem konfrontiert, als ich es war, so vielen neuen Erfahrungen, so viel Erkenntnis, daß es nicht zu fassen war.... Ich erfuhr es für einen Augenblick oder für zwei, doch es war wie ein plötzlicher Wind- oder Lichtstoß oder was auch immer gegen dich, so daß du meinst, du bist zu nackt oder allein, um dem widerstehen zu können."[16]

Eines Morgens beschloß er, sich keine Beruhigungsmittel mehr geben zu lassen und irgendwie wieder zu Sinnen zu kommen. Er setzte sich auf die Bettkante, preßte seine Hände fest zusammen und fing an, seinen Namen herzusagen. Er wiederholte ihn immer wieder und plötzlich, ganz einfach so, erkannte er, daß alles vorbei war – und so war es auch. Die Erfahrungen waren zu Ende, und er war gesund.

Ich glaube, man kann sagen, daß hier der Schlüssel dazu liegt, wie man aus diesem ganzen Abenteuer wieder heraus und zu sich selbst kommt. Man darf nämlich *nicht* sein *Selbst* mit *irgendeiner* der erlebten Figuren oder Mächte identifizieren. Der indische Yogī, der nach Befreiung strebt, identifiziert sich mit dem Licht und kehrt nie zurück. Aber niemand mit dem Willen zum Dienst an anderen und am Leben würde sich eine solche Flucht erlauben. Das höchste Ziel der Suche darf, wenn man zurückkehren will, weder Befreiung noch einsame Ekstase sein, sondern muß in der Weisheit und Kraft bestehen, anderen zu dienen. Und es gibt eine wirklich große und vielgepriesene abendländische Geschichte von einer solchen Hin- und Rückreise ins Lichtreich, nämlich die *Zehnjahresreise* von Homers Odysseus, der ebenso wie der Kommodore der Königlichen Marine Watkins ein Soldat war, der nach langen Jahren des Kampfes ins häusliche Leben zurückkehrte, und der dazu eines grundlegenden seelischen Einstellungswechsels und einer radikalen Verlagerung seines inneren Schwerpunkts bedurfte.

Wir alle kennen die große Sage, wie Odysseus, nachdem er mit seinen zwölf Schiffen von dem eroberten Troja fortgesegelt war, in den thrakischen Hafen Ismaros einlief, die Stadt plünderte und ihre Männer erschlug. ,,Weiber und Schätze gewannen wir viel und teilten sie redlich/untereinander"[17], berichtete er später. Ein solcher Rohling war zweifellos nicht reif für das häusliche Leben, eine vollkommene Charakteränderung tat not. Und die Götter, die auf so etwas ihr Augenmerk haben, sorgten dafür, daß er in die richtigen Hände fiel.

Zuerst sandte ihm Zeus einen wütenden Sturm, der die Segel seiner Schiffe in Fetzen riß und sie neun Tage lang steuerlos auf dem Meer umherschleuderte, bis er sie in das Land der Lotophagen, der Lotosesser, trieb – das Land der halluzinogenen Droge „Vergessen", wo Odysseus und seine berauschten Männer wie Watkins in seinem Irrenhaus auf einem Traummeer dahinschwammen. Daran schließt sich die Reihe ihrer mythischen Abenteuer, die von vollkommen anderer Art waren als alles, was sie bis dahin kennengelernt hatten.

Zunächst kam es zu ihrem Zusammenstoß mit dem Zyklopen und nach ihrem teuer bezahlten Entkommen aus seiner schrecklichen Höhle eine Zeit der Hochstimmung, als sie auf den Winden des Gottes Aiolos segelten. In der darauffolgenden völligen Flaute mußten die zwölf großen Schiffe jedoch mühselig rudernd fortbewegt werden. Sie landeten auf der Insel der menschenfressenden Laistrygonen, die elf ihrer Schiffe auf den Grund schickten, und der gewaltige Odysseus, der sich nun weitaus größeren Mächten gegenüber sah, als er bezwingen konnte, machte sich mit einer verängstigenden Mannschaft in dem letzten verbleibenden Schiff davon. Erschöpft ruderten sie auf einem noch immer totenstillen Meer weiter, bis sie zur Insel der schöngelockten Kirke gelangten, der Nymphe, die Männer in Schweine verwandelt – und dieser Ort sollte sich als die entscheidende Station des ganzen Nachtmeerabenteuers erweisen.

In Kirke hatte es unser bereits tief gedemütigter Held mit einer Frau zu tun, die er nicht einfach als Beutestück an sich reißen konnte. Ihre Macht übertraf die seine. Zum Glück für seinen ruhmreichen Namen tauchte jedoch der Mysteriengott Hermes, der Beschützer und Geleiter der Seelen durch den Tod zur Wiedergeburt, gerade rechtzeitig auf, um ihm mit Rat und einem Zauberkraut beizustehen. Anstatt also verwandelt zu werden, wurde der derart geschützte große Seefahrer in Kirkes Bett gebeten, woraufhin sie ihm Weisung in die Unterwelt und zu den Schatten seiner Ahnen dort unten erteilte. Dort traf er auch Teiresias, den blinden, weisen Seher, in dem männliches und weibliches Wissen vereint sind. Und als er alles erfahren hatte, was er konnte, kehrte er, merklich gebessert, zu der vormals so gefährlichen Nymphe zurück, die jetzt seine Lehrerin und Führerin war.

Kirke wies ihn als nächstes zur Insel des Sonnengottes, ihres

Vaters, aber in diesem Ursprungsbereich allen Lichtes wurde sein einziges verbliebenes Schiff zerschmettert und sank mit der ganzen Mannschaft, während Odysseus allein ins Meer geschleudert und von dessen unwiderstehlicher Strömung zu Penelope zurückgetragen wurde, seiner irdischen Gattin und seinem Leben auf der Tagseite. Dies allerdings erst nach einem achtjährigen Zwischenaufenthalt bei der schon in die Jahre gekommenen Nymphe Kalypso, die ihn zum Mann begehrte, und noch einer kurzen Pause auf der Insel der schönen Nausikaa und ihres Vaters, dessen Nachtmeerschiff den tief Schlafenden schließlich zu seiner geliebten heimatlichen Küste brachte – denn jetzt war er auf sein künftiges Leben als sorgender Gatte und Vater umfassend vorbereitet.

Bezeichnenderweise wird in diesem großen Epos vom inneren Nachtmeerabenteuer der Reisende als ein Mensch dargestellt, der niemals an einer seiner Stationen bleiben will. Im Land der Lotophagen hatten diejenigen seiner Männer, die die blühende Speise aßen, keinerlei Verlangen, jemals nach Hause zurückzukehren, aber Odysseus zerrte die Weinenden zu seinen Schiffen, band sie mit Seilen und ruderte davon. Selbst in den acht Jahren seines idyllischen Aufenthalts auf der Insel der Kalypso konnte man ihn oft allein am Strand antreffen, wie er auf die See hinaus in Richtung Heimat schaute.

Auch Jesse Watkins war zuletzt in der Lage, einen Unterschied zwischen seiner Rolle in der Welt und dem Wahnsinnigen in der Heilanstalt zu machen. Genau wie das letzte Schiff seines antiken Urbilds zu Bruch ging, als dieser in der äußersten Ferne den Wendepunkt seiner Bahn, die Insel des Sonnengottes, erreichte, so war auch auf der Reise dieses modernen Seemanns der Wendepunkt an jener Schwelle erreicht, wo er die Erfahrung eines jähen Lichtstoßes machte. An diesem entscheidenden Punkt erkannte Jesse Watkins, daß er nicht nur ein entsetzter Wahnsinniger kurz vor der Vernichtung war, sondern auch der ganz normale Mann, der er einmal zu Hause gewesen war und aus dessen Lebenskreis er seelisch herausgelöst worden war. Er setzte sich also, wie schon gesagt, auf sein Bett, preßte seine beiden Hände zusammen, sagte seinen Namen, der zu seinem Körper und zu seiner Tagseite gehörte, und kehrte zu dieser zurück wie ein Taucher an die Meeresoberfläche.

Die übliche und passendste mythische Figur, die eine solche

Rückkehr ins Leben symbolisiert, ist „Wiedergeburt", Wiedergeburt in eine neue Welt; und genau diese Figur kam dem selbstgenesenen Patienten in den Sinn, als die Krankheit von selbst abklang. „Als ich herauskam", sagte er dem Bericht zufolge, „fühlte ich plötzlich, daß alles so viel wirklicher war, ... als es vorher gewesen war. Das Gras war grüner, die Sonne schien heller, die Leute waren lebendiger, ich konnte sie deutlicher sehen. Ich konnte Böses und Gutes sehen und all das. Ich war viel bewußter."[18]

„Erkennen wir nicht", bemerkt Dr. Laing in seinem Kommentar zu der ganzen Erfahrung, „daß diese Reise nicht etwas ist, von dem wir geheilt werden müßten, sondern daß sie selbst ein natürlicher Weg zur Heilung aus unserem schrecklichen Zustand der Entfremdung ist, den wir ‚Normalität' nennen?"[19]

Sehr ähnlich war auch die Ansicht, die sowohl von Dr. Perry als auch von Dr. Silverman in den zuvor erwähnten Aufsätzen vertreten wurde. Wie ich übrigens erst in allerjüngster Zeit erfahren habe, wurde diese Ansicht schriftlich erstmalig in einer bereits im Jahre 1902 von C. G. Jung veröffentlichten Untersuchung *Zur Psychologie und Pathologie sogenannter okkulter Phänomene* dargelegt.

Fassen wir zusammen: Die inneren Reisen des mythischen Helden, des Schamanen, des Mystikers und des Schizophrenen sind im Prinzip gleich, und wenn die Rückkehr oder das Abklingen erfolgt, werden sie als eine Wiedergeburt erlebt, das heißt als eine Geburt eines „zweimal geborenen" Ichs, das nicht mehr auf den Horizont seiner Tagseite eingeengt ist. Es ist jetzt als der bloße Abglanz eines größeren Selbstes durchschaut, dessen eigentliche Aufgabe darin besteht, die Energien eines archetypischen Instinktsystems auf der Tagseite eines jeweiligen räumlich-zeitlichen Bezugsrahmens zu fruchtbarer Entfaltung zu bringen. Man hat jetzt keine Angst mehr vor der Natur, auch nicht vor ihrem Sproß, der Gesellschaft, die ebenfalls gräßlich ist und es auch sein muß, weil sie andernfalls gar nicht überleben könnte. Das neue Ich ist mit all dem in Übereinstimmung, in Einklang, in Frieden, und nach den Aussagen derjenigen, die von der Reise zurückgekehrt sind, ist dann das Leben reicher, stärker und freudiger.

Das ganze Problem liegt scheinbar darin, es irgendwie ohne Schiffbruch durchzustehen, sogar immer wieder, wenn es sein muß. Es geht *nicht* darum, daß man *nicht* verrückt werden dürfte, sondern daß man schon etwas über die Landschaft, die vor einem liegt, und die Mächte, die einem wahrscheinlich begegnen, beigebracht bekommen hat, daß man eine Art Rezept erhalten hat, anhand dessen man sie erkennen und bändigen und sich ihre Energien einverleiben kann. Als Siegfried Fafnir erschlagen hatte, trank er ein wenig von dem Drachenblut und bemerkte auf der Stelle zu seiner eigenen Überraschung, daß er die Sprache der Natur verstand, und zwar sowohl seiner eigenen als auch der äußeren Natur. Er wurde nicht selbst zum Drachen, obwohl er dem Drachen die Kräfte abgewonnen hatte – über die er allerdings die Gewalt verlor, als er in die normale Menschenwelt zurückkehrte.

Während des Abenteuers besteht stets die große Gefahr, daß der Psychotiker von einer „Inflation", wie es in der Psychologie heißt, überkommen wird. Er identifiziert sich entweder mit dem Objekt seiner Vision oder mit deren Subjekt, dem Zeugen der Vision. Man muß den Dreh raushaben, ihrer gewahr zu werden, ohne sich darin zu verlieren: zu begreifen, daß wir in der Beziehung zu unseren Freunden oder Feinden alle Erlöser sein können – Erlöserfiguren, aber nicht Der Erlöser. Wir können alle Mütter und Väter sein, sind aber niemals Die Mutter, Der Vater. Wenn ein heranwachsendes Mädchen das Wohlgefallen bemerkt, das ihre erblühende Weiblichkeit bei anderen hervorzurufen beginnt, und diese Wirkung ihrem eigenen Ich zugute hält, so ist sie schon ein bißchen verrückt geworden. Sie hat sich mit ihrer Identifikation vertan. Was die ganze Aufregung auslöst, ist nicht ihr erstauntes kleines Ich, sondern der wunderbare neue Körper, der sich darum rundet. Ich entsinne mich eines japanischen Sprichwortes über die fünf Stufen der menschlichen Entwicklung, das ich einmal gehört habe: „Mit zehn ein Tier, mit zwanzig ein Verrückter, mit dreißig ein Versager, mit vierzig ein Schwindler, mit fünfzig ein Verbrecher." Mit sechzig, würde ich hinzufügen (denn dann wird man das alles hinter sich haben), fängt man an, seinen Freunden Rat zu geben, und mit siebzig (wenn man erkennt, daß alles Gesagte mißverstanden wurde) schweigt man und wird für einen Weisen gehalten. „Mit achtzig", sagte endlich Konfuzius, „kannte ich meinen Platz und stand fest."[20]

Im Geiste all dessen möchte ich nunmehr die Moral dieser Fegefeuergedanken mit den Worten am Ende der wahnsinnigen Vision unterstreichen, die der heilige Johannes in seinem Exil auf der Insel Patmos hatte:

„Und ich sah einen neuen Himmel und eine neue Erde; denn der erste Himmel und die erste Erde vergingen, und das Meer ist nicht mehr. Und ich sah die heilige Stadt, das neue Jerusalem, von Gott aus dem Himmel herabfahren, bereitet wie eine geschmückte Braut ihrem Mann. Und ich hörte eine große Stimme von dem Thron, die da sprach: Siehe da, die Hütte Gottes bei den Menschen! Und er wird bei ihnen wohnen, und sie werden sein Volk sein, und er selbst, Gott, wird mit ihnen sein; und Gott wird abwischen alle Tränen von ihren Augen, und der Tod wird nicht mehr sein, noch Leid noch Geschrei noch Schmerz wird mehr sein; denn das Erste ist vergangen" (Offb 21, 1–4). „Und er zeigte mir einen Strom des lebendigen Wassers, klar wie Kristall, der ausgeht von dem Thron Gottes und des Lammes. Auf beiden Seiten des Stromes mitten auf der Gasse ein Baum des Lebens, der trägt zwölfmal Früchte und bringt seine Früchte alle Monate, und die Blätter des Baumes dienen zur Heilung der Völker" (Offb 22,1–2).

XI
Die Mondlandung – die Reise nach außen

MACHEN WIR HEUTE DEN MYTHOS ZUR TATSACHE? Ich möchte den wahrhaft staunenswerten Gegenstand dieses Kapitels mit einer Stelle aus Dantes *Göttlicher Komödie* einführen. Sie sagt von jenem Augenblick, da der Dichter auf seiner visionären Reise vom Erdenparadies scheidet, um zum Mond, der ersten himmlischen Station auf seiner Seelenreise zu Gottes Thron, aufzusteigen. Er wendet sich an seine Leser:

„Die ihr bisher in eurem kleinen Nachen,
um zuzuhören, hinter meinem Schiff,
das singend weiterzieht, einhergefahren,
kehrt um zu euren heimatlichen Ufern,
begebt euch nicht aufs hohe Meer! Ihr könntet
euch weit verirren, falls ihr mich verlört!
Ich nehme einen nie befahrnen Kurs,
Minerva treibt, Apollo lenkt die Fahrt,
neun Musen weisen mir des Nordpols Sterne."[1]

Dies mag uns in die rechte Stimmung versetzen. Der Hauch einer Göttin, Minervas, der Schirmerin der Helden, soll unsere Segel blähen; daß der Name „Apollo" fällt, ist eine nette Überraschung; und von den Musen, den Lehrmeisterinnen aller Künste und Wissenschaften, die uns das Leitgestirn der Seefahrer weisen, sollen wir geführt werden. Denn obgleich unsere Reise nach außen gerichtet ist, soll sie doch zugleich nach innen gehen, zu den Quellen aller großen Taten, die nicht dort draußen liegen, sondern hier drinnen, in uns allen, dort wo die Musen wohnen.

Ich erinnere mich, daß mich mein Onkel, als ich noch ein ganz kleiner Junge war, eines Abends mit hinunter zum Riverside Drive nahm, um mitanzusehen, „wie ein Mann in einem Flugzeug von Albany nach New York fliegt". Der Mann, von dem er sprach, war Glenn Curtiss in einer Art von motorisiertem Kastendrachen, den er sich gebaut hatte, und man schrieb das Jahr 1910. Die Leute standen in Reihen entlang der niedrigen Mauer am Westrand der Stadt, schauten in Richtung der untergehenden Sonne und warteten. Auch auf allen umliegenden Dächern standen sie dichtgedrängt. Die Dämmerung brach herein. Und dann zeigte plötzlich jeder mit dem Finger und schrie: „Da kommt er!" Ich sah so etwas wie den Schatten eines dunklen Vogels, der in dem schwindenden Licht in vielleicht hundert Metern Höhe über den Fluß schwebte. Siebzehn Jahre später, in dem Jahr, als ich von der Columbia-Universität abging, überflog Lindbergh den Atlantik. Und in diesem Jahr haben wir auf unseren Fernsehbildschirmen zwei Mondlandungen verfolgen können.

Ich möchte in diesem Kapitel ein Loblied auf das phantastische Zeitalter singen, in dem wir leben, und auch auf dieses Land, in dem wir leben, und auf unser unglaubliches Menschengeschlecht, das sich gerade in den letzten Jahren von seiner Erde losgemacht hat, um in das größte Abenteuer aller Zeiten hineinzufliegen.

Wenn ich höre, wie einige meiner akademischen Kollegen ihrer Gleichgültigkeit gegenüber diesem epochalen Ereignis Ausdruck verleihen, so erinnert mich das an die Anekdote von der kleinen, alten Dame, die man durch ein Fernrohr einen Blick auf den Mond werfen ließ und die daraufhin den Kommentar abgab: „Ich will den Mond so haben, wie *Gott* ihn geschaffen hat!" Die einzige wirklich angemessene öffentliche Stellungnahme zu den ersten Schritten des Menschen auf dem Mond, die ich in den Berichten der Weltpresse gefunden habe, war der in der Illustrierten *Epoca* veröffentlichte Ausruf eines italienischen Dichters, Giuseppe Ungaretti. In der bunt aufgemachten Nummer vom 27. Juli 1969 sahen wir ein Foto dieses weißhaarigen alten Herrn, wie er voll Begeisterung auf seinen Fernsehschirm deutet, und in der Bildunterschrift stehen seine hinreißenden Worte: *„Questa è una notte diversa da ogni altra notte del mondo."*

Das war sie in der Tat: „eine Nacht, die anders war als alle sonstigen Nächte der Welt"! Wer wird in seinem Leben jemals die Faszination der unglaublichen Stunde vom 20. Juli 1969 vergessen, als unsere Fernsehgeräte uns das Bild von der seltsamen Mondfähre dort oben direkt in unsere Wohnzimmer übertrugen und wir mitansehen konnten, wie sich Neil Armstrongs gestiefelter Fuß nach unten senkte, vorsichtig tastete und – auf dem Boden jenes erhabenen Erdsatelliten die allererste Spur des Lebens eindrückte? Dann konnte man zwei Astronauten in ihren Raumanzügen sehen, die sich in einer Traumlandschaft bewegten, als ob sie sich dort auf der Stelle heimisch fühlten. Sie führten ihren Auftrag aus, stellten die amerikanische Flagge auf, montierten Geräteteile und stapften in einer merkwürdigen, aber doch leichten Art hin und her, wobei übrigens ihre Bilder vom Fernsehen, jenem anderen modernen Wunder (das wir mittlerweile ebenfalls für selbstverständlich halten), dreihundertunddreiundachtzigtausend Kilometer durch den leeren Raum in unser Wohnzimmer gebracht wurden. In einer Prophezeiung dieser verwandelnden Kräfte, die jetzt auf unsere Sinne einwirken, hat Buckminster Fuller einmal gesagt: „Die ganze Menschheit ist im Begriff, in eine völlig neue Beziehung zum Universum hineingeboren zu werden."

Die wichtigsten Konsequenzen aus dem, was Kopernikus im Jahre 1543 über das Universum schrieb, bestehen für einen Mythologen darin, daß er darin ein Bild entwarf, das die jedermann überall sichtbaren, augenscheinlichen „Tatsachen" anfocht und widerlegte. Das theologische und kosmologische Denken der gesamten Menschheit hatte bis dahin auf Vorstellungen vom Universum gefußt, die die Anschauung vom Standpunkt der Erde aus bestätigte. Auch der Begriff des Menschen von sich selbst und von der Natur, seine Dichtung und die ganze Ordnung seiner Gefühle entsprangen der Sichtweise seiner erdgebundenen Augen. Die Sonne ging im Osten auf, zog südwärts geneigt über den Häuptern dahin und ging leuchtend im Westen unter. Dies war die Sonne, die der polynesische Held Maui in einer Schlinge gefangen hatte, um ihren Lauf zu bremsen, damit seine Mutter Zeit genug hatte, mit dem Kochen fertig zu werden. Josua brachte Sonne und Mond zum Stillstand, um ein Blutbad zu Ende bringen zu können, während Gott zu seiner Unterstützung einen Hagel großer Steine vom Himmel herabwarf: „Und es war kein Tag diesem gleich, weder vorher noch danach, daß der Herr so auf die Stimme eines Menschen hörte" (Jos 10,14).

Der Mond wurde in alten Zeiten und wird in Teilen der Welt noch immer als Haus der Väter betrachtet, als Aufenthalt der Seelen derjenigen, die gestorben sind und dort auf die Wiedergeburt warten. Denn der Mond selbst, wie wir ihn sehen, stirbt und aufersteht wieder. Indem er seinen Schatten abstößt, wird er neu, so wie das Leben eine Generation abstößt, um in der folgenden wieder neu zu werden. Gegen dies alles, das von den Schriften, der Dichtung, den Gefühlen und Gesichten aller Zeiten wieder und wieder bekräftigt worden war, behauptete Kopernikus ein Universum, das von keinem Auge gesehen, sondern nur vom Verstand erfaßt werden konnte: eine mathematische, vollkommen unsichtbare Konstruktion, die nur die Astronomen anging und von keinem der anderen aus diesem Menschengeschlecht, deren Sehen und Fühlen nach wie vor an die Erde gefesselt war, wahrgenommen und empfunden wurde.

Aber jetzt, viereinviertel Jahrhunderte später, haben wir zu unseren eigenen Lebtagen, da uns diese Bilder von der Warte des Mondes aus ins Haus kommen, es alle nicht nur gesehen, sondern auch gefühlt, daß unsere sichtbare Welt und die abstrakte Konstruktion des Kopernikus übereinstimmen. Das großartige Farbfoto, auf dem unsere gute Erde als ein strahlender Planet über einer stillen Mondlandschaft aufgeht, ist etwas, das man nicht vergißt. Giuseppe Ungaretti veröffentlichte in jener Ausgabe der *Epoca* den ersten Vers einer Dichtung der neuen Welt, worin er diese Offenbarung vom Mond feiert:

„Che fai tu, Terra, in ciel?
Dimmi, che fai, Silenziosa Terra?"
„Was machst du, Erde, im Himmel?
Sag mir, was machst du, schweigende Erde?"

Die ganzen alten Bande sind gebrochen. Der Mittelpunkt des Kosmos ist jetzt hier und dort und überall. Die Erde ist ein Himmelskörper, der schönste von allen, und alle Dichtung, die sich nicht dem Wunder dieses Anblicks stellt, ist heute veraltet.

Im Unterschied dazu muß ich an das Gefühl der Peinlichkeit denken, das mich Weihnachten vor zwei Jahren befiel, in der Nacht des ersten bemannten Fluges *um* den Mond, als diese drei prachtvollen jungen Männer dort oben anfingen, das erste Kapitel aus dem ersten Buch Mose vorzulesen und als ihre Botschaft zur Welt hinabzusenden: „Am Anfang schuf Gott Himmel und Erde. Und die Erde war wüst und leer..." und so weiter. Dabei hatte das alles mit der Welt, die sie selbst in Wirklichkeit gerade erblickten und erkundeten, nicht das geringste zu tun. Ich fragte später eine Reihe von Freunden, was sie bei dieser Übertragung von der Mondumlaufbahn empfunden hätten, und ausnahmslos alle gaben zur Antwort, sie hätten es wunderbar ergreifend gefunden. Wie seltsam! Und wie traurig, dachte ich mir, daß wir in unserer eigenen Dichtung nichts besaßen, was dem Gefühl des gewaltigen Ereignisses entsprochen hätte! Nichts, was dem Wunder und der Größe dieses Weltalls, in das wir da vorstießen, angestanden oder sie auch nur angedeutet hätte! Es gab nur denselben alten Kindertraum irgendeines babylonischen Juden aus dem vierten Jahrhundert v. Chr. mit seiner Schilderung vom Anfang einer Welt, den jene drei Männer dort oben, während sie ihn noch vorlasen, schon widerlegt hatten! Wie furchtbar enttäuschend! Meiner Ansicht nach wären die schönen sechs Zeilen zum Auftakt von Dantes *Paradiso* bei weitem besser gewesen:

„Des Allbewegers lichte Herrlichkeit
durchdringt die Welt und breitet ihre Strahlen
dort heller aus, und dämpft sie anderswo.
Im Himmel, der das meiste Licht empfängt,
war ich, und Dinge sah ich, die zu sagen
keiner vermag, der wiederkehrt von dorther."[2]

Welche Bilder die Dichtung des Menschen in der Zukunft hervorbringen wird, läßt sich natürlich heute unmöglich voraussagen. Allerdings gaben dieselben drei Astronauten auf ihrem Rückflug ein paar Anregungen dazu. Nachdem sie in zuvor undenkbarer Weise in den grenzenlosen Raum geflogen waren, den kahlen Mond viele Male umkreist und ihre lange Rückreise angetreten hatten, äußerten sie, was für ein erfreulicher Anblick ihr Ziel in seiner Schönheit sei: dieser Planet Erde, der „wie eine Oase in der Wüste des unendlichen Raumes" lag! *Dies* ist nun wirklich ein vielsagendes Bild: diese Erde, die einzige Oase im ganzen Weltraum, sozusagen ein heiliger Hain ganz besonderer Art, der für die Riten des Lebens ausersehen ist. Nicht bloß ein Teil oder ein Gebiet dieser Erde ist nunmehr ein Heiligtum, ein auserwählter gesegneter Ort, sondern der ganze Erdball. Außerdem haben wir jetzt alle selbst gesehen, wie überaus klein unsere himmelsgeborene Erde ist und wie gefährdet wir auf der Oberfläche ihrer wirbelnden, leuchtend schönen Kugel sind.

Die Astronauten brachten auf ihrem Rückflug noch einen zweiten Gedanken zum Ausdruck, als sie von der Bodenkontrolle gefragt wurden, wer gerade steuerte. Sofort kam die Antwort: „Newton!" Man stelle sich vor! Auf der Grundlage der Mathematik, die das wunderbare Gehirn Isaac Newtons ersonnen hatte, flogen sie sicher wieder zurück.

Bei dieser erstaunlichen Antwort fiel mir das Grundproblem des Wissens ein, wie Immanuel Kant es aufgeworfen hatte. Wie kommt es, so fragt er, daß wir an diesem Standort hier mathematische Berechnungen anstellen können, von denen wir wissen, daß sie an jenem anderen Ort dort drüben gültig sind? Niemand wußte, wie tief der Staub auf der Mondoberfläche sein würde, aber die Mathematiker wußten genau, wie sie die Gesetze des Raums zu berechnen hatten, durch den die Astronauten fliegen würden, und zwar nicht nur um die uns vertraute Erde, sondern auch um den Mond und viele Tausende Kilometer weit durch den unerforschten Raum dazwischen. Wie kommt es, fragte Kant, daß sich mathematische Urteile *a priori* über den Raum und die räumlichen Beziehungen treffen lassen?

Wenn man sich in einem Zerrspiegel anschaut, kann man nicht im voraus sagen, in welchen Dimensionen sich das Spiegelbild bewegen wird. Anders jedoch im Weltraum. Im gesamten Weltraum gibt es keine derartigen Veränderungen der mathematischen Dimensionalität. Als wir auf unseren Bildschirmen sahen, wie die Raumkapsel des zweiten Mondfluges an einem Fallschirm vom Himmel herabschwebte und genau an der Stelle im Meer niederging, die für ihre Wasserung vorgesehen war, wurden wir alle zu Augenzeugen der Tatsache, daß sich bereits Jahrhunderte, bevor wir auf dem Mond landeten, ein Wissen um die Gesetze des Raums, durch den sich die Rakete bewegt, in unseren Gehirnen (oder wenigstens in Newtons Gehirn) befunden hatte, und das obwohl der Mond im Schnitt gute dreihundertundachtzigtausend Kilometer von uns entfernt ist. Auch war es vorher bekannt, daß Geschwindigkeiten dort draußen nach irdischen Maßstäben veranschlagt werden können, daß also die dort draußen in einer Minute zurückgelegte Entfernung die gleiche wäre wie in einer Minute hier. Mit anderen Worten, wir besaßen Vorkenntnisse über diese Dinge, und wir wissen auch, daß dieselben Gesetze gelten werden, wenn unsere Raumschiffe zum Mars, zum Jupiter, zum Saturn und sogar noch darüber hinaus fliegen werden.

Raum und Zeit sind, wie bereits Kant erkannte, *a priori* gegebene „Formen der Sinnlichkeit"[3], die zugrunde liegenden Voraussetzungen für jede Art von Erfahrung und Handeln, die unserem Körper und unseren Sinnen bereits vor der Geburt als das Feld, auf dem wir uns zu bewegen haben, unterschwellig bekannt sind. Sie sind nicht „dort draußen" wie die Planeten und müssen nicht auf analytischem Wege durch gesonderte Beobachtungen erlernt werden. Wir tragen ihre Gesetze in uns und halten also das Weltall von jeher geistig umschlungen. Der Dichter Rilke schrieb: „Die Welt ist groß, doch in uns wird sie tief / wie Meeresgrund."[4] Wir tragen die Gesetze in uns, durch die sie in Ordnung gehalten wird. Und wir sind selbst nicht minder geheimnisvoll. Indem wir ihre Wunder erkunden, lernen wir zugleich das Wunder begreifen, das wir selbst sind. Der Mondflug als eine Reise nach außen führte uns hinaus in uns selbst. Ich meine das nicht poetisch, sondern sachlich, historisch. Ich glaube, die nackte Tatsache, daß diese Fahrt unternommen und vom Fernsehen übertragen wurde, hat das menschliche Bewußtsein in einem Ausmaß und in einer Weise verwandelt, vertieft und erweitert, daß es dem Anbruch eines neuen Zeitalters gleichkommt.

Das erste Aufsetzen jenes gestiefelten Fußes auf den Mond war sehr, sehr zaghaft. Der zweite Astronaut stieg hinab, und eine Weile gingen die beiden behutsam herum, prüften ihr eigenes Gleichgewicht und das Gewicht ihrer Gerätschaften in der neuen Umgebung. Dann aber – hoppla! – sprangen und hüpften und tollten die beiden plötzlich umher wie Känguruhs; und die beiden Mondwandler der nächsten Reise kicherten, lachten und freuten sich wie zwei durchgedrehte Kinder – der reinste Mondanfall! Ich dachte mir dabei: „Nun hat also dieser entzückende Satellit dort draußen unsere Erde gute vier Milliarden Jahre lang wie eine schöne, aber einsame Frau umkreist und versucht, die Erde auf sich aufmerksam zu machen. Jetzt endlich ist es ihr geglückt, und sie hat uns in ihren Bann gezogen. Und wie es immer geschieht, wenn einer solchen Verlockung Gehör geschenkt wird, hat sich für uns beide ein neues Leben aufgetan, das reicher, spannender und erfüllender ist als das zuvor gewohnte und sogar als das zuvor ausgemalte oder vorgestellte." Unter uns sind Kinder, sogar jetzt schon, die auf diesem Mond *leben* werden; andere, die den Mars besuchen werden. Und ihre Söhne? Wohin werden ihre Reisen gehen?

Ich frage mich, wie viele Leser wohl den Film *2001* gesehen haben, der von der Weltraum-Odyssee eines riesigen Raumschiffs der nicht allzu fernen Zukunft handelt, ja einer Zukunft, die die meisten von denen, die den Film gesehen haben, selbst erleben werden. Das Abenteuer beginnt mit einigen unterhaltsamen Einblicken in das Leben einer Schar kleiner menschenähnlicher Affen vor etwa einer Million Jahren, einer Schar jener von der heutigen Wissenschaft als Australopithecinen bezeichneten, affenartigen Hominiden, die sich anknurren, miteinander rangeln und sich überhaupt wie eine Horde Affen aufführen. Unter ihnen gab es jedoch einen, der in seiner erwachenden Seele die Anlage zu etwas Besserem besaß, und diese Anlage verriet sich in seiner Scheu vor dem Unbekannten, seiner faszinierten Neugier zusammen mit einem Annäherungs- und Erforschungstrieb. Im Film kam dies in einer symbolischen Szene zum Ausdruck, die ihn zeigte, wie er verwundert vor einem eigenartigen, geheimnisvoll aufrecht in der Landschaft stehenden Monolithen saß. Während die anderen sich weiterhin nach der üblichen Art von Affenmenschen verhielten und ganz von ihren wirtschaftlichen Problemen (Nahrungsbeschaffung), gesellschaftlichen Vergnügungen (gegenseitiges Lausen) und politischen Aktivitäten (Streit aller Art) in Anspruch genommen waren, betrachtete dieser besondere eine abseits und allein ganz versonnen den Monolithen, streckte darauf die Hand aus und betastete ihn vorsichtig – etwa so wie der Fuß unseres Astronauten sich zunächst vorschob und dann sacht auf dem Mond aufsetzte. Andere machten es ihm nach, aber nicht alle, denn es befinden sich ja unter uns nach wie vor viele, die unbelastet sind von dem, was Goethe „des Menschen bester Teil" genannt hat. Sie verharren, selbst heute noch, im Zustand jener vormenschlichen Affen, die sich nur mit Ökonomischem, Sozialem und Politischem befassen, die sich mit Steinen beschmeißen und anschließend ihre Wunden lecken.

Sie sind es *nicht,* die zum Mond aufbrechen oder auch nur bemerken, daß die größten Schritte in der Fortentwicklung der Menschheit nicht die Ergebnisse von Wundenleckerei, sondern von Taten waren, die von ehrfürchtiger Scheu erfüllt waren. Als Zeichen für das Fortdauern dieses treibenden Prinzips in der Evolution unserer Art zeigte der Regisseur dieses Films, von dem ich spreche, denselben geheimnisvollen Monolithen symbolisch wieder, wie er in einem verborgenen Winkel auf dem Mond stand und wie sich ihm die Raumfahrer dort näherten und ihn berührten; und dann noch einmal, wie er frei im fernsten Weltraum schwebte – noch immer geheimnisvoll, so wie er es immer gewesen ist und immer sein muß.

Eines der ersten Anzeichen für eine Trennung des menschlichen

Bewußtseins vom tierischen kann man im Gebrauch des Feuers durch den Menschen erblicken. Ich möchte dies mit der Symbolik jenes Steinblocks in Verbindung bringen. Wann es erstmalig zu diesem Gebrauch kam, wissen wir nicht, aber wir wissen, daß bereits vor 400 000 Jahren Feuer in den Höhlen des Pekingmenschen entzündet und unterhalten wurden. Wozu? Das ist ein weiterer Punkt, über den wir nicht Bescheid wissen. Es ist klar, daß die Feuerstellen nicht zum Kochen gebraucht wurden. Sie mögen zum Aufwärmen gedient haben oder um gefährliche Tiere fernzuhalten, aber wahrscheinlicher ist es, daß sie aufgrund der Faszination der tanzenden Flammen entzündet wurden. Wir besitzen unzählige Mythen vom Raub des Feuers aus der ganzen Welt, und nach deren üblicher Schilderung wird das Abenteuer nicht deshalb unternommen, weil irgend jemand den praktischen Nutzen des Feuers gekannt hätte, sondern weil es faszinierend war. Die Menschen tanzten darum herum, saßen davor und schauten hinein. Auch wird für gewöhnlich in diesen Mythen die Trennung des Menschen von den Tieren als eine Folge dieses einschneidenden Geschehens dargestellt.

Die Verehrung des Feuers als Gottheit ist bis auf den heutigen Tag weit verbreitet. Das Entzünden des Herdfeuers ist in vielen Kulturen eine rituelle Handlung, und Vesta, der das Herdfeuer heilig war, war in Rom die meistverehrte Göttin. Ähnlich der Faszination, die in dem von mir erwähnten Film von dem symbolischen Monolithen ausging, kann man die Faszination des Feuers als den frühesten Hinweis in der Geschichte unserer Art auf die Bereitschaft, sich faszinieren zu lassen und deswegen große Wagnisse einzugehen, ansehen. Diese Bereitschaft war von jeher das Wesensmerkmal der ausschließlich menschlichen – im Gegensatz zu den allgemein tierischen – Eigenschaften unserer Art und bekundet sich in dem Abenteuer, dessen Lob ich hier singe, in hervorragender Weise.

Ich habe in vorigen Kapiteln manche der anderen Formen von Faszination besprochen, durch die Angehörige unserer Art dazu gebracht wurden, über sich selbst hinauszuwachsen: die Faszination, die für die Jägerstämme von den Tiergestalten um sie herum ausging, für die Bauernstämme von dem Wunder des gepflanzten Samens und für die altsumerischen priesterlichen Himmelsgucker von den Bahnen der Planeten und dem Kreisen der Gestirne. Alles ist so geheimnisvoll, so wunderbar seltsam! Es war Nietzsche, der den Menschen „ein krankhaftes Tier" nannte, denn was die Verhaltensmuster für unsere Lebensführung anbelangt, so sind wir offen, unbestimmt. Unsere Natur ist nicht wie die der anderen Arten auf stereotype Verhaltensweisen festgelegt. Ein Löwe muß sein Leben lang ein Löwe sein, ein Hund muß ein Hund bleiben. Aber ein Mensch kann ein Astronaut sein, ein Höhlenbewohner, ein Philosoph, ein Seemann, ein Ackerbauer oder ein Bildhauer. Er kann in seinem Leben jedes aus der ganzen Reihe völlig unterschiedlicher Schicksale spielen und verwirklichen, und zu welcher Verkörperung er sich entschließt, wird letztlich weder von der Vernunft noch selbst von praktischen Erwägungen entschieden, sondern von den Eingebungen der Erregung, von „Visionen, die ihn aus seiner Enge äffen", wie sie der Dichter Robinson Jeffers nannte. „Das Menschsein", erklärt Jeffers, „ist die Hohlform, von der wegzubrechen ist, die Kruste, die zu durchbrechen ist, die Kohle, die in Feuer auszubrechen hat, das Atom, das zu spalten ist." Und was äfft uns derart aus unserer Enge?

„... wilde Lieben, die über die Wälle der Natur
    springen, die wilde Hürdenspringerin, die Wissenschaft,
Unnütze Kenntnis ferner Sterne, das vage Wissen
    von den drillenden Dämonen, die ein Atom bilden."[5]

Am Anfang war es, wie es scheint, die Faszination des Feuers, die den Menschen vorwärts zu einer vordem unbekannten Lebensweise äffte, bei der die Familienherde zu den Zentren und verehrten Weihestätten von Verbänden mit eindeutig menschlichem Sinnen und Trachten wurden. Kaum hatte sich der Mensch dann von den Tieren abgetrennt, da drängten sich seiner Phantasie auch schon die tierischen und pflanzlichen Lebensmodelle auf und verlockten ihn zur großangelegten mythologischen Überformung sowohl seiner äußeren Gemeinschaftsordnung als auch der inneren Identitätserfahrungen des Einzelnen: Schamanen, die als Wölfe lebten; ritualisierte Bündnisse mit den Büffeln; Maskentänzer, Totemahnen und alles übrige. Oder ein ganzes Gemeinwesen konnte sich nach Pflanzengesetzen und -riten richten und ihre besten und tüchtigsten Glieder opfern, zerstückeln und beerdigen, um das allgemeine Wohl zu mehren. „Wahrlich, wahrlich, ich sage euch", lesen wir im Johannes-Evangelium in einer Fortführung dieses Bildes: „Wenn das Weizenkorn nicht in die Erde fällt und erstirbt, so bleibt's allein; wenn es aber erstirbt, so bringt es viel Frucht. Wer sein Leben lieb hat, der wird's verlieren; und wer sein Leben auf dieser Welt hasset, der wird's erhalten zum ewigen Leben" (Joh 12,24–25). Oder auch Christi Selbstvergleich beim letzten Abendmahl mit dem rechten Weinstock: „Gleichwie die Rebe kann keine Frucht bringen von sich selber, sie bleibe denn am Weinstock, so auch ihr nicht, ihr bleibet denn in mir. Ich bin der Weinstock, ihr seid die Reben" (Joh 15,4–5).

So wie es hier dargeboten wird, legt das mythische Bild der Pflanze den Gedanken an ein organisches Aufgehen des Einzellebens im größeren Leben und Leib der Gruppe nahe, wodurch es aus seiner Enge „geäfft" wird. Im Vergleich dazu besitzen die Jägerstämme mit ihren Riten, die auf Mythen von Bündnissen mit der Tierwelt beruhen, einen Begriff von Wechselseitigkeit, der die Grenzen dessen, was den menschlichen Geist betrifft, so ausdehnt, daß dieser viel mehr umfaßt als nur seine eigenen unmittelbarsten Interessen. Jedoch von der erhebendsten Faszination, die bis heute jemals menschliches Denken und Leben beflügelt hat, waren die priesterlichen Beobachter des Nachthimmels Mesopotamiens um 3500 v. Chr., ergriffen: Sie erblickten eine mathematisch definierbare kosmische Ordnung, mit der der Aufbau der Gesellschaft in Übereinstimmung gebracht werden sollte. Damals entstand der hierarchisch geordnete Stadtstaat, der am Anfang aller höheren, schriftkundigen Kultur überhaupt steht und jahrtausendelang das Modell dafür abgab. Mit anderen Worten, nicht Ökonomie, sondern Himmelsmathematik inspirierte die religiösen Formen, die Kunst, die Literatur, die Wissenschaft, die Moral und die gesellschaftliche Ordnung, die in jener Zeit die Menschen auf die Höhe der Aufgaben des kultivierten Lebens brachten. Wieder wurden wir aus unserer Enge zu Errungenschaften hingeäfft, die unendlich weit über alle Ziele hinausgehen, wie bloße Ökonomie oder selbst Politik sie jemals hätten stecken können.

Heute gehören solche Gedanken und Formen, wie wir alle wissen, einer zerfallenden Vergangenheit an, und die Kulturen, die sich auf sie stützen, befinden sich in Unordnung und Auflösung. Nicht nur sind die Gesellschaftsordnungen nicht mehr auf die Bahnen der Planeten abgestimmt, sondern auch Soziologie und Physik, Politik und Astronomie werden nicht mehr als Zweige einer einzigen Wissenschaft begriffen. Ebenso wenig wird das Individuum (zumindest im demokratischen Westen) als ein unabtrennbares, dienstbares Glied eines Staatsorganismus betrachtet. Wenn wir heute überhaupt etwas wissen, so dies, daß jedes Individuum einmalig ist und daß der Gang seines Lebens nicht dem irgendeines anderen Menschen auf dieser Erde gleichen wird. Wir wissen auch, daß das Göttliche, sofern es irgendwo zu finden sein sollte, nicht „dort draußen" unter den Planeten oder jenseits von ihnen anzutreffen ist. Galilei hat gezeigt, daß dieselben physikalischen Gesetze, die die Bewegungen von Körpern auf der Erde regieren, auch auf die hohen Himmelssphären zutreffen, und unsere Astronauten sind, wie wir mittlerweile alle gesehen haben, durch diese irdischen Gesetze zum Mond befördert worden. Bald werden sie auf dem Mars und noch darüber hinaus sein. Außerdem wissen wir, daß die Mathematik jener äußersten Räume bereits hier auf der Erde von menschlichen Gehirnen berechnet sein wird. Es gibt dort draußen keine Gesetze, die nicht genau hier sind, keine Götter dort, die nicht genau hier sind, und nicht nur hier, sondern in uns, in unseren Gehirnen. Was macht man nun also mit den Kindheitsbildern von der Entrückung Elias, von Mariä und Christi Himmelfahrt, die alle als leibhaftiges Eingehen in den Himmel verstanden wurden?

„Was machst du, Erde, im Himmel?

Sag mir, was machst du, schweigende Erde?"

Unsere Astronauten auf dem Mond haben den Mond zur Erde herabgezogen und die Erde auf den Flug in den Himmel entsandt. Von den Marswüsten aus wird diese unsere Mutter Erde abermals zu sehen sein – höher, ferner, noch himmlischer, aber einem Gott um nichts näher als jetzt. Vom Jupiter aus noch höher und ferner, und so weiter. Und so weiter: Immer höher und höher wird unser Planet steigen, wenn unsere Söhne, Enkel und deren Urgroßenkel weiter nach draußen auf den Pfaden fortschreiten, die wir in diesen letzten Jahren gerade eben eröffnet haben, und sich in einem Weltraum, der in unseren Gehirnen schon vorhanden ist, zurechtfinden und sich darin vorwagen.

Mit anderen Worten, es hat gerade jetzt eine Umwandlung des mythologischen Feldes stattgefunden, deren Ausmaß nur von der durch die altsumerische Himmelsschau im vierten Jahrtausend v. Chr. erreicht wird, und tatsächlich zersetzt sich nicht nur die Welt der Götter und Menschen, sondern auch die des Staates, den die Sumerer in jener inspirierten Zeit hervorgebracht haben. Vor vielen Jahren war ich sehr von den Werken eines Mannes beeindruckt, den ich noch immer für den scharfsinnigsten Mythologen seiner Generation halte: Leo Frobenius. In seinen Augen war die gesamte Menschheitsgeschichte ein großer und einziger organischer Prozeß, der sich in seinen Stufen des Wachstums, der Reife und der schließlich einsetzenden Vergreisung den Entwicklungsstufen eines einzelnen Lebens vergleichen läßt. Wie das Einzelleben mit der Kindheit beginnt und über die Jugendjahre zur Reife und zum Alter fortschreitet, ganz so auch das Leben unseres Menschengeschlechts. Es hatte seine Kindertage in jener weit, weit zurückliegenden Zeit der primitiven Jäger, Fischer, Wurzelsammler und Bauern, die in unmittelbarer Beziehung zu ihren Tier- und Pflanzennachbarn lebten. Die zweite Stufe, die Frobenius als die monumentale bezeichnete, setzte mit dem Aufstieg der frühesten Stadt- und Schriftkulturen auf landwirtschaftlicher Grundlage ein, deren jede in ihrem Aufbau einer vorgestellten kosmischen Ordnung entsprach, die sich in den Bewegungen und Stellungen der Planetenlichte bekundete. Denn man sah damals diese Lichte als die Sitze lenkender Geister an, während wir heute, wie gerade festgestellt, wissen, daß sie ebenso materiell sind wie wir selbst. Die Gesetzmäßigkeiten der Erde und unseres Verstandes sind weiter gefaßt worden, so daß sie die Machtbereiche und -befugnisse einschließen, die vormals den Göttern vorbehalten waren und jetzt als die unseren erkannt sind. Während also die monumentale Ordnung ihren ganzen Rückhalt in der Vorstellung nach „dort draußen" verlagert hatte, wurde er von uns von dort eingeholt und in unserer eigenen Mitte gefunden, aus der heraus ein neues Weltzeitalter entworfen wurde, das global und „materialistisch" (wie Frobenius es ausdrückte) sein wird, dessen Geisteshaltung sich in ihrer desillusionierten Weisheit und Sorge um das Leibliche mit der des Alters vergleichen läßt und das eher auf Erfüllung in der Gegenwart als in einer fernen Zukunft ausgerichtet ist. Der Sitz des Geistes wird nun nicht schwerpunktmäßig im Feuer, in der Tier- und Pflanzenwelt oder hoch oben unter den Planeten und darüber hinaus erblickt, sondern im Menschen, genau hier auf der Erde – der Erde mit ihrer Bevölkerung, wie sie unsere Astronauten über dem Mond in den Himmel aufgehen sahen.

Mein Freund Alan Watts schlug einmal in einem Vortrag ein originelles Bild vom Menschen vor, das das alte (jetzt nicht mehr haltbare) ersetzen sollte, wonach er ein vom Himmel entsandter Fremdling in dieser Welt ist, der sich, wenn er die sterbliche Last seines Körpers im Tod abgeworfen hat, im Geiste zu seiner eigentlichen Quelle und Heimat bei Gott im Himmel emporschwingen soll. „In Wahrheit sieht es so aus", legte Dr. Watts seinem Publikum dar, „daß Sie überhaupt nie *in* diese Welt gekommen sind. Sie sind *aus* ihr gekommen, und zwar genau so, wie ein Blatt aus einem Baum kommt oder ein Kind aus dem Mutterleib.... Wie Jesus sagte, daß man nicht Feigen von den Dornen und nicht Trauben von den Hecken liest, so liest man auch keine Menschen von einer Welt, die sich nicht bevölkert. Unsere Welt bevölkert sich, so wie der Apfelbaum apfelt und die Rebe traubt."[6] Das soll heißen, wir sind ein natürliches Erzeugnis dieser Erde, und wenn wir, wie Dr. Watts in derselben Rede anmerkte, intelligente Wesen sind, so müssen wir die Früchte einer intelligenten Erde, die Anzeichen für ein intelligentes Energiesystem sein, denn „man liest nicht Feigen von den Dornen" (Luk 6,44).

Wir können uns also selbst als die tätigen Ohren und Augen und als das Gehirn dieser Erde ansehen, genau wie unsere eigenen Ohren und Augen und Gehirne die unserer Körper sind. Unsere Körper sind eins mit dieser Erde, dieser wunderbaren „Oase in der Wüste des unendlichen Raumes", und die mathematische Ordnung dieses unendlichen Raumes, die dieselbe ist wie die von Newtons Gehirn – von unserem Gehirn, vom Gehirn dieser Erde, vom Gehirn des Weltalls –, wird in dieser schönen Oase durch uns zum Blühen und Fruchten gebracht.

Erinnern wir uns noch einmal: Als jener urmenschliche Sinanthropus in seiner düsteren Höhle die Faszination des Feuers empfand, da sah er darin den Vorschein einer Kraft, die schon in seinem eigenen Körper in Form von Hitze, Temperatur, Oxydation vorhanden und wirksam war wie auch in der vulkanischen Erde, im Jupiter und in der Sonne. Als sich die Maskentänzer der totemistischen Jägerstämme mit den heiligen Kräften, die sie in den von ihnen getöteten Tieren erkannten, identifizierten, da erahnten und verehrten auch sie dabei den Vorschein einer Eigenschaft, die wir alle mit den Tieren gemein haben: instinktive Intelligenz im Einklang mit der natürlichen Ordnung der Mutter Erde. Ähnliches gilt in bezug auf die Pflanzenwelt: Auch dort kommt eine unserer

Eigenschaften zum Vorschein, nämlich unser Verzehren und Wachsen. In den Mythen vieler Völker, und keineswegs nur primitiver, wird erzählt, wie die Menschen gleich Pflanzen aus der Erde gesprossen seien – die „sich bevölkernde" Erde – oder auf Bäumen wuchsen. Wir kennen das Bild vom „zweiten Adam", dem gekreuzigten Christus, der die Frucht am Baum des Lebens ist, wie auch den Weisheitsbaum des Buddha und Yggdrasil, die Weltesche der frühen Germanen. Alle diese Bäume offenbaren die Weisheit des Lebens, die schon in den pflanzenhaften Prozessen angelegt ist, durch welche unsere Körper im Mutterleib Gestalt gewannen, so daß wir als Wesen geboren wurden, die bereits dafür gerüstet waren, die Luft der Welt zu atmen, die Nahrung der Welt mittels komplizierter chemischer Prozesse zu verdauen und umzusetzen, die Ansichten der Welt zu sehen und die Gedanken der Welt zu denken. Und denkend gehorchen wir mathematischen Prinzipien, die in den fernsten Fernen von Raum und Zeit für immer gültig sein werden.

Im Orient ist mir aufgefallen, daß sich die Buddhisten als Platz für ihre Tempelbauten oft Bergspitzen mit einem weiten Überblick über den Horizont aussuchen. An solchen Stätten erlebt man gleichzeitig eine Ausdehnung des Blickfelds und ein Kleinerwerden der eigenen Person – verbunden allerdings mit dem Gefühl einer geistigen Ausdehnung bis zum äußersten Gesichtskreis. Des weiteren ist mir beim Fliegen, vor allem beim Überfliegen von Meeren, aufgefallen, daß die Welt der reinen Natur, der Luft und der Wolken, und die Wunder des Lichtes, die man dort erlebt, vollkommen die gleiche Wirkung ausüben. Hier auf der Erde ist es die anmutige Welt der grünen Natur, auf die wir ansprechen, dort oben ist es die erhabene Welt des weiten Raumes. Bisher dachten die Leute gemeinhin: „Wie klein ist doch der Mensch im Verhältnis zum Weltall!" Durch den Übergang von einem geozentrischen zu einem heliozentrischen Weltbild schien der Mensch von seinem Platz in der Mitte verdrängt worden zu sein – und die Mitte kam einem so wichtig vor! In geistiger Hinsicht jedoch ist die Mitte dort, wo der Aussichtspunkt ist. Man steht auf einer Höhe und überschaut den Horizont. Man steht auf dem Mond und sieht die ganze Erde aufgehen – und sei es auf dem Fernsehbildschirm in der eigenen guten Stube. Jede Ausdehnung des Horizonts – von der Urzeithöhle bis zum buddhistischen Tempel auf der Bergspitze und nunmehr zum Mond – war nicht nur, wie es zwangsläufig der Fall sein muß, begleitet von einer Erweiterung des Bewußtseins gemäß den sich stets verbreitenden wie auch vertiefenden Einsichten in das Wesen der Natur (das auch unser Wesen ist), sondern auch von einer Bereicherung, Verfeinerung und allgemeinen Verbesserung der materiellen menschlichen Lebensbedingungen.

Die wesentliche These, die ich folglich hier aufstelle, lautet, daß wir gegenwärtig an einem der größten Sprünge des menschlichen Geistes teilhaben, der jemals unternommen wurde oder jemals unternommen werden wird und kann und der uns zu einem Erkennen nicht nur der äußeren Natur, sondern auch unseres eigenen tiefinneren Geheimnisses verhilft. Und was bekommen wir unterdessen von den Soziologengrößen zu hören, die heutzutage scharenweise unsere mobilgemachten Universitäten unsicher machen? Die Antwort habe ich neulich auf einem großen Poster gesehen, das in einer Buchhandlung an der Yale-Universität aushing. Es zeigte einen unserer Astronauten in einer Wüstenlandschaft auf dem Mond, und darunter stand: „Na und?"

Aber kommen wir zum Abschluß wieder auf den mythologischen, theologischen Aspekt dieses geschichtlichen Augenblicks zurück. Es gab im mittelalterlichen Italien einen prophetischen Abt, Joachim von Floris, der an der Wende zum dreizehnten Jahrhundert die Auflösung der christlichen Kirche und den Anbruch einer Endzeit vergeistigten Lebens auf der Erde voraussah, in der der Heilige Geist ohne kirchliche Vermittlung direkt zum Menschenherz sprechen würde. Wie Frobenius glaubte auch er an eine Abfolge historischer Stufen, deren letzte unsere eigene sein sollte, und er nahm drei solcher Stufen an. Die erste folgte natürlich unmittelbar auf den Fall des Menschen, woraufhin der Hauptteil der Geschichte abrollte, an den anschließend sich das große Drama der Erlösung entfalten sollte. Jede Stufe unterstand dem Walten einer Person der Dreifaltigkeit: Die erste war die des Vaters, des mosaischen Gesetzes und des Volkes Israel, die zweite die des Sohnes, des Neuen Testaments und der Kirche, und zuletzt (und darin wichen die Lehren dieses Geistlichen natürlich von denen der anderen seines Glaubens ab) kam ein drittes Zeitalter des Heiligen Geistes, das seiner Ansicht nach schon in den Anfängen lag. Dies sollte ein Zeitalter andachtsvoller Heiliger sein, in dem sich die überflüssig gewordene Kirche allmählich auflösen würde. Zu

Joachims Zeit meinten nicht wenige, daß der heilige Franz von Assisi den Anbruch dieses kommenden Zeitalters des unmittelbaren Pfingstgeistes verkörpere. Doch wenn ich mich heute umschaue und sehe, was in dieser Zeit des vielleicht größten Ausbruchs mystisch gefärbter religiöser Inbrunst, den unsere Kultur seit dem Ende des Mittelalters erlebt hat, mit unseren Kirchen geschieht, so neige ich zu der Annahme, daß es sich bei den von dem guten Vater Joachim von Floris vorausgesehenen Jahren um die unseren handeln muß.

Denn es gibt keine Autorität von Gottes Gnaden mehr, die wir anerkennen *müssen*. Es gibt keinen gesalbten Verkünder des göttlichen Gesetzes. In unserer heutigen Welt beruht das ganze bürgerliche Recht auf vertraglicher Vereinbarung. Es beruft sich auf keinen göttlichen Auftrag, auf keinen Sinai und auf keinen Ölberg. Unsere Gesetze werden nach *menschlichem* Ermessen erlassen und geändert, und im Rahmen ihrer weltlichen Rechtsprechung steht es jedem von uns frei, sein eigenes Schicksal und seine eigene Wahrheit zu suchen, nach diesem oder nach jenem zu streben und es aus eigener Kraft zu erreichen. Die Mythologien, Religionen, Philosophien und Denkweisen, die vor sechstausend Jahren entstanden sind und von denen alle monumentalen Kulturen des Abendlandes wie auch des Orients – in Europa, dem Nahen und Mittleren Osten, dem Fernen Osten und sogar im frühen Amerika – ihre Wahrheiten und Lebensweisen empfangen haben, verschwinden aus unserem Umfeld, so daß es jedem von uns überlassen bleibt, dem Stern und dem Geist seines eigenen Lebens auf eigene Faust zu folgen. Ich kann mir für eine solche Zeit keine passenderen symbolischen Heldenfiguren vorstellen als unsere prachtvollen Mondfahrer, und ich wüßte keinen passenderen Text, um das in diesem Kapitel gesungene Loblied ihrer Tat zu beenden, als die folgenden Zeilen von Robinson Jeffers' *Roan Stallion (Der Rotschimmel)*:

„. . . Das Atom bricht sich entgrenzend durch:
Der Kern zur Sonne, Elektronen zu Planeten; erkennend
Betet es nicht an, setzt sich als Ganzes Ganzem gleich,
   als Mikrokosmos,
Der nicht eindringt oder Eindrang duldet, doch nämlicher,
   völliger, unglaublicher gepaart ist
Mit dem andern Extrem und der Größe – leidenschaftlich
   gewahr der Identität."[7]

Das Sonnensystem und das Atom, die zwei extremen Extreme wissenschaftlichen Forschens, als identisch und doch verschieden erkannt! Entsprechend muß unsere eigene Identität mit dem All aussehen, dessen Ohren und Augen und Gehirn wir sind.

Der bedeutende Physiker Erwin Schrödinger hat denselben metaphysischen Standpunkt in seinem aufsehenerregenden und kostbaren kleinen Buch *Meine Weltansicht* vertreten, worin er erklärt, „daß wir Lebewesen alle dadurch zusammengehören, daß wir alle eigentlich Seiten oder Aspekte eines einzigen Wesens sind, welches man vielleicht in westlicher Terminologie Gott nennen mag, während es in den Upanishaden das Brahman heißt"[8].

Offenbar ist es nicht die Wissenschaft, die den Menschen kleiner macht oder vom Göttlichen trennt. Nach der Auffassung dieses Wissenschaftlers, die uns bemerkenswerterweise wieder an die Alten anschließt, sollen wir ganz im Gegenteil in diesem ganzen Weltall eine vergrößerte Reflexion unseres eigenen innersten Wesens erblicken. Demnach sind wir tatsächlich seine Ohren, seine Augen, sein Denken und seine Sprache – oder in theologischen Begriffen Gottes Ohren, Gottes Augen, Gottes Denken und Gottes Wort – und aus eben diesem Grunde hier und jetzt Teilnehmer an einem fortwährenden Schöpfungsvorgang in der ganzen Unendlichkeit unseres Innenraumes, durch den die Planeten fliegen und den wir mit allen Bewohnern der Erde teilen.

XII
Ausklang: Das Verschwinden der Horizonte

WAS IST DIE NEUE MYTHOLOGIE, WAS SOLLTE SIE SEIN? Da der Mythos zur Gattung der Dichtung gehört, befragen wir zunächst einen Dichter, Walt Whitman zum Beispiel, der in seinen *Leaves of Grass (Grashalme)* von 1855 schreibt:

> Ich habe gesagt, die Seele ist nicht mehr als der Leib,
> Und habe gesagt, der Leib ist nicht mehr als die Seele,
> Und nichts, auch Gott nicht, ist größer für dich als dein eigenes Ich,
> Und wer eine Stunde Wegs ohne Mitgefühl wandert, der wandert zu seinem eignen Begräbnis, gehüllt in sein Leichentuch,
> Und ich oder du, ohne einen Heller in der Tasche, können das Beste der Erde kaufen,
> Und einen Blick aus dem Auge tun, oder eine Bohne in ihrer Hülse zu zeigen, wirft alle Gelehrsamkeit aller Zeiten über den Haufen,
> Und es gibt kein Geschäft und keinen Beruf, in dem ein junger Mann nicht ein Held werden könnte,
> Und es gibt kein Ding so weich, daß es nicht als Nabe des kreisenden Weltalls dienen könnte,
> Und ich sage zu Mann oder Weib: Laß deine Seele kühl und gefaßt vor Millionen von Weltalls stehn.
> Und ich sage zur Menschheit: Seid nicht neugierig nach Gott,
> Denn ich, der neugierig ist nach allem, bin nicht neugierig nach Gott,
> (Keine Heerschar von Worten kann sagen, wie tief ich in Frieden bin mit Gott und dem Tode.)
> Ich höre und sehe Gott in jeglichem Ding, aber begreife ihn nicht im geringsten,
> Noch begreife ich, wer wunderbarer sein könnte als ich.
> Warum sollte ich wünschen, Gott besser zu sehen als heut?
> Ich sehe etwas von Gott in jeder der vierundzwanzig Stunden des Tags und in jeder ihrer Minuten,

In den Gesichtern von Männern und Frauen sehe ich Gott
und in meinem eignen Gesicht im Spiegel,
Ich finde Briefe von Gott in den Straßen verstreut, ein
jeder gezeichnet mit Gottes Namen,
Und ich lasse sie liegen an ihrem Ort, denn ich weiß:
wohin ich auch gehe
Werden andere pünktlich ankommen, immer und ewig.

In diesen Zeilen Whitmans hallt der Geist der frühesten Upanishad, des „Großen Waldbuches" *(Brihadāranyaka)*, aus ungefähr dem achten Jahrhundert v. Chr. wunderbar wider.

„Darum, wenn die Leute von jedem einzelnen Gotte sagen: ‚Opfere diesem, opfere jenem!' so (soll man wissen, daß) diese erschaffene Welt von ihm allein herrührt; er also allein ist alle Götter....

In sie [die Welt] ist jener (Ātman) eingegangen bis in die Nagelspitzen hinein, wie ein Messer verborgen ist in einer Messerscheide oder das allerhaltende (Feuer) in dem feuerbewahrenden (Holze). Darum siehet man ihn nicht: denn er ist zerteilt, als atmend heißt er Atem, als redend Rede, als sehend Auge, als hörend Ohr, als verstehend Verstand; alle diese sind nur Namen für seine Wirkungen. Wer nun eines oder das andre von diesen verehrt, der ist nicht weise, denn teilweise nur wohnt jener in dem einen oder andern von ihnen. Darum soll man ihn allein als den Ātman verehren; denn in diesem werden jene alle zu einem.

Darum ist dieses die (zu verfolgende) Wegespur des Weltalls, was hier (in uns) der Ātman ist; denn in ihm kennt man das ganze Weltall; ja, fürwahr, wie man mittels der Fußspur (ein Stück Vieh) auffindet, also (erkennt man mittels des Ātman diese Welt)....

Darum soll man den Ātman allein als teuer verehren; wer den Ātman allein als teuer verehrt, dessen Teures ist nicht vergänglich....

Wer nun eine andre Gottheit (als den Ātman, das Selbst) verehrt und spricht: ‚Eine andre ist sie, und ein andrer bin ich', der ist nicht weise. So wie viele Haustiere dem Menschen von Nutzen sind, also auch ist jeder einzelne Mann den Göttern von Nutzen. Wenn auch nur ein Haustier entwendet wird, das ist unangenehm, wie viel mehr, wenn viele! – Darum ist es denselben nicht angenehm, daß die Menschen dieses wissen."[2]

Im *Ägyptischen Totenbuch*, im Kapitel „Vom Heraustreten der Seele in das Tageslicht", steht in gewaltigen Worten dasselbe.
„Ich bin das Heute.
Ich bin das Gestern.
Ich bin das Morgen.
Meine wiederholten Geburten durchschreitend
Bleibe ich kraftvoll und jung;
Ich bin dem Geheimnis verwobene göttliche Seele,
Die einstmals, in frühester Zeit,
Die Göttergeschlechter erschuf
Und deren verborgenes Wesen ernährt
Im Himmel, im Duat, in Amenti die Götter....
Ihr alle, erfahret:
Ra bin ich, wahrlich!
Er dagegen, der Gott, bin ich!"[3]
Ist es nicht in der Tat dasselbe, was wir von Christus in der Wiedergabe des frühen gnostischen *Evangeliums nach Thomas* hören?
„Wer von meinem Munde trinkt, wird wie ich werden, und ich selbst werde er werden und das Verborgene wird sich ihm offenbaren."[4] „Ich bin das All. Es ist das All aus mir hervorgegangen und das All ist zu mir gelangt. Spaltet ein (Stück) Holz, ich bin da. Hebt den Stein auf und ihr werdet mich da finden."[5]
Oder noch einmal zwei Zeilen von Whitman:
„Ich vermache mich selber dem Erdboden, um aus dem Gras, das ich liebe, zu wachsen;
Wenn du mich wieder brauchst, so suche mich unter deinen Schuhsohlen."[6]
Vor ungefähr fünfzehn Jahren lernte ich in Bombay einen außerordentlich interessanten deutschen Jesuiten, den ehrwürdigen Vater H. Heras, kennen, der mir den Abdruck eines damals gerade von ihm veröffentlichten Aufsatzes über das Thema schenkte, wie sich das Geheimnis von Gottvater und Gottsohn im indischen Mythos spiegelte.[7] Er war ein höchst aufgeschlossener und wohlbewanderter Kenner auf dem Gebiet der orientalischen Religionen, und in diesem sehr gelehrten Aufsatz hatte er es tatsächlich unternommen, den altindischen Gott Shiva und seinen überaus volkstümlichen Sohn Ganesha in gewisser Weise mit dem Vater und dem Sohn im christlichen Glauben gleichzusetzen. Wenn die zweite Person der Heiligen Dreifaltigkeit in ihrem *ewigen* Aspekt als Gott

aufgefaßt wird, der vor der historischen Zeit ist, diese trägt und den wir alle (in gewissem Maße) als „Bild Gottes" spiegeln, so kann es selbst einem durch und durch orthodoxen Christen nicht schwerfallen, die Spiegelung seiner eigenen Theologie in den Heiligen und Göttern fremder Welten zu erkennen. Denn es ist ganz einfach eine Tatsache – wie wir meiner Ansicht nach mittlerweile wohl alle eingestehen müssen –, daß Mythologien und ihre Gottheiten Produkte und Projektionen der Psyche sind. Was gibt es für Götter, was hat es je für Götter gegeben, die nicht der menschlichen Phantasie entsprungen wären? Wir kennen ihre Geschichten, wir wissen, welche Entwicklungsstufen sie durchliefen. Nicht nur Freud und Jung, sondern alle ernsthaften Psychologen und vergleichenden Religionswissenschaftler von heute haben erkannt und vertreten die Auffassung, daß die Formen und Figuren des Mythos im wesentlichen die Beschaffenheit des Traumes haben. Außerdem gibt es, wie mein alter Freund Dr. Géza Róheim zu sagen pflegte, so wenig zwei verschiedene Arten zu träumen, wie es zwei verschiedene Arten zu schlafen gibt. Die im wesentlichen gleichen mythischen Motive können auf der ganzen Welt angetroffen werden. In allen großen Traditionen finden sich Mythen und Legenden von der jungfräulichen Geburt, von göttlichen Inkarnationen, Tod und Wiederauferstehung, von einer Wiederkunft, vom Jüngsten Gericht und allem übrigen. Da solche Bilder der Psyche entstammen, verweisen sie auch auf die Psyche. Sie erzählen uns in symbolischen Begriffen von ihrer Struktur, ihrer Ordnung und ihren Kräften.

Es geht also nicht an, sie im ursprünglichen, allgemeingültigen, wesentlichen und tiefsten Sinne als Darstellungen historischer Ereignisse oder Personen zu deuten. Die historischen Bezüge müssen zweitrangig sein, sofern sie überhaupt ins Gewicht fallen, wie es beispielsweise im buddhistischen Denken der Fall ist, dem der historische Prinz Gautama Shākyamuni als lediglich eine der vielen historischen Verkörperungen des Buddha-Bewußtseins gilt, oder im Hinduismus, der unzählige Inkarnationen Vishnus kennt. Die Schwierigkeit, vor der die christlichen Theoretiker heute in dieser Hinsicht stehen, ergibt sich aus ihrer Doktrin, der Nazarener sei die *einzige* historische Fleischwerdung Gottes. Desgleichen gibt es im Judentum die nicht minder vertrackte Doktrin von einem Gott der Welt, der sein Auge nur auf dem einen auserwählten Volk unter allen Völkern auf der von ihm erschaffenen Erde ruhen läßt. Die Frucht einer solchen ethnozentrischen Geschichtsbetrachtung macht heute keinen mehr geistig satt, und die wachsenden Schwierigkeiten unserer Pfarrer, noch irgendwelchen Feinschmeckern ihr Mahl schmackhaft zu machen, sollte ihnen Beweis genug dafür sein, daß an den Gerichten, die sie uns vorsetzen, irgend etwas nicht mehr genießbar sein kann. Sie waren wohl gut genug für unsere Väter in den engen, kleinen Welten des Wissens ihrer Zeit, als jede kleine Kultur mehr oder weniger in sich abgeschlossen war. Aber man halte sich das Bild vom Planeten Erde vor Augen, das von der Oberfläche des Mondes aufgenommen wurde!

In früheren Zeiten, als die ausschlaggebende gesellschaftliche Einheit der Stamm, die religiöse Sekte, ein Volk oder selbst eine Kultur war, war es der Mythologie, die im Dienste der jeweiligen Einheit stand, möglich, alle außerhalb ihrer Grenzen Stehenden als minderwertig und ihre eigene Bearbeitung des ererbten mythischen Bilderschatzes der Weltmenschheit als die einzige, wahre und geheiligte oder wenigstens als die edelste und höchste darzustellen. In jenen Zeiten war es der Ordnung der Gemeinschaft förderlich, wenn sie ihre Kinder dazu erzog, auf das Zeichensystem des eigenen Stammes positiv und auf alle anderen negativ zu reagieren, damit ihre Liebe der Heimat vorbehalten blieb und ihr Haß nach außen gelenkt werden konnte. Heute jedoch sind wir allesamt Passagiere auf diesem einzigen Raumschiff Erde (wie Buckminster Fuller es einmal nannte), das mit hoher Geschwindigkeit durch die Nacht des unermeßlich weiten Raumes rast – mit dem Ziel Nirgendwo. Werden wir uns etwa einen Entführer an Bord gefallen lassen?

Vor nahezu einem Jahrhundert schon nannte Nietzsche unsere Zeit das „Zeitalter der Vergleichung". Früher gab es Horizonte, in denen die Menschen lebten und dachten und Mythen spannen. Es gibt jetzt keine Horizonte mehr. Und mit dem Verschwinden der Horizonte sind wir Zeugen von Zusammenstößen geworden, von furchtbaren Zusammenstößen nicht nur der Völker, sondern auch ihrer Mythologien. Es ist, als ob die Trennwände zwischen Kammern mit sehr heißer und sehr kalter Luft weggezogen würden, so daß die Kräfte aufeinander einstürmen. So leben wir jetzt in einem überaus gefährlichen Zeitalter von Donner, Blitz und Wirbelstürmen ringsum. Ich glaube, daß es unangebracht ist, deswegen hysterisch zu werden und mit Haß und Beschuldigungen um sich zu werfen. Wenn Energien, die nie zuvor aufeinander getroffen sind und von denen jede ihren eigenen Stolz hat, plötzlich zusammenstoßen, so ist es unvermeidlich und ganz natürlich, daß die Wellen hochschlagen. Genau das machen wir heute durch; aber wir reiten auf den Wellen, schwimmen in ein neues Zeitalter, zu einer neuen Geburt, einer völlig neuen Art des Menschseins – und keiner der heute irgendwo Lebenden kann behaupten, er habe den Schlüssel, die Antwort, die Prophezeiung zum Aufgang dieser Zeit. Und es soll auch niemand verurteilt werden. („Richtet nicht, auf daß ihr nicht gerichtet werdet!") Was geschieht ist vollkommen natürlich, samt der Schmerzen, Wirren und Fehler.

Unter den Kräften, die hier aufeinander losgelassen werden, um zusammenzuprallen und zu explodieren, sind die alten mythologischen Traditionen hauptsächlich Indiens und des Fernen Ostens, die nun mit Macht in die Bereiche unseres europäischen Erbes eindringen, sowie die Ideale des rationalen, fortschrittlichen Humanismus und der Demokratie, die ihrerseits heute Asien überfluten, nicht die geringsten – das kann man mit Sicherheit sagen. Wenn man noch den allgemeinen Einfluß der modernen wissenschaftlichen Erkenntnisse auf die archaischen Glaubensvorstellungen, die *allen* traditionellen Systemen innewohnen, hinzunimmt, so werden wir, wie ich meine, darin übereinstimmen, daß hier eine beträchtliche Aussiebearbeit geleistet werden muß, wenn etwas von dem Weisheitsgut, von dem wir Menschen bis auf den heutigen Tag gezehrt haben, bewahrt und an künftige Zeiten, wie auch immer sie aussehen mögen, weitergegeben werden soll.

Ich habe viel über dieses Problem nachgedacht und bin zu folgendem Schluß gekommen: Wenn man die symbolischen Formen, in die das Weisheitsgut überall gebracht wurde, in erster Linie nicht als Anspielungen auf irgendwelche mutmaßlichen oder meinethalben auch wirklichen historischen Personen oder Ereignisse deutet, sondern psychologisch, wahrhaft „geistig", als Hinweis auf die inneren Anlagen unserer Art, so kommt damit in ihnen allen etwas zum Ausdruck, was man zu Recht eine *Philosophia perennis* des Menschengeschlechts nennen kann. Wenn man allerdings die Texte wörtlich auslegt und nach der üblichen Art und Weise des streng orthodoxen Denkens als Geschichtsschreibung versteht, so verliert man diese „unvergängliche Philosophie" aus dem Blick.

Dante unterscheidet in seinem philosophischen Werk *Convivio* *(Das Gastmahl)* zwischen dem wörtlichen, dem allegorischen, dem moralischen und dem anagogischen (oder mystischen) Sinn einer Schriftstelle.[8] Nehmen wir zum Beispiel eine Aussage wie die folgende: *Christus Jesus stand von den Toten auf.* Die wörtliche Bedeutung liegt auf der Hand: „Eine historische Persönlichkeit namens Jesus, in dem man ‚Christus' (den Messias) erkannte, stand lebendig von den Toten auf." Allegorisch würde die normale christliche Lesart lauten: „So werden auch wir vom Tode zum ewigen Leben auferstehen." Und die Moral daraus: „Wenden wir unseren Sinn von der Betrachtung vergänglicher Dinge ab, auf daß er im Ewigen verweile." Da sich jedoch die anagogische oder mystische Lesart auf das beziehen muß, was weder vergangen noch künftig ist, sondern überzeitlich und ewig, weder an diesem Ort noch an jenem, sondern überall, in allem, jetzt und immerdar, so würde die vierte Bedeutungsebene wohl besagen, daß im Tode bzw. in dieser Welt des Todes das ewige Leben liegt. Von diesem transzendentalen Standpunkt aus müßte also die Moral so aussehen, daß der Sinn in der Betrachtung des Vergänglichen das Ewige erkennen soll, und die Allegorie, daß in eben diesem „Leibe dieses Todes" (Röm 7,24), wie ihn Paulus nannte, unser ewiges Leben liegt – nicht das künftige in irgendeiner himmlischen Statt, sondern das Leben hier und jetzt, auf dieser Erde, in seinem zeitlichen Aspekt.

Dies ist auch der Sinn des Dichterwortes von William Blake: „Wären die Pforten der Wahrnehmung freigelegt, erschiene dem Menschen alles, wie es ist: unendlich."[9] Und ich bilde mir ein, diesen selben Sinn in den eben zitierten Zeilen von Whitman wiederzuerkennen wie auch in denen aus der indischen *Upanishad,* dem *Ägyptischen Totenbuch* und dem gnostischen *Thomas-Evangelium.* „Die Symbole der höheren Religionen scheinen vielleicht auf den ersten Blick wenig gemein zu haben", schrieb ein römisch-katholischer Mönch, der verstorbene Pater Thomas Merton, in einem kurzen, aber hellsichtigen Artikel mit dem Titel „Symbolik: Kommunikation oder Kommunion?". „Wenn man aber zu einem besseren Verständnis dieser Religionen gelangt und wenn man sieht, daß die Erfahrungen, in denen sich der religiöse Glaube und die Religionsausübung erfüllen, am deutlichsten in Symbolen zum Ausdruck gebracht werden, so kommt man vielleicht zu der Erkenntnis, daß die Symbole verschiedener Religionen oft mehr gemein haben können als die abstrakt gehaltenen offiziellen Doktrinen."[10]

„Das echte Symbol", so erklärt er darüber hinaus, „deutet nicht bloß auf etwas anderes. Es besitzt eine innere Gestalt, die uns zu einem neuen Bewußtsein vom inneren Sinn des Lebens und der Wirklichkeit selbst erweckt. Ein echtes Symbol versetzt uns in die Mitte des Kreises und nicht auf einen anderen Punkt des Umfangs. Durch die Symbolik tritt der Mensch gefühls- und bewußtseinsmäßig in Kontakt zu seinem tiefsten Selbst, zu anderen Menschen und zu Gott.... ‚Gott ist tot' ..., das heißt in Wirklichkeit, daß die Symbole tot sind."[11]

Für den Dichter und den Mystiker ist die Bilderwelt einer Offenbarung eine Er-Findung, durch die in anagogischer Form eine Einsicht in die Tiefen des Seins – des eigenen Seins und des Seins im allgemeinen – vermittelt wird. Sektiererische Theologen dagegen halten an der wörtlichen Auslegung ihrer Geschichten fest, und dadurch bleiben die Traditionen getrennt. Die Lebensläufe der drei göttlichen Inkarnationen Jesus, Krishna und Shākyamuni sind nicht genau gleich, aber als Symbole, die nicht auf sich selbst oder aufeinander deuten, sondern auf das Leben, das auf sie schaut, sind sie gleichbedeutend. Um noch einmal den Mönch Thomas Merton zu zitieren: „Man kann ein Symbol nicht erfassen, solange man nicht imstande ist, in sich selbst die geistigen Resonanzen wachzurufen, die auf das Symbol nicht nur als *Zeichen*, sondern als „Sakrament" und „Gegenwart" ansprechen.... Das Symbol ist ein Objekt, das auf ein Subjekt deutet. Wir sind zu einem tieferen geistigen Bewußtsein aufgerufen, das die Ebene von Subjekt und Objekt weit hinter sich läßt."[12]

Mythologien bzw. Mythologien und Religionen sind große Dichtungen und deuten, wenn sie als solche erkannt sind, unweigerlich durch Dinge und Ereignisse hin auf die Allgegenwart einer „Macht" oder eines „Ewigen", das in jedem ganz und vollständig vorhanden ist. Darin stimmen alle Mythologien, alle großen Dichtungen und alle mystischen Traditionen überein, und im Bereich einer Kultur, in der eine solche be-geisternde Sichtweise wirksam bleibt, ist jedes Ding und jedes Geschöpf lebendig. Daher ist es die erste Bedingung, die jede Mythologie erfüllen muß, wenn sie das moderne Leben lebensvoll machen will, daß sie die Pforten der Wahrnehmung freilegt und dem zugleich schrecklichen wie faszinierenden Wunder unserer selbst und jenes Weltalls öffnet, dessen Ohren und Augen und Gehirn wir sind. Während sich Theologen in ihrer gewissermaßen rückläufigen Lesart der Offenbarungen auf Vergangenes beziehen (in Mertons Worten „auf einen anderen Punkt des Umfangs") und Utopisten nur Offenbarungen anzubieten haben, die irgendeine ersehnte Zukunft verheißen, deuten die der Psyche entsprungenen Mythologien wieder auf die Psyche („die Mitte") zurück, und jeder, der ernsthaft innere Einkehr hält, wird das, worauf sie sich beziehen, wirklich in sich entdecken.

Vor einigen Wochen bekam ich von Dr. Stanislav Grof, dem Leiter der psychiatrischen Forschungen am Maryland Psychiatric Research Center in Baltimore, das Manuskript eines beeindruckenden Werks zugesandt, das die Ergebnisse seiner Arbeit mit der psycholytischen Therapie während der letzten vierzehn Jahre (zuerst in der Tschechoslowakei und jetzt in diesem Lande) auswertet. Dabei geht es um die Behandlung von geistigen Störungen sowohl neurotischer als auch psychotischer Art mit Hilfe von sorgfältig bemessenen LSD-Dosen. Die dort dargelegten Befunde haben auf so viele meiner Gedanken über mythische Formen ein neues Licht geworfen, daß ich auf diesen letzten Seiten versuchen werde, einen Eindruck von den Typen und Tiefen des Bewußtseins zu vermitteln, die Dr. Grof bei seiner Erforschung unseres inneren Meeres ausgelotet hat. Das Werk wird 1972 unter dem Titel *Agony and Ecstasy in Psychiatric Treatment (Agonie und Ekstase in der psychiatrischen Behandlung)* erscheinen.[13]

Ich fasse es kurz zusammen. Die künstlich herbeigeführte Erfahrung der ersten Art, von der Dr. Grof berichtet, hat er die „ästhetische LSD-Erfahrung" genannt. Sie deckt sich im großen und ganzen mit dem, was Aldous Huxley im Jahre 1954 in seinem Buch *The Doors of Perception (Die Pforten der Wahrnehmung)* beschrieb, nachdem er vier Zehntelgramm Meskalin geschluckt und die Auswirkungen erlebt hatte. Was man dabei erlebt, ist eine derart erstaunliche Belebung, Veränderung und Intensivierung aller Sinneserfahrungen, daß nach Huxleys Worten sogar ein gewöhnlicher Gartenstuhl in der Sonne als „unaussprechlich wundervoll, fast in erschreckendem Grad wundervoll"[14] wahrgenommen wird. Andere, tiefer gehende Auswirkungen können Empfindungen von körperlicher Verwandlung, Leichtheit, Levitation oder Hellsichtigkeit herbeiführen oder sogar die Kraft, Tiergestalt und dergleichen anzunehmen, wie sie primitive Schamanen für sich in Anspruch nehmen. In Indien behaupten Yogīs, im Besitz solcher (*siddhi* genannten) Kräfte zu sein, und man sagt, diese seien ihnen nicht von außen zugefallen, sondern aus dem Innern hervorgegangen, durch mystische Übungen erweckt worden, und sie schlummerten in uns allen. Aldous Huxley hatte einen ähnlichen Gedanken, den er in westlichen Begriffen formulierte und auf den ich später noch zurückkommen werde.

Den zweiten Reaktionstypus hat Dr. Grof als die „psychodynamische LSD-Erfahrung" beschrieben und mit einer Ausdehnung des Bewußtseins in das von Jung so genannte persönliche Unbewußte in Verbindung gebracht sowie mit der dort stattfindenden Aktivierung jener emotional überfrachteten Inhalte, mit denen man sich für gewöhnlich in einer Freudschen Psychoanalyse befaßt. Die verbissenen Spannungen und angsterfüllten Widerstände gegenüber einer bewußten Prüfung, denen man auf dieser Ebene begegnet, kommen vom unbewußten Aufbauen verschiedener moralischer, gesellschaftlicher und hochmütig-infantiler Ich-Abwehrmechanismen, wie sie bei einem Erwachsenen unangebracht sind; und die Mythenmotive wie der Ödipuskomplex, der Elektrakomplex und andere, die in der psychoanalytischen Literatur routinemäßig bei den Konflikten dieser Sitzungen angeführt werden, sind nach dem, worauf sie sich in diesen Fällen beziehen, in Wirklichkeit überhaupt nicht mythisch. Sie besitzen im Rahmen dieser infantilen biographischen Assoziationen keinerlei anagogische, transpersonale Bedeutung, sondern sind bloß Allegorien für Kindheitswünsche, die durch wirkliche oder eingebildete elterliche Verbote und Drohungen enttäuscht wurden. Selbst wenn also traditionelle mythische Figuren in den Phantasien dieser Freudschen Stufe auftreten, so werden sie bloß Allegorien persönlicher Konflikte sein. Meistens, so beobachtete Dr. Grof, „bezogen sich der Konflikt zwischen sexuellen Gefühlen oder Handlungen und den religiösen Tabus wie auch primitive Phantasien über Teufel und Hölle oder Engel und Himmel auf Geschichten oder Drohungen und Versprechungen von Erwachsenen". Erst wenn diese persönlichen „psychodynamischen" Erfahrungen mit den dazugehörigen Gefühlen, Sinneseindrücken und Vorstellungen erneut aktiv durchlebt werden, sind die psychischen „Knotenpunkte" des persönlichen Unbewußten ausreichend aufgelöst, damit die tiefere, nach innen und nach unten führende Reise von persönlich-biographischen zu eigentlich transpersonalen (zunächst biologischen, dann metaphysisch-mystischen) Einsichten übergehen kann.

Ganz ähnlich wie – nach Dr. Grofs Beobachtung – viele Patienten während einer Freudschen Psychoanalyse und auf den „psychodynamischen" Stufen einer psycholytischen Behandlung die grundlegenden Fixierungen ihrer unbewußt eingefleischten Gefühls- und Verhaltensmuster erneut „durchleben" und sich dadurch von deren Zwang freimachen, so beginnen sie, wenn sie diesen Bereich persönlicher Erinnerungen hinter sich lassen, sowohl psychisch als auch physisch die Symptome einer gänzlich anderen Art von wiederauflebenden Erfahrungen an den Tag zu legen. Es handelt sich um die Agonie der tatsächlichen Geburt: den Moment (ja die Stunden) passiven, wehrlosen Schreckens, als die Gebärmutterkontraktionen plötzlich einsetzten und dauerten und dauerten und dauerten; oder die von größerer Eigenaktivität begleiteten Qualen im zweiten Stadium der Niederkunft, als sich der Muttermund öffnete und die Vorwärtsbewegung durch den Geburtskanal begann, die mit einer unablässigen Steigerung nackten Entsetzens und totaler Agonie andauerte, bis sie einen Höhepunkt erreichte, der praktisch einer Vernichtungserfahrung gleichkam. Dann plötzlich Erlösung, Licht!, der scharfe Schmerz der Nabelschnurdurchtrennung, das Erstickungsgefühl, bis der Blutstrom seine neue Bahn zu den Lungen findet, und dann der Atem, atmen, ganz selbständig! „Die Patienten", erklärt Dr. Grof, „brachten Stunden unter quälenden Schmerzen zu, rangen keuchend nach Luft, während ihr zuvor leichenblasses Gesicht die Farbe wechselte und dunkelrot anlief. Sie wälzten sich auf dem Boden herum, und ihre ungeheuren Spannungen entluden sich in Muskelflattern, Zuckungen und grotesken Verrenkungen. Die Pulszahl verdoppelte sich häufig, und die Schläge wurden zu einem fließenden Faden. Oft kam es zu Übelkeit mit gelegentlichem Erbrechen und heftigen Schweißausbrüchen."

„Subjektiv", fährt er fort, „waren diese Erfahrungen von einer transpersonalen Art – sie gingen weiter, als es der Rahmen des Körpers und der Lebenszeit eines einzigen Individuums zu fassen vermag. Die Erfahrenden identifizierten sich mit vielen Individuen oder Gruppen von Individuen zur selben Zeit; im äußersten Fall schloß die Identifikation die gesamte leidende Menschheit der Vergangenheit, Gegenwart und Zukunft ein." Abermals betont er: „Die hier beobachteten Phänomene sind von einer sehr viel grundlegenderen Art und haben andere Dimensionen als die der Freudschen Stufe." Sie gehören in der Tat einer mythologischen, transpersonalen Ordnung an und wurden nicht dazu verdreht, sich (wie auf der Freudschen Ebene) auf die Ereignisse eines individuellen Lebens zu beziehen, sondern sind äußerlich und innerlich offen für das, „was schwer und konstant ist am menschlichen Leid", wie James Joyce es ausdrückte[15].

Wenn beispielsweise im Verlauf der psycholytischen Behandlung die zu Tode erschrockene Person das grauenvolle erste Stadium des Geburtstraumas erneut durchlebt – wenn die Gebärmutterkontraktionen einsetzen und in dem eingezwängten Kind durch die jähe Angst und Pein das Bewußtsein wach wird, daß es sich in Gefahr befindet –, so wird sie von der einschneidenden Erfahrung überwältigt, daß der Grund des Seins Qual ist. Phantasien von inquisitorischer Folter steigen in ihr auf, metaphysische Angst und existenzielle Verzweiflung. Es kommt zu einer Identifikation mit dem gekreuzigten Christus („Mein Gott, mein Gott, warum hast du mich verlassen?"), mit dem an einen Felsen geschmiedeten Prometheus oder mit dem an ein rollendes Rad gefesselten Ixion. Der mythische Grundton entspricht dem Buddha-Wort „Alles Leben ist leidvoll": geboren in Angst und Pein, in Angst und Pein sterbend, kaum etwas außer Angst und Pein dazwischen. „Es ist alles eitel und Haschen nach Wind", wie der Prediger Salomo sagt. Die Frage nach dem „Sinn" wird hier zur Manie, und wenn die LSD-Sitzung mit dieser Stimmung endet, so wird im allgemeinen ein Gefühl zurückbleiben, daß das Leben abscheulich und sinnlos sei, eine verhaßte, freudlose Hölle, aus der es weder im Raum noch in der Zeit ein Entrinnen gibt (*Huis clos,* „die Tür ist zu") – es sei denn durch Selbstmord, der in diesem Falle, wenn er beschlossen wird, in der passiven, leisen, hilflosen Weise durch Ertränken, eine Überdosis Schlaftabletten oder dergleichen begangen wird.

Wenn man nun allerdings dazu übergeht, das zweite Stadium des Geburtstraumas – das zermarternde Ringen im Geburtskanal – intensiv neu zu durchleben, so werden Stimmung und Bilder gewalttätig, und die vorherrschende Erfahrung hierbei ist nicht ein passives Leiden, sondern ein aktives Aufbäumen im Leiden mit Elementen von Aggression und sadomasochistischen Trieben. Man sieht Trugbilder von grauenhaften Schlachten, Kämpfen mit gewaltigen Ungeheuern, Sturzfluten und Überschwemmungen, von zürnenden Göttern, entsetzlichen Opferriten, sexuellen Orgien, Gerichtsszenen und so weiter. Die Person identifiziert sich gleichzeitig mit den Opfern und mit den aggressiven Kräften solcher Konflikte; die Heftigkeit der allgemeinen Agonie steigert sich und erreicht und durchbricht schließlich in einer schier unerträglichen Krise, die Dr. Grof treffend „vulkanische Ekstase" genannt hat, die Schmerzschwelle. Hier sind nun alle Extreme von Leid und Lust, Freude und Schrecken, mörderischer Aggression und leidenschaftlicher Liebe vereint und überstiegen. Die in Frage kommenden mythischen Bilder entstammen Religionen, die in Leiden, Schuld und Opfer schwelgen: Visionen vom Zorn Gottes, der weltweiten Sintflut, von Sodom und Gomorrha, Moses und den Zehn Geboten, der *via crucis* Christi, bacchischen Orgien, schrecklichen aztekischen Opferungen, von Shiva dem Zerstörer, Kālīs grausigem Tanz auf der Leichenverbrennungsstätte und den phallischen Riten der Kybele. Selbstmorde in dieser dionysischen Stimmung sind gewaltsamer Art: Man jagt sich eine Kugel durch den Kopf, springt von einem Hochhaus, wirft sich vor einen Zug oder ähnliches. Oder man wird zu einem sinnlosen Mord getrieben. Die Person ist besessen von aggressiven Spannungsgefühlen vermischt mit der Vorahnung einer Katastrophe; sie ist äußerst gereizt und auf Streit aus. Sie sieht nichts als Bedrohung und Unterdrückung in der Welt. Das Leben besteht aus Karnevalen und wilden Nervenkitzeln, heißen Parties mit zügellosem Sex, Saufgelagen und bacchanalischen Tänzen, Gewalt jeder Art, schwindelerregenden Abenteuern und Ausbrüchen, wenn einen die Wildheit dieser Stufe der Geburtserfahrung gepackt hat. Im Laufe einer therapeutischen Sitzung kann eine Regression auf diese Stufe in einer ganz und gar fürchterlichen Krise aufgipfeln, in der ein tatsächlicher Ich-Tod erlebt wird, eine vollständige Vernichtung auf allen Ebenen gefolgt von einer großartigen, überbordenden Empfindung von Befreiung, Wiedergeburt und Erlösung, die von starken Gefühlen und Erlebnissen der Druckverminderung, Ausdehnung des Raumes und eines blendenden, strahlenden Lichtes begleitet wird. Visionen von riesigen himmelblauen und goldenen Säulenhallen mit Kristallüstern tauchen auf, Pfauenfederphantasien, Regenbogenspektren und dergleichen. Die betreffenden Personen fühlen sich gereinigt und geläutert und verspüren nun eine überwältigende Liebe für die gesamte Menschheit, eine neue Aufgeschlossenheit für Kunst und Naturschönheiten, eine große Lebenslust und das milde, wunderbar ausgesöhnte und überschwengliche Gefühl, daß Gott im Himmel und die Welt in Ordnung ist.

Dr. Grof hat entdeckt (und das finde ich höchst interessant), daß die voneinander abweichenden Bildvorstellungen der verschiedenen Weltreligionen sich während der Sitzungen auf den aufeinanderfolgenden Stufen in unterschiedlicher Weise bei seinen Patienten einstellen und diese unterstützen. Im unmittelbaren Zusammenhang mit den durchlebten Agonien des Geburtstraumas fallen ihnen üblicherweise Bilder aus dem Alten und Neuen Testament ein, zeitweise zusammen mit gewissen griechischen, ägyptischen oder anderen heidnischen Entsprechungen. Wenn jedoch die Agonie durchgestanden ist und die Befreiung der „Geburt" erlebt wurde – tatsächlich eine „zweite" oder „geistige" Geburt, eine Befreiung von den unbewußten Ängsten in der früheren persönlichen Verfassung des „Einmalgeborenen" –, wandelt sich die Symbolik von Grund auf. Anstelle von hauptsächlich biblischen, griechischen und christlichen Themen weisen nun die Analogien eher in Richtung Osten, vor allem nach Indien. „Die Quelle dieser Erlebnisse", erklärt Dr. Grof, „liegt im Verborgenen, und deren Ähnlichkeit mit den indischen Beschreibungen ist verblüffend." Er setzt ihre Stimmung mit der des zeitlosen intrauterinen Zustands *vor* dem Beginn der Niederkunft gleich: eine selige, friedliche, inhaltslose Verfassung mit tiefen, positiven Gefühlen von Glück, Liebe und Einverständnis und sogar von Vereinung mit dem Universum und/oder Gott. Paradoxerweise ist dieser unbeschreibliche Zustand zugleich inhaltslos und allenthaltend; ein Zustand des Nichtseins, der über das Sein hinausgeht; in dem es kein Ich gibt und doch eine derartige Ausdehnung des Selbst, daß es den ganzen Kosmos umspannt. Hierbei muß ich an die Stelle in Aldous Huxleys *Die Pforten der Wahrnehmung* denken, wo er das Gefühl bei seinem Meskalinerlebnis beschreibt, daß sich sein Geist Weiten des Wunderbaren auftat, wie er sie sich nie zuvor auch nur vorgestellt hatte. Huxley schreibt:

„Wenn ich über mein Erlebnis nachdenke, muß ich dem hervorragenden Philosophen C. D. Broad in Cambridge beistimmen, ‚daß wir gut daran täten, viel ernsthafter, als wir das bis jetzt zu tun geneigt waren, die Art von Theorie zu erwägen, die Bergson im Zusammenhang mit dem Gedächtnis und den Sinneswahrnehmungen aufstellte, nämlich insofern, als die Funktionen des Gehirns und Nervensystems und der Sinnesorgane hauptsächlich *eliminativ* und nicht produktiv sind. Jeder Mensch ist in jedem Augenblick fähig, sich alles dessen zu erinnern, was ihm je geschehen ist, und alles wahrzunehmen, was irgendwo im Weltall geschieht. Es ist die Aufgabe des Gehirns und des Nervensystems, uns davor zu schützen, von dieser Menge größtenteils unnützen und belanglosen Wissens überwältigt und verwirrt zu werden, und sie erfüllen diese Aufgabe, indem sie das meiste dessen, wessen wir sonst in jedem Augenblick gewahr werden oder uns erinnern würden, ausschließen und nur die sehr kleine und besondere Auswahl übrig lassen, die wahrscheinlich praktisch nützlich ist.' Gemäß einer solchen Theorie ist potentiell jeder von uns ‚Geist als Ganzes'. Aber soweit wir animalische Lebewesen sind, ist es unsre Aufgabe, um jeden Preis am Leben zu bleiben. Damit ein biologisches Überleben möglich werde, muß der Geist als Ganzes durch das Reduktionsventil des Gehirns und Nervensystems hindurchfließen. Was am andern Ende hervorkommt, ist ein spärliches Rinnsal der Art von Bewußtsein, die uns hilft, auf der Oberfläche grade unseres Planeten am Leben zu bleiben .... Die meisten Menschen kennen die meiste Zeit nur das, was durch das Reduktionsventil gelangt und von der Landessprache als echt wirklich geheiligt wird. Gewisse Menschen jedoch scheinen mit einer Art von Ausweichleitung geboren zu sein, welche das Reduktionsventil umgeht. Andere vermögen zeitweilige Umgehungsleitungen entweder spontan oder als Ergebnis absichtlicher „geistlicher Übungen" oder mittels Hypnose oder eines Rauschmittels zu erwerben. Durch diese dauernden oder zeitweiligen Umgehungsleitungen fließt dann freilich nicht die Wahrnehmung alles dessen, ‚was irgendwo im Weltall geschieht' (denn die Umgehungsleitung beseitigt das Reduktionsventil nicht, welches den Gesamtinhalt des Geistes als Ganzen noch immer ausschließt), aber von etwas mehr und vor allem von etwas anderem als dem sorgfältig nach seiner Nützlichkeit ausgewählten Material, welches unser verengter, individueller Geist für ein vollständiges oder zumindest genügendes Abbild der Wirklichkeit hält."[16]

Es scheint mir bei all dem offensichtlich zu sein, daß die Bilderwelt der Mythologie, die ja der Psyche entstammt und wieder darauf zurückstrahlt, in ihren unterschiedlichen Ausprägungen verschiedene Öffnungsstufen oder -grade des Ich-Bewußtseins in seinem Hinblicken auf das darstellt, was Aldous Huxley hier „Geist als Ganzes" genannt hat. Platon erklärt im *Timaios:* „Die Pflege aber, die man jedem zu erweisen hat, ist jedesmal dieselbe: man muß einem jeden die Nahrung und die Bewegung geben, die ihm zukommen. Die Bewegungen aber, die Verwandtschaft mit dem Göttlichen in uns haben, sind die Gedanken und die Umläufe des Alls."[17] Sie sind es, wie ich meine, die im Mythos dargestellt werden. Wie jedoch die verschiedenen Mythologien der Völker der Welt zeigen, ist das Allgemeine überall in die Besonderheit des jeweiligen soziopolitischen Rahmens umgemünzt worden. Wie mein alter Professor für vergleichende Religionswissenschaft an der Universität München zu sagen pflegte: „In ihrem subjektiven Sinne ist die Religion der gesamten Menschheit ein und dieselbe. In ihrem objektiven Sinne gibt es jedoch unterschiedliche Formen."

Ich denke, wir können nunmehr sagen, daß die unterschiedlichen Formen in der Vergangenheit den unterschiedlichen und oft gegensätzlichen Interessen der verschiedenen Gesellschaften dienten und die Individuen an die Horizonte und Ideale ihrer jeweiligen Gruppe fesselten, während wir heute im Westen gelernt haben, einen Unterschied zwischen den Wirkungsbereichen und Aufgaben der Gesellschaft, dem praktischen Überleben, ökonomischen und politischen Zwecken einerseits und den rein psychischen (oder geistigen, wie wir vorher sagten) Werten andererseits zu sehen. Um ein weiteres Mal auf den Namen Dante zurückzukommen: Es gibt im vierten Traktat des *Convivio* eine Passage, wo er von der gottbefohlenen Trennung von Staat und Kirche spricht, wie sie ihren symbolischen Ausdruck in den miteinander verbundenen und doch getrennten geschichtlichen Schicksalen Roms und Jerusalems, des Kaisertums und des Papsttums findet. Sie sind die zwei Arme Gottes, die man nicht verwechseln darf; und er tadelt den päpstlichen Stuhl für seine Einmischung in die Politik, da das Amt der Kirche von Rechts wegen „nicht von dieser Welt", sondern eines des Geistes sei. Das Verhältnis dieses geistlichen Amtes zu den Zielen dieser Welt ist genau das von Huxleys „Geist als Ganzem" zum utilitaristischen Zweck des biologischen Überlebens, der ja auch gut und notwendig ist, aber eben nicht dasselbe.

Wir leben heute – Gott sei Dank! – in einem weltlichen Staat, der von Menschen (mit allen ihren unvermeidlichen Fehlern) nach Rechtsgrundsätzen regiert wird, die stets in Entwicklung begriffen sind und die ihren Ursprung nicht in Jerusalem, sondern in Rom haben. Außerdem tritt der Begriff des Staates zur Zeit zusehends hinter dem Begriff der Ökumene zurück, das heißt der ganzen bewohnten Erde, und wenn uns sonst nichts vereint, so wird es die ökologische Krise tun. Es besteht also weder weiterhin die Notwendigkeit noch die Möglichkeit zur Aufrechterhaltung dieser örtlich bindenden, soziopolitisch begrenzten, „in ihrem objektiven Sinne" unterschiedlichen Religionsformen, die die Menschen in der Vergangenheit voneinander getrennt hielten, indem sie Gott gaben, was des Kaisers ist, und dem Kaiser, was Gottes ist.

„Gott ist eine intelligible Sphäre, deren Mittelpunkt überall, deren Umkreis nirgendwo ist."[18] So heißt es in einem Büchlein aus dem zwölften Jahrhundert, das man das *Buch der vierundzwanzig Meister* nennt. Jeder von uns – wer oder wo er auch sein mag – ist also dieser Mittelpunkt, und in ihm, ob er es nun weiß oder nicht, ist jener „Geist als Ganzes", dessen Gesetze nicht nur die Gesetze allen Menschengeistes sind, sondern auch des gesamten Weltraumes. Denn wie ich bereits ausgeführt habe, sind wir die Kinder dieses schönen Planeten, den wir jüngst auf einer Fotografie vom Mond gesehen haben. Wir wurden nicht durch einen Gott auf ihn versetzt, sondern sind aus ihm hervorgegangen. Wir sind seine Augen und sein Gehirn, sein Seh- und sein Denkvermögen. Und es heißt, die Erde sei zusammen mit ihrer Sonne, diesem Licht, das sie wie ein Falter umfliegt, aus einem Nebel hervorgegangen und dieser Nebel wiederum aus dem Weltraum. Wir sind also letzten Endes das Gehirn des Weltraumes. Somit ist es kein Wunder, wenn dessen Gesetze und unsere dieselben sind! In gleicher Weise sind unsere Tiefen die Tiefen des Weltraumes, und ihnen sind alle jene Götter entsprungen, die die Menschen in der Vergangenheit auf Tiere und Pflanzen, Berge und Flüsse, die Planeten auf ihren Bahnen und auf die ihnen als Menschen eigentümlichen gesellschaftlichen Bräuche projiziert haben.

Unsere Mythologie muß sich daher auf den unendlichen Weltraum und sein Licht beziehen, das außen so gut wie innen ist. Sein verführerischer Zauber zieht uns an wie Falter, und wir fliegen außen zu ihm hin, zum Mond und darüber hinaus, und auch innen. Auf unserem Planeten selbst sind alle trennenden Horizonte zerschlagen worden. Wir können unsere Liebe nicht mehr für den heimischen Herd aufsparen und unsere Aggressionen anderswohin projizieren, denn auf diesem Raumschiff Erde gibt es kein „Anderswo" mehr. Und keine Mythologie, die weiterhin von „Anderswo" und „Außenstehenden" spricht oder solches lehrt, wird den Anforderungen der Stunde gerecht.

Und so kehren wir zu unserer Ausgangsfrage zurück: Was ist die neue Mythologie, was sollte sie sein?

Sie ist – „in ihrem subjektiven Sinne" – die alte, ewige, unvergängliche Mythologie und wird es immer sein, solange es uns Menschen geben wird. Ihre dichterische Neuerweckung wird nicht einer erinnerten Vergangenheit oder einer geplanten Zukunft das Wort reden, sondern vom Jetzt sprechen, das heißt, sie wird nicht der Eitelkeit von „Völkern" schmeicheln, sondern danach streben, daß Individuen zur Selbsterkenntnis erwachen und sich nicht bloß als Egos begreifen, die miteinander um ihren Platz auf der Oberfläche dieses schönen Planeten rangeln. Alle sind gleichberechtigt als Mittelpunkte des „Geistes als Ganzem", jeder ist auf seine Weise eins mit allem, und es gibt keine trennenden Horizonte mehr.

Anmerkungen

Die Literaturverweise wurden gegenüber der amerikanischen Ausgabe vermehrt und gelegentlich mit erläuternden Zusätzen versehen (A. d. Ü.).

Vorwort
1 Friedrich Nietzsche: *Aus dem Nachlaß der Achtzigerjahre*, in: Werke IV. S. 498 (= *Der Wille zur Macht*, Aphorismus 223).
2 Friedrich Nietzsche: *Also sprach Zarathustra*, in: Werke II. S. 279 („Vorrede" 2).
3 William Butler Yeats: *Ausgewählte Gedichte*. Werke I. S. 148. Vgl. S. 95 und Anm. V, 2 auf S. 286.

I Die Auswirkungen der Wissenschaft auf den Mythos
1 Thomas von Aquin: *Summa Theologica*. 7. Band. *Erschaffung und Urzustand des Menschen*. S. 176/177 (102. Frage).
2 Alle Bibelstellen sind, wenn nicht anders vermerkt, zitiert aus *Die Bibel oder die ganze Heilige Schrift des Alten und Neuen Testaments* nach der Übersetzung Martin Luthers. (Überarbeitung des AT von 1964, des NT von 1956.)
3 Maya Deren: *Divine Horsemen. The Living Gods of Haiti*. S. 21.
4 James G. Frazer: *Der goldene Zweig (The Golden Bough)*. S. 15.

II Das Auftreten des Menschen
1 *Evangelium nach Thomas*. Koptischer Text herausgegeben und übersetzt von A. Guillaumont, H.-Ch. Puech, G. Quispel, W. Till und Yassah 'Abd al Masīh. S. 57 (Log. 113).
2 Carl Etter: *Ainu Folklore: Traditions and Culture of the Vanishing Aborigines of Japan*. S. 56/57.
3 George Bird Grinnell: *Blackfoot Lodge Tales*. S. 104–112; zitiert in: Joseph Campbell: *The Masks of God*. Vol. I. *Primitive Mythology*. S. 282–286.
4 William Wyatt Gill: *Myths and Songs from the South Pacific*. S. 77–79; zitiert in: Campbell: a. a. O. S. 198/199.

III Die Bedeutsamkeit von Riten
1 James Joyce: *Ein Porträt des Künstlers als junger Mann (A Portrait of the Artist as a Young Man)*, in: Werke 2. S. 478.
2 Robinson Jeffers: *Roan Stallion, Tamar, and Other Poems*. S. 232. (Im Andreas-Haller-Verlag, Passau, ist 1984 ein Band *Gedichte* von Robinson Jeffers in der Übertragung von Eva Hesse erschienen, in den allerdings dieses Gedicht so wenig wie das in Kapitel XI zitierte „Roan Stallion" aufgenommen wurde.)
NATURAL MUSIC
The old voice of the ocean, the bird-chatter of little rivers,
(Winter has given them gold for silver

> To stain their water and bladed green for brown to line their banks)
> From different throats intone one language.
> So I believe if we were strong enough to listen without Divisions of desire and terror
> To the storm of the sick nations, the rage of the hunger-smitten cities,
> Those voices also would be found
> Clean as a child's; or like some girl's breathing who dances alone
> By the ocean-shore, dreaming of lovers.

IV Die Trennung zwischen Ost und West
 1 C. G. Jung: *Psychologie und Alchemie. Gesammelte Werke.* 12. Band. S. 259.
 2 Shankara: *Das Kleinod der Unterscheidung (Viveka-chūdāmani).* S. 89–92.
 3 *The Laws of Manu (Mānava-dharmashāstra).* Sacred Books of the East. Vol. XXV. S. 195–197 (V 145–151, 154, 166).
 4 *Edda.* Übersetzung Felix Grenzmer. 2. Band. *Götterdichtung und Spruchdichtung.* S. 83 (*Grimnismal* 20).
 5 Julius Oppert: „Die Daten der Genesis", in: *Nachrichten von der Königlichen Gesellschaft der Wissenschaften zu Göttingen.* No. 10, 9. Mai 1877. S. 201–223.
 6 *Brihadāranyaka-Upanishad* 1, 4, 1–5, in: Paul Deussen: *Sechzig Upanihad's des Veda.* S. 392–394.
 7 Platon: *Symposion,* in: *Sämtliche Werke.* Band III. *Meisterdialoge.* Übersetzung Rudolf Rufener. S. 131 (190 d).
 8 Ebd. S. 134/135 (192 e–193 b).
 9 Aischylos: *Der gefesselte Prometheus,* in: *Aischylos II.* Übersetzung Ernst Buschor. S. 118, 128.

V Die religiöse Konfrontation von Ost und West
 1 William Butler Yeats: *A Vision.* S. 300. (Eine deutsche Übersetzung erscheint erstmalig im Frühjahr 1986 beim Dianus-Trikont Buchverlag.)
 2 THE SECOND COMING

> Turning and turning in the widening gyre
> The falcon cannot hear the falconer;
> Things fall apart; the center cannot hold;
> Mere anarchy is loosed upon the world,
> The blood-dimmed tide is loosed, and everywhere
> The ceremony of innocence is drowned;
> The best lack all conviction, while the worst
> Are full of passionate intensity.
>
> Surely some revelation is at hand;
> Surely the Second Coming is at hand.
> The Second Coming! Hardly are those words out
> When a vast image out of *Spiritus Mundi*

    Troubles my sight: somewhere in sands of the desert
    A shape with lion body and the head of a man,
    A gaze blank and pitiless as the sun,
    Is moving its slow thighs, while all about it
    Reel shadows of the indignant desert birds.
    The darkness drops again; but now I know
    That twenty centuries of stony sleep
    Were vexed to nightmare by a rocking cradle,
    And what rough beast, its hour come round at last,
    Slouches towards Bethlehem to be born?

William Butler Yeats: *Ausgewählte Gedichte. Werke* I. S. 148. (Die dort auf S. 149 gegebene Übersetzung wurde allerdings hier nicht übernommen.)

3 *Chhāndogya-Upanishad* 6, 8–16, in: Deussen: a. a. O. S. 166–170.
4 *Brihadāranyaka-Upanishad* 1, 4, 6–7, in: Deussen: a. a. O. S. 394/395.
5 Daisetz Teitaro Suzuki: „The Role of Nature in Zen Buddhism", in: *Eranos-Jahrbuch 1953.* Band XXII. S. 294.
6 Ebd. S. 319.
7 Ebd. S. 298/299.
8 Ebd. S. 308.
9 Ebd. S. 308.
10 Paul Tillich: *Systematische Theologie.* Band I. S. 251.
11 S. Radhakrishnan (Hrsg.): *Die Bhagavadgītā.* S. 101, 106/107, 103 (I 29, 46, 35).
12 Ebd. S. 111 (II 2).
13 Ebd. S. 124, 128, 136 (II 27, 33, 47, 48).
14 Ebd. S. 320 (XI 31).
15 Ebd. S. 321–323 (XI 32–34).
16 Vgl. Heinrich Zimmer: *Indische Mythen und Symbole (Myths and Symbols in Indian Art and Civilization).* S. 200–202.

VI Die Inspiration der orientalischen Kunst

1 Arthur Avalon (Sir John Woodroffe): *Die Schlangenkraft (The Serpent Power).* S. 193–288.
2 *Māndūkya-Upanishad.* Erster Teil, in: Deussen: a. a. O. S. 577–583.
3 Gerhart Hauptmann: „Einsichten und Ausblicke. Aufzeichnungen", in: *Sämtliche Werke.* Band VI. S. 1027.
4 Meister Eckehart: *Deutsche Predigten und Traktate.* S. 215. Vgl. Meister Eckhart: *Die deutschen und lateinischen Werke* I. *Predigten Erster Band.* S. 199: „Der eine vliegen nimet in gote, diu ist edeler in gote dan der hoehste engel an im selber sî. Nû sint alliu dinc glîch in gote und sint got selber."
5 William Blake: *Die Vermählung von Himmel und Hölle/The Marriage of Heaven and Hell.* Blatt 14.
6 Vgl. Rāmakrishna: *Das Vermächtnis.* S. 144.
7 Mong Dsi. Verdeutscht von Richard Wilhelm. S. 79.

8 Hajime Nakamura: „The Vitality of Religion in Asia", in: *Cultural Freedom in Asia*. (Sitzungsberichte von einer in Rangun, Burma, vom 17. bis 20. Februar 1955 abgehaltenen Konferenz, einberufen vom Congress for Cultural Freedom.) S. 56.
9 Vgl. Johan Huizinga: *Homo ludens. Vom Ursprung der Kultur im Spiel.* S. 40.
10 Lucius Annaeus Seneca: *Ad Lucilium. Epistulae Morales / An Lucilius. Briefe über Ethik. Philosophische Schriften.* Band IV. S. 634 (Ep. 107, 11).
11 *Bhagavadgītā*. S. 136, 201 (II 47, V 5).
12 Nacherzählt den Liao-Chai-Geschichten von P'u Sung-ling in der englischen Übersetzung von Rose Quong: *Chinese Ghost and Love Stories.* S. 305 ff. (Eine etwas abweichende und ausführlichere deutsche Fassung findet sich unter dem Titel „Das Wandbild einer Götterjungfrau wird lebendig, und ein Verliebter erfährt, daß das Leben ein Traum ist", in: P'u Sung-ling: *Gaukler, Füchse und Dämonen.* Übersetzung E. P. Schrock und Liu Guan-Ying. S. 95–98.

VII Zen
1 *Kena-Upanishad* 1, 3, in: Deussen: a. a. O. S. 205.
2 *Kena-Upanishad* 1, 3 b, in: Deussen: a. a. O. S. 205.
3 T. S. Eliot: *Vier Quartette (Four Quartets).* in: *Gesammelte Gedichte 1909–1962.* S. 283.
4 *Kena-Upanishad* 1, 4, in: Deussen: a. a. O. S. 205.
5 Nach einer Übersetzung von Roshi Sokei-an in *The Cat's Yawn.* S. 11.
6 Daisetz Teitaro Suzuki: *Der Weg zur Erleuchtung (The Koan Exercise. Essays in Zen Buddhism* II). S. 111.
7 Vgl. Heinrich Zimmer: *Philosophie und Religion Indiens (Philosophies of India).* S. 424–428.
8 Vgl. Rāmakrishna: a. a. O. S. 89.

VIII Die Mythologie der Liebe
1 Vgl. die Übersetzung von Annemarie Schimmel aus dem *Kitāb at-tawāsīn* in Al-Hallādsch: *Märtyrer der Gottesliebe.* S. 80:
„Der Falter fliegt um das Kerzenlicht,
bis der Morgen anbricht,
und kehrt zu seinesgleichen zurück,
berichtet ihnen von des Zustandes Glück
mit lieblichstem Wort,
dann vereint er sich mit der koketten Schönheit,
begierig, zur Vollkommenheit zu gelangen."
2 Vgl. *Chhāndogya-Upanishad* 1, 4, 1–5, in: Deussen: a. a. O. S. 392–394.
3 Vgl. Arthur Schopenhauer: *Preisschrift über die Grundlage der Moral,* in: *Werke (Zürcher Ausgabe).* Band VI. S. 266–270 (§ 18).
4 Meister Eckehart: *Deutsche Predigten und Traktate.* S. 256. Vgl. Meister Eckhart: *Die deutschen und lateinischen Werke* I. S. 376: „Daz ist gote werder, daz er geistlîche geborn werde von einer iegliîchen juncvrouwen

oder von einer ieglîchen guoten sêle, dan daz er von Marîâ lîplîche geborn wart."

5 Meister Eckehart: *Deutsche Predigten und Traktate.* S. 208. Vgl. Meister Eckhart: *Die deutschen und lateinischen Werke* I. S. 177:
„Gotes hoehstiu meinunge ist gebern. Im engenüeget niemer, er engeber denne sînen sun in uns."

6 „Wer von minnen niht enlîdet, dem ist lîden lîden und ist im swêre. Wer aber von minnen lîdet, der enlîdet niht unde daz lîden ist fruhtbêr vor gote."
Meister Eckhart: „Daz ist Swester Katrei, Meister Ekeharts Tohter von Strâzburc", in: *Deutsche Mystiker des 14. Jahrhunderts. 2. Band. Meister Eckhart.* S. 463.

7 *Evangelium nach Thomas.* S. 43 (Log. 77).

8 Platon: *Timaios*, in: *Sämtliche Werke. Band VI. Spätdialoge* 2. Übersetzung Rudolf Rufener. S. 218 (37 c).

9 William Blake: a. a. O. Blatt 7.

10 Thomas Mann: *Goethe und Tolstoi*, in: *Gesammelte Werke. Band IX. Reden und Aufsätze* 1. S. 138.

11 Gottfried von Strassburg: *Tristan.* Übersetzung Rüdiger Krohn. Band 1. S. 12–15 (Verse 45–66).

> „Ich hân mir eine unmüezekeit
> der werlt zu liebe vür geleit
> und edelen herzen z'einer hage,
> den herzen, den ich herze trage,
> der werlde, in die mîn herze siht.
> ine meine ir aller werld niht
> als die, von der ich hoere sagen,
> diu keine swaere enmüge getragen
> und niwan in vröuden welle sweben.
> die lâze ouch got mit vröuden leben!
> der werlde und diseme lebene
> enkumt mîn rede niht ebene.
> ir leben und mînez zweient sich.
> ein ander werlt die meine ich,
> diu samet in eime herze treit
> ir süeze sûr, ir liebez leit,
> ir herzeliep, ir senede nôt,
> ir liebez leben, ir leiden tôt,
> ir lieben tôt, ihr leidez leben.
> dem lebene sî mîn leben ergeben,
> der werlt wil ich gewerldet wesen,
> mit ir verderben oder genesen."

12 Gottfried von Strassburg: a. a. O. Band 2. S. 158/159.

> „‚owî!' sprach sî ‚daz selbe glas
> und der tranc, der dar inne was,
> der ist iuwer beider tôt!'" (Verse 12487–12489)
> „‚nu walte es got!' sprach Tristan

>   ‚ez waere tôt oder leben:
>   ez hât mir sanfte vergeben.
>   ine weiz, wie jener werden sol;
>   dirre tôt der tuot mir wol.
>   solte diu wunneclîche îsôt
>   iemer alsus sî mîn tôt,
>   sô wolte ich gerne werben
>   umbe ein êweclîchez sterben.'" (Verse 12494–12502)

13 Dante Alighieri: *Die göttliche Komödie.* Übersetzung Karl Vossler. S. 27–31 *(Inferno* 5).
14 William Blake: a. a. O. Blatt 6.
15 George Bernard Shaw: *Mensch und Übermensch (Man and Superman).* S. 189/190.
16 Ebd. S. 209.
17 Wolfram von Eschenbach: *Parzival.* Prosaübersetzung Wilhelm Stapel. S. 375. Vgl. Wolfram von Eschenbach: *Parzival.* (Ausgabe Lachmann.):
>   „ich muoz ir strît mit triwen klagen,
>   sît ein verch und ein bluot
>   solch ungenâde ein ander tuot.
>   si wârn doch bêde eins mannes kint.
>   der geliutrten triwe fundamint." (S. 336, 740, 2–6)
>   „man mac wol jehn, sus striten si,
>   der se bêde nennen wil ze zwein.
>   si wârn doch bêde niht wan ein.
>   mîn bruodr und ich daz ist ein lîp,
>   als ist guot man und des guot wîp." (S. 337, 740, 26–30)

18 Wolfram von Eschenbach: *Parzival.* Prosaübersetzung Wilhelm Stapel. S. 415 (818, 30).
19 Thomas Mann: *Tonio Kröger.* S. 86.
20 Hermann Diels – Walter Kranz: *Die Fragmente der Vorsokratiker.* 1. Band. S. 173 (Fragm. B 102).
21 Ebd. S. 163 (Fragm. B 58).
22 Nathaniel Hawthorne: „Fancy's Show Box", in: *Selected Tales and Sketches.* S. 428.

IX Mythologien des Krieges und des Friedens
 1 Oswald Spengler: *Jahre der Entscheidung.* S. 37.
 2 Ebd. S. 187.
 3 Homer: *Ilias.* Übersetzung Roland Hampe. S. 122 (VI 407–410).
 4 Ebd. S. 125 (VI 486–489).
 5 *Der Koran.* Übersetzung Rudi Paret. S. 31.
 6 Ebd. S. 228.
 7 „Das erste Buch der Makkabäer" ist zitiert aus: *Die Bibel. Einheitsübersetzung der Heiligen Schrift.* Gesamtausgabe.
 8 Flavius Josephus: *De bello Judaico / Der Jüdische Krieg.* Band I. S. 27 (1, 4, 6 [96]).

9 Edmund Lohse (Hrsg.): *Die Texte aus Qumran.* S. 185–189 („Die Kriegsrolle").
10 *Evangelium nach Thomas.* S. 55/57 (Log. 113).
11 Vgl. „Die Erzählung von Vessantara", in: Julius Dutoit (Hrsg.): *Jātakam. Das Buch der Erzählungen aus früheren Existenzen Buddhas.* 6. Band. S. 599–759.
12 Lau Dse (Lao-tse): *Dau Dö Djing (Tao Te King). Das Buch vom rechten Wege und von der rechten Gesinnung.* Übersetzung Jan Ulenbrook. S. 113.
13 Ebd. S. 115.
14 Sun Tze: *Die dreizehn Gebote der Kriegskunst.* S. 49.
15 J. J. L. Duyvendak (Hrsg.): *The Book of the Lord Shang.* S. 189–194 (I 3).
16 Ebd. S. 197–201 (I 4).
17 Ebd. S. 305 (V 20).
18 *Bhagavadgītā.* S. 124, 126, 123 (II 27, 30, 23, 24).
19 Ebd. S. 136/137 (II 48–50).
20 Ebd. S. 127 (II 31/32).

X Schizophrenie – die Reise nach innen
1 John Weir Perry: „Reconstitutive Process in the Psychopathology of the Self", in: *Annals of the New York Academy of Sciences.* Vol. 96. 27. Januar 1962. S. 853–876.
2 Joseph Campbell: *Der Heros in tausend Gestalten (The Hero with a Thousand Faces).* S. 36.
3 Julian Silverman: „Shamans and Acute Schizophrenia", in: *American Anthropologist.* Vol. 69. No. 1. Februar 1967.
4 Joseph Campbell: *The Masks of God.* Vol. I. *Primitive Mythology.* Kapitel 6 und 8.
5 Knud Rasmussen: *Rasmussens Thulefahrt. 2 Jahre im Schlitten durch unerforschtes Eskimoland.* S. 145.
6 Ebd. S. 144.
7 Ebd. S. 506/508.
8 H. Osterman: *The Alaskan Eskimos, as Described in the Posthumous Notes of Dr. Knud Rasmussen. Report of the Fifth Thule Expedition 1921–24.* Vol. X. No. 3. S. 128.
9 *Bhagavadgītā.* S. 122 (II 20).
10 Ebd. S. 141, 144 (II 58, 65).
11 Ronald D. Laing: *Phänomenologie der Erfahrung (The Politics of Experience).* S. 140.
12 „Das Geheimnis Amergins", in: Hans Trausil (Hrsg.): *Irische Harfe. Gedichte vom achten Jahrhundert bis zur Gegenwart.* S. 15.
13 Laing: a. a. O. S. 144.
14 Ebd. S. 145
15 *Pantschatantra. Das Fabelbuch des Pandit Wischnu Scharma.* S. 223/224.
16 Laing: a. a. O. S. 147/148.
17 Homer: *Odyssee.* Übersetzung Rudolf Alexander Schröder. S. 142 (IX 41/42).

18 Laing: a. a. O. S. 151/152.
19 Ebd. S. 152.
20 Allerdings heißt es in Kungfutse (Konfuzius): *Gespräche (Lun Yü).* Übersetzung Richard Wilhelm. S. 42/43 (II 4). „Der Meister sprach: Ich war fünfzehn, und mein Wille stand aufs Lernen, mit dreißig stand ich fest, mit vierzig hatte ich keine Zweifel mehr, mit fünfzig war mir das Gesetz des Himmels kund, mit sechzig war mein Ohr aufgetan, mit siebzig konnte ich meines Herzens Wünschen folgen, ohne das Maß zu übertreten." Es heißt, Konfuzius sei im Alter von 72 Jahren gestorben.

XI Die Mondlandung – die Reise nach außen
1 Dante Alighieri: a. a. O. S. 341 *(Paradiso 2)*.
2 Ebd. S. 337 *(Paradiso 1)*.
3 Immanuel Kant: *Kritik der reinen Vernunft.* S. 162.
4 Rainer Maria Rilke: *Die weiße Fürstin*, in: *Sämtliche Werke.* I. Band. S. 209.
5 Robinson Jeffers: „Roan Stallion", in: a. a. O. S. 20.
   „... wild loves that leap over the walls of
   nature, the wild fence-vaulter science,
   Useless intelligence of far stars, dim knowledge
   of the spinning demons that make an atom."
6 Alan Watts: „Western Mythology: Its Dissolution and Transformation", in: Joseph Campbell (Hrsg.): *Myths, Dreams, and Religion.* S. 20.
7 Jeffers: a. a. O. S. 24.
   „... The atom bounds-breaking,
   Nucleus to sun, electrons to planets, with recognition
   Not praying, self-equaling, the whole to the whole, the microcosm
   Not entering nor accepting entrance, more equally, more utterly,
       more incredibly conjugate
   With the other extreme and greatness; passionately perceptive of
       identity."
8 Erwin Schrödinger: *Meine Weltansicht.* S. 157.

XII Ausklang: Das Verschwinden der Horizonte
1 Walt Whitman: *Grashalme.* S. 84.
   I have said that the soul is not more than the body,
   And I have said that the body is not more than the soul,
   And nothing, not God, is greater to one than one's-self is,
   And whoever walks a furlong without sympathy walks to his own
       funeral drest in his shroud,
   And I or you pocketless of a dime may purchase the pick of the earth,
   And to glance with an eye or show a bean in its pod confounds the
       learning of all times,
   And there is no trade or imployment but the young man following it
       may become a hero,

And there is no object so soft but it makes a hub for the wheel'd universe,
And I say to any man or woman, Let your soul stand cool and composed before a million universes.
And I say to mankind, Be not curious about God,
For I who am curious about each am not curious about God,
(No array of terms can say how much I am at peace about God and about death).
I hear and behold God in every object, yet understand God not in the least,
Nor do I understand who there can be more wonderful than myself.
Why should I wish to see God better than this day?
I see something of God each hour of the twenty-four, and each moment then,
In the faces of men and women I see God, and in my own face in the glass,
I find letters from God dropt in the street, and every one is sign'd by God's name,
And I leave them where they are, for I know that wheresoe'er I go, Other will punctually come for ever and ever.

2 *Brihadāranyaka-Upanishad* 1, 4, 6–10, in: Deussen: a. a. O. S. 394–396.
3 Gregoire Kolpaktchy (Hrsg.): *Ägyptisches Totenbuch*. S. 115/116 (Kap. LXIV).
4 *Evangelium nach Thomas*. S. 55 (Log. 108).
5 Ebd. S. 43 (Log. 77).
6 Whitman: *Grashalme*. S. 87.
 I bequeath myself to the dirt to grow from the grass I love,
 If you want me again look for me under your boot-soles.
7 H. Heras, S. J.: „The Problem of Ganapati", in: *Tamil Culture*. Vol. III. No. 2. Tuticorn, April 1954.
8 Dante Alighieri: *Das Gastmahl*. S. 50–52 (II 1).
9 Blake: a. a. O. Blatt 14.
10 Thomas Merton: „Symbolism: Communication or Communion?", in: *New Directions* 20. S. 11–12.
11 Ebd. S. 1, 2.
12 Ebd. S. 1, 11.
13 Es erschien später unter dem Titel *Realms of the Human Unconscious*. New York 1975; deutsche Übersetzung: Stanislav Grof: *Topographie des Unbewußten. LSD im Dienst der tiefenpsychologischen Forschung*. Stuttgart 1978. – Allerdings sind die von Campbell aus dem Manuskript zitierten Passagen nicht gleichlautend mit den entsprechenden Stellen in der späteren Veröffentlichung, weshalb die Übersetzung hier der von Campbell zitierten Fassung folgt.
14 Aldous Huxley: *Die Pforten der Wahrnehmung (The Doors of Perception)*. S. 47.
15 James Joyce: *Ein Porträt des Künstlers als junger Mann*. a. a. O. S. 478.

16 Huxley: a. a. O. S. 19–21.
17 Platon: *Timaios.* a. a. O. S. 303 (90 c–d).
18 „Deus est sphaera intelligibilis (oder: infinita), cuius centrum est ubique, circumferentia nusquam." Siehe Clemens Bäumker: „Das pseudo-hermetische ‚Buch der vierundzwanzig Meister' (Liber XXIV philosophorum)", in: *Abhandlungen aus dem Gebiete der Philosophie und ihrer Geschichte. Eine Festgabe zum 70. Geburtstag. Georg Freiherrn von Hertling.* S. 31 (Satz II).

Bibliographie

Aischylos: *Die Perser*, in: *Aischylos I*. Übersetzung Ernst Buschor. Artemis, Zürich-München 1979.
Aischylos: *Der gefesselte Prometheus*, in: *Aischylos II*. Übersetzung Ernst Buschor. Artemis, Zürich-München 1979.
Aristoteles: *Poetik*. Übersetzung Manfred Fuhrmann. Reclam, Stuttgart 1982.
Arthur Avalon (Sir John Woodroffe): *Die Schlangenkraft (The Serpent Power)*. O. W. Barth, München ²1975.

Clemens Bäumker: „Das pseudo-hermetische ‚Buch der vierundzwanzig Meister' (Liber XXIV philosophorum)", in: *Abhandlungen aus dem Gebiete der Philosophie und ihrer Geschichte. Eine Festgabe zum 70. Geburtstag. Georg Freiherrn von Hertling*. Herdersche Verlagsbuchhandlung, Freiburg 1913.
Die Bibel oder die ganze Heilige Schrift des Alten und Neuen Testaments nach der Übersetzung Martin Luthers. Württembergische Bibelanstalt Stuttgart 1972.
Die Bibel. Einheitsübersetzung der Heiligen Schrift. Gesamtausgabe. Katholische Bibelanstalt, Stuttgart, u. a. 1980.
William Blake: *Die Vermählung von Himmel und Hölle / The Marriage of Heaven and Hell*. Übersetzung Lillian Schacherl. Prestel, München 1975.

Joseph Campbell: *Der Heros in tausend Gestalten (The Hero with a Thousand Faces)*. Suhrkamp, Frankfurt/M. 1978.
Joseph Campbell: *The Masks of God*. Vol. I. *Primitive Mythology*. Viking Press, New York 1959.
Joseph Campbell, Maud Oakes, and Jeff King: *Where the Two Came to Their Father: A Navaho War Ceremonial*. Pantheon, New York 1943.

Dante Alighieri: *Das Gastmahl*. Übersetzung Constantin Sauter. Winkler, München 1965.
Dante Alighieri: *Die göttliche Komödie*. Übersetzung Karl Vossler. List, München 1977.
Eva K. Dargay (Hrsg.): *Das Tibetische Buch der Toten*. Scherz (O. W. Barth), Bern-München-Wien 1977.
Maya Deren: *Divine Horsemen. The Living Gods of Haiti*. Thames and Hudson, London-New York 1953.
Paul Deussen: *Sechzig Upanishad's des Veda*. Brockhaus, Leipzig ²1905.
Hermann Diels – Walter Kranz: *Die Fragmente der Vorsokratiker*. 1. Band. Weidmannsche Verlagsbuchhandlung, Berlin ⁹1960.
Julius Dutoit (Hrsg.): *Jātakam. Das Buch der Erzählungen aus früheren Existenzen Buddhas*. 6. Band. Radelli & Hille, Leipzig 1916.
J. J. L. Duyvendak (Hrsg.): *The Book of the Lord Shang*. Arthur Probsthain, London 1928.

Meister Eckhart: *Die deutschen und lateinischen Werke* I. *Predigten Erster Band.* Herausgegeben von Josef Quint. Kohlhammer, Stuttgart 1958.
Meister Eckhart: *Deutsche Mystiker des 14. Jahrhunderts.* 2. Band. Herausgegeben von Franz Pfeiffer. Vandenhoeck & Ruprecht, Göttingen ³1914.
Meister Eckehart: *Deutsche Predigten und Traktate.* Übersetzung Josef Quint. Diogenes, Zürich 1979.
Edda. Übersetzung Felix Genzmer. 2. Band. *Götterdichtung und Spruchdichtung.* Diederichs, Düsseldorf-Köln ⁴1975.
T. S. Eliot: *Die Cocktail Party (The Cocktail Party).* Übersetzung Nora Wydenbruck. Suhrkamp, Frankfurt/M. 1973.
T. S. Eliot: *Vier Quartette (Four Quartets).* Übersetzung Nora Wydenbruck, in: *Gesammelte Gedichte 1909–1962.* Suhrkamp, Frankfurt/M. 1972.
T. S. Eliot: *Das wüste Land (The Waste Land).* Übersetzung Ernst Robert Curtius. Suhrkamp, Frankfurt/M. 1975.
Carl Etter: *Ainu Folklore: Traditions and Culture of the Vanishing Aborigines of Japan.* Wilcox and Follett, Chicago 1949.
Evangelium nach Thomas. Koptischer Text herausgegeben und übersetzt von A. Guillaumont, H.-Ch. Puech, G. Quispel, W. Till und Yassah 'Abd al Masīh. Brill, Leiden 1959.

James G. Frazer: *Der goldene Zweig (The Golden Bough).* Abgekürzte Ausgabe. Übersetzung Helen von Bauer. C. L. Hirschfeld, Leipzig 1928.

William Wyatt Gill: *Myths and Songs from the South Pacific.* Henry S. King and Co., London 1876.
Gottfried von Strassburg: *Tristan.* 3 Bände. Übersetzung Rüdiger Krohn. Reclam, Stuttgart 1980.
George Bird Grinnell: *Blackfoot Lodge Tales.* Charles Scribner's Sons, New York 1916.
Stanislav Grof: *Topographie des Unbewußten. LSD im Dienst der tiefenpsychologischen Forschung (Realms of the Human Unconscious).* Klett-Cotta, Stuttgart 1978.
Hugo Grotius: *De jure belli ac pacis / Drei Bücher vom Recht des Krieges und des Friedens.* Mohr, Tübingen 1950.

Al-Hallādsch: *Märtyrer der Gottesliebe.* Übersetzung Annemarie Schimmel. Jakob Hegner, Köln 1968.
Gerhart Hauptmann: „Einsichten und Ausblicke. Aufzeichnungen", in: *Sämtliche Werke.* Band VI. Propyläen, Berlin 1963.
Nathaniel Hawthorne: „Fancy's Show Box", in: *Selected Tales and Sketches.* Holt, Rhinehart, and Winston, New York et al. ³1970.
H. Heras, S. J.: „The Problem of Ganapati", in: *Tamil Culture.* Vol. III. No. 2. Tuticorn, April 1954.
Homer: *Ilias.* Übersetzung Roland Hampe. Reclam, Stuttgart 1979.
Homer: *Odyssee.* Übersetzung Rudolf Alexander Schröder. Suhrkamp, Berlin 1948.

Johan Huizinga: *Homo ludens. Vom Ursprung der Kultur im Spiel.* Rowohlt, Hamburg 1956.
Aldous Huxley: *Kontrapunkt des Lebens (Point Counter Point).* dtv, München 1976.
Aldous Huxley: *Die Pforten der Wahrnehmung (The Doors of Perception).* Piper, München 1964.
Robinson Jeffers: *Gedichte.* Übersetzung Eva Hesse. Andreas Haller, Passau 1984.
Robinson Jeffers: *Roan Stallion, Tamar, and Other Poems.* Horace Liveright, New York 1925.
Flavius Josephus: *De bello Judaico / Der Jüdische Krieg.* 3 Bände. Übersetzung Otto Michel und Otto Bauernfeind. Kösel, München ^{2}1962.
James Joyce: *Finnegans Wake.* Penguin, Harmondsworth 1976.
James Joyce: *Ein Porträt des Künstlers als junger Mann (A Portrait of the Artist as a Young Man).* Übersetzung Klaus Reichert, in: *Werke 2.* Suhrkamp, Frankfurt/M. 1972.
James Joyce: *Ulysses.* Übersetzung Hans Wollschläger. Suhrkamp, Frankfurt/M. 1981.
C. G. Jung: *Psychologie und Alchemie. Gesammelte Werke.* 12. Band. Walter, Olten-Freiburg ^{2}1976.
C. G. Jung: *Zur Psychologie und Pathologie sogenannter okkulter Phänomene,* in: *Gesammelte Werke.* 1. Band. *Psychiatrische Studien.* Walter, Olten-Freiburg 1971.

Immanuel Kant: *Kritik der reinen Vernunft.* Reclam, Stuttgart 1978.
Gregoire Kolpaktchy (Hrsg.): *Ägyptisches Totenbuch.* O. W. Barth, Weilheim ^{2}1970.
Der Koran. Übersetzung Rudi Paret. Kohlhammer, Stuttgart-Berlin-Köln-Mainz 1966.
Kungfutse: *Gespräche (Lun Yü).* Übersetzung Richard Wilhelm. Diederichs, Köln-Düsseldorf 1982.

Ronald D. Laing: *Phänomenologie der Erfahrung (The Politics of Experience).* Suhrkamp, Frankfurt/M. 1967.
Lau Dse: *Dau Dö Djing. Das Buch vom rechten Wege und von der rechten Gesinnung.* Übersetzung Jan Ulenbrook. Carl Schünemann, Bremen 1962.
Edmund Lohse (Hrsg.): *Die Texte aus Qumran.* Kösel, München 1964.

Thomas Mann: *Goethe und Tolstoi,* in: *Gesammelte Werke.* Band IX. *Reden und Aufsätze 1.* S. Fischer, Frankfurt/M. 1974.
Thomas Mann: *Tonio Kröger.* S. Fischer, Berlin 1965.
Thomas Mann: *Der Zauberberg.* S. Fischer, Frankfurt/M. 1981.
The Laws of Manu (Mānava-dharmashāstra). Übersetzung Georg Bühler. Sacred Books of the East. Vol. XXV. Clarendon Press, Oxford 1886.
Thomas Merton: „Symbolism: Communication or Communion?", in: *New Directions* 20. New York 1968.

Mong Dsi. Verdeutscht von Richard Wilhelm. Diederichs, Jena 1916.

Hajime Nakamura: „The Vitality of Religion in Asia", in: *Cultural Freedom in Asia:* Proceedings of a Conference Held at Rangoon, Burma, Feb. 17–20, 1955, Convened by the Congress for Cultural Freedom. Charles E. Tuttle, Rutland, Vt., 1956.

Joseph Needham: *Wissenschaft und Zivilisation in China (Science and Civilization in China).* Suhrkamp, Frankfurt/M. 1984.

Friedrich Nietzsche: *Also sprach Zarathustra,* in: *Werke* II. Herausgegeben von Karl Schlechta. Ullstein Tb, Frankfurt/M.-Berlin-Wien 1984.

Friedrich Nietzsche: *Aus dem Nachlaß der Achtzigerjahre,* in: *Werke* IV. Herausgegeben von Karl Schlechta. Ullstein Tb, Frankfurt/M.-Berlin-Wien 1984.

Julius Oppert: „Die Daten der Genesis", in: *Nachrichten von der Königlichen Gesellschaft der Wissenschaften zu Göttingen.* No. 10, 9. Mai 1877.

H. Osterman: *The Alaskan Eskimos, as Described in the Posthumous Notes of Dr. Knud Rasmussen. Report of the Fifth Thule Expedition 1921–24.* Vol. X No. 3. Nordisk Forlag, Kopenhagen 1952.

Pantschatantra. Das Fabelbuch des Pandit Wischnu Scharma. Übersetzung G. L. Chandiramani. Diederichs, Köln-Düsseldorf 1971.

John Weir Perry: „Reconstitutive Process in the Psychopathology of the Self", in: *Annals of the New York Academy of Sciences.* Vol. 96. Article 3. 27. Januar 1962.

Platon: *Symposion,* in: *Sämtliche Werke.* Band III. *Meisterdialoge.* Übersetzung Rudolf Rufener. Artemis, Zürich-München 1974.

Platon: *Timaios,* in: *Sämtliche Werke.* Band VI. *Spätdialoge* 2. Übersetzung Rudolf Rufener. Artemis, Zürich-München 1974.

Marcel Proust: *Auf der Suche nach der verlorenen Zeit (A la recherche du temps perdu).* 13 Bände. Übersetzung Eva Rechel-Mertens. Suhrkamp, Frankfurt/M. 1974.

P'u Sung-ling: *Chinese Ghost and Love Stories.* Übersetzung Rose Quong. Pantheon, New York 1946.

P'u Sung-ling: *Gaukler, Füchse und Dämonen.* Übersetzung E. P. Schrock und Liu Guan-ying. Benno Schwabe, Basel 1955.

S. Radhakrishnan (Hrsg.): *Die Bhagavadgītā.* Übersetzung Siegfried Lienhard. Holle, Baden-Baden 1958.

Rāmakrishna: *Das Vermächtnis.* Scherz (O. W. Barth), Bern-München-Wien 1981.

Knud Rasmussen: *Rasmussens Thulefahrt. 2 Jahre im Schlitten durch unerforschtes Eskimoland.* Frankfurter Societäts-Druckerei 1926.

Rainer Maria Rilke: *Die weiße Fürstin,* in: *Sämtliche Werke* I. Band. Insel, Frankfurt/M. 1955.

Jean-Paul Sartre: *Bei geschlossenen Türen (Huis clos),* in: *Gesammelte Dramen.* Rowohlt, Reinbek 1975.

Arthur Schopenhauer: *Preisschrift über die Grundlage der Moral*, in: *Werke (Zürcher Ausgabe)*. Band VI. Diogenes, Zürich 1977.
Erwin Schrödinger: *Meine Weltansicht*. Paul Zsolnay, Hamburg-Wien 1961.
Lucius Annaeus Seneca: *Ad Lucilium. Epistulae Morales / An Lucilius. Briefe über Ethik. Philosophische Schriften*. Band IV. Übersetzung Manfred Rosenbach. Wissenschaftliche Buchgesellschaft, Darmstadt 1984.
Shankara: *Das Kleinod der Unterscheidung (Viveka-chūdāmani)*. Scherz (O. W. Barth), Bern-München-Wien, Neuauflage 1981.
George Bernard Shaw: *Mensch und Übermensch (Man and Superman)*. Suhrkamp, Frankfurt/M. 1978.
Julian Silverman: „Shamans and Acute Schizophrenia", in: *American Anthropologist*. Vol. 69. No. 1. Februar 1967.
Roshi Sokei-an: *The Cat's Yawn*. First Zen Institute of America, New York 1947.
Oswald Spengler: *Jahre der Entscheidung*. dtv, München ²1980.
Oswald Spengler: *Der Untergang des Abendlandes*. C. H. Beck, München 1980.
Sun Tze: *Die dreizehn Gebote der Kriegskunst*. Übersetzung H. D. Becker. Rogner & Bernhardt, München 1972.
Daisetz Teitaro Suzuki: „The Role of Nature in Zen Buddhism", in: *Eranos-Jahrbuch 1953*. Band XXII. Herausgegeben von Olga Fröbe-Kapteyn. Rhein, Zürich 1954.
Daisetz Teitaro Suzuki: *Der Weg zur Erleuchtung (The Koan Exercise. Essays in Zen Buddhism* II). Holle, Baden-Baden 1957.

Thomas von Aquin: *Summa Theologica*. 7. Band. *Erschaffung und Urzustand des Menschen*. F. H. Kerle, München-Heidelberg 1941.
Paul Tillich: *Systematische Theologie*. Band I. Evangelisches Verlagswerk, Stuttgartgart 1955.
Hans Trausil (Hrsg.): *Irische Harfe. Gedichte vom achten Jahrhundert bis zur Gegenwart*. Langewiesche-Brandt, Ebenhausen 1957.

Vajracchedikā Prajñāpāramitā, in Max Walleser (Hrsg.): *Prajñāpāramitā. Die Vollkommenheit der Erkenntnis*. Vandenhoeck & Ruprecht, Göttingen 1914.
Vergil: *Äneis*. Übersetzung Emil Staiger. Artemis, Zürich-München 1981.

Alan Watts: „Western Mythology: Its Dissolution and Transformation", in: Joseph Campbell (Hrsg.): *Myths, Dreams, and Religion*. E. P. Dutton, New York 1970.
Walt Whitman: *Grashalme*. Übersetzung Hans Reisiger. Rowohlt, Reinbek 1968.
Thornton Wilder: *Wir sind noch einmal davongekommen (The Skin of Our Teeth)*. Fischer Tb, Frankfurt/M. 1978.
Wolfram von Eschenbach: *Parzival*. (Ausgabe Lachmann.) Walter de Gruyter, Berlin 1965.

Wolfram von Eschenbach: *Parzival.* Prosaübersetzung Wilhelm Stapel. Langen-Müller, München-Wien 1980.

William Butler Yeats: *Ausgewählte Gedichte. Werke* I. Luchterhand, Neuwied-Berlin 1970.
William Butler Yeats: *A Vision.* Macmillan (Collier), New York 1966.
William Butler Yeats: *Vision.* Übersetzung Wieland Grommes. Dianus-Trikont, München 1986 (in Vorb.).

Heinrich Zimmer: *Indische Mythen und Symbole (Myths and Symbols in Indian Art and Civilization).* Herausgegeben von Joseph Campbell. Diederichs, Düsseldorf-Köln 1972.
Heinrich Zimmer: *Philosophie und Religion Indiens (Philosophies of India).* Herausgegeben von Joseph Campbell. Suhrkamp, Frankfurt/M. 1973.